Estratégia
# Saúde da Família

**Dados Internacionais de Catalogação na Publicação (CIP)**
**(Câmara Brasileira do Livro, SP, Brasil)**

Paulino, Ivan
    Estratégia saúde da família / Ivan Paulino,
Lívia Perasol Bedin, Lívia Valle Paulino. —
São Paulo : Ícone, 2009.

Bibliografia.
ISBN 978-85-274-1017-5

1. Família - Saúde 2. Medicina social -
Brasil 3. Política médica - Brasil 4. Programa
Saúde da Família (Brasil) 5. Saúde pública -
Brasil I. Bedin, Lívia Perasol. II. Paulino,
Lívia Valle. III. Título.

08-10623                                 CDD-613

**Índices para catálogo sistemático:**

1.   Programa Saúde Família : Ciência médicas
     613

*Ivan Paulino*
*Lívia Perasol Bedin*
*Lívia Valle Paulino*

# Estratégia
# Saúde da Família

ícone
editora

© Copyright 2009.
Ícone Editora Ltda.

**Capa**
Andréa Magalhães da Silva

**Diagramação**
Meliane Moraes

**Revisão**
Rosa Maria Cury Cardoso

Proibida a reprodução total ou parcial desta obra,
de qualquer forma ou meio eletrônico, mecânico,
inclusive através de processos xerográficos,
sem permissão expressa do editor
(Lei n° 9.610/98).

Todos os direitos reservados pela
ÍCONE EDITORA LTDA.
Rua Anhanguera, 56 – Barra Funda
CEP 01135-000 – São Paulo – SP
Tel./Fax.: (11) 3392-7771
www.iconeeditora.com.br
e-mail: iconevendas@iconeeditora.com.br

# SOBRE OS AUTORES

## Ivan Paulino

Docente do Curso de Enfermagem do Centro Universitário São Camilo-ES. Docente do Curso de Pós-Graduação em Saúde Coletiva com ênfase na Estratégia Saúde da Família do Centro Universitário São Camilo-ES. Docente preceptor no Estágio Supervisionado I e II – Saúde Coletiva – Estratégia Saúde da Família do Centro Universitário São Camilo-ES. Coordenador do Projeto de Extensão Humanização Hospitalar e do Projeto de Extensão Primeiros Socorros, aprenda fazendo do Centro Universitário São Camilo-ES. Docente do Curso de Enfermagem da Faculdade de Filosofia, Ciência e Letras de Alegre – FAFIA. Mestre em Saúde da Família pela Universidade Estácio de Sá - RJ. Ex-Presidente do COREN-ES. Ex-Presidente da Associação Brasileira de Profissionais em Controle de Infecção Hospitalar – ABIH. Ex-Secretário Municipal de Saúde de Vargem Alta-ES. Ex-Secretário do Colegiado de Secretários Municipais de Saúde do Espírito Santo. Ex-Membro da Comissão Intergestora Bipartite do Espírito Santo.

E-mail: ivanpaulino@saocamilo-es.br

## Lívia Perasol Bedin

Mestre e Doutora em Enfermagem. Diretora dos Cursos de Graduação e de Pós-Graduação do Centro Universitário São Camilo-ES. Coordenadora da Comissão de Ética e Pesquisa do Centro Universitário São Camilo-ES. Docente dos Cursos de Pós-Graduação do Centro Universitário São Camilo-ES.

E-mail: liviabedin@saocamilo-es.br

## Lívia Valle Paulino

Docente do Curso de Direito da Faculdade de Castelo (FACASTELO)-ES. Docente da Disciplina de Ética e Bioética dos Cursos de Pós-Graduação do Centro Universitário São Camilo-ES. Docente da Disciplina de Legislação Trabalhista do Curso de Pós-Graduação em Enfermagem do Trabalho do Centro Universitário São Camilo-ES. Docente do Curso de Direito da Universidade Estadual de Montes Claros – UNIMONTES. Docente do Curso de Direito das Faculdades Integradas Pitágoras. Advogada militante, pós-graduada em Direito Civil e Processo Civil, Direito Trabalhista, MBA em Gestão Empresarial, formada na Escola de Ensino Superior do Ministério Público. Mestre Direito em Políticas Públicas e Processo pela Faculdade de Direito de Campos, RJ.

E-mail: liviavp@bol.com.br

# DEDICATÓRIA

À Lucilene Becker e ao Prof. José Bessa Barros, Pró-Reitor Administrativo do Centro Universitário São Camilo-ES, dedicamos o trabalho.

# AGRADECIMENTOS

A Deus pelo dom da vida, às nossas famílias e a todos os profissionais que labutam em prol da saúde coletiva de nosso país.

*Ivan Paulino*

A Deus todo louvor e toda a Glória! Obrigado meu Deus por tudo que tenho, minha família, meu filho, meu amor, minha vida, meu trabalho, meu alimento e por todos os problemas e soluções. Senhor! Daí pão a quem tem fome e fome de justiça a quem tem pão.

*Lívia Valle Paulino*

# SUMÁRIO

**PREFÁCIO,** 15

**INTRODUÇÃO,** 17

**Capítulo 1,** 23

  **O Direito à Saúde,** 23

    1.1 – Apontamentos sobre Direitos Fundamentais, 23

    1.2 – Saúde como direito subjetivo, 25

    1.3 – Direito constitucional à saúde e o Sistema Único de Saúde (SUS), 32

    1.4 – A tradição constitucional brasileira e a originalidade da Constituição vigente, 34

    1.5 – A saúde na visão constitucional, 40

    1.6 – O Sistema Único de Saúde (SUS): Princípios norteadores e diretrizes fundamentais para as políticas públicas de saúde, 42

    1.7 – Medidas que podem ser tomadas para garantia do direito ao acesso à saúde quando o SUS não funciona, 46

    1.8 – Políticas públicas: os planos para a saúde, 48

**Capítulo 2,** 51

Dimensões Éticas e a Estratégia Saúde da Família, 51

**Capítulo 3,** 65

Histórico, 65

Princípios do Sistema Único de Saúde (SUS),

**Capítulo 4,** 89

O Território e a Estratégia Saúde da Família (ESF), 89

4.1 – Saúde da Família: uma estratégia para reorientação do modelo assistencial, 90

4.2 – Por que reorganizar a atenção básica em saúde?, 92

4.3 – Objetivos da estratégia Saúde da Família (ESF), 103

**Capítulo 5,** 105

Diretrizes operacionais da estratégia Saúde da Família, 105

5.1 – Adscrição da clientela, 106

5.2 – Cadastramento, 106

5.3 – Instalação das Unidades Básicas Saúde da Família, 107

5.4 – Composição das equipes, 107

5.5 – Atribuições das Equipes de Saúde da Família, 107

5.6 – Atribuições do médico, 109

5.7 – Atribuições do enfermeiro, 110

5.8 – Atribuições do auxiliar de enfermagem, 111

5.9 – Atribuições do Agente Comunitário de Saúde (ACS), 111

**Capítulo 6,** 113

Reorganização das práticas de trabalho, 113

6.1 – Diagnóstico de saúde da comunidade,113

6.2 – Estratégias para o cadastramento, 115

6.3 – Planejamento / Programação local, 117

6.4 – Complementaridade, 117

6.5 – Abordagem multiprofissional, 118

6.6 – Referência e contra-referência, 118

6.7 – Educação continuada, 119

6.8 – Estímulo à ação intersetorial, 119

6.9 – Acompanhamento e avaliação, 120

6.10 – Controle social, 121

**Capítulo 7,** 123

**Níveis de competência,** 123

7.1 – Nível nacional, 123

7.2 – Nível estadual, 124

7.3 – Nível municipal, 125

**Capítulo 8,** 127

**Etapas de implantação da Estratégia Saúde da Família,** 127

8.1 – Sensibilização e divulgação, 127

8.2 – Adesão, 128

8.3 – Recrutamento, seleção e contratação de recursos humanos, 129

8.4 – Capacitação das equipes, 130

8.5 – Financiamento, 132

**Capítulo 9,** 133

**Instalação da Estratégia Saúde da Família,** 133

**Pactos pela Saúde 2006,** 134

**Avaliação para Melhoria da Qualidade da Estratégia Saúde da Família (AMQ),** 135

Metodologias de avaliação da qualidade em saúde, 136

Avaliação externa, 136

Avaliação interna, 137

**Projeto de Expansão e Consolidação da Saúde da Família (PROESF),** 137

**Núcleo de Apoio à Saúde da Família (Nasf),** 138

**Capítulo 10,** 141

**Prioridades da Estratégia Saúde da Família,** 141

10.1 – Ações de Saúde da Criança, 142

*10.1.A – Desenvolvimento infantil,* 142

*10.1.B – Promoção do aleitamento materno,* 163

*10.1.C – Aleitamento materno e alimentação complementar,* 176

10.1.D –  *Imunização*, 179

10.1.E  –  *Prevenção de acidentes e violência*, 190

10.1.F  –  *Infecções Respiratórias Agudas (IRA)*, 201

10.1.G –  *Doença Diarréica*, 216

10.2   –  Ações de Saúde da Mulher, 231

10.2.A –  *Planejamento Familiar*, 232

10.2.B –  *Organização da assistência Pré-Natal e do Puerpério*, 255

10.2.C –  *Controle do Câncer Cérvico-Uterino e de Mama*, 267

10.2.C.1 – Câncer cérvico-uterino, 268

10.2.C.2 – Câncer de mama, 275

10.2.D –  *Assistência no Climatério*, 280

10.2.E –  *Assistência nas Doenças Sexualmente Transmissíveis*, 289

10.3   –  Controle da Hipertensão Arterial e do *Diabetes Mellitus*, 298

10.4   –  Controle da Tuberculose, 365

10.5   –  Eliminação da Hanseníase, 392

10.6   –  Ações de Saúde Bucal, 427

**CONCLUSÃO,** 435

**ANEXOS,** 437

**REFERÊNCIAS,** 441

# PREFÁCIO

No período entre 1986 e 1990, no Município de Cachoeiro de Itape-mirim, ES, colaborei como voluntário, nas Pastorais da Criança e da Saúde, tendo uma visão da importância da atenção primária ou atenção básica em saúde como fator preponderante na melhora da qualidade de vida da população, em especial a mais carente. Em 1992, tive a oportunidade de participar da "Operação Cólera Alto Solimões – OCAS", onde profissionais de saúde de diversos estados do Brasil, vivenciaram uma experiência inédita de enfrentamento da epidemia de cólera, que chegava no Brasil na região do Alto Solimões.

Como medida de impacto junto à população dessa região, fomos incumbidos do treinamento de Agentes Comunitários de Saúde, após orientações de técnicos vindos da Secretaria de Estado da Saúde do Ceará e do Ministério da Saúde, vivência para mim inesquecível, onde o próprio Ministro da Saúde, na época, pessoalmente entregava os primeiros certificados de treinamento. Foi um momento histórico, onde nosso país assumia em definitivo o Programa de Agentes Comunitários da Saúde. Mais tarde, em 1994, com a criação do Programa Saúde da Família, participei primeiramente, como enfermeiro, e mais tarde, como coordenador da Estratégia Saúde da Família em diversos municípios no Estado do Espírito Santo. Nossa experiência crescia e cada vez mais me apaixonava pela nova iniciativa, em especial, na forma da "Estratégia Saúde da Família" incorporando os Programas PACS, PSF e PSF-Saúde Bucal.

Tendo realizado vários treinamentos, e nesse fazer constante, idealizado várias apostilas direcionadas à capacitação multiprofissional das Equipes Saúde da Família, nasce o presente livro, que sem maiores pretensões, visa trazer informações embasadas nas diretrizes e programas do Ministério da Saúde, trazendo num único compêndio, informações múltiplas, úteis para aqueles que trabalham ou buscam conhecimentos sobre a Estratégia Saúde da Família. Que tenhamos uma leitura proveitosa.

Ivan Paulino

# INTRODUÇÃO

Segundo o Ministério da Saúde (2000), em suas várias publicações, a Estratégia Saúde da Família está inserida num contexto de decisão política e institucional de fortalecimento da Atenção Básica, no âmbito do Sistema Único de Saúde (SUS). Considerada como estratégia estruturante dos sistemas municipais de saúde, a Estratégia Saúde da Família tem demonstrado potencial para provocar um importante movimento de reordenação do modelo vigente de atenção. Suas diretrizes apontam para uma nova dinâmica na forma de organização dos serviços e ações de saúde, possibilitando maior racionalidade na utilização dos níveis de mais complexidade assistencial e resultados favoráveis nos indicadores de saúde da população assistida.

O princípio operacional da Estratégia Saúde da Família, de adscrição de clientela, proporciona vínculo das Unidades Básicas de Saúde (UBS) com a população, o que tem possibilitado o resgate da relação de compromisso e de co-responsabilidade entre profissionais de saúde e usuários dos serviços. Esse vínculo tem se constituído como grande diferenciador em relação ao modelo tradicional de prestação de serviços de saúde.

A velocidade da expansão da Estratégia Saúde da Família comprova a adesão de gestores estaduais e municipais. Iniciada em 1994, na forma dos Programas de Agentes Comunitários de Saúde e Saúde da Família, incorporou o Programa de Saúde Bucal, amadurecendo na forma como uma ESTRATÉGIA tendo um expressivo crescimento em âmbito nacional. A implantação da ESF, inicialmente concentrada em municípios de pequeno e médio porte, desloca-se para os grandes centros urbanos. É possível afirmar que existe, apesar da permanência de inúmeros desafios ainda não superados, uma série de elementos favoráveis ao desenvolvimento e consolidação da ESF no Brasil. Tais elementos passam:

* pelo espaço político e institucional ocupado, não mais como "programa" na concepção tradicional, mas como estratégia estruturante da Atenção Básica, com capacidade de provocar ou contribuir para a reorganização dos sistemas locais de saúde;
* pela possibilidade de incremento significativo de recursos, com financiamento externo, que vigora desde 2002, em complementação aos recursos orçamentários;
* pela adesão significativa dos gestores municipais e estaduais, e também das instituições de ensino superior enquanto parceiras na missão de qualificar os profissionais para este novo modelo;
* pela oportunidade da implantação da Norma Operacional de Assistência (NOAS), que incorpora maior resolutividade à Atenção Básica e possibilita a integralidade da assistência, pela organização dos serviços de forma hierarquizada e regionalizada.

No entanto, é preciso que esses elementos se traduzam efetivamente em oportunidade para fortalecimento e sustentabilidade da Estratégia Saúde da Família no âmbito da consolidação do SUS. Para isso, é necessário que se mantenha como base de sustentação um adequado processo de implantação da ESF, de forma que possibilite a real substituição das práticas tradicionais dos Serviços de Atenção Básica e contribua para melhorar os indicadores de saúde e de qualidade de vida da população assistida. Isso exige que a expansão da ESF mantenha a coerência com os seus princípios e diretrizes essenciais e seja acompanhada de adequada incorporação tecnológica, tanto no sentido da infraestrutura como no campo do conhecimento, para que essas equipes possam verdadeiramente reorientar seu processo de trabalho e atingir níveis adequados de resolubilidade.

Neste sentido, torna-se imprescindível aperfeiçoar o processo de monitoramento e avaliação da ESF, com o objetivo de apoiar decisões que permitam enfrentar os problemas identificados na implantação, bem como a otimização das oportunidades que os elementos facilitadores oferecem para crescimento e sustentabilidade do programa.

A ESF vem sendo monitorada pelo Sistema de Informação da Atenção Básica (SIAB), por metas pactuadas com indicadores de morbi-mortalidade e pela produção de serviços dos sistemas de informação que o antecedem (HARTZ, 2000). No campo da investigação avaliativa, tem-se realizado uma série de iniciativas para melhor caracterização do processo de implantação e das mudanças produzidas pela ESF. A Avaliação (1999) identificou inúmeras situações que exigiam providências por parte dos três níveis de gestão do SUS, para que a ESF pudesse avançar com qualidades na direção das metas de expansão.

Como medidas tomadas pelo gestor federal, podemos citar: a mudança na lógica do repasse dos incentivos financeiros referentes a ESF, que passou a valorizar a cobertura populacional nos municípios, como medida de enfrentamento da tendência de pulverização observada na implantação das equipes; a incorporação de um incentivo fixo e pontual para apoiar a organização da infra-estrutura deficiente observada nas Unidades Básicas de Saúde (UBS); a ampliação do fornecimento de medicamentos para as UBSF por meio do Programa Farmácia Popular; a ampliação dos Pólos de Capacitação, para fortalecer as atividades de capacitação dos profissionais.

Considerando a expansão significativa do número de Equipes de Saúde da Família nos últimos anos, a Secretaria de Políticas de Saúde, por intermédio do seu Departamento de Atenção Básica (2004), tem buscado aperfeiçoar o processo de acompanhamento da ESF.

A medida mais recente consiste na realização de uma ampla verificação do processo de implantação e funcionamento das Equipes de Saúde da Família, com o objetivo de identificar distorções nos princípios e diretrizes, ou inadequações de estrutura ou do processo de trabalho, que possam comprometer os resultados desejados pela implantação desta estratégia em âmbito nacional. Acreditamos que esta iniciativa deverá gerar subsídios para a definição ou recondução de estratégias nos diversos níveis de gestão do sistema de saúde responsáveis pela condução da Estratégia Saúde da Família.

É importante a atitude construtiva, com a co-responsabilidade e vínculo com a comunidade, sendo elementos de base, fundamentais para o êxito do trabalho desenvolvido pela equipe. Aqui cabe ressaltar, entre outros, a responsabilidade da equipe pelo acesso aos outros níveis do SUS, quando necessário, e o seu devido acompanhamento. O estabelecimento de vínculo é também a maior garantia, mas ao mesmo tempo, o maior desafio da ESF. A utilização da epidemiologia social e clínica para diagnóstico e compreensão de cada área de atuação, propiciando o planejamento local com a participação da equipe e da comunidade.

As equipes da ESF passam a incorporar uma visão ampliada da comunidade, apreendem uma atitude construtiva e democrática na mediação dos conflitos e contradições presentes na relação entre atores sociais que detêm premissas e valores diferentes entre si. Com isso, posicionam-se de forma contrária às condutas tradicionalmente adotadas pelos trabalhadores da saúde, voltadas à doença, colocando em primeiro plano a atenção às pessoas. Não se trata de uma ligação meramente estratégica, mas de um real compromisso, uma co-responsabilidade, uma relação efetiva de troca e de aprendizagem, de parte a parte. O trabalho em equipe, considerado um avanço em algumas práticas sanitárias, é um pressuposto, na ESF. Da mesma forma que se muda o núcleo básico de abordagem, do indivíduo para a família e seu espaço social, o trabalho passa de um conjunto de ações técnicas individuais para uma atuação em equipe. Há uma dupla ampliação em jogo: o indivíduo se torna um elo com suas circunstâncias sociais, familiares e relacionais; e o profissional de saúde tem seu trabalho compreendido numa lógica de ações coletivas, planejadas e executadas de forma responsável, continuada e complementar. Mas a mudança no processo de trabalho, independentemente dos objetivos e boas intenções, muitas vezes esbarra na cultura construída durante décadas. E mudar a cultura é a mais difícil das transformações. Os impasses podem ocorrer dos dois lados: tanto por resistência dos profissionais, como por reação da população à mudança no regime de oferta de serviços a que se acostumou e adaptou, mesmo com todas as suas carências. Nos dois casos, a solução está no diálogo e na busca de saídas legais e recompensadoras para o trabalho dos profissionais, em um regime que se caracteriza por maior exigência em termos de horários e compromissos. A população ainda valoriza mais a consulta e a prescrição do que o trabalho educativo, a prevenção da doença e a promoção da saúde. É uma conquista que se dá com o tempo. O grande impacto da ESF está na organização das demandas, permitindo maior acesso real da população aos serviços de saúde.

No caso dos profissionais a jornada semanal de 40 horas é considerada como a mais apropriada para o desenvolvimento das inúmeras atividades realizadas pelas equipes.

O processo de territorialização está na base da construção do vínculo com a comunidade e, também, da mudança na lógica de atenção. O acompanhamento de uma população adscrita, que vive em determinado território, torna possível programar uma atenção aos principais problemas de saúde, seja no âmbito individual, seja no coletivo. A idéia de um território dinâmico, contraditório e determinante de diferentes problemas de saúde, bem como a necessidade de profundo conhecimento desse território, faz com que seja cada vez maior a responsabilidade das equipes de saúde acerca das situações epidemiológicas e sanitárias dessas comunidades.

Vínculo, responsabilidade, conhecimento e demarcação de território, participação social e trabalho conjunto, são as premissas para o bom desempenho das Equipes na Estratégia Saúde da Família.

# CAPÍTULO 1

## O DIREITO À SAÚDE

### 1.1 - Apontamentos sobre Direitos Fundamentais

Íntima e indissociável é a vinculação entre os Direitos Fundamentais e as noções de Constituição e Estado de Direito, segundo Ingo Wolfgang Sarlet.

Para Klaus Stern (2005):

> "as idéias de Constituição e Direitos Fundamentais são, no âmbito do pensamento da segunda metade do século XVIII, manifestações da mesma atmosfera espiritual. Ambas se compreendem como limites normativos ao poder estatal. Somente a síntese de ambas outorgou a Constituição sua definitiva e autêntica dignidade fundamental".

Na visão de Sarlet (2004):

> "os Direitos Fundamentais integram, portanto, ao lado da definição da Forma de Estado, do Sistema de Governo e da Organização do Poder, a essência do Estado Constitucional, constituindo, neste sentido, não apenas parte da Constituição formal, mas também elemento nuclear da Constituição material... O Estado Constitucional determinado pelos Direitos Fundamentais assumiu feições de Estado ideal, cuja concretização passou a ser tarefa permanente".

E continua o doutrinador:

> "os Direitos Fundamentais constituem, para além de sua função indicativa do poder (que, ademais não é comum a todos os direitos), critérios de legitimação

do poder estatal e, em decorrência da própria ordem constitucional, na medida em que o poder se justifica por e pela realização dos direitos do homem e que a idéia de justiça é hoje indissociável de tais direitos" (Cabral Pinto, *apud*, SARLET, 2005. p. 69).

Ainda na visão de Sarlet (2004):

"Com efeito, que os Direitos Fundamentais podem ser considerados simultaneamente, pressuposto, garantia e instrumento do princípio democrático da autodeterminação do povo por intermédio de cada indivíduo, mediante o reconhecimento do direito de igualdade (perante a lei e de oportunidades), de um espaço de liberdade real, bem como por meio da outorga do direito à participação (com liberdade e igualdade), na conformação da comunidade e do processo político, de tal sorte que a positivação e a garantia do efetivo exercício de direitos políticos (no sentido de direito de participação e conformação do *status* político) podem ser considerados o fundamento funcional da ordem democrática e, neste sentido, parâmetro de sua legitimidade (SARLET, 2004: 70-71)".

Quando se vive em um Estado Social e Democrático de Direito, os Direitos Fundamentais são uma garantia para as liberdades dos homens deste Estado. Sem eles, todos os outros direitos, os ditos "não fundamentais", tornam-se inócuos.

Na conceituação de Perez Luño, os direitos fundamentais são:

"um conjunto de faculdades e instituições que, em cada momento histórico, concretizam as exigências da dignidade, da liberdade e da igualdade humanas, as quais devem ser reconhecidas positivamente pelos ordenamentos jurídicos a nível nacional e internacional".

Segundo a conceituação de José Afonso da Silva (2002) sobre os Direitos Fundamentais:

"A expressão mais adequada seria Direitos Fundamentais do Homem porque além de referir-se a princípios que resumem a concepção do mundo e informam a ideologia política delicada do ordenamento jurídico, é reservado para designar, no nível do direito positivo, aquelas prerrogativas e instituições que ele concretiza em garantia de uma convivência digna, livre de desigualdes de todas as pessoas. No qualitativo Fundamentais acha-se a indicação de que se tratam de atuações jurídicas sem as quais a pessoa humana não se realiza, não convive e, às vezes nem mesmo sobrevive; Fundamentais do Homem no sentido de que a todos, por igual, devem ser, não como o macho da espécie, mas no sentido da pessoa humana. Direitos fundamentais do homem significa direitos fundamentais da pessoa humana ou direitos humanos fundamentais".

## 1.2 - Saúde como Direito Subjetivo

Segundo Russomano (1998), a Declaração Universal dos Direitos Humanos, aprovada pela ONU, é a pedra angular da impressionante evolução que se operou nesse campo dos direitos humanos, onde incide o direito fundamental à saúde, inclusive pelo transbordamento de seus lindes tradicionais (civis e políticos), de modo a alcançar a área da Seguridade Social;

> "A Declaração Americana dos Direitos e Deveres do Homem (Bogotá, 1948) é um marco significativo no longo processo histórico no sentido de organizar um sistema de enunciação, estímulo e proteção dos direitos humanos em geral...".

> "A declaração Americana, como vimos, tem o privilégio de haver sido o primeiro texto internacional a tratar dos direitos humanos.
>
> No que se refere, diretamente, aos direitos sociais, a declaração de 1948 tem significado especial. Pela primeira vez, foi dito o que estava implícito no novo conceito de Direitos Humanos. Há certas prerrogativas do trabalhador que não resultam apenas, da lei interna e do contrato. São direitos e merecem antecipar sua condição humana e sem os quais suas personalidades sucumbiram ou, pelo menos, não se desenvolve plenamente."

O Direito à saúde deve ser prestado pelo Estado na forma de políticas públicas que visem não só ações curativas, mas preventivas, dando ao ser humano não só vida, mas uma vida digna, sem enfermidades. Segundo Russomano (1998):

> "O artigo XI da Declaração diz que todas as pessoas têm direito a preservação de sua saúde através de medidas sanitárias e sociais, em especial no que concerne à alimentação, vestuário, à habitação e assistência médica, dentro dos recursos de que disponha o Estado e a comunidade".

E tal direito social e fundamental vai incidir no cotidiano das pessoas, principalmente quando as medidas de políticas preventivas falham, ou são insuficientes ou sequer foram elaboradas. Quando se instala uma situação de epidemia ou endemia, de seca ou de enchente, mais urgente e necessário se faz a adoção de políticas que garantam efetividade ao direito social fundamental à saúde. Segundo Russomano (1998):

> "quanto mais grave a crise econômica, social, política ou cultural de um país ou de um continente, mais urgente se torna a ação em defesa dos direitos ofendidos. A garantia das normas internacionais, especialmente na área sensível dos direitos humanos e, entre elas, dos direitos sociais, se é conveniente nos momentos históricos de cumprimento espontâneo daquelas normas, torna-se indispensável nos instantes de sua violação".

O direito à saúde deve ter efetividade, pois apesar de ser um direito subjetivo, o homem precisa, efetivamente, de meios para fazer valer tal direito quando dele precisar, principalmente precisando, mas também saber que, mesmo quando não precisa, no momento, que conta com atitudes concretas do Estado para sua efetivação. Segundo José Eduardo Faria:

> "de algum tempo a teoria do direito ocidental está fundamentada sobre uma categoria: direito subjetivo. Não importa que tal categoria seja objeto de crítica e análise acadêmica. De fato a prática jurídica seja a dos tribunais, dos advogados, dos legisladores, dos administradores públicos, do homem comum em geral, consagra a idéia de direito subjetivo a primazia. Tenho direito de fazer isto? Tenho direito a isto ou aquilo? Está-se sempre diante da idéia do direito subjetivo. Diz nosso Código Civil (1916), em seu art. 75: "a todo direito corresponde uma ação, que o assegura". Direito Subjetivo é, pois, direito de ação. A falta de tutela, ou a falta de ação disponível significa de fato a inexistência ou a inexigibilidade do direito subjetivo".

Hora, desde algumas décadas vêm surgindo uma classe de direitos cuja tutela não parece existir. Trata-se dos Direitos Sociais. Diz a Constituição Federal no seu art. 6°:

> "São direitos sociais a educação, a saúde, o trabalho, a moradia, o lazer, a segurança, a previdência social, a proteção à maternidade e à infância, a assistência aos desamparados, na forma desta Constituição".

Faria traz diversas indagações sobre a efetividade dos direitos sociais, dentre eles a saúde, que assim podem ser sintetizadas: Quais as ações que asseguram, garantem e viabilizam os tais direitos sociais? A quem corresponde o dever reflexo respectivo? A resposta a esta indagação ultrapassa a análise pura e simples do texto legal, ou dos textos legais, supera a exegeses e a filosofia jurídicas. Coloca-se na esfera da Teoria Geral do Direito, pois trata o ordenamento de modo geral e de uma categoria jurídica em si, antes de ser um instituto jurídico particular. Coloca-se também na esfera da Teoria do Estado. Pois diz respeito às relações fundamentais da organização da cidadania. Coloca-se também na esfera da Filosofia do Direito, visto que diz respeito à justificação racional da justiça de uma norma e, muito particularmente, a realização da justiça.

Analisando um pouco mais sobre direito subjetivo pode-se citar o que pensam três grandes doutrinadores.

Para Kelsen (2002):

> "A essência do direito subjetivo, que é mais do que simples reflexo de um dever jurídico reside em que uma norma confere a um indivíduo ou poder

jurídico de fazer valer, através de uma ação, ou não cumprimento de um dever jurídico".

Alf Ross, *apud*, Faria, (2002, p. 115):

"o direito subjetivo é uma ferramenta conceitual que permite representar o conteúdo de um conjunto ou de normas jurídicas, a saber, as que conectam certa pluralidade cumulativa de conseqüências jurídicas".

Ronald Dworkin, *apud*, Faria, (2002, p.124):

"Dworkin distingue argumentos de princípios, que fundamentam direitos individuais, e argumento de política (policy) que fundamentam objetivos coletivos. Princípios, diz ele, são proposições que descrevem direitos, políticas são proposições que descrevem objetivos. Os objetivos gerais coletivos destinam-se a distribuir de certa forma os benefícios da vida social, em torno de alguns objetivos maiores: eficiência econômica, igualdade ou proporcionalidade na distribuição, etc. Direitos e objetivos sociais podem ser mais ou menos absolutos. Assim direitos fundamentais, que dão consistência a uma ordem política, e direitos particulares. Um direito de comer para sobreviver, mas não um direito a que o Congresso venha a abolir a propriedade privada para que se possa comer. Os princípios também podem ser abstratos ou concretos. Princípio de liberdade, abstrato, que compete com o direito dos outros de não interferência, ou de respeito ou de segurança do futuro, que só se torna concreto quando definido no campo concreto, em concorrência com outros princípios".

Os direitos sociais estão como proposições de direito ou de política? Se de direito, trata-se de direitos fundamentais ou particulares? Entendemos serem direito fundamentais, devido os pontos acima já abordados e que serão retomados no decorrer deste trabalho.

Tomemos alguns exemplos de direitos sociais expressos na Constituição Federal de 1988. Há uma divisão nos direitos sociais: direitos à seguridade social (saúde, previdência social e assistência social) e os outros direitos (cultura, educação e desporto; ciência e tecnologia; comunicação social; meio ambiente; família, criança, adolescente e idoso; e índios).

O direito à saúde está expresso na Constituição Federal nos arts. 196 a 200 e nestes não consta que o direito à saúde seja direito subjetivo público, nem que haja responsabilidade da autoridade quando da falta ou insuficiência do serviço. Consta, no art. 196, que o dever do Estado será garantido mediante políticas sociais e econômicas que visem à redução do risco de doença e de outros agravos e real acesso universal e igualitário às ações e serviços para a sua promoção, proteção e recuperação, segundo o entendimento de Faria.

E Faria continua o seu raciocínio sobre os direitos sociais no que diz respeito aos direitos coletivos:

"já os direitos coletivos, se atentarmos bem para a sua lista, tem outro caráter. Não se trata, na maioria dos casos previstos no art. 6º, de se conservar uma situação de fato existente. Assim, tipicamente o remédio ou a ação para proteger tais direitos não consiste na exclusão de outrem (do Estado ou particular) numa esfera de interesses já consolidados e protegidos de alguém (indivíduo ou um grupo). Trata-se de situações que precisam ser criadas".

O autor citado passa a expor os seguintes exemplos:

"assim o direito à educação: é mais do que o direito de não ser excluído de uma escola; é, de fato, o interesse de conseguir uma vaga e as condições para estudar (ou seja, o tempo livre, material escolar, etc.). Ora, se a vaga não existe, se não existe tempo livre, se não há material escolar a baixo custo, como garantir juridicamente tal direito? Como transformá-lo de um direito a não interferência em direito à prestação de alguém? Paradigmaticamente a mesma coisa ocorre com o direito à moradia: como transformar o direito à propriedade (defesa de bens contra a injusta invasão ou apropriação de terceiros e permissão para deter bem legitimamente adquiridos) em direito a moradia (acesso ou posse, pela locação, por exemplo, de um local onde se estabelecer com a família numa cidade). De quem exigir tal acesso, contra quem exercer seu direito e quem a final está obrigado a que espécie de prestação?".

Ora, tipicamente os novos Direitos Sociais, espalhados pelo texto constitucional, diferem em natureza dos antigos direitos subjetivos. Não se distinguem apenas por serem coletivos, mas por exigirem remédios distintos. Mais ainda, têm uma intoxicação política inovadora na medida em que permitem a discussão da justiça geral e da justiça distributiva, para retornar rumo à distinção clássica.

No Código de Defesa do Consumidor Lei 8.078 /90, há interesses ou direitos difusos, há interesses ou direitos coletivos, há interesses ou direitos individuais homogêneos constante no art. 81 e incisos. Os difusos correspondem a situações de fato e interesses indivisíveis: o direito a não poluição do ar, por exemplo. Os coletivos correspondem a situações em que os sujeitos estão ligados juridicamente de maneira indivisível: um grupo de consórcio com a respectiva administradora. Os individuais homogêneos: podem ser traduzidos em termos individuais, mas atingem várias pessoas na mesma situação, como os consumidores de um determinado produto que apresentou um defeito de fabricação em série. Destes todos, os direitos difusos são, para nós, os mais importantes. Em segundo lugar vêm os direitos coletivos.

Visto os direitos sociais, quais com os remédios exxistentes? Em primeiro lugar percebam as diferenças: direito à moradia, por exemplo, distingue-se de direito de propriedade. Claramente, os direitos sociais, mesmo como direitos subjetivos, não são iguais aos direitos individuais. E isto porque sua fruição é distinta. Assim como numa sociedade cada sócio tem direito ao lucro, e isto é seu direito subjetivo, pode-se dizer que tal direito só se exerce em partilha com outros da mesma espécie, onde há regra do rateio, divisão proporcional dos lucros, e das perdas, entre os sócios. Daí também a diferença entre o objeto de um contrato bilateral e sinalagmático e um contrato plurilateral como o da sociedade.

São esses três direitos que dependem para sua eficácia de uma ação concreta do Estado, e não simplesmente de uma possibilidade de agir em juízo. Existe fundamentalmente, uma dupla série de questões jurídicas a serem enfrentadas. Em primeiro lugar, trata-se de saber se os cidadãos em geral têm ou não o direito de exigir, judicialmente, a execução concreta de políticas públicas e a prestação de serviços públicos, principalmente o direito à saúde. Em segundo lugar, trata-se de saber se e como o judiciário pode provocar a execução de tais políticas.

Quanto à exigibilidade concreta dos direitos, alguns remédios constitucionais foram criados: a iniciativa popular de leis constante no art. 61, § 2º, é um deles, mas situa-se fora da esfera do judiciário. O outro é o Mandado de Injunção situado no art. 5º, inciso LXXI. Este, todavia, parece mais apto a defesa tradicional, limitativa do poder público, do que a defesa ativa e promocional dos direitos sociais, muito embora seja o remédio previsto para os casos em que a falta de norma regulamentadora torne inviável o exercício de prerrogativas constitucionais inerentes à cidadania, por exemplo. Ainda mais, temos visto algumas tentativas de responsabilização do Estado por omissão de serviços essenciais. E, no entanto, tal responsabilização é bastante complexa e difícil, visto que a maioria dos serviços omitidos são *uti universi*, e não *uti singuli*, não remunerados diretamente pelos usuários, mas mantidos por meio de tributos em geral, etc. Além disso, a prestação do serviço depende da real existência dos meios: não existindo medicamentos, hospitais e servidores capazes em número suficiente para prestar o serviço, o que fazer? A quem tiver tido a oportunidade e a sorte de obter uma decisão judicial e de abandonar a imensa maioria que permanece na fila de espera? Seria isto viável de fato e de direito?

O serviço público deve pautar-se pela universalidade, impessoalidade e pelo atendimento a quem dele mais precisar ou aos que cronologicamente antecederam os outros? Começam, pois, a surgir dificuldades enormes quando se trata de defender os instrumentos individuais de um direito social.

No entanto, quando se trata de questões referentes à saúde, a espera pode corresponder à perda de um outro direito fundamental: o da própria vida da pessoa que espera, daí afirmarmos que decisões judiciais deferindo a um indivíduo que passe à frente de uma "fila" de espera de transplante, por exemplo, não está a desrespeitar os demais cidadãos que estão esperando, mas, a atender com urgência necessária quem não pode mais esperar. O desrespeito ao direito de acesso à saúde dos cidadãos que estão na "fila" de espera já foi há muito desrespeitado pelo Poder Público incumbido de prestar o serviço de saúde demandado, quando não o prestou e não pelo Poder Judiciário, que foi provocado para fazer valer um direito essencial que não estava sendo cumprido da forma devida.

Uma política pública, juridicamente falando, é um complexo de decisões e normas de natureza variada. Para promover a educação ou a saúde, o que deve fazer o Estado? Quais os limites constitucionais, quais as direções impostas pela Constituição? A falta de reflexão sobre o complexo de normas que aí se entrelaçam pode ser fonte de trágicos mal-entendidos. Comecemos afirmando que ao Estado não são dadas muitas opções; uma política de saúde dependerá sempre, mais ou menos do seguinte: gastos públicos, de curto, médio e longo prazo e legislação disciplinadora das atividades inseridas em tal campo. A legislação terá o caráter de organização do serviço público, ou a promoção indireta do serviço de saúde por particulares, empresas. Esta última opção significa, claramente, promover alguma legislação sobre o assunto, e exercer, de certa forma, o poder de polícia, seja autorizando, fiscalizando ou coordenando e estimulando a coordenação das atividades estatais, privadas e todas entre si.

Assim, para a compreensão das políticas públicas é essencial compreender o regime das finanças públicas. E para compreender estas últimas é preciso inseri-las nos princípios constitucionais que estão além dos Limites ao Poder de Tributar.

As políticas públicas agrupam-se também em gêneros diversos: existem as políticas sociais, de prestação de serviços essenciais e públicos, tais como saúde, educação, segurança e justiça, etc. Existem as políticas sociais compensatórias, tais como a previdência e assistência social, seguro desemprego, etc. Existem as políticas de fomento, créditos, incentivos, preços mínimos, desenvolvimento industrial, tecnológico, agrícola, etc. Existem as reformas de base, como a reforma agrária, etc.

30

Existem as políticas de estabilização monetária, e outras mais específicas ou genéricas. Em todas elas colocam-se diversas questões relativas aos princípios democráticos.

Sem os planos, sem os orçamentos, nada de política pública pode ser implementado. Paradoxais e quase inúteis seriam, então, as decisões judiciais a respeito de qualquer direito social? Eventualmente não, isto passaremos a ver em seguida.

As políticas públicas são um conjunto heterogêneo de medidas do ponto de vista jurídico, envolvem elaboração de leis programáticas, portanto de orçamentos, de despesas e receitas públicas. Dependem de leis de direito privado ou público.

Além de tão variados meios, é preciso lembrar a característica situação do Judiciário: trata-se de um Poder distinto dos outros, pois só atua mediante provocação. Assim, se o Executivo e o Legislativo podem dar início espontaneamente a reformas, o mesmo não se dá com o Judiciário. Este depende de provocação dos interessados. Naturalmente hoje em dia já existem mecanismos processuais, ainda novos para os padrões da tradição jurídica, que possibilitam o ingresso de substitutos processuais de interesses coletivos: vencemos especialmente nas Ações Civis Públicas, nas diversas formas de defesa dos consumidores previstas no Código de Defesa do Consumidor, nos Mandados de Injunção e na ampliação da legitimidade para proposição da Ação Direta de Inconstitucionalidade. Mesmo assim, não havendo, ou não aparecendo interessados na propositura de tais ações, a questão ficará adstrita aos meios individuais de defesa de interesses, fazendo com que se fragmentem decisões que, a rigor, deveriam atingir toda uma coletividade, ferindo, no que tange ao direito social e fundamental à saúde, o Princípio da Universalidade.

O direito à saúde está previsto nos arts. 6º e 196 da Constituição Federal. Como torná-los eficazes? Não se trata de aplicar uma norma qualquer entre indivíduos que disputam determinada coisa. Trata-se antes de garantir condições de exercício de direitos sociais e de gozo de bem não submetido ao regime da propriedade, da disponibilidade do consumo, da mercadoria. As contradições começam a surgir de maneira muito clara. E as contradições surgem quer pela deficiência do Judiciário em resolver problemas de caráter coletivo ou quer pela falta de equilíbrio na aplicação de princípios aparentemente contraditórios. Assim, de um lado a exploração mercantil da saúde é ferventemente louvada como um valor da iniciativa privada. Ao mesmo tempo em que proliferam os serviços particulares de saúde, decaem os serviços públicos da área. As seguradoras e prestadoras de serviços de saúde atendem a uma população mais ou menos definida: os que têm emprego fixo, os setores mais ou menos organizados da atividade econômica, ou os que têm renda suficiente para filiar-se a um plano de saúde. O que dizer dos trabalhadores informais, dos que estão em setores menos dinâmicos da economia, dos funcionários públicos, da grande massa da população que não tem como pagar por um plano de saúde? Quem os defende?

O que vemos é um avanço progressivo da mentalidade privatista: o Judiciário é chamado a decidir se é ou não é legal ou constitucional a intervenção legislativa nos contratos de tais planos de saúde e, em que condições as cláusulas de reajuste de tais planos devem ser mantidas ou podem ser anuladas, etc. Mais ainda, ao interferir em tais contratos padrão, estará também o Judiciário interferindo na distribuição desigual dos benefícios, visto que o reajuste de uma prestação pesa diferentemente para indivíduos de classes diferentes de renda.

## 1.3 - Direito Constitucional à Saúde e o Sistema Único de Saúde (SUS)

Para a grande massa da população que não pode pagar por um plano de saúde resta o Sistema Único de Saúde, o SUS, disciplinado pela Lei 8.080/90. A Constituição Federal de 1988 consagrou a cidadania e à dignidade da pessoa humana como Direitos Fundamentais. Esses ideais foram inscritos no texto constitucional, elevando a condição de relevância pública as ações e serviços de saúde, na medida em que ordena ser a saúde um Direito Fundamental do homem.

O art. 196 da Constituição (1998) é claro ao dispor que:

> "A saúde é direito de todos e dever do Estado, garantido mediante políticas sociais e econômicas que visem à redução do risco de doença e de outros agravos e ao acesso universal e igualitário às ações e serviços para sua promoção, proteção e recuperação".

A Constituição ao organizar e estruturar o direito à saúde no contexto da Seguridade Social, fixou como seus princípios fundamentais a universalidade, a igualdade, a descentralização, o atendimento integral, além de outros, dentre os quais destacam-se a participação da comunidade na gestão, fiscalização e acompanhamento das ações e serviços de saúde.

Todos os brasileiros, desde o nascimento, têm direito aos serviços de saúde gratuitos. Mas é sabido por todos que ainda faltam recursos e ações para que o sistema público atenda com qualidade e eficiência toda a população que dele necessita.

E mesmo quem tem plano de saúde privado, em alguma medida, é também usuário do SUS, já que se beneficia das campanhas de vacinação; das ações de prevenção e de vigilância sanitária (como controle de sangue e hemoderivados, registro de medicamentos, acesso a medicamentos gratuitos, etc.); e de eventual atendimento de alta complexidade, quando este é negado pelo plano de saúde privado. O que precisa ser entendido e bem esclarecido é que o Sistema Único de Saúde não está tão longe o quanto parece, o que a população precisa descobrir são os meios legais de fazer valer seus direitos, direito à saúde que está intimamente ligado ao direito a uma vida saudável e por conseqüência, digna.

Há 16 anos o Brasil vem implantando o SUS, criado para ser o Sistema de Saúde dos 183.9 milhões de brasileiros, sem nenhum tipo de discriminação. O SUS não se resume a consultas, exames e internações, ele faz muito com poucos recursos e também se especializou em apresentar soluções para casos difíceis, como o atendimento aos doentes de Aids, câncer, diálises e os transplantes de órgãos.

O orçamento do SUS conta com menos de R$ 20,00 (vinte reais) mensais por pessoa. Isso é dez vezes menos do que é destinado pelos sistemas de saúde dos países desenvolvidos e bem abaixo do valor de qualquer mensalidade de um plano de saúde privado (segundo fonte de órgãos de defesa do consumidor de São Paulo).

Por outro lado, os planos de saúde, que atendem cerca de 35 milhões de brasileiros, estão longe de representar a solução para a saúde pública do Brasil. É ilusão achar que existe um plano completo e perfeito. Além de custar caro, muitas vezes negam o atendimento quando o cidadão mais precisa, deixam de fora os medicamentos, alguns tipos de exames, certas cirurgias e muitas vezes dificultam o atendimento aos cidadãos idosos, aos pacientes crônicos, aos portadores de patologias e deficiências. Como visam o lucro, a preferência é sempre para clientes jovens e saudáveis. No fim chegamos à conclusão que pagamos duas vezes para ter acesso à saúde, mas, em geral, nem o usuário do SUS, nem o consumidor do plano de saúde privado, está plenamente satisfeito com o atendimento que recebe.

Boa parte do dinheiro para financiar o SUS vem de Contribuições Sociais de patrões e empregados. Outra parte vem do pagamento de tributos tais como o ICMS, Cofins, IPVA e a CPMF, sendo que esta última contribuição, quando fora criada, com caráter provisório, visava a arrecadar recursos exclusivamente para a saúde, o que, com o tempo, foi sendo desviado e tal recurso utilizado em outra áreas, deixando a saúde, mais uma vez "doente"de recursos.

Os planos de saúde não são financiados apenas pelas mensalidades pagas por seus usuários ou pelas empresas que pagam o benefício para seus funcionários. Indiretamente, eles recebem recursos públicos e tiram vantagem com o SUS, pois quando o plano nega um atendimento, como exames e procedimentos caros e complexos, é ao SUS que o cidadão acaba recorrendo.

Mesmo quando o paciente tem plano de saúde, o SUS atende todos os casos de urgência e emergência que dão entrada nos hospitais públicos, por exemplo, nos casos de acidente de trânsito. Nesses casos, o SUS paga a conta que deveria ser da empresa de plano de saúde e poucas vezes é ressarcido pelo atendimento prestado. Mas, se pensarmos no inverso: alguém sem plano de saúde é atendido em hospital particular de forma gratuita? Sabemos perfeitamente que não, a não ser que seja impelido, pela prática ilegal, mas costumeira nos hospitais, do famoso "cheque caução".

Outro problema do SUS é o desvio que se reflete na prática ilegal da "fila dupla", quando unidades do SUS, principalmente hospitais universitários, fazem parcerias com planos de saúde. Neste caso, os usuários dos planos recebem atenção diferenciada, furam a fila de espera do SUS para marcação de exames, consultas e passam na frente para cirurgias e demais procedimentos, além de serem atendidos e até internados em melhores acomodações do que aqueles cidadãos que não têm plano de saúde.

## 1.4 - A tradição constitucional brasileira e a originalidade da Constituição vigente

Todas as Constituições brasileiras, sem exceção, enunciaram declarações de direitos. As duas primeiras contentaram-se com as liberdades públicas e todas, a partir da Constituição de 1934, a estas acrescentaram, na ordem econômica, os direitos sociais.

A Constituição de 1988 apresenta inovações; enumera os direitos e garantias fundamentais logo no Título II, antecipando-os, portanto, a estruturação do Estado, marcando sua eminência, como bem observou Manoel Gonçalves Ferreira Filho.

Ainda no Título II, o capítulo inicial trata dos Direitos e Deveres Individuais e Coletivos, o próximo vem cuidar dos Direitos Sociais e os subseqüentes ocupam-se da Nacionalidade, Direitos Políticos e Partidos Políticos. No entanto, tal rol não é taxativo e não se esgota apenas no Título II. Há que se ressaltar outros direitos fundamentais esparsos em todo o corpo da CF/88, como o exemplo dado por Manoel Ferreira, enquanto a seção relativa às limitações do poder de tributar. O mesmo autor questiona o critério, ou falta desse que editou essa distribuição.

No entender de Alexandre de Morais (2003):

> "a classificação adotada pelo legislador constituinte estabeleceu cinco espécies ao gênero direitos e garantias fundamentais:

*Direitos Individuais e Coletivos:* correspondem aos direitos diretamente ligados ao conceito de pessoa humana e de sua própria personalidade, como, por exemplo: vida, dignidade, honra, liberdades. Basicamente, a CF/88 os prevê no art. 5º...

*Direitos Sociais:* caracterizam-se como verdadeiras liberdades positivas, de observância obrigatória em um Estado Social de Direito, tendo por finalidade a melhoria das condições de igualdade social, que configura um dos fundamentos de nosso Estado Democrático conforme preleciona o art. 1º, inciso IV da CF/88. A CF consagra os direitos sociais a partir do art. 6º.

*Direitos de Nacionalidade:* nacionalidade é o vínculo jurídico político que liga um indivíduo a um certo e determinado Estado, fazendo deste indivíduo um componente do povo, da dimensão pessoal deste Estado, capacitando-o a exigir sua proteção e sujeitando-o ao cumprimento de deveres impostos.

*Direitos Políticos:* conjunto de regras que disciplina as formas de atuação de soberania popular. São direitos públicos subjetivos que investem o indivíduo no *status activae civitatis*, permitindo-lhe o exercício concreto da liberdade de participação nos negócios políticos dos Estados, de maneira a conferir os atributos da cidadania. Tais normas constituem um desdobramento do princípio democrático inscrito no art. 1º, parágrafo único, da Constituição Federal, que todo o poder emana do povo, que o exerce por meio de representantes eleitos ou diretamente. A Constituição Federal regulamenta os direitos políticos no art. 14.

**Direitos relacionados à existência, organização e participação em partidos políticos:** a Constituição regulamentou os partidos políticos como instrumentos necessários e importantes para a preservação do Estado Democrático de Direito, assegurando-lhes autonomia e plena liberdade de atuação, para concretizar o sistema representativo (MORAES, 2003: 43-44)".

Mas a classificação dos direitos fundamentais na Constituição não é pacífica e gera várias interpretações doutrinárias. Um exemplo desta disparidade está na obra de Alexandre de Moraes ao citar Manoel Gonçalves Ferreira Filho e Celso de Mello, que dão uma divisão tripartida aos direitos fundamentais. De modo geral, as características estão ligadas a gerações de direitos em que eles surgem reconhecidos.

### A aplicabilidade de imediato:

No art. 5º, § 1º da Constituição Federal está de forma explícita a aplicabilidade imediata de todas as normas definidoras de direitos e garantias fundamentais:

" *§ 1º. As normas definidoras dos direitos e garantias fundamentais têm aplicação imediata".*

A Constituição Federal vai além, no art. 5º, § 2º, ao dizer que:

" *§ 2º. Os direitos e garantias expressos nesta Constituição não excluem outros decorrentes do regime e dos princípios por ela adotados, ou dos tratados internacionais em que a República Federativa do Brasil seja parte".*

Segundo Manoel Gonçalves Ferreira Filho, a intenção da aplicabilidade imediata de tais normas é compreensível e louvável para evitar que as mesmas virem letra morta por falta de regulamentação.

No entanto, o mesmo autor chama atenção para uma importante questão:

"mas o constituinte não se apercebeu que as normas têm aplicabilidade de imediato quando são completas na sua hipótese, no seu dispositivo. Ou seja, quando esse mandamento é claro e determinado. (FERREIRA, 2004: 100)".

Ingo Wolfgang Sarlet (2005) aponta algumas características inovadoras da Constituição de 1988 quanto aos direitos fundamentais, que podem ser destacadas: a situação topográfica; utilização da terminologia Direitos e Garantias Individuais; acolhida dos direitos fundamentais sociais em capítulo próprio do catálogo; a aplicabilidade imediata, excluindo, em princípio, o cunho programáticas e desfez preceitos, conquanto não exista consenso a respeito do alcance deste dispositivo; maior proteção outorgada aos direitos fundamentais, incluindo-os no rol das "cláusulas pétreas" do art. 60, § 4° da Constituição Federal, impedindo a supressão e erosão dos preceitos relativos aos direitos fundamentais e pela ação do poder constituinte derivado; a amplitude do catálogo dos direitos fundamentais, aumentando, de forma sem precedentes, o elenco dos direitos protegidos; o catálogo dos direitos fundamentais (Título II da CF/88) e contempla direitos fundamentais nas diversas dimensões demonstrando, além disso, estar em sintonia com a Declaração Universal de 1948, bem assim com os principais pactos internacionais sobre direitos humanos, o que também deflui do conteúdo das disposições integrantes do Título I (dos princípios fundamentais).

Sobre a amplitude do catálogo, no entender de Sarlet, e em que pese seu cunho preponderantemente positivo, também revela ter fraquezas, porquanto no rol dos direitos fundamentais foram incluídas diversas posições jurídicas de fundamentalidade ao menos discutível, conduzindo, como se tem verificado, ao longo dos anos, há um desprestígio do especial *status* gozado pelos direitos fundamentais, muito embora não seja a quantidade de direitos fundamentais uma das principais causas de sua pauta de prestígio e efetividade.

(SARLET, 2005: 79) "Pois algumas normas não revelam as características de direitos fundamentais, mas, sim, de normas organizacionais, como o exemplo dado pelo próprio autor acima citado, com o art. 14 § 3°, inciso de I a IV, e §§ 4° a 8° da Constituição".

Relatividade dos direitos fundamentais: Alexandre de Moraes (2003) aponta que:

"os direitos humanos fundamentais não podem ser utilizados como verdadeiro escudo protetivo da prática de atividades ilícitas, nem tampouco como argumento para afastamento ou diminuição da responsabilidade civil ou penal por atos criminosos, sob pena de total consagração ao desrespeito a um verdadeiro Estado de Direito".

Os direitos fundamentais não são ilimitados e se bem observados, encontram seus limites dentro da própria Constituição. Trazem consigo a possibilidade de conflito entre dois ou mais direitos fundamentais, e, como forma de solução de possíveis conflitos o mesmo autor citado aponta para o Princípio da Concordância Prática ou da Harmonização:

"de forma a coordenar e combinar os bens jurídicos em conflito, evitando o sacrifício total de uns em relação aos outros, realizando redução proporcional do âmbito de alcance de cada qual (contradição dos princípios), sempre em busca do verdadeiro significado das normas e da harmonia do texto constitucional com suas finalidades precípuas".

O autor citado faz menção de decisão proferida pelo STF:

*"apontando a necessidade de relativização dos direitos fundamentais, o STF afirma que um direito individual não pode servir de salvaguarda de práticas ilícitas".*

O Poder Judiciário e o Ministério Público como ferramentas para a eficácia e defesa dos direitos fundamentais:

Ao Poder Judiciário cumpre o papel de efetivação e garantia do respeito aos direitos fundamentais, não podendo ser excluída de sua apreciação qualquer lesão ou ameaça de direito (art. 5º, XXXV da CF). Dentro das funções do novo Judiciário, o Controle da Constitucionalidade fora apontado por Klaus Schclan como primordial finalidade de proteção dos direitos fundamentais.

E segundo Alexandre de Moraes (2003):

"o Controle de Constitucionalidade configura-se como verdadeira e primordial garantia de supremacia dos direitos humanos fundamentais previstos na Constituição, que além de limites ao poder do Estado, são também parcela da legitimação do próprio Estado, determinando seus deveres e tornando possível o processo democrático em um Estado de Direito (MORAES, 2003: 53 )".

Sobre o papel do Ministério Público, nesse contexto, o mesmo autor dispõe que:

> a necessidade de garantir-se a plena aplicabilidade das normas definidoras de efetividade e dos direitos fez surgir em diversos ordenamentos jurídicos instituições paralelas e independentes aos demais Poderes do Estado, cujas atuações indubitavelmente passaram a influenciar o respeito aos citados direitos fundamentais.

Em vários países ocidentais as Constituições respectivas previram órgãos e instituições que seriam legítimos para defenderem os direitos fundamentais do homem, e com o Brasil não foi diferente, a Constituição Federal de 1988 no seus arts. 129 e seguintes confere funções e poderes ao Ministério Público, dentre estes a guarda dos direitos fundamentais.

Segundo o ensinamento de Alexandre de Moraes (2003):

> "portanto, é também função do Ministério Público, juntamente com os Poderes Legislativo, Executivo e Judiciário, garantir ao indivíduo à fruição de todos os seus *status* constitucionais".

O Poder Judiciário tem também um importante papel na efetivação de direitos subjetivos, tutelando-os. José Afonso da Silva (2002) expõe que:

> "podemos conceituar situação jurídica subjetiva como a posição que os indivíduos ou entidades ocupam nas relações jurídicas, e que lhes possibilitam realizar certos interesses juridicamente protegidos ou os constrange a subordinar-se a eles. Se esses interesses protegidos são aqueles que a ordem jurídica considera um valor fundante ou importante do direito, recebem eles proteção direta, plena e específica, constituindo-se na figura dos direitos subjetivos. Se essa proteção foi indireta, limitada e genérica, o interesse protegido revelará outras situações jurídicas subjetivas, como o interesse simples, o interesse legítimo, a expectativa de direito ou direito condicionado. Mesmo aquelas regras com aparência proclamatória, como a de que o Brasil é uma República Federativa, proporcionam proteção a certas situações subjetivas, porque envolvem outras tantas normas particulares e específicas, que impõem comportamento dos que hão de ser compatíveis com o princípio fundamental que elas albergam. Assim, por exemplo, os Estados-membros têm direito subjetivo a sua autonomia e, na forma prevista nas normas constitucionais de repartição de competências decorrente do fato de o Brasil ser uma federação. Se a União praticar ato de invasão dessa esfera de competência, os estados prejudicados poderão recorrer ao Poder Judiciário, para fazer cessar a interferência inconstitucional. Se os estados é que invadirem terrenos privativos da União, terá esta ação direta, nos termos do art. 102, inciso I, *a*, visando a declaração de inconstitucionalidade do ato viciado. Nem todas as normas constitucionais prevêem uma sanção específica; mas quando desrespeitadas, dão lugar a um julgamento de inconstitucionalidade".

## 1.5 - A Saúde na Visão Constitucional

A Constituição Federal de 1988 nos seus arts. 196 a 200, apresenta um marco de extrema importância para o setor da saúde, por reconhecê-lo como de relevância pública, cabendo ao Estado, pelo próprio significado desta nova definição, a obrigação de garantir o atendimento à saúde da população não necessitando, portanto, ser solicitado ou acionado. Com isso, devido à relevância e ordem pública que a matéria ligada à saúde recebeu após a nova constituinte, um novo paradigma e novas ações de saúde fazem-se necessárias para que a população possa usufruir de uma qualidade de atendimento público em saúde prestado, de pronto, ao menos em tese, pelo Estado.

De acordo com estudo sobre o tema da saúde realizado pelo Ministério Público do Estado do Espírito Santo:

> "a saúde passa a ser, para o povo brasileiro, um bem prioritário além de condição *sine qua non* de cidadania, entendendo-se cidadania, como viver de forma digna, segura e produtiva".

Neste raciocínio a idéia de saúde está implícita na idéia de segurança.

O professor Fábio Konder, citado pelo Ministério Público do Estado do Espírito Santo:

> "torna clara a idéia acima exposta, ao discorrer sobre a impossibilidade das massas miseráveis do planeta, experenciarem a liberdade, vivendo num contexto de total ausência de segurança econômica, consubstanciada na falta absoluta das mais elementares garantias contra a fome e a doença".

Antes da Constituição de 1988 a idéia de saúde era apenas uma noção de ausência de doença, após a Constituição esse entendimento modificou-se e conforme a própria Organização Mundial de Saúde que, já em 1946, defendia a idéia de saúde como *"um estado de completo bem-estar, físico, mental e social e não apenas a ausência de distúrbios ou doenças"*.

A abrangência do conceito de saúde passa a requerer uma mudança na organização e prestação desse serviço público, na medida em que não são levadas somente em consideração, as causas biológicas da doença, mas também as causas sociais tais como a fome e, a ausência de saneamento básico, a ausência de moradia, ausência de cultura, a ausência de empregos, o combate à violência, a defesa do meio ambiente e, melhor distribuição de renda, enfim, de todas as condições necessárias a uma vida saudável e produtiva para os seres humanos.

A legislação nacional sobre o Sistema Único de Saúde Lei 8.080/90 em seu art. 2° torna clara essa mudança ao determinar que:

> "a saúde tem como fatores determinantes e condicionantes, entre outros, a alimentação, a moradia, o saneamento básico, o meio ambiente, o trabalho, a renda, a educação, o transporte, o lazer e o acesso a bens e serviços essenciais; os níveis de saúde da população expressam a organização social e econômica do país.
>
> Parágrafo único. Dizem respeito também à saúde as ações que, por força do disposto no artigo anterior, se destinam a garantir às pessoas e à coletividade condições e bem-estar físico, mental e social".

Beust, citado pelo Ministério Público do Estado do Espírito Santo, expõe:

> "nessa concepção contemporânea de saúde, identificou-se também as quatro áreas nas quais uma pessoa pode estar enferma. Podemos sofrer enfermidades físicas (bursite, alergia, câncer), enfermidades psíquicas (neurose, psicose), enfermidades sociais (violência, miséria, desemprego), ou enfermidades espirituais (anomias, ódio, falta de sentimento na vida, desesperança)".

De acordo com o conceito de saúde da nossa Constituição, tal conceito confunde-se com o próprio direito à vida, porquanto tem sua definição claramente ampliada ao mesmo tempo em que se encontra condicionado a um conjunto de fatores de ordem sócio-econômica, imprescindíveis à própria sobrevivência da pessoa humana.

Enfatiza-se a concepção integral da saúde, à qual exige o desenvolvimento de ações voltadas para a erradicação das causas sociais da doença. Esse é o ideal de saúde preconizada pela norma constitucional federal; a erradicação das causas sociais das doenças.

## 1.6 - O Sistema Único de Saúde (SUS): princípios norteadores e diretrizes fundamentais para as políticas públicas de saúde

O Sistema Único de Saúde, SUS, é fruto de um longo processo de construção política e institucional nomeado Reforma Sanitária, voltado para a transformação das condições de saúde e de atenção à saúde da população brasileira, gestado a partir da década de 70 quando o país vivia em regime de ditadura militar.

Mais do que um arranjo institucional, o processo da Reforma Sanitária Brasileira é um projeto civilizatório, como fora trazido pelo Fórum da Reforma Sanitária Brasileira de 2006, ou seja, pretende produzir mudanças dos valores prevalentes na sociedade brasileira tendo a saúde como eixo de transformação, e a solidariedade como valor estruturante. Da mesma forma, o projeto do SUS é uma política de construção da democracia que visa a ampliação da esfera pública, a inclusão social e a redução das desigualdades.

Segundo o Ministério Público do Estado do Espírito Santo:

> "o ideal da existência de um Sistema Único de Saúde a nível nacional, é resultado de esforços empreendidos nos anos 70 denominado Movimento pela Reforma Sanitária Brasileira, cujo objetivo era a modificação do então Sistema de Saúde Brasileiro considerado de atendimento desigual, na medida em que, a assistência pública à saúde era privilégio somente dos trabalhadores assalariados portadores de carteira assinada, (antigo INAMPS), restando aos outros o atendimento particular ou o atendimento oferecido pelas Santas Casas de Misericórdia, Postos de Saúde e Hospitais Universitários, para os quais corriam os mais pobres".

Ao incluir a saúde como um direito constitucional da cidadania no capítulo da Seguridade Social avançou-se na concretização da democracia, fortalecendo a responsabilidade do Poder Legislativo e do Judiciário. Mesmo coincidindo com o governo Collor e o início da implantação das propostas neoliberais de ajustes do Estado, a construção do SUS foi realizada na contramão das políticas econômicas, configurando, juntamente com a atuação do Ministério Público, alguns dos mais expressivos resultados dos preceitos democráticos inscritos na CF/88.

Com isso, a implantação do SUS atendeu aos anseios de universalização do acesso igualitário de todo e qualquer cidadão a um atendimento de saúde de caráter gratuito e obrigatório, sendo prestado pelo Estado.

O Sistema Único de Saúde (SUS) foi previsto e idealizado pela Constituição da República Federativa do Brasil de 1988 em seus arts. 196 ao 200 e regulamentado pelas Leis Federais 8.080 de 19 de setembro de 1990 e Lei 8.142 de 28 de dezembro de 1990.

Conforme o Ministério Público do Estado do Espírito Santo:

"constitui-se, portanto, o Sistema Único de Saúde, em um sistema público, ao qual toda a população tem acesso. Vale ressaltar que, além do Brasil, apenas a Inglaterra, França e Canadá apresentam uma política de saúde pública fundada no princípio da universidade do acesso".

No âmbito da reforma do Estado, o SUS desenvolveu um projeto de reforma democrática que se caracterizou pela introdução de um modelo de pacto federativo baseado na descentralização do poder para os níveis subnacionais e para a participação e controle social. Como conseqüência ocorreu uma ousada municipalização do setor da saúde. Foram criados Conselhos de Saúde, com caráter deliberativo, nos municípios e estados nos quais os representantes dos usuários participam em 50% do total de sua composição. Foram instituídos os Fundos de Saúde substituindo os convênios entre os entes federativos. Tal modelo de pacto federativo utilizado pelo SUS, acentuando a participação municipal, mostrou-se altamente adequado à realidade de uma sociedade marcada pelas desigualdades sociais e regionais. Segundo o Fórum da Reforma Sanitária, o êxito da descentralização pode ser medido pelo seu impacto no aumento da base técnica da gestão pública em saúde no nível local, regional e central. Também, a rede de atenção básica teve grande expansão, a partir de 1998, ampliando enormemente o acesso das populações antes excluídas. O sistema universal e descentralizado permite que o país realize um dos maiores programas públicos de imunizações do planeta e um programa de controle da AIDS mundialmente reconhecido.

E continua o mesmo órgão em seu estudo:

"a descentralização, a integralidade da assistência e a participação da comunidade, constituem tanto princípios como diretrizes do SUS, representando o seu tripé de sustentação e caracterizando-o como um sistema único e universal, na medida em que, em toda a nação brasileira, esses princípios e diretrizes devem sempre representar o norte a ser tomado em termos de organização ou de reorganização dos serviços de saúde oferecidos, sejam estes federais, estaduais ou municipais. Além destes complementando-os, encontram-se os Princípios da Igualdade da Assistência à Saúde, da Eqüidade na Distribuição de Recursos e da Resolutividade dos serviços".

Além dos princípios fundamentais do SUS, anteriormente descritos, a Lei 8.080/90, traz em seu texto, princípios complementares, tais como a preservação da autonomia das pessoas na defesa de sua integridade física e moral; o direito à informação, as pessoas assistidas, sobre sua saúde (incluindo-se aqui não só informações de interesse das pessoas assistidas ou de interesse da comunidade, como também, em se tratando dos usuários dos serviços de saúde, a garantia do acesso às informações de seu prontuário médico); e a divulgação de informações quanto ao potencial dos serviços de saúde e sua utilização pelo usuário; a utilização da epidemiologia para o estabelecimento de prioridade na alocação de recursos e orientações programáticas; a integração em nível executivo das ações de saúde, meio ambiente e saneamento; a conjugação de recursos financeiros, tecnológicos, materiais da União, Estados, Distrito Federal e dos Municípios, na prestação de serviços de assistência à saúde da população; a organização dos serviços públicos de saúde de modo a evitar a duplicidade de meios para fins idênticos.

Tendo como norte o Princípio da Publicidade da Administração Pública a Lei 8.142/90 dispõe sobre a participação da comunidade na gestão do Sistema Único de Saúde e sobre as transferências intergovernamentais de recursos financeiros na área da saúde e dá outras providências.

Logo no art. 1º da citada Lei ela cria como instâncias colegiadas de participação da comunidade, os Conselhos de Saúde e as Conferências de Saúde.

Os Conselhos de Saúde são órgãos colegiados, de caráter permanente e deliberativo, compostos paritariamente por representantes do governo, prestadores de serviços; profissionais de saúde e representantes dos usuários, com competência para atuar na formulação dos recursos destinados a execução da política de saúde e, incluindo a fiscalização dos recursos alocados para as ações e serviços de saúde, ou seja, a analisam, aprovaram o plano de saúde e fiscalizam seu cumprimento e a aplicação dos recursos.

Com essa constituição o Conselho de Saúde ganha a representatividade daqueles que são os mais interessados nas políticas de saúde; os seus usuários, o que é uma novidade trazida por esta e outras legislações a partir da década de 90. A participação popular juntamente com servidores públicos para a formulação de políticas públicas ajuda a dar transparência, publicidade a estas políticas, ao uso e destinação de recursos públicos e, faz com que as ações e os recursos sejam melhores alocados, e também, sejam prestados conforme as necessidades de cada área ou setor da comunidade.

As decisões do corpo do Conselho são tomadas em forma de resoluções e devem ser adotadas pelo Poder Executivo, para posterior publicação e vigência; caso o Poder Executivo de maneira injustificada, não as sancione, as deliberações, sendo estas legítimas e plausíveis, tendo em vista o bom senso e os recursos públicos, tal atitude poderá sofrer Ação Civil Pública com obrigação de fazer, movida pelo Mistério Público do Estado onde se localiza o Conselho que teve sua resolução injustificadamente não acatada.

Da mesma forma, pode ocorrer medida semelhante quando o respectivo Conselho, comprovar irregularidades insanáveis de sua constituição ou funcionamento, este último podendo ser constatada também por comprometimento total ou parcial dos conselheiros com a autoridade administrativa, em detrimento dos reais interesses da coletividade.

Na resolução n° 33, de 23 de dezembro de 1992 estão dispostas todas as competências dos Conselhos de Saúde, principalmente no que tange ao Conselho Nacional de Saúde.

O art. 12 da Lei 8.689 de 1998, regulamentada pelo Decreto-lei n° 1.651 de 1995, ao Conselho de Saúde, assim como as Câmaras Municipais e Assembléias Legislativas, o direito de, trimestralmente, exigir do gestor do Sistema Único de Saúde, Secretário Municipal ou Estadual, um relatório detalhado, contendo dados sobre o montante e a fonte de recursos aplicados, de auditorias, bem como sobre a oferta e a produção de serviço na rede assistencial própria, contratada ou conveniada. Diante dessa troca de informações os Conselhos de Saúde, nos três níveis, federal e estadual e municipal, podem deliberar sobre quanto e como melhor investir nas políticas públicas de saúde em sua esfera, e também, fiscalizar os gastos e ações dos gestores do Poder Executivo, alocados na área da saúde.

Apesar de não dispor de poder sanatório, o Conselho de Saúde, tem sob sua responsabilidade, funções da maior importância, devendo exercê-las com rigor. A excelência do funcionamento do conselho, depende do entusiasmo e participação de seus conselheiros, agindo de forma imparcial e tendo como meta fundamental o acesso universal à saúde, sua promoção e proteção em todos os níveis da comunidade e principalmente a massa mais carente e também aqueles que mais necessitam: crianças, gestantes e idosos.

O Conselho de Saúde pode se constituir em outras instâncias colegiadas, tais como o Conselho local de saúde, que pode atuar em bairros ou setores estratégicos de um município, facilitando assim o acompanhamento do serviço prestado nas unidades de saúde e hospitais, daquele local específico, podendo assim, propor melhores formas de ação, tendo em vista aquele perfil específico dos moradores daquela região.

As Conferências de Saúde são fóruns onde são debatidas ações e serviços de saúde pelos representantes dos Conselhos de Saúde de vários municípios e de todos os níveis de governo. Nessas Conferências trocam-se idéias, problemas e soluções comuns aos níveis de governo. De acordo com a legislação específica, as Conferências devem ser realizadas pelo menos de quatro em quatro anos em níveis estaduais e no nível municipal de dois em dois anos, na medida em que, as conclusões emanadas de seus debates, constituem os rumos e diretrizes que geralmente norteiam os planos de saúde, nos diferentes níveis governamentais.

## 1.7 - Medidas que podem ser tomadas para garantia do direito ao acesso à saúde quando o SUS não funciona

Saber como exigir no dia-a-dia, o direito ao acesso à saúde por meio do SUS é tão importante quanto conhecer tais direitos. Em geral, o caminho não é fácil e requer uma grande disposição, mas vale a pena! Ao reivindicar o cumprimento da lei, o cidadão busca resolver o seu problema pessoal, e também contribui para a melhoria dos serviços e ações de saúde para toda a comunidade.

Estão listados abaixo alguns dos principais órgãos para a solução das situações indesejadas que o cidadão pode enfrentar. Em diversos casos, mais de uma atitude pode ser tomada, mas é sempre aconselhável que a primeira delas seja formalizar o pedido de solicitação, o que pode ser feita por carta, com aviso de recebimento, dirigida ao responsável pela unidade de saúde e outra para o Secretário de Saúde, de acordo com qual serviço de saúde está sendo negado ou encontra-se impossibilitado de ser prestado.

*Conselhos e Conferências de Saúde:* têm participação paritária e têm a tarefa de fiscalizar e definir diretrizes para execução das políticas de saúde. Os conselhos podem receber denúncias sobre o atendimento precário nos serviços de saúde; desvios de recursos e cobrança pela prestação de serviços. Recebem sugestões para a melhoria desses serviços, mas só podem agir para resolver o problema coletivo, não um caso isolado.

*Diretor, Chefe de Serviço e Secretário de Saúde:* é obrigatório que toda unidade de saúde tenha algum profissional responsável. Devem ser procurados no caso de reclamações sobre falta e/ou despreparo de profissionais, mau atendimento, descumprimento de horários, filas de esperas longas, desorganização, falta de aparelhos, equipamentos e medicamentos. É importante que o cidadão saiba o nome do responsável e escreva uma carta com aviso de recebimento (AR) a ele apresentando sua queixa, e envie uma cópia dessa carta ao Secretário de Saúde, também através de AR ou pelo serviço de protocolo da Prefeitura.

*Disque Saúde:* o Ministério da Saúde mantém o Disque Saúde que funciona 24 horas, com ligação gratuita; existe para orientar e ouvir o usuário do sistema. O cidadão pode ligar para fazer reclamações e denúncias de violações de seus direitos, obter informações sobre medicamentos, cirurgias, etc. Disque: 0800-611997.

*Ministério Público:* é o órgão que atua na proteção e na defesa dos direitos e interesses da sociedade, como é o caso da saúde. Quando recebe informações sobre casos de desrespeito aos direitos sociais, o Promotor de Justiça tem o poder-dever de instaurar um Inquérito Civil Público para ouvir quem eventualmente causou o dano e levantar provas. Quando tiver evidências de uma conduta prejudicial a um ou mais cidadãos, o Promotor de Justiça pode fazer um Termo de Ajustamento de Conduta (TAC) ou mesmo ingressar com uma Ação Civil Pública na Justiça competente. Para acioná-lo o cidadão deve fazer uma representação por escrito, relatando os problemas, o local, os profissionais envolvidos, enfim, contar com o máximo de detalhes tudo o que ocorreu e levar essa representação até a sede do Ministério Público no Município.

*Poder Judiciário:* a CF/88 garante que toda lesão ou ameaça de direito seja apreciada pelo Poder Judiciário. Basta que o interessado procure a Justiça, através de um advogado, que postulará a resolução de seu problema por meio de ação apropriada.

*Defensoria Pública:* tem o dever de prestar assistência judiciária gratuita aos cidadãos de baixa renda, como àqueles que não podem pagar custas judiciais e advogado sem prejudicar o seu sustento e de sua família. O cidadão deve dirigir-se pessoalmente ou por um representante até a sede da Defensoria Pública e lá, durante o atendimento com o Defensor relatar com detalhes o problema, já levando xerox de seus documentos, laudos, exames e tudo o que possa vir a ser utilizado como prova do ocorrido.

*Conselhos de Fiscalização Profissional:* tais como o de medicina, enfermagem, odontologia, etc., recebem denúncias de mau atendimento, serviço mau prestado, erro, falta de ética ou imperícias cometidas por profissionais da área da saúde, tendo a prerrogativa legal de apurar os fatos, abrir processos disciplinares e julgar os profissionais, o que pode resultar até na cassação do diploma. As denúncias devem ser nominais e podem ser enviadas pelo correio com AR, detalhando de forma clara o ocorrido, fornecendo o nome do profissional e as provas; também pode ser feita pessoalmente quando o cidadão deve dirigir-se a um desses conselhos profissionais com sede na cidade.

*Vigilância Sanitária:* tem a obrigação de controlar os riscos à saúde, fiscalizando a comercialização de alimentos, remédios, bebidas, sangue, equipamentos médicos e até a estrutura física das unidades de saúde e hospitais, resolvendo problemas como falta de higiene em unidades de saúde, vícios em equipamentos médicos, remédios vencidos ou ilegais, etc. Basta fazer uma denúncia escrita, via AR, à Vigilância Sanitária do município ou o cidadão vai pessoalmente, relata o problema e tudo que possa ajudar a solucioná-lo.

## 1.8 - Políticas públicas: os planos para a saúde

Neste ponto, não estamos falando dos planos de saúde privado, mas dos planos, políticas, estratégias de saúde. O planos de saúde sejam municipais, estaduais ou regionais, além de legalmente determinados, constituem instrumental de apoio essencial na gestão do SUS, na medida em que discriminam ações a serem desenvolvidas e facilitam a fiscalização e o controle dos gastos em saúde.

Atualmente, o planejamento estratégico ganhou força, na medida em que as ações planejadas consideram principalmente as necessidades e interesses mais eminentes da população, o porquê fazer, intercalando com estes, num segundo momento, as disponibilidades de recursos disponíveis, sejam eles, materiais, humanos ou financeiros e, o que e como fazer.

O como a nova legislação privilegia a participação e atuação dos Conselhos de Saúde e a realização de Conferências de Saúde, tais resoluções e apontamentos são indicadores de ações necessárias à resolução de problemas apontados por estes grupos, tendo com isso, uma melhor prestação de serviço na área da saúde.

Considera-se como ideal, tanto o Município, como o Estado, que tem um plano de saúde que coincida com a duração do mandato dos chefes do executivo. Privilegia-se o envolvimento e a informação da população sobre todas as etapas do plano de saúde, principalmente através dos Conselhos de Saúde, aos quais por lei, confere-se a fiscalização de tais planos.

Segundo o estudo realizado pelo Ministério Público do Espírito Santo:

> "é imprescindível que constate se o plano de saúde foi elaborado com base no perfil epidemiológico da população à qual se destina, na medida em que, os estudos epidemiológicos atuam como uma espécie de radiografia da saúde da população, evidenciando os fatores determinantes daquele quadro de saúde, gerando indicadores que orientam o planejamento estratégico para aquela área e para aquela comunidade específica. As taxas de mortalidade e morbidade, constituem as principais medidas de saúde de uma população, sendo reconhecidas internacionalmente".

A importância da contratação de serviços complementares e de recursos humanos para a atuação no Sistema Único de Saúde sofreu modificação com a Emenda Constitucional 52 de 2006, que tornou obrigatório concurso público para a contratação de profissionais para os programas de saúde pública, tal como PACS e o PSF.

Segundo o Ministério Público do Estado do Espírito Santo:

> "os serviços e ações do SUS, devem ser prestados e desenvolvidos, nas unidades de saúde pública, cabendo a iniciativa privada somente o atendimento supletivo, quando não existente ou são insuficiente os primeiros".

O art. 199, § 1º, da Constituição Federal, define como obrigatório o contrato de direito público ou convênio para participação complementar de instituições privadas no SUS, com preferência, para entidades filantrópicas e as sem fins lucrativos.

Torna-se portanto imprescindível, o procedimento licitatório prévio, previsto na Lei 8.666/93, excetuados os casos de comprovada hipótese de dispensa ou inexigibilidade.

Mesmo que os valores pagos pelo SUS, como forma de remuneração dos serviços prestados pelos entes conveniados, estejam tabelados de forma uniforme, não se justifica a falta de procedimento licitatório, uma vez que nada impede descontos e formas diferenciadas de pagamentos, dentre outros condições mais benéficas, as quais poderão ser objeto de escolha por determinado prestador de serviços é também o diferencial entre os concorrentes.

De acordo com o estudo realizado pelo Ministério Público do Espírito Santo:

> "Dado importante deve ser levado em consideração na fiscalização da contratação de serviços complementares de saúde, é o fato de que as unidades de saúde de natureza filantrópica devem colocar à disposição do SUS um percentual não inferior a 70% de sua capacidade, (portarias números 944 de 12 de maio de 1994 e 1.695, de 23 de setembro de 1994, do Ministério da Saúde), a qual pode ou não ser utilizado pelo SUS, desde que a oferta nos serviços públicos atenda a demanda solicitada. Ressalte-se que as ações e serviços de saúde são gratuitos quer nos serviços públicos e nos privados conveniados ou contratados pelo SUS, na ausência de qualquer ressalva nos contratos ou convênios, configurando até mesmo crime de concussão, tipificado no art. 317 do Código Penal brasileiro, a dita cobrança complementar por parte de prestadores de serviços, já com várias condenações nos Tribunais brasileiros, situação que igualmente sujeita possível imposição de pena pecuniária, suspensão ou extinção do contrato".

De acordo com informações traçadas pelo Fórum da Reforma Sanitária Brasileira, o SUS, desde a década de 90 vem enfrentando obstáculos que marcaram sua configuração, como a não implementação do preceito constitucional do Sistema de Seguridade Social com seus respectivos mecanismos de financiamento e gestão; o drástico subfinanciamento desde a sua criação; a profunda precarização das relações, remunerações e condições de trabalho dos trabalhadores de saúde; a insignificância de mudanças estruturantes nos modelos de atenção à saúde e de gestão do sistema; e, o desenvolvimento intensivo do marketing de valores de mercado em detrimento das soluções que ataquem os determinantes estruturais das necessidades de saúde. Mas, acima de todas as dificuldades é imprescindível que os governantes parem de encarar a saúde pública como gasto, e passe a vê-la como o principal investimento e ativo para o desenvolvimento de um país.

# CAPÍTULO 2

## DIMENSÕES ÉTICAS E A ESTRATÉGIA SAÚDE DA FAMÍLIA

A década de 90, em vários países, caracterizou-se por ser a década das reformas na área de saúde. Foram reformas diferentes daquelas operadas no final dos anos 70 e 80, mas como resposta, ainda, a uma mesma conjuntura ou a um mesmo problema de base. Inicialmente foi criado o programa, saúde da família que é posteriormente alçado à condição de estratégia para reorientação da assistência, que passaria a ser guiada pelos princípios de uma política de atenção primária ou de atenção básica.

Em virtude da importância que o PSF adquire por sua expansão e difusão, pelo seu potencial de inclusão de parcelas crescentes da população brasileira na assistência em saúde e pelo considerável contingente de trabalhadores envolvidos, busca-se, neste texto, refletir sobre a dimensão ética que impera no cotidiano destes trabalhadores. Para uma atuação plena do exercício dos profissionais de saúde no PSF não é só necessária a competência técnica, o conhecimento da construção do SUS, o surgimento do PACS e do próprio PSF e de suas atribuições dentro deste novo programa, mas também compreender e saber de seus limites legais e éticos no seu exercício dentro do PSF, conferidos por sua legislação.

"A estratégia de trabalho do PSF propõe uma nova dinâmica para a estruturação dos serviços de saúde, bem como para a sua relação com a comunidade e entre os diversos níveis de complexidade assistencial. Assume o compromisso de prestar assistência universal, integral, equânime, contínua e acima de tudo resolutiva à população na unidade de saúde e no domicílio, sempre de acordo com suas reais necessidades, identificando os fatores de riscos, aos quais ela está exposta, e nele intervindo de forma apropriada" (SOUZA, 2000)

O PSF prioriza a promoção, proteção e recuperação da saúde individual e da família de forma integral e continuada. Este programa baseia-se na atenção à família em sua relação com o ambiente físico e com sua rede social de relações individuais ou coletivas. Nas palavras do Ministério da Saúde o PSF tem o propósito de "reorganizar a prática da atenção à saúde em novas bases e substituir o modelo tradicional, levando a saúde para mais perto da família e, com isso, melhorar a qualidade de vida dos brasileiros" (BRASIL, 2001)

O Programa Saúde da Família (PSF) assume um conceito ampliado de atenção básica, avançando na direção de um sistema de saúde integrado que converge para a qualidade de vida das pessoas e de seu meio ambiente. Assim, se a construção do SUS implica uma reviravolta ética, a reorganização da atenção básica pela estratégia do PSF amplia e aprofunda o trajeto desse giro ético, pois sua efetivação não se resume a uma nova configuração da equipe técnico-assistencial, mas a um novo processo de trabalho marcado por uma prática ética, humana e vinculada ao exercício da cidadania. (ZOBOLI, FORTES, 2004)

Cabe-nos pensar a ética como uma abordagem em constante transformação, que deve e pode ser incorporada pelos indivíduos no processo de formação através de uma atitude diante da vida cotidiana, capaz de julgar criticamente os apelos da moral vigente; a ética está presente na consciência humana, sustenta e dirige as ações do homem norteando a conduta individual e social.

A ação ética é uma prática que deve ser exercitada todos os dias, tornando nossa existência profissional/pessoal uma narração dotada de sentido.

Alguns valores éticos segundo MOTA (1984) são básicos em toda profissão. A responsabilidade social e legal, a democracia, a discrição, a verdade, a justiça e a solidariedade garantem uma participação efetiva do profissional para uma consciência social mais humana, mas além destes o autor acredita que precisamos levar em conta as qualidades pessoais inatas ou adquiridas que concorrem para seu enriquecimento profissional.

Estas qualidades individuais estarão mais ligadas à sua responsabilidade profissional; responsabilidade segundo MUNÕZ e ALMEIDA (1999) tem sua origem na expressão latina *red spondeo* (*red* =prefixo de anterioridade; *spondeo* = esposar, assumir; assumir antecipadamente pelo que vai fazer). Esta responsabilidade estará inculcada em cada indivíduo durante seu processo de formação e posteriormente na atuação profissional. Sua responsabilidade deverá estar ligada com o seu dever em cumprir suas obrigações trabalhistas. Este é o dever moral, imperativo categórico de Kant, o dever é inerente ao homem, é um atributo da consciência, é o compromisso que o indivíduo tem para consigo e para com os seus princípios da verdade, é a forma de pensar o outro, de olhar alguém com aprofundamento, é o princípio de alteridade fazendo-se presente, é a capacidade de encontro com alguém diferente, com o qual podemos interagir por meio da assistência e ou da prestação do cuidado.

Vivenciamos em nosso cotidiano situações em que o abuso do poder, o desrespeito com o corpo e com o outro, a falta de humildade junto ao cliente/paciente e com o os outros profissionais é tamanho que nos deixa estarrecidos, que nos leva a refletir cada vez mais sobre o papel da ética, a responsabilidade profissional, o princípio de alteridade.

Concordamos com Freire (1998, 165) quando afirma:

"Estar convencido, porém, de que a rigorosidade, a séria disciplina intelectual, o exercício da curiosidade epistemológica não me fazem necessariamente um ser mal amado, arrogante, cheio de mim mesmo. Ou, em outras palavras, não é minha arrogância intelectual a que fala de minha rigorosidade científica. Nem a arrogância é sinal de competência, nem competência é causa de arrogância. Não nego a competência, por outro lado, de certos arrogantes, mas lamento neles a ausência de simplicidade que, não diminuindo em nada o seu saber, os faria gente melhor. Gente mais gente".

Estes dizeres de FREIRE nos levam a pensar o quanto temos nos deparado com esta situação, o quanto os indivíduos se deparam com este fato, o quanto as pessoas são desrespeitadas, humilhadas em seu cotidiano simplesmente pelo poder.

No cotidiano segundo Angerami-Camon (1997, 29),

"O comportamento ético não se faz mister; parece até que se trata de éticas estanques: a pessoal e a profissional. A ética pessoal não vem sistematizada num código, faz parte da existência do ser como cidadão. Tem origem na família, prosseguimento na escola e, por fim, expande-se por toda vida social do indivíduo. Aprende-se e apreende-se como proceder na relação com o outro".

Contudo, em relação à ética profissional, os códigos apontam o que se deve e o que não se deve ou não se pode fazer; o comportamento dos profissionais passa a ser regido por leis, e a assistência está respaldada num pedaço de papel e o homem neste caso hospitalizado ou necessitando de ajuda, passa a ser apenas uma máquina com defeito.

A responsabilidade normativa segundo SEGRE (1999) nasceu em razão da organização social elaborada pelo homem, na qual cada indivíduo tem atribuições impostas pelas necessidades do grupo. Destas atribuições, algumas são de caráter geral e outras específicas, isto é, determinados a indivíduos de acordo com a categoria profissional e/ou função exercida. A prática contrária a este *ethos* estava sujeita a sanção.

A partir da evolução das sociedades organizadas as normas passaram a ter não apenas a força, mas adquiriram também a forma de lei.

Os profissionais da saúde não podem deixar que a assistência ao homem seja feita de maneira normativa, em que seu corpo seja visto apenas como uma máquina que não está funcionando direito precisando de ajustes. Este modelo cujo homem e a saúde assumem um caráter limitado, estático, circunscrito ao espaço biológico, é mostrado por CAPRA (2000) e denominado de biomédico.

Esta visão fragmentada acerca do homem e a dicotomia do processo saúde-doença que centra a preocupação nos aspectos biológicos, que secundariza as circunstâncias sociais e históricas devem ser repensadas nos dias de hoje, para que assim possamos oferecer uma formação na qual o homem seja visto como um todo e de maneira abrangente.

> "É impossível conceber a unidade complexa do ser humano pelo pensamento disjuntivo, que concebe nossa humanidade de maneira insular, fora do cosmos que a rodeia, da matéria física e do espírito do qual somos constituídos, bem como, pelo pensamento redutor, que restringe a unidade humana a um substrato puramente biológico. Com isso, o nosso saber, por não ter sido religado, não é assimilado, nem integrado, assistimos ao agravamento da ignorância do todo, enquanto avança o conhecimento das partes." (MORIN, 2000, 43)

O reducionismo do conhecimento exclusivamente racional determinou à sociedade a equiparação de sua identidade à mente racional e não ao organismo como um todo, espalhando culturalmente os efeitos dessa divisão mente e corpo. Podemos citar os dizeres de CAPRA (2000, 37) quando ressalta que:

> "Na medida em que nos retiramos para nossas mentes, esquecemos como pensar com nossos corpos, de que modo usá-los como agentes do conhecimento. A divisão entre espírito e matéria levou a concepção do universo como um sistema mecânico que consiste em objetos separados, os quais, por sua vez,

foram reduzidos a seus componentes materiais fundamentais. Essa concepção cartesiana da natureza, foi além disso estendida aos organismos vivos, considerados máquinas constituídas de peças separadas".

Através deste modelo de cuidar, passou-se a concentrar à máquina corporal, negligenciando o homem como ser bio, psíquico, espiritual e social; que segundo OLIVIERI (1994, 17) afirma:

"Somente após o desaparecimento do médico da família, a doença passa a ser o centro das atenções e exige um tratamento particular e específico, desviando assim o pensamento do profissional de outras necessidades reais do doente".

Procede-se assim uma violenta redução do tema ética, como se restringisse à sistemas normativos aplicados às profissões, ocultando-se seu maior sentido: a reflexão sobre o próprio estar e agir do homem no mundo.

Essa divisão derivou de uma visão de mundo em que o conhecimento científico passou a ser o único método válido de compreensão do universo e a aceitação do ponto de vista cartesiano como verdade absoluta, sendo que o método de Descartes era o único meio válido para chegar ao conhecimento desempenhando um papel importante nas alterações culturais. Desta forma, os organismos vivos eram vistos como máquinas e composto de partes separadas.

A partir de então os profissionais de saúde perderam de vista o paciente como ser humano; grave erro da abordagem biomédica. Nesta, as interações do homem com seu contexto social, cultural, geográfico, político e ético não são privilegiados, trata-se de partes e fragmentos, mas não de homens.

De acordo com ALONSO (2006) o exercício profissional ao se tecnificar, faz com que se diluam os aspectos éticos da profissão. O profissional passa a ser um técnico instrumentalizado pelo processo, pela empresa ou pelo cliente para o qual trabalha, a única virtude que se exige dele é a habilidade. Este processo converte o profissional em uma peça que desempenha a função de forma mecânica.

Atualmente esta forma tecnicista de cuidar vai contra o que se pretende com a Enfermagem em Saúde Coletiva conforme nos apontam NEVES, PACHECO (2004), pois os autores descrevem um fazer que consiste em: reconhecer as necessidades de saúde da comunidade, obter uma participação ativa da população, reconhecer a saúde como um dos direitos dos utentes, executar as atividades de prevenção e promoção de saúde, isto é, cuidar na totalidade.

Cuidar de homens como ser corpo, mente e espírito, como um ser pensante, é cuidar do homem em sua totalidade, é acreditar que o homem através dos tempos pudesse ter um comportamento especial com o outro homem, cuja pessoa teria sempre o outro como um fim em si mesmo e não como objeto.

Esta maneira de ser e pensar o Homem é tratada por CAMARGO (1998) como corporalidade que representa a estrutura condicionante da vida pessoal, é um caráter peculiar da condição humana, abrangendo a totalidade do homem tanto na relação consigo mesmo quanto no seu relacionamento com os outros. Ela se coloca basicamente porque o homem não pode pensar sem ser, nem ser sem seu corpo, através do qual ele se expõe a si próprio e ao mundo.

Entendemos que tanto a terminologia utilizada por CAMARGO (1998) corporalidade, como a utilizada por PINTO (1998) corporeidade, nos sugere lidar com o HOMEM como um ser corporal, como um ser pensante, integral, vivendo numa relação intencional e dialética com o mundo, que não pode ser compreendido apenas como um objeto a mais na sociedade.

Aprender o significado de corporeidade, tema este defendido por diversos autores, pressupõe excitar o sensível, revelar suas possibilidades conforme MOREIRA (1995, 52) nos coloca,

> "perceber qual é o espaço do corpo implica entrar no universo dos seres que se mostram, sendo assim, perceber o constructo corporeidade implica habitá-lo, compreendê-lo em várias perspectivas".


Para Polak ( 1997, 24),

> "corporeidade é o modo de ser do homem; é a essência expressa pelo corpo, visto-vivente, sensível, que sente e é sentido, é também tocado-tocante, visto no processo de coexistência, num recrutamento, num quiasma".

Estas concepções são importantes, pois ampliam ainda mais nossa visão quanto às necessidades éticas, estéticas, de solicitude, de compreensão, e nos permitem perceber o homem na sua totalidade, validando a necessidade da abordagem ética no ensino para os profissionais da saúde.

> "Este novo mundo requer um novo tipo de médico: alguém capaz de praticar tanto as ciências sociais quanto a medicina. Alguém que, como parte de uma equipe multiprofissional, tenha uma compreensão de forma holística tanto das necessidades de saúde da comunidade, quanto dos indivíduos; deve ser ainda alguém que possa analisar o contexto cultural, social e econômico na origem, persistência, prognóstico e cuidados com a doença". (HELMAN, 1994, 9)

Entender como a ética veio fazer parte de nossas vidas é o primeiro passo para entendermos a importância dela frente às nossas atitudes, aos nossos valores, à nossa moral, à sociedade e conseqüentemente a aplicação dela nas instituições de ensino, saúde e outras.

Para tanto, precisamos entender inicialmente o que vem a ser ética, qual seu significado.

Ética quanto a sua origem semântica se equivale a moral. Segundo SAVATER (2002) o adjetivo ético na linguagem comum é aplicado a comportamentos, posturas (éticos, pouco éticos, falhos) das pessoas, numa referência à realidade humana na sua plenitude e na sua totalidade.

O autor continua explicando que a palavra portuguesa deriva de dois termos gregos muitos semelhantes no seu significado e pronúncia. *Éthos* significa hábito ou costume, entendidos como maneira exterior de comportamento; *Êthos* tem significado mais amplo, o de lugar ou pátria, ou maneira de ser ou até forma de pensar da pessoa.

Portanto ética pode ser traduzido como modo ou forma de vida, entendendo o homem na vida, o seu caráter, costumes, e não podendo deixar de lado a moral deste indivíduo.

Os termos ética e moral muitas vezes são usados como sendo equivalentes, pois a palavra moral que vem do latim *mos* ou *more* significa costumes, conduta de vida, referindo-se a regras de conduta humana no cotidiano.

Concordamos com SAVATER (2002) quando explica a distinção entre as palavras moral e ética, a primeira refere-se à prática concreta dos homens enquanto membros de uma sociedade, enquanto que ética é a reflexão sobre estas práticas, é uma reflexão crítica sobre a moral. Mas ela não é puramente teoria; a ética é um conjunto de princípios e disposições voltados para ação historicamente produzidos, cujo objetivo é balizar as ações humanas.

Ética é mutável e explicável e existe como referência para os seres humanos em sociedade, de modo tal que, a sociedade possa tornar-se cada vez mais humana.

Não há conceito único sobre ética como poderemos notar, existem vários entendimentos sobre seu significado.

Conforme nos aponta FORTES (1998, 25) "ética é um dos mecanismos de regulação social do homem que visa garantir a coesão social e harmonizar interesses individuais e coletivos".

Para GALLO (1999, 14) "ética é a parte da filosofia que se dedica pensar as ações humanas e seus fundamentos".

Já VAZQUEZ (1999, 23) retrata ética como "a teoria ou ciência do comportamento moral dos homens em sociedade, ou seja, é a ciência de uma forma específica de comportamento humano".

Segundo VALLS (1987, 4) "a ética é entendida como um estudo ou uma reflexão, científica ou filosófica e eventualmente até teológica sobre os costumes ou sobre as ações humanas".

Na opinião de Boff (2000, 54)

> "a ética não é algo acabado e feito em uma única vez. O ser humano está moldando os padrões éticos para sua vigência. Ética significa tudo aquilo que ajuda tornar melhor o ambiente para que seja saudável".

No entender de Dias da Silva (1998, 48) "a ética pode ser considerada um tratado teórico da moral ou como a ciência especulativa da moral ".

A ética visa o bem a ser conquistado e garantido frente ao mal que deve ser evitado, isto é, a nossa compreensão de ética está baseada na capacidade que o indivíduo possui para lidar com o conflito entre o bem e o mal que surge sempre frente a algum fato que exija um posicionamento, o que está sempre presente em qualquer atitude humana.

A ética consiste no discernimento para encontrar entre os interesses dos indivíduos, do grupo, da nação, da humanidade os valores nos quais se baseiam a conduta, isto põe o difícil problema de eleição do valor, o qual deverá medir a moralidade dos atos.

Pois, segundo Dias da Silva (1999, 60)

> "o agir humano, individual coletivo, não ocorre somente orientado pelo instinto, ao contrário, as nossas ações são dirigidas, em grande parte, pelos valores que são herdados e construídos, principalmente em nossos âmbitos familiares, sociais, históricos e culturais".

Etimologicamente valor provém do latim *valere*, ou seja, que tem valor, custo. Para COHEN (1999, 15), o conceito de valor está freqüentemente vinculado a noção de preferência ou seleção e segue afirmando:

> "ser o valor uma crença duradoura em um modelo específico de conduta ou estado de existência, que é pessoalmente ou socialmente adotado, e que está embasado em uma conduta preexistente, os valores podem expressar os sentimentos e o propósito de nossas vidas, tornando-se muitas vezes a base de nossas lutas e de nossos compromissos ".

Valor é um atributo, uma qualificação que damos a um determinado ser diante das suas propriedades. Os seres, objetos, coisas possuem propriedades, isto é, algo que é próprio, específico deles, quando estas propriedades passam a fazer parte de uma relação social geram interesse, necessidade, utilidade e prazer ao ser humano, então, o homem atribui um valor (positivo ou negativo) às coisas, conforme seu interesse nestas propriedades, criando assim uma escala valorativa.

Valor é a força capaz de tirar o homem de sua indiferença e provocar nele uma atitude de avaliação, porque contribui de alguma forma para sua realização pessoal.

Percebemos que há vários modos de expressar o valor; valor econômico, artístico, cultural, sentimental, de uso, de troca ou moral. Podemos ainda dividir o valor em material e não material ou moral e não moral; o material ou não moral aplicamos às coisas, e o não material ou moral é o que aplicamos aos atos e produtos dos atos humanos livres e conscientes.

Os valores colocam o homem diante de si mesmo, diante dos outros e diante do mundo, numa atitude de conhecimento, discernimento, avaliação e ação.

Segundo Vazquez (1999, 149)

> "os valores existem unicamente em atos e produtos humanos. Tão-somente o que tem significado humano pode ser avaliado moralmente, mas, por sua vez, tão-somente os atos ou produtos que os homens podem reconhecer como seus, isto é, os realizados consciente e livremente, e pelos quais se lhes pode atribuir uma responsabilidade moral".

Portanto podemos entender que um produto pode assumir vários valores, embora um deles seja determinante, assim, uma ação moral pode estar diretamente ligada às nossas preferências pessoais ou sociais, aos nossos valores e estarão permanentemente conosco fazendo parte de nossas vidas de um modo livre e consciente.

Concordamos com os dizeres de Vilalobos (1999, 40) quando afirma que:

> "los sistemas de valores son modificados a lo largo de la vida o sea como a gente toma sus nuevos roles y responsabilidades. Los antecedentes o determinantes de los valores y de los sistemas de valores son complejos y envuelven la cultura, la sociedad, sus instituciones y la personalidad individual".

Com isso verificamos que não existe valor em si enquanto coisa, mas sim o valor enquanto uma relação entre o sujeito que valoriza e o objeto valorado. "Atribuir um valor a alguma coisa é não ficar indiferente a ela, portanto a não indiferença é a principal característica do valor segundo ARANHA (1992, 106).

A reflexão ética visa identificar os valores humanos e a elaboração de normas de comportamento para a garantia do bem humano e social, pois toda ação do homem está associada à moral e aos valores por ele estipulado.

Quando falamos de valor, segundo Formiga (2000, 9) partimos do pressuposto que:

> " todo ser humano age por uma motivação em vista de uma finalidade; é sabido que entre a motivação e a finalidade não existe uma transparência que determine ser todo ato bom e responsável, vários fatores psicológicos, sociais, culturais podem influenciar estes atos".

Portanto segundo esta visão, mesmo um ato humano, médico ou científico podem ser maus e irresponsáveis se as motivações forem egoístas ou se a finalidade for a ganância de fama, poder e riqueza.

Concordamos com HEATH (2001,15) quando afirma que "valores são princípios pelos quais escolhemos basear nosso comportamento", comportamento este que deve estar baseado em valores fundamentais como justiça, igualdade e solidariedade, que precisa ser implementado nas escolas e nas relações do cotidiano.

Enfim, acreditamos que somente através destes princípios que poderemos reconstituir esta sociedade esfacelada pela miséria, violência, egoísmo, individualismo, pois isto não só faz parte de nossa vida cotidiana como define nosso modelo de relações humanas, favorecendo a formação e construção do cidadão.

Como já dissemos anteriormente, a axiologia (axios, em grego, valor) não se ocupa dos seres, mas das relações entre os sujeitos que os aprecia, os valores estão presentes no convívio pessoal mais amplo, que vai além das diferenças étnicas e culturais entre as pessoas, da escolha do diálogo para esclarecer conflitos, da prestação do cuidado como atitude dos profissionais da saúde.

Ter um conteúdo axiológico em nossas relações, não significa somente que consideramos uma conduta boa ou positiva, digna de apreço ou de louvor, do ponto de vista moral, significa também que esta atitude pode ser má (VAZQUEZ,1999), dependerá muito da maneira como entendemos o fato, pois as pessoas não nascem boas ou ruins, é a sociedade que educa moralmente seus membros, embora a família, os meios de comunicação e o convívio com outras pessoas tenham influência marcante no comportamento das pessoas. Tudo passa a ter valor quando colocado numa relação social (humana), nada tem valor fora desta relação.

É através desta hegemonia que construímos nossas próprias práticas cotidianas, e deliberamos sobre nossos valores e é através deste conjunto de ações e significados de senso comum, que constituímos nosso mundo social tal qual o conhecemos, porém nem sempre estamos em condições de transformá-lo.

Vazquez (1999, 140) procura em seus escritos definir valor como sendo:

> "o valor não uma propriedade dos objetos em si, mas propriedades adquiridas graças à sua relação com o homem como ser social. Mas por sua vez, os objetos podem ter valor somente quando dotados realmente de certas propriedades objetivas; os valores são criações do homem e só existem para o homem". (1999, 146)

Já que o valor como vimos é uma experiência fundamentalmente humana que se encontra no centro de todas as ações e escolhas da vida, podemos afirmar que fazer um plano de ação nada mais é do que dar prioridades a certos valores ou seja escolher o que é melhor e evitar o que é prejudicial às nossas vidas.

Para escolha destes critérios é necessário compreender que atitudes, normas e valores comportam a dimensão social e pessoal que se vive, quais princípios assumidos pessoalmente por cada um a partir dos vários sistemas normativos, que circulam na sociedade, sendo o grande desafio conseguir se colocar no lugar do outro, compreender seu ponto de vista e suas motivações ao interpretar suas ações, isto segundo CADINHA (2001) desenvolve no ser humano a atitude de solidariedade e a capacidade de conviver com as diferenças.

Há muita diversidade nos valores que as pessoas crêem e nos quais baseiam suas condutas, os valores serão diferentes de acordo com a época em que são vividos, a cultura dos povos e são resultados das experiências vividas pelo homem ao se relacionar com o mundo e com outros homens.

A ética consiste no discernimento para encontrar, entre todos estes valores, o critério de justa escolha, embora, apesar dos valores não serem coisas, possamos através deles obter experiências que nos permitam intuir a partir de atitudes mentais e afetivas qual é o valor que seria mais adequado ser assumido naquele momento.

Concordamos com Leopoldo e Silva (1993, 9) quando afirma que:

> "a ética não pode ser separada da experiência efetiva dos valores, é dentro desta escala de valores que somos medidos, avaliados como seres humanos

sempre buscando a melhor maneira de viver. Viver intensamente e positivamente os valores morais, não apenas para um reconhecimento social mas para uma plena realização individual, profissional e coletiva. Ninguém nasce ou morre sem valor positivo ou negativo, cabe a cada um de nós vivê-los com dignidade ou não".

Acreditamos que cada um de nossos atos, que a escolha de um valor tem uma dimensão universal; e por causa disso, a ética, a conduta íntegra e um discernimento cuidadoso são elementos decisivos para uma vida feliz.

Atualmente a discussão sobre ética, habitualmente confinada aos domínios filosóficos adquiriu uma relevância social sem precedentes. As questões morais tornaram-se objeto de conversas e incorporam-se ao cotidiano do homem comum, expressando urgência de uma redefinição nos modelos das relações humanas.

Para esta construção não basta boas intenções, mas também um controle sobre os efeitos intencionais das nossas ações e o conhecimento de que o questionamento moral pressupõe através de um conflito entre interesse imediato e a longo prazo e entre interesse particular e o da coletividade.

O comportamento moral, portanto, não é a expressão e a manifestação de uma natureza dada de uma vez para sempre, eterna e imutável, mas de uma natureza que se transforma que pode passar por um processo de mudança, de transformação, o que constitui a própria construção da história da humanidade. A moral, portanto, é histórica porque o homem também tem um caráter histórico-social.

A moral segundo Lunardi (1994, 48):

> "cumpre uma função imprescindível: é um meio de regulamentação do comportamento dos indivíduos no seu grupo social, na sua coletividade. Os princípios, valores, normas, devem passar pela consciência do indivíduo, sendo assimilados e interiorizados, de modo a que voluntariamente seus atos adequem a tais normas e tais valores".

A ética é uma reflexão crítica sobre a moral. Mas ela não é puramente teoria; a ética é um conjunto de princípios e disposições voltados para a ação, historicamente produzidos, cujo objetivo é balizar as ações humanas. A ética existe como referência para os seres humanos em sociedade, de modo tal que a sociedade possa se tornar cada vez mais humana.

A ética é parte do fato da existência da história da moral, isto é, tem como ponto de partida a diversidade de morais no tempo, com seus respectivos valores, princípios e normas. (VAZQUEZ, 1999)

A ética foi vivenciada desde a época de Adão, quando este escolheu o caminho proibido a ser seguido. A palavra de Deus constituiu naquele momento uma norma ética, lei natural; com isso podemos afirmar que o homem vive cumprindo as ordens, princípios morais, cria códigos de comportamento, desde a criação do homem por Deus até os dias de hoje.

Portanto para exercitarmos nossa profissão será sempre necessário respeitarmos o outro, respeito que começa por se concretizar no modo discreto como esse outro é abordado e tratado a sua privacidade, seus valores, seus costumes, respeito pelo seus sentimentos; somente desta forma que poderemos estar dizendo que estaremos cuidando com toda à ética.

# CAPÍTULO 3

## HISTÓRICO

Segundo o Ministério da Saúde (2001) as origens da Estratégia Saúde da Família (ESF) estão nos movimentos reformistas das décadas de 1970 e 1980, que visavam substituir o modelo tradicional de saúde, baseado na valorização do hospital e da doença, por um novo modelo que prioriza a prevenção e promoção da saúde, com a participação da população.

Os princípios da atenção primária em saúde eram discutidos em movimentos internacionais, esboçados em conferências e experimentados em alguns países, inclusive na América Latina. Em comum eles tinham a ênfase nos cuidados primários de saúde e a figura do agente de saúde, um novo ator social envolvido na prevenção das doenças e na promoção da saúde, que abria a possibilidade de estabelecer uma nova prática de saúde entre os serviços e a comunidade. No Brasil, os anos 70 e 80 marcaram um processo longo de discussão sobre um novo paradigma para a saúde, colaboraram para a construção dos princípios do Sistema Único de Saúde (SUS), instituído pela Constituição de 1988. Inicialmente ligados a centros acadêmicos ou organizações não governamentais, projetos localizados ajudaram a formar, para a saúde pública, um novo modelo que duas décadas depois está implantado em mais da metade dos municípios brasileiros, contribuindo para melhorar a qualidade de vida da população.

**O PROGRAMA DE AGENTES COMUNITÁRIOS DE SAÚDE (PACS)** foi criado oficialmente pelo Ministério da Saúde em 1991, para somar-se aos esforços voltados à redução dos graves índices de mortalidade infantil e materna na Região Nordeste, portanto, com uma clara focalização de cobertura e objetivos, considerando que essa região concentrava o maior percentual de população em situação de pobreza e, conseqüentemente, mais exposta ao risco de adoecer e morrer.

As Secretarias de Estado de Saúde da Região Nordeste foram convidadas pelo Ministério da Saúde para traçar as diretrizes para a formação de Agentes Comunitários de Saúde. Em função de seu projeto bem-sucedido, o Ceará foi a referência das lições aprendidas para a adesão de todo o Nordeste ao programa.

Normas e princípios foram estabelecidos para garantir o perfil necessário ao Agente de Saúde: ter pelo menos 18 anos, saber ler e escrever, ter liderança e ser morador de sua comunidade há pelo menos dois anos. Esses critérios prevalecem até hoje. A necessidade de residir na área onde o agente desempenha suas funções tem se fortalecido como condição essencial para garantir a identidade cultural indispensável para esse tipo de trabalho, além de valorizar as potencialidades locais e provocar a inclusão de lideranças comunitárias no desenvolvimento de uma política pública.

A seleção dos agentes comunitários atendia também a critérios específicos. Eles deveriam ser escolhidos no próprio município por processo seletivo que incluía uma etapa de entrevista, em que se buscava identificar e valorizar a qualidade mais importante para a função: **o espírito de solidariedade**, capaz de ajudar os moradores na conquista de mais saúde e melhor qualidade de vida.

As coordenações estaduais do PACS sempre desenvolveram papel fundamental para a implantação do programa. Deslocavam-se pelos municípios para discutir com gestores, conselheiros municipais de saúde e lideranças locais a incorporação dessa nova concepção de trabalho na atenção básica. Nesse período inicial, as Secretarias Estaduais de Saúde assumiam a coordenação e a própria execução do processo seletivo dos agentes, que incluía as fases de mapeamento dos municípios, divulgação e aplicação das provas e entrevistas. Com o avanço do processo de descentralização e municipalização, essa atividade foi assumida como atribuição e responsabilidade dos municípios.

Aos agentes comunitários de saúde era atribuída a responsabilidade de acompanhamento de 150 a 200 famílias, concentradas em uma microárea. Essa medida foi fundamental para fortalecer a importância dos princípios de **vigilância à saúde e de responsabilidade territorial.**

A implantação do PACS, nos municípios, estava condicionada ao cumprimento de algumas exigências:

- ter uma Unidade Básica de Saúde à qual o agente comunitário de saúde estivesse vinculado;
- ter um profissional enfermeiro, que assumisse a função de instrutor/supervisor;
- ter o Conselho Municipal de Saúde implantado;
- ter o Fundo Municipal de Saúde criado e implantado, para receber recursos do Programa.

Essas condições foram fundamentais para:

- inserir o agente comunitário no âmbito do sistema local de saúde, com garantia de capacitação e supervisão, como condição para o alcance de bons resultados;
- fortalecer o movimento de descentralização e municipalização dos serviços de saúde, segundo os princípios do Sistema Único de Saúde.

Nesse cenário o PACS contribuiu de maneira significativa para a interiorização de profissionais enfermeiros. Inicialmente o programa esteve centrado nos pequenos municípios, que se caracterizavam pela precariedade dos seus indicadores e pela insuficiência de oferta e de organização de seus serviços. Muitos desses municípios não tinham nenhum profissional de saúde residente no local. Dessa forma, foi decisivo o envolvimento dos enfermeiros na implantação do PACS. A própria formação dos profissionais de enfermagem contribuiu para que se avançasse nas ações, que passavam a caracterizar-se como embrião de um futuro movimento de transformação do modelo assistencial.

No final de 1991, início de 1992 o PACS estendeu-se em caráter de emergência para os Estados do Norte do País, como estratégia de combate a epidemia de cólera que ameaçava a região.

Nesse momento estava em evidência o movimento pela descentralização e municipalização dos serviços de saúde, conforme estabelece o SUS, e, portanto, cenário de muitos debates que evidenciavam a construção de consensos e explicitavam muitos conflitos, com inevitáveis reflexos no PACS.

A cada mudança política, marcada por troca sucessiva de ministros, retomava-se o debate, pois não havia consenso quanto a sua continuidade. Em 1992, a expansão do programa ficou suspensa por alguns meses e sua continuidade só foi garantida naquele momento em função da epidemia de cólera que ameaçava o País. Não havia fonte e mecanismo de financiamento que garantissem sustentabilidade ao programa. Era freqüente encontrarmos agentes que estavam trabalhando sem receber seus honorários e por outro lado, a rede de serviços continuava desarticulada. Os postos ou Centros de Saúde eram mal utilizados, as ações eram apenas curativas e os profissionais de saúde também insatisfeitos, não tinham vínculo com a comunidade. Essa situação fortalecia a contradição com os princípios que conduziam o trabalho dos agentes comunitários. Havia ainda um conjunto de outros obstáculos, de cunho ideológico, que temia a caracterização do PACS como programa de utilização eleitoreira de perfil neolibral, de invasão de atribuições de outras categorias profissionais e de desqualificação das ações de saúde. O Programa enfrentava, portanto, um período de muitas dificuldades. É justo referir que, nesse período inicial de concepção e implantação do programa, o Fundo das Nações Unidas para a Infância (Unicef), desempenhou importante papel de defesa e fortalecimento de seus princípios.

Em 1993, na gestão do médico Dr. Jamil Haddad à frente do Ministério da Saúde, o PACS foi posto em xeque: ou seria reorientado ou abandonado. As experiências exitosas acumuladas pelo programa em diversos municípios (diminuição da mortalidade infantil, aumento do aleitamento materno exclusivo, melhoria dos indicadores de nutrição de crianças, aumento das taxas de cobertura de vacinação e as medidas gerenciais tomadas em parceria com as Secretarias Estaduais de Saúde permitiram o redirecionamento do programa, com o propósito de corrigir problemas e valorizar suas potencialidades.

O Agente Comunitário de Saúde passou a ser um elemento de identificação e de tradução da realidade social de sua comunidade. Além de trazer para os serviços de saúde números mais preciosos das condições epidemiológicas de sua localidade, ele possuía como ninguém, conhecimentos de comunicação e da dinâmica de sua comunidade. Os vínculos começavam a ser reconstruídos. Em conseqüência, a pessoa atendida deixava de ser um número ou uma porcentagem das estatísticas oficiais, e ganhava nome, endereço, identidade.

Os agentes funcionavam como mediadores das necessidades das comunidades e das carências do serviço público. Rapidamente seu potencial foi reconhecido, o que fez crescer um forte movimento em seu favor conduzido pelos municípios e Secretarias Estaduais de Saúde.

Em 1993, ocorreu mais um passo importante para o fortalecimento do processo de municipalização dos serviços de saúde: é publicada a Norma Operacional Básica de 1993 (NOB-SUS/93), mal que estabelece novos critérios para responsabilização dos municípios na gestão municipal. Era mais que necessário trabalhar para a implantação de uma nova estrutura de atenção básica, possibilitando otimização da rede com melhores resultados com repercussões não só nos custos da saúde, mas sobretudo na qualidade da atenção ofertada às pessoas.

Ao final do ano de 1993, na gestão do Dr. Henrique Santillo, o Ministério da Saúde iniciou uma discussão com os municípios já engajados no PACS e instituições com experiência na reforma do modelo assistencial. Havia consenso a respeito das limitações do PACS como instrumento suficiente para provocar mudanças efetivas na forma de organização dos serviços básicos de saúde. Havia também o reconhecimento da crise do modelo assistencial, que precisava ser enfrentada para consolidar o processo de reforma iniciada pela implantação do Sistema Único de Saúde (SUS) e que já expressava avanços significativos com a descentralização e a municipalização dos serviços de saúde. Era necessário criar instrumentos ou intervenções para a ruptura com o modelo de atenção tradicional e historicamente hegemônico no País, traduzido como um modelo centrado na doença, concentrando suas ações e recursos para o tratamento ou abordagem restrita de riscos. Um modelo que ainda se configurava como curativo, que privilegiava uma medicina de alto custo, exercida de forma verticalizada e acessível apenas à uma parcela restrita da população. Além disso, inviabilizava práticas intersetoriais coerentes com intervenções sobre os múltiplos fatores que sabidamente eram determinantes do processo saúde-doença. O reconhecimento da crise desse modelo suscitou a necessidade emergencial de uma nova estratégia estruturante, contemplando a incorporação de recursos humanos e tecnologias contextualizadas nas novas práticas assistenciais propostas. Com esse propósito iniciou-se a formulação das diretrizes do Programa Saúde da Família (PSF) lançado em março de 1994. Era apresentado como a estratégia capaz de provocar mudança no modelo assistencial: romper com o comportamento passivo das unidades básicas de saúde e estender suas ações para e junto com a comunidade. As unidades Saúde da Família passariam a atuar através de uma equipe multiprofissional, composta, minimamente, por um médico, uma enfermeira, um auxiliar de enfermagem e de seis agentes comunitários de saúde. Assim se assumia o desafio do trabalho em equipe, multidisciplinar, com responsabilização sobre um território onde vivem e trabalham em torno de 4.500 pessoas ou aproximadamente 1.000 famílias.

A definição de responsabilidade territorial e de adscrição de famílias, introduzida no PACS e ampliada no PSF, conferia ao programa uma característica especial na organização dos serviços: a potencialidade para resgatar os vínculos de compromisso e de co-responsabilidade entre os serviços de saúde, os profissionais e a população.

A Equipe Saúde da Família assumia o desafio da atenção continuada, resolutiva e pautada pelos princípios da promoção da saúde, em que a ação intersetorial era considerada essencial para a melhoria dos indicadores de saúde e de qualidade de vida da população acompanhada. Ao PSF foi então atribuída a função de desenvolver ações básicas, no primeiro nível de atenção à saúde, mas propondo-se uma tarefa maior do que a simples extensão de cobertura e ampliação do acesso. O PSF deveria promover a reorganização da prática assistencial com novos critérios de abordagem, provocando reflexos em todos os níveis do sistema. Daí seu potencial estruturante sobre o modelo, justificando a decisão do Ministério da Saúde, nos anos seguintes, de considerá-lo como a principal estratégia de qualificação da atenção básica e reformulação do modelo assistencial.

O PSF não encontrou, no início de sua implantação, um cenário favorável ao seu fortalecimento. O processo de formulação não estava totalmente concluído e as condições necessárias para sua sustentabilidade não foram definidas de modo suficiente no âmbito institucional. Não houve, concomitantemente ao início de sua implantação, definições concretas no campo do financiamento e da política de recursos humanos, pilares fundamentais para o seu desenvolvimento. Além dessas restrições, havia a própria resistência à implantação de uma proposta que confrontasse as formas tradicionais de organização dos serviços.

Em 1995, o PACS e o PSF passaram a ser considerados, pelo Presidente Fernando Henrique Cardoso, projetos prioritários do governo federal. A atuação do ministro Adib Jatene contribuiu muito para firmar essa decisão. A gestão do programa foi inserida no âmbito da Secretaria de Assistência à Saúde (SAS), onde se iniciaram a definição e a construção das condições necessárias à sua sustentabilidade no âmbito do Sistema Único de Saúde. Pelo sistema de financiamento até então vigente, o município não tinha autonomia para gerir os recursos destinados à atenção básica, e o dinheiro que recebia da União era maior ou menor conforme a produção nas unidades de saúde, mediante um teto estipulado, que geralmente não retratava as reais necessidades de atenção da população. Os repasses para o PSF eram calculados de acordo com a quantidade de procedimentos ambulatoriais, de baixa e média complexidades, realizados no município. Por isso, as Equipes de Saúde da Família não eram estimuladas a se dedicar à prevenção de doenças e as ações estabelecidas de educação nas comunidades. Em muitos casos, nem havia tempo para isso: se o médico ou enfermeira deixassem de atender pacientes na unidade e passassem a fazer reuniões ou visitas domiciliares, o município receberia menos dinheiro da União. Na prática, continuava sendo priorizada a lógica da doença, e não a lógica da saúde. As contradições geradas pelo PSF fortaleceram o debate em torno das modalidades de financiamento, potencializando a formulação na Norma Operacional Básica de 1996 (NOB-SUS/96). Foi então criado o Piso de Atenção Básica (PAB), pelo qual todo município teria um valor específico repassado pelo Fundo Nacional de Saúde para o Fundo Municipal de Saúde, atribuído a cada um dos seus habitantes – um valor *per capta* – para viabilizar a atenção básica de saúde a toda a população.

O PAB apresentava também uma composição de recursos variáveis, sob a forma de incentivos para ações e projetos prioritários, com destaque para o PACS e o PSF.

A NOB /96 fortaleceu significativamente a atenção básica, ao definir responsabilidades dos gestores municipais nesse nível de complexidade do sistema e ao definir o antigo PSF como integrante de uma estratégia denominada ESTRATÉGIA SAÚDE DA FAMÍLIA (ESF), prioritária para a mudança do modelo assistencial. Com a implantação do PAB (fixo e dos incentivos) na gestão do ministro Carlos Albuquerque, a ESF passou a ter orçamento próprio, vindo a ser incluído no Plano Plurianual (PPA) do governo, em 1998. Essa medida certamente fortaleceu o movimento de adesão dos gestores municipais, expresso na curva de crescimento do programa a partir de 1998. A garantia de orçamento vinculado às metas de expansão foi a mais significativa expressão de priorização política dada a ESF.

A consolidação da ESF depende da existência de profissionais de saúde com conhecimentos, atitudes e habilidades adequadas ao novo modelo. Esse novo profissional não estava disponível no mercado de trabalho porque historicamente não foi objeto de formação das nossas universidades, que estavam voltadas para o abastecimento do mercado de especialistas. Para fazer frente a esse desafio, o Ministério da Saúde iniciou em 1997, com recursos do Projeto REFORSUS, a implantação dos Pólos de Capacitação, Formação e Educação Permanente de Recursos Humanos para a ESF. Os pólos representam o espaço de articulação de uma ou mais entidades voltadas para a formação e educação permanente dos profissionais de saúde. Essas entidades são vinculadas às Universidades ou instituições de ensino superior e se integram em secretarias estaduais e municipais de saúde, para implementar programas de capacitação destinados aos profissionais de Saúde da Família.

Ao assumir o Ministério da Saúde em março de 1998, o senador José Serra definiu a ESF como *"a estratégia estruturante para a organização do sistema de saúde"*. Para que o Sistema Único de Saúde funcionasse, ressaltou o ministro, *"era necessária sua estruturação numa base municipal sólida, e o mecanismo para isso era a estratégia saúde da família organizando a atenção básica"*.

A Secretaria de políticas foi reformulada, logo no início da gestão Serra, para se fortificar institucionalmente, assumindo a missão de agregar os esforços das diversas áreas técnicas e de intervenção programática para fortalecimento da atenção básica. Foi criado o Departamento de Atenção Básica com a determinação de consolidar a Estratégia Saúde da Família.

Em 1999, de abril a maio, o Ministério da Saúde realizou uma Avaliação da Implantação e Funcionamento da Estratégia Saúde da Família. Naquela ocasião havia cerca de 5 mil equipes em funcionamento, sendo preciso estar atento ao processo de implantação, para que oportunamente fosse possível identificar e corrigir eventuais problemas que pudessem comprometer os resultados esperados. A avaliação feita no início de 1999 possibilitou a identificação das seguintes situações, que permitiram que o Ministro da Saúde tomasse decisões importantes:

*Situação 1*

*Tendência de pulverização na implantação das equipes saúde da família.*

Muitos municípios se limitavam a implantar um número pequeno de equipes, o que era insuficiente para provocar a substituição das práticas tradicionais na rede básica e para criar impacto positivo nos indicadores de saúde.

### Estratégia do Ministério

Mudança na lógica dos incentivos financeiros para implantação do PSF. Os valores, que antes eram fixos, passaram a ser classificados em nove faixas distintas. Quanto maior a cobertura populacional, maior o valor do incentivo.

*Situação 2*

***Insuficiência de equipamentos essenciais ao desempenho das equipes nas unidades básicas saúde da família***, o que poderia comprometer a resolutividade da assistência.

**Estratégia do Ministério:** Introdução de um incentivo fixo, pontual, transferido fundo a fundo, no ato da implantação de novas Equipes de Saúde da Família. O recurso deve ser utilizado para aquisição dos materiais e equipamentos básicos necessários ao bom desempenho das equipes.

Ainda em 1999, em parceria com a Escola Nacional de Saúde Pública/FIOCRUZ, o Ministério da Saúde realizou a pesquisa censitária *"Perfil dos médicos e enfermeiros do PSF "*. Já em 2000 e 2001, por intermédio do Núcleo de Estudos de Políticas Públicas – NEPP/Unicamp, foi desenvolvida uma avaliação dos Pólos de Capacitação. Esses estudos produziram importantes informações que contribuíram no processo de tomada de decisões do Ministério da Saúde para o fortalecimento das ações de qualificação dos profissionais das Equipes de Saúde da Família. Nesse sentido destacam-se as seguintes iniciativas:

1. *Ampliação da oferta de cursos de especialização e residência em Saúde da Família.*

2. *Ampliação das instituições parceiras dos Pólos de Capacitação.*

3. *Elaboração, publicação e distribuição de materiais instrucionais para apoiar as capacitações de profissionais.* Entre as publicações editadas, destacam-se os dois manuais para educação a distância, respectivamente, de médicos e enfermeiros de Equipes de Saúde da Família, produzidos mediante parceria entre o Ministério da Saúde e o Instituto para o Desenvolvimento Social (IDS), da Universidade São Paulo, com o apoio da Fundação Telefônica.

4. *Distribuição em 2002 de kits de equipamentos para o treinamento a distância dos profissionais da ESF.* Essa iniciativa fez parte do Projeto de Informação e Educação a Distância, realizada com

recursos do Projeto REFORSUS. Cada kit era composto por equipamentos mobiliário (arquivo, cadeira e duas mesas), informática (computador e impressora) e audiovisual (TV e videocassete).

Ao mesmo tempo em que se investe nos profissionais que já estão no mercado de trabalho, é preciso induzir mudanças ainda na graduação, para que os profissionais recebam formação adequada ao novo perfil de trabalho exigido. Por esse motivo, na gestão do ministro Barjas Negri foi lançado em 2002, o Programa de Incentivo a Mudanças Curriculares nos Cursos de Medicina (Promed). Com esse programa, o Ministério da Saúde está apoiando financeiramente, iniciativas de ecolas médicas que estejam reorientando a formação de seus alunos, com ênfase nas mudanças do modelo de atenção à saúde, em especial naqueles voltados para o fortalecimento da atenção básica.

O Programa de Interiorização do Trabalho em Saúde (PITS) foi concebido com o objetivo de impulsionar a reorganização da Atenção Básica no país e fortalecer a ESF em regiões que não conseguem atrair médicos e enfermeiros por intermédio das prefeituras.

A proposta de ampliação da Atenção Básica trazida pela Norma Operacional de Assistência à Saúde (NOAS/SUS 01) busca definir melhor as responsabilidades e ações estratégicas mínimas que todos os municípios brasileiros devem desenvolver. São elas:

- ações de saúde da criança;
- ações de saúde da mulher;
- controle da tuberculose;
- eliminação da hanseníase;
- controle da hipertensão arterial;
- controle da *diabetes melittus*;
- ações de saúde bucal.

É necessário que cada município tenha serviços de atenção básica de qualidade e resolutivos, possibilitando a organização e otimização dos serviços de referência.

A implantação da NOAS possibilitará a construção das redes regionalizadas e hierarquizadas de serviços de saúde, de acordo com os princípios do SUS. Esse é um passo fundamental para a consolidação da ESF, porque assegurará a resolutividade necessária na atenção básica e a continuidade da assistência quando as situações exigirem maior nível de complexidade assistencial.

Além dos recursos para aquisição de medicamentos básicos (incentivo à Farmácia Básica) que o Ministério da Saúde já transfere para estados e municípios, foi iniciado em março de 2001 o Programa Farmácia Popular, que todo ano agrega aos incentivos da ESF o valor de R$ 1,51 (um real e cinqüenta e um centavos) para cada habitante da comunidade acompanhada pela Estratégia Saúde da Família. Essa é uma ação voltada exclusivamente para as equipes da ESF. A cada trimestre o Ministério da Saúde envia para cada equipe, um kit com 32 itens de medicamentos necessários ao tratamento dos problemas de saúde mais freqüentes na população acompanhada.

Em 2001 o Ministério da Saúde deu início a operacionalização da incorporação da odontologia na ESF, com a criação das Equipes de Saúde Bucal, no Programa PSF-Saúde Bucal. Nesse sentido definiu um incentivo financeiro anual de R$ 13.000,00 (treze mil reais) por equipe para municípios que montassem as Equipes de Saúde Bucal (ESB), compostas por um cirurgião-dentista e um atendente de consultório dentário; o valor subia para R$ 16.000,00 (dezesseis mil reais) por equipe quando a ESB incluía um técnico de higiene dental. Também foi definido um incentivo adicional de R$ 5.000,00 (cinco mil reais), que o município recebe com a implantação de cada ESB.

Na história do Programa de Agentes Comunitários de Saúde (PACS) em outubro de 1999 o então Presidente da República Sr. Fernando Henrique Cardoso assinou o decreto que reconheceu a função dos Agentes Comunitários de Saúde como de *"relevante utilidade pública"*. Outro passo importante para valorização dos profissionais Agentes Comunitários de Saúde foi dado por ocasião da assinatura pelo Sr. Presidente da República Fernando Henrique Cardoso, da exposição de motivos para Projeto que mais tarde foi concretizado em Lei Federal criando a profissão de Agente Comunitário de Saúde. A Lei define as atividades inerentes aos Agentes Comunitários de Saúde, os requisitos para o exercício da profissão e as suas respectivas atribuições. Além da valorização da atividade, a regulamentação em Lei do trabalho do ACS é o mecanismo que assegurará uma uniformidade nacional de sua atuação. Tais aspectos são fundamentais para a consolidação das qualificações específicas dos ACS, entre as quais está o requisito relativo à sua residência, que deve ser na área da comunidade em que irá atuar. Essa regulamentação também irá contribuir para a definição de modalidades adequadas de contratação dos ACS, de forma que seus direitos sociais sejam garantidos e as características do perfil dos ACS sejam mantidas.

Outro avanço dentro da Estratégia Saúde da Família, na sua operacionalização foi a implementação nos estados e municípios do *Sistema de Informação da Atenção Básica (SIAB)*, instrumento que possibilita o acompanhamento e avaliação das ações e serviços realizados pelas Equipes de Saúde da Família. O SIAB apresenta dados e informações relacionadas ao cadastro das famílias e sua situação sócio-sanitária, à situação de saúde da população acompanhada em relação a programas prioritários e à produção de serviços da equipe. No nível municipal o gestor tem a possibilidade de avaliar os dados desagregados por microárea (área de atuação de um ACS), área (conjunto de microáreas sob a responsabilidade de uma Equipe Saúde da Família), segmento (conjunto de áreas contíguas), unidades de saúde (estabelecimentos de saúde ao qual se vinculam uma ou mais equipes do PACS e do PSF) ou avaliar os dados agregados do município. Para os gestores municipais e equipes da ESF, o SIAB significa a possibilidade de uso de informações confiáveis para programar ou reprogramar as ações locais. As informações sobre necessidades da comunidade, sobre a situação de saúde das famílias, sobre o cumprimento das metas estão disponíveis em tempo real, isso dá oportunidade aos gestores e profissionais da ESF, de tomar decisões em tempo oportuno e assim enfrentar melhor os problemas. Outra grande vantagem é que as pessoas e os domicílios estão identificados de forma completa, abrangente. Não são apenas números que alimentam as estatísticas. São pessoas que estão sendo acompanhadas de perto, com vínculo, com responsabilidade e compromisso.

É importante destacar que com a ampliação da ESF a nível nacional a base de dados tem crescido em volume, sendo necessário o aperfeiçoamento constante do sistema.

Ao lado do Sistema de Informações da Atenção Básica (SIAB), uma outra forma de analisar o desempenho dos municípios na execução das ações básicas em saúde é o Pacto dos Indicadores da Atenção Básica, implantado a partir de 1999, como resultado de discussão e pactuação de metas para modificar indicadores de saúde. O Pacto representa um compromisso mútuo entre os representantes dos três níveis de gestão do SUS-Ministério da Saúde, Secretarias Estaduais de Saúde e Secretarias Municipais de Saúde, e nele cada um se compromete a promover melhoria nas condições de saúde e vida da população. Em 2001 foram selecionados 17 indicadores para os municípios e 19 para os estados. A partir de 2002, os indicadores abrangem as sete áreas técnicas da Norma Operacional da Assistência à Saúde – NOAS (*saúde da mulher, da criança, controle da tuberculose, hanseníase, diabetes, hipertensão arterial e saúde bucal*) e indicadores mais gerais (*cobertura da ESF, vacinação de idosos, visita domiciliar por família/ano e outros*).

Com a Estratégia Saúde da Família implementada os resultados são promissores. Nas áreas onde a ESF foi implementada notamos: *diminuição do número de mortes de crianças por causas evitáveis, aumento da quantidade de gestantes que chegam saudáveis e bem informadas ao parto, melhoria na atenção aos idosos, melhoria nas coberturas vacinais, aumento do diagnóstico, do tratamento e do acompanhamento de portadores de diabetes e hipertensão, identificação precoce e tratamento dos casos de tuberculose e hanseníase.*

Com o avanço da ESF nos últimos anos, verifica-se a necessidade de controlar a qualidade do serviço prestado e nesse sentido é necessário a agregação de esforços entre municípios, estados e Ministério da Saúde, para que a avaliação seja um processo constante e instrumentalizador para quem gerencia ou executa as ações da ESF.

Além do SIAB e do Pacto de Atenção Básica, em 2001 o Ministério da Saúde iniciou o monitoramento da implantação e funcionamento das Equipes Saúde da Família. Em parceria com as Secretarias Estaduais de Saúde, são realizadas visitas aos municípios e entrevistas com as equipes para verificação de importantes aspectos de implantação da ESF, como os seguintes:

- adequação aos princípios propostos;
- situação física das unidades básicas saúde da família;
- condições e rotinas de trabalho das equipes;
- como se dá o acesso a serviços de saúde de maior complexidade;
- composição das equipes.

O objetivo desse trabalho é nortear os rumos da ESF, a partir da análise dos dados levantados, insistir nas experiências que estão dando certo e corrigir as distorções que podem comprometer os bons resultados.

O atual desafio da Estratégia Saúde da Família é atingir as grandes cidades, os grandes aglomerados urbanos. Esse desafio começa a ser enfrentado e começa a mostrar resultados. Muitas capitais e municípios de maior porte já puseram em operação seus planos de substituição da rede básica tradicional pela estratégia saúde da família e as primeiras experiências confirmam as previsões de que a implantação/expansão da ESF nas grandes cidades tem dimensões e características próprias. Nessas metrópoles, existe uma concentração de oferta de serviços e de profissionais, organizados de acordo com um modelo de atenção que já demonstrou a sua ineficiência. A rede de serviços se caracteriza por hospitais e ambulatórios gerais, localizados em áreas, na grande maioria dos casos, distantes das moradias de seus usuários. A prestação de serviços é pautada pelos recursos existentes, em detrimento das necessidades da população.

Para a implantação de um grande número de equipes da ESF e conseqüentemente ampliação de cobertura populacional nas grandes áreas urbanas, reorganizando a atenção básica, os incentivos financeiros serão de grande monta, sendo necessário uma busca de recursos em mecanismos financeiros internacionais para a viabilização de investimentos na construção de Unidades Básicas Saúde da Família (UBSF), capacitação, gestão, acompanhamento e avaliação da ESF. Somente com providências desse porte será possível vencer o desafio das grandes metrópoles, sendo essa uma condição para que a ESF se consolide como eixo orientador da organização/reorganização do sistema de saúde, configurando o modelo de atenção básica e gerando rearranjos na assistência de média e alta complexidade.

Acreditamos que para o Ministério da Saúde, na condição de gestor nacional do Sistema Único de Saúde, a Estratégia Saúde da Família representa no campo das políticas públicas sociais, um importante avanço em direção aos princípios estabelecidos na Constituição Federal: amplo acesso aos serviços de saúde, atenção integral, adequada às necessidades individuais e coletivas, com qualidade e resolutividade, para todos os brasileiros.

## Princípios do Sistema Único de Saúde (SUS)

Todo cidadão tem direito, garantido por Lei, a receber assistência médica de qualidade. A seguir vamos relembrar alguns princípios do Sistema Único de Saúde (SUS) definidos pela Constituição Federal.

### Universalização

É o acesso garantido aos serviços de saúde para toda a população, em todos os níveis de assistência, sem preconceitos ou privilégios de qualquer espécie.

### Eqüidade

Igualdade na assistência à saúde, com ações e serviços priorizados em função de situações de risco, das situações de vida e da saúde de determinados indivíduos e grupos da população.

### Integralidade

Conjunto de ações e serviços de prevenção e cura, individuais e coletivos, exigidos para cada caso em todos os níveis do sistema.

### Resolutividade

Eficiência na capacidade de resolução das ações e serviços de saúde através da assistência integral resolutiva, contínua e de qualidade, no domicílio e na unidade de saúde, buscando identificar e intervir sobre as causas e fatores de risco aos quais a população está exposta.

### Intersetorialidade

Ações integradas entre os serviços de saúde e outros órgãos públicos a fim de somar esforços em prol de um objetivo comum.

### Humanização

Responsabilização mútua entre os serviços de saúde e a comunidade e estreitamento de vínculo entre as equipes de profissionais e a população.

## Participação Popular

Democratização do conhecimento do processo de saúde/doença e dos serviços, estimulando a organização da comunidade para exercer efetivo controle social na gestão do sistema.

Mesmo que esses princípios ainda não tenham sido plenamente atingidos, tratam-se de importante conquista que devemos valorizar e lutar para que sejam cada vez mais colocados em prática. É necessário consolidar a atuação do SUS de maneira a assegurar que todas as pessoas tenham acesso aos serviços de saúde, de forma que esses estejam cada vez mais próximos do cidadão e, principalmente, que sejam eficientes.

Precisamos pensar mais em saúde do que em doença, planejar ações associadas a outros setores como educação, meio ambiente, segurança pública e geração de emprego. Dessa forma conseguiremos elevar continuamente a qualidade de vida da população e exercitar nossa cidadania.

O Brasil se organiza em um sistema político federativo constituído por três esferas de governo – União, Estados e Municípios –, todas consideradas pela Constituição da República de 1988 como entes com autonomia administrativa e sem vinculação hierárquica. São 26 Estados e o Distrito Federal e 5.560 Municípios. Estados que vão desde Roraima, com apenas 279 mil habitantes, até São Paulo, com mais de 36 milhões de habitantes. Municípios com pouco mais de mil habitantes até o Município de São Paulo com mais de 10 milhões de habitantes.

O sistema federativo seria, em linhas gerais, adequado para países marcados pela diversidade e heterogeneidade, por favorecer o respeito aos valores democráticos em situações de acentuada diferenciação política, econômica, cultural, religiosa ou social. Por outro lado, esse tipo de sistema torna mais complexa a implementação de políticas sociais de abrangência nacional, particularmente nos casos em que a situação de diversidade diz respeito à existência de marcantes desigualdades e exclusão social, como no Brasil. Nesses casos, acentua-se a importância do papel das políticas sociais, redistribuição, redução das desigualdades e iniqüidades no território nacional e inclusão social.

Além disso, a implementação de políticas sociais em um sistema federativo requer, por um lado, a explicitação das funções das diferentes esferas de governo para cada área da política e, por outro, a adoção de mecanismos articuladores entre essas esferas, com ênfase em uma lógica de cooperação e complementação.

No que diz respeito às políticas de saúde, agregue-se a isso a complexidade inerente a essa área, relacionada aos seguintes fatores: múltiplas determinações sobre o estado de saúde da população e dos indivíduos; diversidade das necessidades de saúde em uma população; diferentes tipos de ações e serviços necessários para dar conta dessas necessidades; capacitação de pessoal e recursos tecnológicos requeridos para atendê-las; interesses e pressões do mercado na área da saúde (no âmbito da comercialização de equipamentos, medicamentos, produção de serviços, entre outros) que freqüentemente tensionam a estruturação de um sistema calcado na concepção de saúde como um direito de cidadania.

O federalismo brasileiro apresenta algumas especificidades que merecem destaque, por suas implicações para a área da saúde. A primeira diz respeito ao grande peso dos municípios, considerados como entes federativos com muitas responsabilidades na implementação de políticas públicas. A diversidade dos municípios brasileiros, em termos de porte, desenvolvimento político, econômico e social, capacidade de arrecadação tributária e capacidade institucional de Estado, por sua vez, implica diferentes possibilidades de implementação de políticas públicas de saúde, face à complexidade de enfrentamento dos desafios mencionados.

Outro aspecto relevante é que o federalismo brasileiro ainda se encontra de certa forma "em construção", uma vez que, ao longo de toda a história, foi tensionado por períodos de centralismo autoritário e a redemocratização do País ainda é relativamente recente.

## O Processo de Implantação do SUS

A partir das definições legais estabelecidas pela Constituição Federal de 1988 e da Lei Orgânica de Saúde, se iniciou o processo de implantação do Sistema Único de Saúde (SUS), sempre de uma forma negociada com as representações dos Secretários Estaduais e Municipais de Saúde. Esse processo tem sido orientado pelas Normas Operacionais do SUS, instituídas por meio de portarias ministeriais. Estas normas definem as competências de cada esfera de governo e as condições necessárias para que Estados e Municípios possam assumir as novas posições no processo de implantação do SUS.

As Normas Operacionais definem critérios para que Estados e Municípios voluntariamente se habilitem a receber repasses de recursos do Fundo Nacional de Saúde para seus respectivos fundos de saúde. A habilitação às condições de gestão definidas nas Normas Operacionais é condicionada ao cumprimento de uma série de requisitos e ao compromisso de assumir um conjunto de responsabilidades referentes à gestão do sistema de saúde. Desde o início do processo de implantação do SUS, foram publicadas três Normas Operacionais Básicas (NOB/SUS 01/91, NOB/SUS 01/93 e NOB/SUS 01/96). Em 2001 foi publicada a primeira Norma Operacional da Assistência a Saúde (NOAS/SUS 01/01) que foi revista e publicada em 2002, a qual se encontra atualmente em vigor (NOAS/SUS 01/02). Embora o instrumento que formaliza as Normas seja uma portaria do Ministro da Saúde, o seu conteúdo é definido de forma compartilhada entre o Ministério e os representantes do Conselho Nacional de Secretários de Saúde (CONASS) e do Conselho Nacional de Secretários Municipais de Saúde (CONASEMS). No item 2 da NOB/SUS 01/93 relativo ao gerenciamento do processo de descentralização, foram criadas, como foros de negociação e deliberação, as Comissões Intergestores. No âmbito nacional, funciona a Comissão Intergestores Tripartite (CIT), integrada paritariamente por representantes do Ministério da Saúde, do CONASS e do CONASEMS. No âmbito estadual, funciona a Comissão Intergestores Bipartite (CIB), integrada paritariamente por dirigentes da Secretaria Estadual de Saúde e do órgão de representação dos Secretários Municipais de Saúde do Estado. Dessa forma, todas as decisões sobre medidas para a implantação do SUS têm sido sistematicamente negociadas nessas comissões após amplo processo de discussão. Esse processo tem funcionado desse modo ao longo dos últimos 12 anos de vigor da Lei 8.080, contribuindo para que se venha a alcançar a plena implantação do Sistema Único de Saúde.

## O Financiamento do SUS

O financiamento do SUS é uma responsabilidade comum dos três níveis de governo. Recentemente, em setembro de 2000, foi aprovada a Emenda Constitucional nº 29, que determina a vinculação de receitas dos três níveis para o sistema. Os recursos federais que correspondem a mais de 60% do total, progressivamente vêm sendo repassados a Estados e Municípios, por meio de transferências diretas do Fundo Nacional de Saúde aos fundos estaduais e municipais, conforme mecanismo instituído pelo Decreto nº 1.232, de 30 de agosto de 1994.

A intensa habilitação de Municípios e Estados gerou um expressivo aumento das transferências diretas de recursos do Fundo Nacional de Saúde para os fundos municipais e estaduais, fazendo com que em dezembro de 2002, a maior parte dos recursos da assistência já fosse transferida nessa modalidade, em contraposição à predominância de pagamento federal direto aos prestadores de serviços.

Além das transferências do Fundo Nacional de Saúde, os fundos estaduais e municipais recebem aportes de seus próprios orçamentos. Alguns Estados promovem repasses de recursos próprios para os fundos municipais de saúde, de acordo com regras definidas no âmbito estadual.

O pagamento aos prestadores de serviços de saúde é feito pelo nível de governo responsável por sua gestão. Independente do nível de governo que execute o pagamento, o SUS utiliza um mesmo sistema de informações para os serviços ambulatoriais – o Sistema de Informações Ambulatoriais (SIA) e outro para os serviços hospitalares – o Sistema de Informações Hospitalares (SIH). No caso específico das internações hospitalares, embora o pagamento pelos serviços prestados esteja descentralizado, o processamento das informações relativas a todas as internações financiadas pelo Sistema Público de Saúde é realizado de forma centralizada pelo Departamento de Informática do SUS (DATASUS) órgão do Ministério da Saúde. Do mesmo modo, todo o Sistema Público utiliza uma única Tabela de Preços, definida pelo MS, para o pagamento aos prestadores de serviços.

A tendência é que os Municípios assumam cada vez mais a responsabilidade pelo relacionamento com os prestadores de serviço, à medida que se habilitem às condições de gestão descentralizada do sistema. A Norma em vigor (NOAS/SUS 01/02), instituída pelo MS define duas condições de participação do Município na gestão do SUS:

*a)* Gestão Plena da Atenção Básica Ampliada, pela qual o Município se habilita a receber um montante definido em base *per capita* para o financiamento das ações de atenção básica, e

*b)* Gestão Plena do Sistema Municipal, pela qual o Município recebe o total de recursos federais programados para o custeio da assistência em seu território.

Cabe esclarecer que o financiamento por base *per capita* não dispensa o gestor de alimentar o Sistema de Informações Ambulatoriais, cuja produção servirá como insumo para futuras negociações de alocação de recursos financeiros. Apesar do incremento das habilitações de Estados e Municípios, e do conseqüente aumento do volume de recursos repassados diretamente aos fundos de saúde subnacionais, um terço dos recursos federais ainda é empregada em pagamentos diretos a prestadores de serviços de saúde.

Tal situação decorre do processo de contratação e pagamento centralizado que vigorou durante o período do INAMPS, que antecedeu à implementação do SUS e, em certa medida, ainda não foi plenamente substituído pelo processo de descentralização, dado o caráter não compulsório e progressivo deste último. Até 1997 não havia subdivisão dos recursos transferidos para Estados e Municípios o que passou a ocorrer a partir de março de 1998 com a edição da portaria GM/MS n° 2.121 com a implantação do Piso da Atenção Básica (PAB) e a separação dos recursos para o financiamento da Atenção Básica e para o financiamento da Assistência de Média e Alta Complexidade Ambulatorial.

O PAB de cada Município que é calculado tendo por base um valor *per capita* é transferido de forma automática do Fundo Nacional de Saúde para os Fundos Municipais de Saúde mudando a forma anterior de financiamento por prestação de serviços e passando para uma lógica de transferência de recursos em função do compromisso do Município assumir a responsabilidade sanitária por este nível de atenção. Vale destacar que enquanto os recursos do PAB fixo são transferidos tendo por base o valor *per capita*, o valor do PAB variável depende da adesão do Município a programas prioritários definidos pelo Ministério da Saúde, tais como os Programas de Agentes Comunitários de Saúde, de Saúde da Família e de Combate às Carências Nutricionais e a ações estratégicas tais como a Farmácia Básica e as Ações Básicas de Vigilância Sanitária.

A portaria GM/MS n° 1.399, de 15 de dezembro de 1999, regulamentou a NOB/SUS 01/96 no que se refere às competências da União, Estados, Municípios e Distrito Federal, na área de Epidemiologia e Controle de Doenças (ECD) e definiu a sistemática de financiamento de suas ações. A partir no ano 2000 o Ministério da Saúde, por meio da Fundação Nacional de Saúde, começou a implementar o processo de descentralização da área de ECD.

## As funções gestoras e as atribuições dos governos estaduais no Sistema Único de Saúde

O Sistema Único de Saúde é, por definição constitucional, um sistema público, nacional e de caráter universal, baseado na concepção de saúde como direito de cidadania e nas diretrizes organizativas de: descentralização, com comando único em cada esfera de governo; integralidade do atendimento; e participação da comunidade. A implantação do SUS não é facultativa e as respectivas responsabilidades de seus gestores – federal, estaduais e municipais – não podem ser delegadas. O SUS é uma obrigação legalmente estabelecida. A implementação desse sistema, particularmente no que diz respeito ao processo de descentralização e definição do papel de cada esfera de governo, deve considerar o enfrentamento de ao menos três questões gerais, já mencionadas: as acentuadas desigualdades existentes no País; as especificidades dos problemas e desafios na área da saúde; as características do federalismo brasileiro. Pode-se dizer que, de certa forma, houve na implementação das políticas de saúde nos anos 90 um esforço para construir um modelo federativo na saúde, seja nas tentativas de definição do papel de cada esfera no sistema, seja na criação de estruturas e mecanismos institucionais específicos de relacionamento entre os gestores do SUS e desses com a sociedade. As responsabilidades com a gestão e o financiamento do SUS são compartilhadas entre os seus gestores dos três âmbitos. Considerando os objetivos da presente publicação, será dada ênfase à abordagem das responsabilidades dos gestores estaduais.

Um dos papéis fundamentais das Secretarias Estaduais de Saúde (SES) é o de coordenar o processo de implantação do SUS no respectivo Estado. Para tanto, o gestor estadual do SUS precisa agir de forma articulada com as duas outras esferas de governo (União e Municípios) e com as instâncias de controle social, representadas pelo Conselho Estadual de Saúde e pela Conferência Estadual de Saúde. No que diz respeito aos Municípios, a relação do gestor estadual é de coordenação e avaliação, não havendo uma hierarquia entre ambos ou a subordinação dos Municípios à SES. Isto resulta do modelo brasileiro de federalismo e da definição constitucional e legal do comando único em cada esfera de governo. Além disso, a relação com os Municípios tem como espaço de negociação e decisão política a Comissão Intergestores Bipartite (CIB), onde as decisões devem ser tomadas por consenso. É recomendável que o próprio Secretário Estadual de Saúde participe da coordenação da Comissão Bipartite já que se trata de um espaço político e assim as decisões sobre a condução do processo de implantação do SUS e, inclusive quanto à alocação dos recursos federais são tomadas por essa Comissão.

Já no que diz respeito à participação da comunidade, a mesma se concretiza por meio de Conferências de Saúde e pelos Conselhos de Saúde. Essas duas instâncias foram instituídas em cada esfera de governo pela Lei 8.142/90, que além de dispor sobre a participação da comunidade na gestão trata das transferências intergovernamentais de recursos financeiros na área da saúde. As Conferências de Saúde são realizadas com periodicidade quadrienal, com representantes dos vários segmentos sociais, com o objetivo de avaliar a situação de saúde e propor as diretrizes para a formulação das políticas de saúde nos níveis correspondentes. Essas Conferências se realizam em um processo ascendente desde Conferências Municipais de Saúde, passando por uma Conferência Estadual de Saúde em cada Estado e culminando em uma Conferência Nacional de Saúde.

Desta forma, com a implantação do SUS e considerando-se as definições da Constituição Federal e da Lei Orgânica da Saúde que institui o comando único em cada esfera de governo, a Secretaria Estadual de Saúde passou a ter um novo papel, o de Gestora Estadual do Sistema Único de Saúde. Esta gestão se dá no sentido amplo, não se restringindo ao gerenciamento de apenas sua rede própria de prestação de serviços (hospitais e outras unidades) ou dos prestadores de serviços, privados e públicos que estejam sob sua gestão, ou ainda de alguns programas assistenciais. A amplitude e o grau de autonomia desta gestão, no entanto, está relacionada ao tipo de Gestão em que o Estado esteja habilitado – variando, portanto, de Estado para Estado. A condição de Gestão Plena do Sistema Estadual de Saúde concede ao gestor estadual uma maior autonomia para a condução do sistema estadual de saúde e, de modo particular, altera a forma de participação do MS no financiamento do SUS. Nesse caso, os recursos relativos à assistência de media e alta complexidade sob gestão da SES, são automaticamente transferidos do Fundo Nacional para o Fundo Estadual de Saúde. Já aqueles referentes à Atenção Básica e aqueles relativos à assistência de média e alta complexidade sob gestão do Município em Gestão Plena do Sistema, são transferidos do Fundo Nacional para os Fundos Municipais de Saúde.

# CAPÍTULO 4

## O TERRITÓRIO E A ESTRATÉGIA SAÚDE DA FAMÍLIA

Segundo o Ministério da Saúde (2000) ao discutirmos a Estratégia Saúde da Família é necessário contextualizá-la no espaço em que o processo saúde/doença acontece, aproximando-se do conceito de MENDES de "território processo", local de vida dinâmica e pulsante onde deve ser considerado a cultura, postura e credos, da comunidade que ali habita; seus espaços geográficos e fluxos de movimentação; os serviços e facilidades ali encontrados.

A compreensão deste território-processo vai permitir as equipes da ESF vislumbrar porque as pessoas adoecem e como elas reagem a estes processos; como elas se recuperam e como podem ser fortalecidas.

Dentro da ESF, quando se propõe estudar os problemas comuns e olhar a sua comunidade como de risco, a noção do território e de suas influências no modo de viver das pessoas é a base do planejamento das ações de vigilância em saúde. Janet Christie Seely no livro *Working With Family in Primary Care* diz que saúde é a capacidade dos indivíduos lidarem com o estresse e a doença quando esta capacidade é ultrapassada. Pensando no território como o local onde estes fatos ocorrem é fácil ter a noção de sua importância. As situações comunitárias em que as pessoas vivem e se relacionam interferem no modo de viver e adoecer; a própria epidemiologia nos seus aspectos clínicos e sociais interage de um modo estreito com o território-processo. Esse território nunca estará pronto, no sentido de terminado, estando em constante mutação e construção, exigindo das equipes da ESF uma abordagem ao longo do tempo, colada na vida da comunidade a que serve e buscando a identificação de microáreas de risco, mapeadas pela própria comunidade no seu processo de crescimento.

Esse conceito e compreensão de território, que não é apenas uma região geográfica, permite o planejamento do trabalho, buscando o melhor resultado para uma dada comunidade compreender que para transformar alguém é preciso ir lá onde eles moram, entender em que acreditam, como reagem e se relacionam, e a partir deste ponto construir um novo fazer, partindo dessa realidade concreta. A força e o poder inovador da ESF está na sua inserção na comunidade, na sua capacidade de, conhecendo a realidade, e se comprometendo com ela, promover o desenvolvimento social e a melhoria dos indicadores de saúde.

## 4.1 - Saúde da Família: uma estratégia para a reorientação do modelo assistencial

Nas últimas décadas, a crise estrutural do setor público é vista pela fragilidade apresentada, tanto na eficiência como na eficácia da gestão das políticas sociais e econômicas, o que gera um hiato entre os direitos sociais constitucionalmente garantidos e a efetiva capacidade de oferta dos serviços públicos associados aos mesmos (Ministério da Saúde, 2001). Como continuidade ao processo iniciado com as Ações Integradas de Saúde (AIS), o qual foi seguido pelo movimento denominado Reforma Sanitária, amplamente debatido por ocasião da VIII Conferência Nacional de Saúde, cujas repercussões culminaram na redação do art. 196 da Constituição de 1988. A efetiva consolidação do Sistema Único de Saúde (SUS) está diretamente ligado a superação dessa problemática. Com relação aos Estados e Municípios, o processo de descentralização foi deflagrado através dos convênios do Sistema Descentralizado e Unificado de Saúde (SUDS), enquanto se realizavam os debates para aprovação da Lei 8.080 de 19 de setembro de 1990, complementada pela Lei 8.142, de 28 de dezembro de 1990.

Em vista da necessidade do estabelecimento de mecanismos capazes de assegurar a continuidade dessas conquistas sociais, várias propostas de mudanças inspiradas pela Reforma Sanitária e pelos princípios do SUS têm sido esboçadas ao longo do tempo, traduzidas, entre outras, nos projetos de criação dos distritos sanitários e dos sistemas locais de saúde. Essas iniciativas, entretanto, apresentam avanços e retrocessos e seus resultados têm sido pouco perceptíveis na estruturação dos serviços de saúde, exatamente por não promover mudanças significativas no modelo assistencial. Nessa perspectiva, surgem situações contraditórias para Estados e Municípios, relacionadas à descontinuidade do processo de descentralização e ao desenho de um novo modelo.

Assim, a Estratégia Saúde da Família (ESF) elege como ponto central o estabelecimento de vínculos e a criação de laços de compromisso e de co-responsabilidade entre os profissionais de saúde e a população. Sob essa ótica, a ESF visa a reversão do modelo assistencial vigente, por isso sua compreensão só é possível através da mudança do projeto de atenção básica, forma de atuação e organização geral dos serviços, reorganizando a prática assistencial em novas bases e critérios. Essa perspectiva faz com que a família passe a ser o objeto precípuo de atenção, entendida a partir do ambiente onde vive. Mais que uma delimitação geográfica, é nesse espaço que se constroem as relações intra e extrafamiliares e onde se desenvolve a luta pela melhoria das condições de vida, permitindo ainda uma compreensão ampliada do processo saúde/doença e portanto, da necessidade de intervenções de maior impacto e significação social.

As ações sobre esse espaço representam desafios a um olhar mais técnico e político mais ousado, que rompa os muros das unidades de saúde e enraíze-se para o meio onde as pessoas vivem, trabalham e se relacionam.

Embora inicialmente como PROGRAMA, na forma do Programa Saúde da Família (PSF), por suas especificidades, foge a concepção usual dos demais programas concebidos pelo Ministério da Saúde, já que não é uma intervenção vertical e paralela às atividades dos serviços de saúde. Pelo contrário, caracteriza-se como uma estratégia que possibilita a integração e promove a organização das atividades em um território definido com o propósito de propiciar o enfrentamento e resolução dos problemas identificados.

Acerca desses aspectos, O Ministério da Saúde, reafirma positivamente os valores que fundamentam as ações da ESF, entendendo como uma proposta substitutiva com dimensões técnica, política e administrativa inovadoras. Não é uma estratégia desenvolvida para atenção exclusiva ao grupo mulher e criança, haja vista que se propõe a trabalhar com o princípio de vigilância à saúde, apresentando uma característica de atuação inter e multidisciplinar e responsabilidade integral sobre a população que reside na área de abrangência de suas unidades de saúde. Outro equívoco, que merece negativa, é a identificação da ESF como um sistema de saúde pobre para os pobres, com utilização de baixa tecnologia. Tal assertiva não procede, pois a ESF é entendida como um modelo substitutivo da rede básica tradicional, de cobertura universal, porém assumindo o desafio do princípio da eqüidade e reconhecido como uma prática que requer alta complexidade tecnológica nos campos do conhecimento e do desenvolvimento de habilidades e de mudanças de atitudes.

Um dos pontos mais fortes da ESF é a busca ativa: a equipe vai às casas das pessoas, vê de perto a realidade de cada família, toma providências para evitar as doenças, atua para curar os casos em que a doença já existe, dá orientação para garantir uma vida melhor, com saúde. Os pacientes notam grande diferença em relação ao tipo de medicina que antes recebiam.

As cidades implantam a ESF por insistência da comunidade (que vê bons resultados em Municípios vizinhos), por necessidade de achar uma solução para os graves problemas de saúde locais, por influência de algum profissional de saúde da rede pública, por estímulo do Ministério da Saúde, da Secretaria Estadual de Saúde, mas qualquer que seja a razão determinante, no final de tudo o sucesso da implantação da ESF vai depender do Prefeito Municipal. É ele que toma a decisão. Na fase seguinte,o prefeito precisa ser determinado, perseverante, competente. Ele tem que estar consciente de que os bons resultados virão, com certeza, mas vão exigir paciência, tempo. Nas cidades onde funciona a Estratégia Saúde da Família (ESF), o comando geral das ações fica por conta do Secretário Municipal de Saúde e em muitos casos, foi o próprio secretário que deu os primeiros passos para a concretização da ESF. É no Secretário Municipal de Saúde que o Prefeito Municipal se apóia para que a ESF passe a fazer parte do Sistema Municipal de Saúde, dentro de uma nova lógica de integração ampla com a comunidade.

## 4.2 - Por que reorganizar a atenção básica em saúde?

Como nos informa o Ministério da Saúde em seu Guia Prático do Programa Saúde da Família (1999), porque o sistema anterior não deu resultado satisfatório. Por razões históricas, que entram pelo território da economia e passam pelas práticas políticas e costumes culturais, o modelo de saúde predominante no Brasil criou grande distância entre as equipes de saúde e a população. Por esse modelo, a especialização teve destaque absoluto, praticamente apagando a visão integral das pessoas e a preocupação em trabalhar com a prevenção das doenças, a promoção de hábitos saudáveis.

Por esse modelo, os serviços básicos de saúde não têm profissionais nem equipamentos capazes de dar solução para os problemas mais comuns da população. Não se criam, de fato, vínculos entre a população e os serviços de saúde. Não há, igualmente, articulação entre a rede básica e os demais setores, ligados à saúde, o que impede um diagnóstico preciso para se traçar o combate efetivo às causas dos problemas.

Como resultado, ainda convivemos em nosso país com crianças desnutridas; gestantes sem garantia de pré-natal adequado, chegando despreparadas à hora do parto; idosos desassistidos; falta de acompanhamento permanente aos casos de hipertensão e diabete; baixa capacidade de diagnóstico e tratamento dos casos de tuberculose e hanseníase; insuficiência no cuidado com a saúde bucal da população, entre outras falhas.

É necessário reorganizar a atenção básica para que passe a existir, entre a comunidade e os profissionais de saúde, uma nova relação – de confiança, de atenção, de respeito. Essa nova relação é um dos principais pontos de apoio dos profissionais que compõem as equipes de saúde da família. Para que possam desempenhar bem o seu papel é necessário garantir os medicamentos, os exames complementares, os locais apropriados para os atendimentos, para os partos, para as internações hospitalares, para as urgências e emergências.

É preciso entender bem qual é a idéia de Saúde da Família. Em primeiro lugar, esse conceito prevê a participação de toda a comunidade – em parceria com a Equipe Saúde da Família – na identificação de prioridades, no acompanhamento da avaliação de todo trabalho feito, sem privilégio para ninguém, sem discriminação de ninguém, sendo fundamental a atuação dos conselhos locais, igrejas e templos dos mais diferentes credos, associações, os vários tipos de organizações não governamentais (ONGs), clubes, entidades de todos os gêneros.

Em harmonia com as leis e normas que regulamentam a saúde no Brasil, a Estratégia Saúde da Família pressupõe que os Municípios estejam preparados para atuar de forma regionalizada e hierarquizada.

Cada município deverá dar solução aos problemas mais comuns e mais freqüentes na saúde da sua população e definir para onde encaminhar os casos que exigem atendimento especializado. É um erro, portanto, imaginar a ESF como um serviço paralelo, isolado. Pelo contrário, a ESF se integra ao serviço de saúde do município e da região, enriquecendo-o, organizando-o e caracterizando-se como a porta de entrada do sistema municipal de saúde.

A organização da atenção básica, propiciada pela Estratégia Saúde da Família, trata as pessoas, controla as doenças crônicas (hipertensão, diabetes), diminui a solicitação de exames desnecessários, racionaliza os encaminhamentos para os serviços de maior complexidade, reduz a procura direta aos atendimentos de urgência e hospitalares. Outro erro é pensar que as equipes Saúde da Família são responsáveis apenas pelas visitas domiciliares e atividades coletivas ou individuais de prevenção a doenças, enfermidades, patologias em geral, enquanto a assistência curativa continua sob responsabilidade de outros profissionais do modelo anterior. Essa é uma grave distorção, que põe por terra pontos básicos da ESF, que são a integralidade e a resolutividade nos territórios onde estejam implantadas às Unidades Básicas Saúde da Família, responsáveis por toda atenção básica das comunidades, sem que haja paralelismo na assistência prestada.

Mais um erro de entendimento que leva a distorção grave: achar que os recursos financeiros encaminhados pelo Governo Federal, como incentivo, representam todo o dinheiro necessário para implantar e manter a Estratégia Saúde da Família. Nunca é demais lembrar que a legislação do Sistema Único de Saúde (SUS) tem como princípio, para sua consolidação, os investimentos das três esferas de governo: federal, estadual e municipal.

Outro princípio básico do SUS é a descentralização. Isso quer dizer que, em toda estratégia de atenção à saúde adotada, o município é responsável pela organização e operacionalização dos serviços, pela forma de contratação e pagamento dos recursos humanos, pelo acompanhamento e avaliação das ações desenvolvidas.

A Estratégia Saúde da Família faz parte de um contexto maior, que é o Sistema Único de Saúde. Os profissionais da ESF não têm a pretensão de solucionar todos os problemas de saúde, mas devem estar conscientes de que uma atenção básica de qualidade é parte fundamental desse objetivo, de acordo com as responsabilidades definidas na NOAS-2001, que é a Norma Operacional Básica de Assistência à Saúde, editada por Portaria do Ministério da Saúde, em 26 de janeiro de 2001, sendo um instrumento que amplia as responsabilidades dos municípios na Atenção Básica, definindo o processo de regionalização da assistência, criando mecanismos para fortalecimento da gestão do SUS e atualizando os critérios de habilitação para os estados e municípios.

Há mais de 16 anos o Brasil vem implantando o Sistema Único de Saúde, o SUS, criado para ser o sistema de saúde dos 170 milhões de brasileiros, sem nenhum tipo de discriminação. Está enganado quem pensa que o SUS se resume a consultas, exames e internações. O sistema hoje faz muito com poucos recursos e também se especializou em apresentar soluções para casos difíceis, como o atendimento aos doentes de Aids e os transplantes.

O orçamento do SUS conta com menos de R$ 20,00 reais mensais por pessoa. Isso é dez vezes menos do que é destinado pelos sistemas de saúde dos países desenvolvidos e bem abaixo do valor de qualquer mensalidade de um plano de saúde.

Por outro lado, os planos privados de saúde, que atendem 35 mi-lhões de brasileiros, estão longe de representar a solução para a saúde no Brasil. É ilusão achar que os planos prestam serviços de qualidade. Além de custarem caro, muitas vezes negam o atendimento quando o cidadão mais precisa: deixam de fora medicamentos, exames, cirurgias e muitas vezes dificultam o atendimento dos cidadãos idosos, dos pacientes crônicos, dos portadores de patologias e deficiências.

### Compare a diferença entre os dois sistemas:

Todos os cidadãos pagam mais de uma vez para ter acesso à saúde, mas, em geral, nem o usuário do SUS, nem o consumidor de planos de saúde, está satisfeito com o atendimento que recebe.

Boa parte do dinheiro para financiar o SUS vem de contribuições sociais de patrões e empregados. Outra parte vem do pagamento de impostos embutidos no preço de produtos e serviços (Imposto sobre Circulação de Mercadorias - ICMS) e também de impostos sobre o lucro (o Cofins), sobre os automóveis (o IPVA) e sobre a movimentação financeira (a CPMF).

Os planos de saúde não são financiados apenas pelas mensalidades dos usuários ou pelas empresas que pagam o benefício para seus funcionários. Indiretamente, eles recebem recursos públicos, como, por exemplo, por meio dos planos de saúde contratados para funcionários públicos. Além disso, os planos de saúde tiram muitas vantagens do SUS. Quando o plano nega um atendimento *(a negativa pode ou não estar prevista no contrato)*, como exames e procedimentos caros e complexos, é o SUS quem acaba atendendo o cidadão.

Mesmo quando o paciente tem plano de saúde, o SUS atende todos os casos de urgência e emergência que dão entrada nos hospitais públicos, a exemplo dos acidentes de trânsito. Nestes casos, o SUS paga a conta que deveria ser da empresa de plano de saúde e poucas vezes é ressarcido pelo atendimento prestado.

Outro desvio é a prática ilegal da "fila dupla", quando as unidades do SUS, principalmente hospitais universitários, fazem parcerias com planos de saúde. Neste caso, os usuários dos planos recebem atenção diferenciada, "furam" a longa fila de espera do SUS de marcação de exames e consultas, passam na frente nas cirurgias e demais procedimentos, além de serem atendidos e até internados em melhores acomodações.

A saúde no Brasil é direito de todos e dever do Estado. Mais que isso, a saúde é item de relevância pública, o que assegura a participação do Ministério Público na fiscalização do cumprimento das leis.

O SUS é um sistema porque é formado por várias instituições dos três níveis de governo (União, estados e municípios) e pelo setor privado, com o qual são feitos contratos e convênios para a realização de serviços e ações, como se fosse um mesmo corpo. Assim, o serviço privado (um hospital, por exemplo), quando é contratado pelo SUS, deve atuar como se fosse público.

O SUS é único, porque tem a mesma filosofia de atuação em todo o território nacional e é organizado de acordo com uma mesma lógica. Além disso, o SUS:

É **universal** porque deve atender a todos, sem distinções, de acordo com suas necessidades, e sem cobrar nada, sem levar em conta o poder aquisitivo ou se a pessoa contribui ou não com a Previdência Social.

É **integral,** pois a saúde da pessoa não pode ser dividida e, sim, deve ser tratada como um todo. Isso quer dizer que as ações de saúde devem estar voltadas, ao mesmo tempo, para o indivíduo e para a comunidade, para a prevenção e para o tratamento, sempre respeitando a dignidade humana.

Garante **eqüidade,** pois deve oferecer os recursos de saúde de acordo com as necessidades de cada um; dar mais para quem mais precisa.

É **descentralizado,** pois quem está próximo dos cidadãos tem mais chances de acertar na solução dos problemas de saúde. Assim, todas as ações e serviços que atendem a população de um município devem ser municipais; as que servem e alcançam vários municípios devem ser estaduais e aquelas que são dirigidas a todo o território nacional devem ser federais. O SUS tem um gestor Único em cada esfera de governo. A Secretaria Municipal de Saúde, por exemplo, tem que ser responsável por todos os serviços localizados na cidade.

É **regionalizado e hierarquizado:** os serviços de saúde devem estar dispostos de maneira regionalizada, pois nem todos os municípios conseguem atender todas as demandas e todo tipo de problemas de saúde. Os serviços de saúde devem se organizar regionalmente e também obedecer a uma hierarquia entre eles. As questões menos complexas devem ser atendidas nas unidades básicas de saúde, passando pelas unidades especializadas, pelo hospital geral até chegar ao hospital especializado.

Prevê a **participação do setor privado:** as ações serão feitas pelos serviços públicos e de forma complementar pelo setor privado, preferencialmente pelo setor filantrópico e sem fins lucrativos, por meio de contrato administrativo ou convênio, o que não descaracteriza a natureza pública dos serviços.

Deve ter **racionalidade:** o SUS deve se organizar para oferecer ações e serviços de acordo com as necessidades da população e com os problemas de saúde mais freqüentes em cada região. Uma cidade não pode, por exemplo, manter um hospital e não dispor de unidades básicas de saúde.

Deve ser **eficaz e eficiente:** deve prestar serviços de qualidade e apresentar soluções quando as pessoas o procuram ou quando há um problema de saúde coletiva. Deve usar da racionalidade, utilizar as técnicas mais adequadas, de acordo com a realidade local e a disponibilidade de recursos, eliminando o desperdício e fazendo com que os recursos públicos sejam aplicados da melhor maneira possível.

Deve promover a **participação popular:** o SUS é democrático porque tem mecanismos de assegurar o direito de participação de todos os segmentos envolvidos com o sistema - governos, prestadores de serviços, trabalhadores de saúde e, principalmente, os usuários dos serviços, as comunidades e a população. Os principais instrumentos para exercer esse controle social são os conselhos e as conferências de saúde, que devem respeitar o critério de composição paritária (participação igual entre usuários e os demais); além de ter caráter deliberativo, isto é, ter poder de decisão.

### O SUS já provou que pode dar certo:

Você já deve ter ouvido falar muito mal do SUS. Freqüentemente, jornais, rádios e TVs apresentam o seu lado ruim: filas de espera, hospitais lotados e sucateados, situações de mau atendimento, falta de remédios e outros problemas.

O lado bom do SUS é mesmo muito pouco conhecido, pois há preconceito, desinformação e até má-fé de alguns setores que lucram com a exposição negativa dos serviços públicos de saúde. Conheça alguns dos avanços e das conquistas do SUS:

Dá assistência integral e totalmente gratuita para a população de portadores do **HIV** e doentes de Aids, renais crônicos e pacientes com câncer.

Realizou, em 2002, um bilhão de procedimentos de atenção básica; 251 milhões de exames laboratoriais; 8,1 milhões de ultra-sonografias e 132,5 milhões de atendimentos de alta complexidade (85% do total realizado no país), entre tomografias, sessões de hemodiálise, quimioterapia etc.

Na última década houve aumento da esperança de vida dos brasileiros; diminuição da mortalidade e da desnutrição infantil; eliminação da varíola e da poliomielite; controle da tuberculose infantil, tétano, sarampo e de muitas doenças que podem ser prevenidas com vacinação.

Mantém 500 mil profissionais de saúde, 5.794 hospitais, 441 mil leitos, onde são realizadas 11,7 milhões de internações por ano. Conta com 63.650 unidades ambulatoriais, que realizam 153 milhões de procedimentos por ano.

Realiza 85% de todos os procedimentos de alta complexidade do país. Em 2002 realizou 2,6 milhões de partos; 83 mil cirurgias cardíacas; 60 mil cirurgias oncológicas; 92,9 mil cirurgias de varizes e 23,4 mil transplantes de órgãos.

O Programa Saúde da Família do SUS conta com 17.610 equipes no final de 2002, atendendo mais de 55 milhões de pessoas, presente em 90% dos municípios brasileiros.

Realiza por ano 165.000 cirurgias de catarata; distribui 200 milhões de preservativos; realiza campanhas educativas; ações de vigilância sanitária de alimentos e medicamentos; além do controle de doenças e epidemias.

Os brasileiros que conseguem ser atendidos pelo SUS estão satisfeitos com o tratamento que recebem. Pesquisa feita pelo Ministério da Saúde em 2001, com 110 mil usuários internados pelo SUS, mostra que 85% consideram excelente ou bom o atendimento oferecido pelo hospital.

Outra pesquisa, do Ibope, revelou que a metade da população acredita que a implantação do SUS está dando certo e 41 % admitem que a qualidade dos serviços vem melhorando.

## As dificuldades do SUS:

As dificuldades do SUS são conhecidas, mas não podem ser generalizadas. Muitos municípios, que assumiram a saúde de seus cidadãos, que respeitam a lei e investem recursos próprios, estão conseguindo prestar atendimento com qualidade e dignidade a toda a população. Todos nós podemos dar uma contribuição, pois ainda persistem muitos problemas que precisam ser enfrentados:

– Muita gente não consegue ter acesso ao SUS. Em algumas cidades, principalmente nos grandes centros, é longa a fila de espera para consultas, exames e cirurgias.

– Dependendo do local, é comum não haver vagas para internação, faltam médicos, pessoal, medicamentos e até insumos básicos. Também é grande a demora nos encaminhamentos e na marcação para serviços mais especializados.

– Muitas vezes os profissionais não estão preparados para atender bem a população, sem contar que as condições de trabalho e de remuneração são geralmente muito ruins. Isso também acontece nos planos de saúde, que remuneram mal os profissionais credenciados.

– O atendimento às emergências está longe de ser o adequado, principalmente às vítimas da violência e dos acidentes de trânsito.

– São precários os serviços de reabilitação, o atendimento aos idosos, a assistência em saúde mental e os serviços odontológicos. Nos planos de saúde, a situação não é muito diferente: é comum a restrição aos serviços de reabilitação, à saúde mental e os serviços odontológicos, normalmente, são excluídos. Os idosos, por sua vez, sofrem com os altos preços das mensalidades.

– De acordo com pesquisas realizadas, em 2002, apenas 54% de 61 medicamentos básicos estavam disponibilizados em centros de saúde de 11 cidades. Outra pesquisa demonstrou que em alguns municípios os usuários precisam chegar de madrugada ou retornar várias vezes para marcar um exame preventivo.

### Faltam recursos e políticas sociais:

A saúde da população não depende somente do SUS, mas também de investimento de recursos, de políticas econômicas e sociais. A garantia de emprego, salário, casa, comida, educação, lazer e transporte interfere nas condições de saúde e de vida. Saúde não é só atendimento médico, mas também prevenção, educação, recuperação e reabilitação. Além disso, veja só o que está por trás das dificuldades do SUS:

– O orçamento público destinado ao SUS é insuficiente, o que fica pior com a política econômica do governo; a CPMF (o "imposto" do cheque), criada para melhorar a saúde, acabou sendo usado para outros fins; há estados e municípios que descumprem a Constituição e não destinam os recursos previstos para a saúde.

– Parte do dinheiro da saúde, que já é pouco, está sendo desviada para pagamento de salários de aposentados, pagamento de dívidas, obras de outros setores e até pagamento de planos privados de saúde para funcionários públicos.

– A implantação do SUS esbarra na falta de vontade política de muitos governantes e na falta de organização da sociedade, especialmente aqueles mais pobres e marginalizados, que têm dificuldades de mobilização para pressionar as autoridades.

### Está tudo na Constituição, só falta cumprir:

Resultado de muita luta e mobilização da sociedade, a Constituição brasileira reconheceu a saúde com um direito de cidadania e instituiu um sistema de saúde que precisa ser implementado.

Com base na Constituição Federal, na Lei 8.080/90, a Lei Orgânica da Saúde; na Lei 8.142/90, que trata da participação da sociedade e do financiamento da saúde; nas demais leis que de alguma forma relacionam-se com o tema e nas recomendações internacionais dos direitos dos pacientes, identificamos os principais direitos dos usuários de ações e serviços de saúde. Conheça de perto esses direitos e passe a lutar por eles no seu dia a dia.

## São seus direitos:

– Ter acesso ao conjunto de ações e serviços necessários para a promoção, proteção e a recuperação da sua saúde.

– Ter acesso gratuito, mediante financiamento público, aos medicamentos necessários para tratar e restabelecer sua saúde.

– Ter acesso ao atendimento ambulatorial em tempo razóavel para não prejudicar sua saúde. Ter à disposição mecanismos ágeis que facilitem a marcação de consultas ambulatoriais e exames, seja por telefone, meios eletrônicos ou pessoalmente.

– Ter acesso a centrais de vagas ou a outro mecanismo que facilite a internação hospitalar, sempre que houver indicação, evitando que, no caso de doença ou gravidez, você tenha que percorrer os estabelecimentos de saúde à procura de um leito.

– Ter direito, em caso de risco de vida ou lesão grave, a transporte e atendimento adequado em estabelecimento de saúde capaz de receber o caso independente de seus recursos financeiros. Se necessária, a transferência somente poderá ocorrer quando seu quadro de saúde tiver estabilizado e houver segurança para você.

– Ser atendido, com atenção e respeito, de forma personalizada e com continuidade, em local e ambiente digno, limpo, seguro e adequado para o atendimento.

– Ser identificado e tratado pelo nome ou sobrenome e não por números, códigos ou de modo genérico, desrespeitoso ou preconceituoso.

– Ser acompanhado por pessoa indicada por você, se assim desejar, nas consultas e exames, durante trabalho de parto e no parto. As crianças e os adolescentes têm direito de estar acompanhados, por tempo integral, inclusive durante internação.

– Identificar as pessoas responsáveis direta e indiretamente por sua assistência, por meio de crachás visíveis, legíveis e que contenham o nome completo, a profissão e o cargo do profissional, assim como o nome da instituição.

– Ter autonomia e liberdade para tomar as decisões relacionadas à sua saúde e à sua vida; consentir ou recusar, de forma livre, voluntária e com adequada informação prévia, procedimentos diagnósticos, terapêuticos ou outros atos médicos a serem realizados.

– Se você não estiver em condição de expressar sua vontade, apenas as intervenções de urgência, necessárias para a preservação da vida ou prevenção de lesões irreparáveis, poderão ser realizadas sem que seja consultada sua família ou pessoa próxima de confiança. Se, antes, você tiver manifestado por escrito sua vontade de aceitar ou recusar tratamento médico, essa decisão deverá ser respeitada.

– Ter, se desejar, uma segunda opinião ou parecer de outro profissional ou serviço sobre seu estado de saúde ou sobre procedimentos recomendados, em qualquer fase do tratamento, podendo, inclusive, trocar de médico, hospital ou instituição de saúde.

– Participar das reuniões dos conselhos de saúde; das plenárias das conferências de saúde; dos conselhos gestores das unidades e serviços de saúde e outras instâncias de controle social que discutem ou deliberam sobre diretrizes e políticas de saúde gerais e específicas.

– Ter acesso a informações claras e completas sobre os serviços de saúde existentes no seu município. Os dados devem incluir endereços, telefones, horários de funcionamento, mecanismos de marcação de consultas, exames, cirurgias, profissionais, especialidades médicas, equipamentos e ações disponíveis, bem como as limitações de cada serviço.

– Ter garantida a proteção de sua vida privada, o sigilo e a confidencialidade de todas as informações sobre seu estado de saúde, inclusive diagnóstico, prognóstico e tratamento, assim como todos os dados pessoais que o identifiquem, seja no armazenamento, registro e transmissão de informações, inclusive sangue, tecidos e outras substâncias que possam fornecer dados identificáveis. O sigilo deve ser mantido até mesmo depois da morte. Excepcionalmente, poderá ser quebrado após sua expressa autorização, por decisão judicial, ou diante de risco à saude dos seus descendentes ou de terceiros.

– Ser informado claramente sobre os critérios de escolha e seleção ou programação de pacientes, quando houver limitação de capacidade de atendimento do serviço de saúde. A prioridade deve ser baseada em critérios médicos e de estado de saúde, sendo vetado o privilégio, nas unidades do SUS, a usuários particulares ou conveniados de planos e seguros saúde.

– Receber informações claras, objetivas, completas e compreensíveis sobre seu estado de saúde, hipóteses diagnósticas, exames solicitados e realizado, tratamentos ou procedimentos propostos, inclusive seus benefícios e riscos, urgência, duração e alternativas de solução.
– Devem ser detalhados os possíveis efeitos colaterais de medicamentos, exames e tratamentos a que será submetido. Suas dúvidas devem ser prontamente esclarecidas.

## 4.3 - Objetivos da estratégia Saúde da Família

### Geral:

– Contribuir para a reorientação do modelo assistencial a partir da atenção básica, em conformidade com os princípios do Sistema Único de Saúde, imprimindo uma nova dinâmica de atuação nas unidades básicas de saúde, com definição de responsabilidades entre os serviços de saúde e a população.

### Específicos:

– Prestar, na unidade de saúde e no domicílio, assistência integral, contínua, com resolubilidade e boa qualidade às necessidades de saúde da população adscrita.

– Intervir sobre os fatores de risco aos quais a população está exposta.

– Eleger a família e o seu espaço social como núcleo básico de abordagem no atendimento à saúde.

– Humanizar as práticas de saúde através do estabelecimento de um vínculo entre os profissionais de saúde e a população.

– Proporcionar o estabelecimento de parcerias através do desenvolvimento de ações intersetoriais.

– Contribuir para a democratização do conhecimento do processo saúde/doença, da organização dos serviços e da produção social da saúde.

– Fazer com que a saúde seja reconhecida como um direito de cidadania e, portanto, expressão da qualidade de vida.

– Estimular a organização da comunidade para o efetivo exercício do controle social.

# CAPÍTULO 5

## DIRETRIZES OPERACIONAIS DA ESTRATÉGIA SAÚDE DA FAMÍLIA

Segundo o Ministério da Saúde (1994) as diretrizes a serem seguidas para a implantação do modelo Saúde da Família nas unidades básicas serão operacionalizadas de acordo com as realidades regionais, municipais e locais.

A Unidade Básica Saúde da Família é uma unidade pública de saúde destinada a realizar atenção contínua nas especialidades básicas, com uma equipe multiprofissional habilitada para desenvolver as atividades de promoção, proteção e recuperação, características do nível primário de atenção. Representa o primeiro contato da população com o serviço de saúde do município, assegurando a referência e contra-referência para os diferentes níveis do sistema, desde que identificada a necessidade de maior complexidade tecnológica para a resolução dos problemas identificados. É a porta de entrada do sistema local ou municipal de saúde. Não significa a criação de novas estruturas assistenciais, exceto em áreas desprovidas, mas substitui as práticas convencionais pela oferta de uma atuação centrada nos princípios da vigilância à saúde.

## 5.1 - Adscrição da clientela

A Unidade Básica Saúde da Família deve trabalhar com a definição de um território de abrangência, que significa a área sob sua responsabilidade. Uma Unidade Básica Saúde da Família pode atuar com uma ou mais equipes de profissionais, dependendo do número de famílias a ela vinculadas. Recomenda-se que, no âmbito de abrangência da unidade básica, uma equipe seja responsável por uma área onde residam até 4.500 pessoas, aproximadamente de 600 à 1.000 famílias. Esse critério deve ser flexibilizado em razão da diversidade sociopolítica e econômica das regiões, levando-se em conta fatores como densidade populacional e acessibilidade aos serviços, além de outros considerados como de relevância local.

## 5.2 - Cadastramento

As Equipes Saúde da Família deverão realizar o cadastramento das famílias através de visitas nos domicílios, segundo a definição da área territorial preestabelecida para a adscrição.

Nesse processo serão identificados os componentes familiares, a morbidade referida, as condições de moradia, saneamento e condições ambientais das áreas onde essas famílias estão inseridas. Essa etapa inicia o vínculo da unidade de saúde/equipe com a comunidade a qual é informada da oferta de serviços disponíveis e dos locais, dentro do sistema de saúde, que prioritariamente deverão ser a sua referência.

A partir da análise da situação de saúde local e de seus determinantes, os profissionais e gestores possuirão os dados iniciais necessários para o efetivo planejamento das ações a serem desenvolvidas. O cadastramento possibilitará que, além das demandas específicas do setor saúde, sejam identificadas outros determinantes para o desencadeamento de ações das demais áreas da gestão municipal, visando contribuir para uma melhor qualidade de vida da população.

## 5.3 - Instalação das Unidades Básicas Saúde da Família

As Unidades Básicas Saúde da Família deverão ser instaladas nos postos de saúde já existentes no município, ou em unidades que devem ser reformadas ou até mesmo construídas de acordo com a programação municipal, em áreas que não possuam nenhum equipamento de saúde. A área física deve ser adequada à nova dinâmica a ser implementada.

O número de profissionais de cada unidade deve ser definido de acordo com os seguintes princípios básicos: **capacidade instalada da unidade, quantitativo populacional a ser assistido, enfrentamento dos determinantes do processo saúde/doença, integralidade da atenção e possibilidades locais.**

## 5.4 - Composição das equipes

É recomendável que a equipe de uma unidade de Saúde da Família seja composta, no mínimo, por um médico, enfermeiro, auxiliar de enfermagem e seis Agentes Comunitários de Saúde. Outros profissionais de saúde poderão ser incorporados a estas unidades básicas, de acordo com as demandas e características da organização dos serviços de saúde locais, devendo estar identificadas com uma proposta de trabalho que exige criatividade para trabalhos comunitários e em grupo.

Esses profissionais serão responsáveis por sua população adscrita, devendo residir no município onde atuam, trabalhando em regime de dedicação integral. Para garantir a vinculação e identidade cultural com as famílias sob sua responsabilidade, os ACS devem igualmente, residir nas suas respectivas áreas de atuação.

## 5.5 - Atribuições das Equipes de Saúde da Família

As atividades deverão ser desenvolvidas de forma dinâmica, com avaliação permanente através do acompanhamento dos indicadores de saúde de cada área de atuação. Desse modo, as equipes de Saúde da Família devem estar preparadas para:

- conhecer a realidade das famílias pelas quais são responsáveis, com ênfase nas suas características sociais, demográficas e epidemiológicas;
- identificar os problemas de saúde prevalentes e situações de risco aos quais a população está exposta;
- elaborar com a participação da comunidade, um plano local para o enfrentamento dos determinantes do processo saúde/doença;
- prestar assistência integral, respondendo de forma contínua e racionalizada a demanda organizada ou espontânea, com ênfase nas ações de promoção da saúde;
- resolver através da adequada utilização do sistema de referência e contra-referência, os principais problemas detectados;
- desenvolver processos educativos para a saúde, voltados à melhoria do autocuidado dos indivíduos;
- promover ações intersetoriais para o enfrentamento dos problemas identificados.

A base de atuação das equipes Saúde da Família são as Unidades Básicas Saúde da Família, onde devem estar incluídas as seguintes atividades:

- visita domiciliar com a finalidade de monitorar a situação de saúde das famílias. A equipe deve realizar visitas programadas ou voltadas ao atendimento de demandas espontâneas, segundo critérios epidemiológicos e de identificação de situações de risco. O acompanhamento dos Agentes Comunitários de Saúde em microáreas, selecionadas no território de responsabilidade das UBSF, representa um componente facilitador para identificação das necessidades e racionalização do emprego dessa modalidade de atenção;
- internação domiciliar que não substitui a internação hospitalar tradicional, mas deve ser usada no intuito de humanizar e garantir maior qualidade e conforto ao paciente. Por isso, só deve ser realizada quando as condições clínicas e familiares do paciente a permitirem. A hospitalização deve ser feita sempre que necessária, com o devido acompanhamento por parte da equipe;

- participação em grupos comunitários. A Equipe Saúde da Família deve estimular e participar de reuniões de grupo, discutindo os temas relativos ao diagnóstico e alternativas para a resolução dos problemas identificados como prioritários pelas comunidades.

## 5.6 - Atribuições do médico

O médico da ESF deve ser um generalista, devendo atender a todos os componentes das famílias, independentemente de sexo e idade. Esse profissional deverá comprometer-se com a pessoa, inserida em seu contexto biopsicossocial, e não com um conjunto de conhecimentos específicos ou grupos de doenças. Sua atuação não deve estar restrita a problemas de saúde rigorosamente definidos. Seu compromisso envolve ações que serão realizadas enquanto os indivíduos ainda estão saudáveis.

É importante ressaltar que o profissional médico deve procurar compreender a doença em seu contexto pessoal, familiar e social. A convivência contínua lhe propicia esse conhecimento e o aprofundamento do vínculo de responsabilidade para resolução dos problemas e manutenção da saúde dos indivíduos.

Suas atribuições básicas são:

- prestar assistência integral aos indivíduos sob sua responsabilidade;
- valorizar a relação médico-paciente e médico-família como parte de um processo terapêutico e de confiança;
- oportunizar os contatos com indivíduos sadios ou doentes, visando abordar os aspectos preventivos e de educação sanitária;
- empenhar-se em manter seus clientes saudáveis, quer venham às consultas ou não;
- executar ações básicas de vigilância epidemiológica e sanitária em sua área de abrangência;
- executar as ações de assistência nas áreas de atenção à criança, ao adolescente, à mulher, ao trabalhador, ao adulto e ao idoso, realizando também atendimentos de primeiros cuidados nas urgências e pequenas cirurgias ambulatoriais, entre outros;

- promover a qualidade de vida e contribuir para que o meio ambiente seja mais saudável;
- discutir de forma permanente, junto à equipe de trabalho e comunidade, o conceito de cidadania, enfatizando os direitos à saúde e as bases legais que os legitimam;
- participar do processo de programação e planejamento das ações e da organização do processo de trabalho das Unidades Básicas Saúde da Família.

## 5.7 - Atribuições do enfermeiro

Este profissional desenvolve seu processo de trabalho em dois campos essenciais: na Unidade Básica Saúde da Família, junto à equipe de profissionais, e na comunidade, apoiando e supervisionando o trabalho dos ACS, bem como assistindo as pessoas que necessitam do trabalho da enfermagem.

Suas atribuições básicas são:
- executar no nível de suas competências, ações de assistência básica de vigilância epidemiológica e sanitária nas áreas de atenção à criança, ao adolescente, à mulher, ao trabalhador e ao idoso;
- desenvolver ações para capacitação dos ACS e auxiliares de enfermagem, com vistas ao desempenho de suas funções junto ao serviço de saúde;
- oportunizar os contatos com indivíduos sadios ou doentes, visando promover a saúde e abordar os aspectos de educação sanitária;
- promover a qualidade de vida e contribuir para que o meio ambiente torne-se mais saudável;
- discutir de forma permanente, junto à equipe de trabalho e comunidade o conceito de cidadania, enfatizando os direitos de saúde e as bases legais que os legitimam;
- participar do processo de programação e planejamento das ações e da organização do processo de trabalho das Unidades Básicas de Saúde da Família.

## 5.8 - Atribuições do auxiliar de enfermagem

As ações do auxiliar de enfermagem são desenvolvidas nos espaços da unidade de saúde e no domicílio/comunidade, e suas atribuições básicas são:

- desenvolver com os ACS atividades de identificação das famílias de risco;
- contribuir, quando solicitado, com o trabalho dos ACS no que se refere às visitas domiciliares;
- acompanhar as consultas de enfermagem dos indivíduos expostos as situações de risco, visando garantir uma melhor monitoria de suas condições de saúde;
- executar, segundo sua qualificação profissional, os procedimentos de vigilância sanitária e epidemiológica nas áreas de atenção à criança, à mulher, ao adolescente, ao trabalhador e ao idoso, bem como no controle da tuberculose, hanseníase, doenças crônico-degenerativas e infecto-contagiosas;
- participar da discussão e organização do processo de trabalho da Unidade de Saúde.

## 5.9 - Atribuições do Agente Comunitário de Saúde

O Agente Comunitário de Saúde (ACS) desenvolve suas ações nos domicílios de sua área de responsabilidade e junto à unidade para programação e supervisão de suas atividades.

Suas atribuições básicas são:

- realizar o mapeamento de sua microárea de atuação;
- cadastrar e atualizar as famílias de sua área;
- identificar indivíduos e famílias expostas a situações de risco;
- realizar, através de visita domiciliar, acompanhamento mensal de todas as famílias sob sua responsabilidade;
- coletar dados para análise da situação das famílias acompanhadas;
- desenvolver ações básicas de saúde nas áreas de atenção à crian-

ça, à mulher, ao adolescente, ao trabalhador e ao idoso, com ênfase na promoção da saúde e prevenção de doenças;

- promover educação em saúde e mobilização comunitária, visando uma melhor qualidade de vida mediante ações de saneamento e melhoria do meio ambiente;
- incentivar a formação dos conselhos municipais de saúde;
- orientar famílias para a utilização adequada dos serviços de saúde;
- informar os demais membros da equipe de saúde acerca da dinâmica social da comunidade, suas disponibilidades e necessidades;
- participação no processo de programação e planejamento local das ações relativas ao seu território de abrangência, com vistas a superação dos problemas identificados.

# CAPÍTULO 6

## REORGANIZAÇÃO DAS PRÁTICAS DE TRABALHO

### 6.1 - Diagnóstico de Saúde da Comunidade

Para planejar e organizar adequadamente as ações de saúde, a equipe deve realizar o cadastramento das famílias da área de abrangência e levantar indicadores epidemiológicos e sócio-econômicos. Além das informações que compõem o cadastramento das famílias, deverão ser também utilizadas as diversas fontes de informação que possibilitem melhor identificação da área trabalhada, sobretudo as oficiais, como dados do IBGE, cartórios e Secretaria Municipal de Saúde. Igualmente devem ser valorizadas fontes qualitativas e de informações da própria comunidade.

Para se fazer o diagnóstico adequado da comunidade, é necessário que os dados coletados sejam abrangentes, com informações referentes aos aspectos demográficos, sociais, econômicos, culturais e ambientais, em especial o saneamento básico. As Equipes de Saúde da Família devem realizar o cadastramento de todas as famílias, por meio de visitas aos domicílios. Destaca-se, nesse trabalho, a participação do Agente Comunitário de Saúde. É durante as visitas que são observadas as atividades diárias da família, sua alimentação, seus hábitos de higiene, as condições de moradia, saneamento, do meio ambiente, e os possíveis fatores de risco à saúde presentes no local. O diagnóstico adequado depende também de informações sobre detalhes dos aspectos familiares, como a quantidade de membros da família, escolaridade, situação conjugal, a ocupação de cada um, além de informações sobre os riscos presentes ou riscos potenciais para os integrantes da família. Essa etapa é o primeiro passo para se criar o vínculo dos membros da Equipe Saúde de Família com a família. É aí que começa a ser desenvolvida uma relação, que será melhor quanto mais aberta e amável possível.

O cadastro das famílias é registrado nas Fichas "A" e digitado no Sistema de Informações da Atenção Básica (SIAB) e ainda no Cadastro Nacional de Usuários do Cartão Nacional de Saúde (Cartão SUS), regulamentado pela Portaria MS/GM 017/2001. O Cadastro Nacional de Usuários é o primeiro passo para a implantação do Cartão Nacional de Saúde em todo o território brasileiro. O Cartão SUS é uma importante ferramenta para a consolidação do Sistema Único de Saúde (SUS), facilitando a gestão do sistema e contribuindo para o aumento da eficiência no atendimento direto ao usuário. A realização do cadastramento domiciliar de base nacional aliado à possibilidade de manutenção dessa base cadastral atualizada, pode permitir aos gestores do SUS a construção de políticas sociais integradas e intersetoriais (educação, trabalho, assistência social, tributos, etc.) nos diversos níveis de governo.

No campo de atendimento aos usuários do SUS e de organização do sistema de saúde, o cadastramento é condição para a implantação do Cartão Nacional de Saúde, contribuindo para o desenvolvimento de ações programáticas estratégicas, ações de vigilância epidemiológica, assistência ambulatorial e hospitalar, fortalecimento dos sistemas de referência e contra-referência, controle e avaliação, entre outros. O cadastramento tem outras vantagens: representa um esforço de integração entre as informações para a organização da atenção básica e aquelas a serem utilizadas para a emissão de números de identificação necessários na implantação do Cartão Nacional de Saúde. Para a atenção básica, esse formato de cadastramento tem como vantagens:

- fortalecimento do vínculo entre indivíduos e Unidade Básica de Saúde, por meio da oferta organizada de serviços e do acompanhamento, pelos profissionais da rede básica, da trajetória dos indivíduos na rede de serviços;
- possibilidade de trabalhar com enfoque na vigilância à saúde, por meio do diagnóstico das condições de saúde e do perfil epidemiológico da população adscrita da unidade básica, favorecendo a intervenção sobre os fatores determinantes de saúde e possibilitando o acompanhamento dos grupos de risco;

- melhoria da qualidade do atendimento, pelo acesso a informações dos usuários;
- potencialização das atividades de vigilância epidemiológica e sanitária, por meio da localização espacial de casos e contatos domiciliares, dos faltosos aos programas, facilitando a realização de ações de busca ativa, vacinação de bloqueio, acompanhamento domiciliar, tratamento supervisionado, entre outras, de modo ágil e oportuno;
- melhoria da qualidade dos sistemas de informações cujos dados são gerados nas Unidades Básicas, pela individualização dos registros e delimitação da população. Possibilita, portanto, a produção de indicadores mais precisos, potencializando a capacidade de avaliação dos resultados da atenção básica.

## 6.2 – Estratégias para o cadastramento

O cadastramento dos usuários deve ser realizado pelos Agentes Comunitários de Saúde (ACS), no próprio domicílio, por meio de entrevistas durante a visita à família. É fundamental que os dados provenientes do cadastramento tenham a melhor qualidade possível. É recomendado o cadastro a partir das visitas domiciliárias, já que essa metodologia permite:

- diminuir a ocorrência de erros e inconsistências;
- conseguir a identificação correta do endereçamento, facilitando a distribuição dos cartões, quando de sua emissão;
- definir as áreas de abrangência e a adscrição de clientela no mapeamento e territorialização do município, induzindo à organização das ações desenvolvidas pelas unidades de saúde;
- vincular o indivíduo ao domicílio, favorecendo a realização de atividades de âmbito coletivo, como busca ativa de comunicantes de doenças infecciosas, bloqueio vacinal, etc.
- favorecer o diagnóstico das condições de vida da população residente, permitindo estabelecer correlações entre estas e os determinantes dos problemas de saúde identificados na população.

Os dados do cadastro nacional de usuários e domicílios serão utilizados pelo SIAB, sendo uma das fontes para o diagnóstico da situação de vida da comunidade.

É importante elaborar um roteiro para as entrevistas com as famílias e a coleta de dados, o que torna mais preciso o diagnóstico a ser feito. As equipes de saúde certamente farão anotações importantes, a partir da observação direta da realidade da família. Esses dados poderão ajudar no diagnóstico, mas as informações indispensáveis são as que compõem o formulário do cadastro.

São as seguintes:

### 1. Dados demográficos:
– Endereço
– Idade
– Sexo

### 2. Dados sócio-econômicos:
– Condições de trabalho, de ocupação, de estudo de cada integrante da família.

– Condições de moradia, tipo de habitação, número de cômodos, energia elétrica, saneamento básico, abastecimento, tratamento e armazenamento da água, destino dos dejetos e do lixo.

– Escolaridade de cada membro da família.

### 3. Dados socioculturais:
– Estrutura familiar (composições, situação conjugal, hierarquia).

– As informações que compõem o cadastramento das famílias, devidamente consolidadas e organizadas, são indispensáveis para o trabalho de Saúde da Família. Para melhor identificação da área trabalhada, as Equipes de Saúde da Família, devem utilizar outras fontes de informação, a começar pelos dados do IBGE, de cartórios e Secretarias de Saúde. Devem também ser valorizadas fontes qualificadas da própria comunidade, como instituições locais e grupos sociais organizados. Essas informações também auxiliam a Equipe Saúde da Família na elaboração de um planejamento factível e adequado às reais necessidades da população local. Deve ser dado atenção aos fatores identificados como prováveis causadores de doenças nos indivíduos, dentro do contexto familiar ou ambiental, e como esses indivíduos reagem a esses fatores.

– É muito importante identificar as microáreas de risco. São os locais que possuem fatores de risco ou barreiras geográficas, culturais (tudo aquilo que impede ou dificulta a chegada das equipes e o contato da comunidade com o serviço de saúde), ou ainda, áreas com indicadores de saúde muito ruins.

– A identificação dessas pessoas ou famílias que precisam de atenção especial é fundamental para que sejam programadas ações específicas e atividades de acompanhamento permanente àquela comunidade. A necessidade de atenção especial pode ser causada por uma situação de desequilíbrio já existente na área, ou porque tal comunidade está sujeita a situações de maior risco de adoecer ou morrer.

## 6.3 – Planejamento / Programação local

Para planejar localmente, faz-se necessário considerar tanto **quem planeja como para quê e para quem se planeja**. Em primeiro lugar, é preciso conhecer as necessidades da população, identificadas a partir do diagnóstico realizado e do permanente acompanhamento das famílias adscritas. O pressuposto básico da ESF é de quem planeja deve estar imerso na realidade sobre a qual se planeja. Além disso, o processo de planejamento deve ser pensado como um todo e direcionado à resolução dos problemas identificados no território de responsabilidade da unidade de saúde, visando a melhoria progressiva das condições de saúde e de qualidade de vida da população assistida. Essa forma de planejamento contrapõe-se ao planejamento centralizado, habitual na administração clássica, em vista de características tais como abertura à democratização, concentração em problemas específicos, dinamismo e aproximação dos seus objetivos à vida das pessoas.

## 6.4 – Complementaridade

A Unidade Básica Saúde da Família (UBSF) deve ser a porta de entrada do sistema local de saúde. A mudança no modelo tradicional exige a integração entre os vários níveis de atenção e, nesse sentido, já que apresenta um poder indutor no reordenamento desses níveis, articulando-os através de serviços existentes no município, a ESF é um dos componentes de uma política de complementaridade, não devendo isolar-se do sistema local.

Como uma estratégia estruturante, a ESF deve provocar uma transformação interna ao próprio sistema, com vistas à reorganização das ações e serviços de saúde. Essa mudança implica na colaboração entre as áreas de promoção e assistência à saúde, rompendo com a dicotomia entre as ações de saúde pública e a atenção médica individual.

## 6.5 - Abordagem multiprofissional

O atendimento na ESF deve ser sempre realizado por uma equipe multiprofissional. A constituição da equipe deve ser planejada levando-se em consideração alguns princípios:

- o enfrentamento dos determinantes do processo saúde/doença;
- a integralidade da atenção;
- a ênfase na prevenção, sem descuidar do atendimento curativo;
- o atendimento nas clínicas básicas de pediatria, ginecologia/obstetrícia, clínica médica e clínica cirúrgica (pequenas cirurgias ambulatoriais);
- a parceria com a comunidade;
- as possibilidades locais.

## 6.6 - Referência e contra-referência

Em conformidade com o princípio da integralidade, o atendimento na ESF deve, em situações específicas, indicar o encaminhamento do paciente para níveis de maior complexidade. Esses encaminhamentos não constituem uma exceção, mas sim, uma continuidade previsível e que deve ter critérios bem conhecidos tanto pelos componentes das equipes de saúde da família, como pelas demais equipes das outras áreas do sistema local de saúde.

Compete ao sistema municipal de saúde definir, no âmbito municipal ou regional, os serviços disponíveis para a realização de consultas especializadas, serviços de apoio diagnóstico e internações hospitalares. A responsabilidade pelo acompanhamento dos indivíduos e famílias deve ser mantida em todo o processo de referência e contra-referência.

## 6.7 - Educação continuada

Para que produza resultados satisfatórios, a Equipe de Saúde da Família necessita de um processo de capacitação e informação contínuo e eficaz, de modo a poder atender as necessidades trazidas pelo dinamismo dos problemas. Além de possibilitar o aperfeiçoamento profissional, a educação continuada é um importante mecanismo no desenvolvimento da própria concepção de equipe e de vinculação dos profissionais com a população, característica que fundamenta todo o trabalho da ESF.

Da mesma forma que o planejamento local das ações de saúde responde ao princípio de participação ampliada, o planejamento das ações educativas deve estar adequado às peculiaridades locais e regionais, à utilização dos recursos técnicos disponíveis e a busca da integração com as universidades e instituições de ensino e de capacitação de recursos humanos.

A formação em serviço deve ser priorizada, uma vez que permite melhor adequação entre os requisitos da formação e as necessidades de saúde da população atendida. A educação permanente deve iniciar-se desde o treinamento introdutório da equipe, e atuar através de todos os meios pedagógicos e de comunicação disponíveis, de acordo com as realidades de cada contexto; ressalta-se que a educação à distância deve também ser incluída entre essas alternativas.

## 6.8 - Estímulo à ação intersetorial

A busca de uma ação mais integradora dos vários setores da administração pública pode ser um elemento importante no trabalho das

Equipes Saúde da Família. Como conseqüência de sua análise amplia-da do processo saúde/doença, os profissionais da ESF deverão atuar como catalisadores de várias políticas setoriais, buscando uma ação sinérgica. Saneamento, educação, habitação, segurança e meio ambi-ente são algumas das áreas que devem estar integradas às ações da ESF, sempre que possíveis.

A parceria e a ação tecnicamente integrada com os diversos órgãos do poder público que atuam no âmbito das políticas sociais são objeti-vos perseguidos. A questão social não será resolvida apenas pelo es-forço setorial isolado da saúde, tampouco se interfere na própria situa-ção sanitária sem que haja a interligação com os vários responsáveis pelas políticas sociais.

## 6.9 - Acompanhamento e avaliação

A avaliação, assim como todas as etapas da ESF, deve considerar a realidade e as necessidades locais, a participação popular e o caráter dinâmico e perfectível da proposta, que traz elementos importantes para a definição de programas de educação continuada, aprimoramento gerencial e aplicação de recursos, entre outros. O resultado das avalia-ções não deve ser considerado como um dado exclusivamente técnico, mas sim como uma informação de interesse de todos (gestores, profis-sionais e população). Por isso devem ser desenvolvidas formas de am-pliação da divulgação e discussão dos dados obtidos no processo de avaliação. É importante ressaltar que os instrumentos utilizados para a avaliação devem ser capazes de aferir:

- alterações efetivas do modelo assistencial;
- satisfação do usuário;
- satisfação dos profissionais;
- qualidade do atendimento/desempenho da equipe;
- impacto nos indicadores de saúde.

Por sua vez, o acompanhamento do desenvolvimento e a avaliação dos resultados da atuação das Unidades Básicas Saúde da Família, podem ser realizados através de:

- *sistema de informação* – a organização de um sistema de informações deve permitir o monitoramento do desempenho das UBSF, no que se refere à resolubilidade das equipes, melhoria do perfil epidemiológico e eficiência das decisões gerenciais. Para tanto, deve contar com os seguintes instrumentos: cadastro familiar, cartão de identificação, prontuário familiar e ficha de registro de atendimentos;

- *relatório de gestão* – é um instrumento para o acompanhamento do processo e resultados da organização das ações e serviços das UBSF, em especial no tocante ao impacto nos indicadores de saúde, bem como nas ações referentes às demais áreas da gestão municipal;

- *outros instrumentos* – definidos por gestores municipais e/ou estaduais.

## 6.10 - Controle social

O controle social do sistema de saúde é um princípio e uma garantia constitucional regulamentada pela Lei Orgânica de Saúde (Lei 8.142/90). Assim, as ações desenvolvidas pela ESF devem seguir as diretrizes estabelecidas pela legislação no que se refere à participação popular. Muito mais do que apenas segui-las, a ESF tem uma profunda identidade de propósitos com a defesa da participação popular em saúde, particularmente na adequação das ações de saúde às necessidades da população. A Lei 8.142/90 definiu alguns fóruns próprios para o exercício do controle social – as conferências e os conselhos de saúde – a serem efetivadas nas três esferas de governo. Porém, a participação da população não se restringe apenas a esses. Através de outras instâncias formais (como as Câmaras de Vereadores e Associação de Moradores) e informais, os profissionais de saúde devem facilitar e estimular a população a exercer o seu direito de participar da definição, execução, acompanhamento e fiscalização das políticas públicas do setor.

# CAPÍTULO 7

## NÍVEIS DE COMPETÊNCIA

### 7.1 - Nível nacional

O gerenciamento e a organização da ESF compete ao Ministério da Saúde, com as seguintes atribuições:

- estabelecer normas e diretrizes que definam os princípios da ESF;
- definir mecanismos de alocação de recursos federais para implantação e manutenção das UBSF, segundo a lógica do financiamento do SUS;
- negociar com a Comissão Intergestores Tripartite os requisitos específicos e prerrogativas para implantação e ou implementação da ESF;
- acompanhar e avaliar a implantação e os resusltados da ESF nos estados e municípios;
- assessorar os pólos de capacitação, formação e educação permanente para as equipes de saúde da família no que se refere a elaboração, acompanhamento e avaliação de seus objetivos e ações;
- articular, com as universidades e instituições de ensino superior, a introdução de inovações curriculares nos cursos de graduação e especialização;
- incentivar a criação de uma rede nacional/regional de intercâmbio de experiências no processo de produção do conhecimento em Saúde da Família;

- promover articulações com outras instâncias da esfera federal, visando garantir a consolidação da ESF;
- identificar recursos técnico-científicos para o processo de controle e avaliação de resultados e de impacto das ações desenvolvidas pelas equipes da ESF;
- contribuir para o incremento da gestão plena da atenção básica nos municípios visando a reorientação do modelo assistencial;
- identificar e estruturar parcerias com organizações governamentais e não-governamentais.

## 7.2 - Nível estadual

Compete às Secretarias Estaduais de Saúde definir, em sua estrutura organizacional, qual setor terá a responsabilidade de articular a ESF, cabendo-lhe o papel de interlocutor com o Ministério da Saúde e municípios, bem como as seguintes atribuições:

- participar, junto ao Ministério da Saúde, da definição das normas e diretrizes da ESF;
- planejar, acompanhar e avaliar a implantação da ESF em seu nível de abrangência;
- negociar com a Comissão Intergestores Bipartite os requisitos específicos e prerrogativas técnicas e financeiras para implantação e ou implementação da ESF;
- integrar os pólos de capacitação, formação e educação permanente para a equipe da ESF no que se refere a elaboração, execução, acompanhamento e avaliação de seus objetivos e ações;
- articular, com as universidades e instituições de ensino superior, a introdução de inovações curriculares nos cursos de graduação e/ou especialização;
- participar da rede nacional/regional de intercâmbio de experiências no processo de produção do conhecimento em Saúde da Família;
- promover intercâmbio de experiências entre os municípios de sua área de abrangência;

- promover articulações com outras instâncias da esfera estadual, visando garantir a consolidação da estratégia de Saúde da Família;
- identificar recursos técnico-científicos para o processo de controle e avaliação de resultados e de impacto das ações desenvolvidas pelas equipes de Saúde da Família;
- contribuir para o incremento da gestão plena da atenção básica nos municípios, visando a reorientação do modelo assistencial;
- identificar e estruturar parcerias com organizações governamentais e não-governamentais;
- prestar assessoria técnica aos municípios para a implantação e desenvolvimento da ESF.

## 7.3 – Nível municipal

Como espaço de execução da ESF, esse nível define a melhor adequação dos meios e condições operacionais, cabendo-lhe as seguintes competências:

- elaborar o projeto de implantação da ESF;
- eleger áreas prioritárias para a implantação do projeto;
- submeter o projeto à aprovação do Conselho Municipal de Saúde;
- encaminhar o projeto para parecer da Secretaria de Estado da Saúde e Comissão Intergestores Bipartite;
- selecionar e contratar os profissionais que comporão a ESF;
- promover com o apoio da SESA a capacitação das equipes Saúde da Família;
- implantar o sistema de informações e avaliação da ESF;
- acompanhar e avaliar sistematicamente o desempenho das UBSF;
- inserir o financiamento das ações das UBSF na programação ambulatorial do município, definindo a contrapartida municipal;
- garantir a infra-estrutura/funcionamento da rede básica necessária ao pleno desenvolvimento das ações da ESF;
- definir os serviços responsáveis pela referência e contra-referência das UBSF.

# CAPÍTULO 8

## ETAPAS DE IMPLANTAÇÃO DA ESF

Segundo o Ministério da Saúde (1999) a implantação da ESF é operacionalizada no município com a co-participação do nível estadual. O processo possui várias etapas, não necessariamente seqüenciais, ou seja, podem ser realizadas de forma simultânea, de acordo com as diferentes realidades dos sistemas municipais de saúde. Para melhor compreensão dos vários passos que envolvem a implantação da ESF nos municípios, estas etapas serão descritas separadamente, a seguir:

### 8.1 - Sensibilização e divulgação

Considerada como a primeira etapa de discussão dos princípios e diretrizes da ESF e suas bases operacionais, visa disseminar as idéias centrais da proposta. É fundamental que os gestores, profissionais de saúde e a população possam compreender que a ESF é uma proposta com grande potencial para transformar a forma de prestação da assistência básica, de acordo com as diretrizes operacionais e os aspectos de reorganização das práticas de trabalho, já amplamente abordadas neste trabalho.

O trabalho de sensibilização e divulgação envolve desde a clareza da definição do público a ser atingido até a mensagem a ser veiculada.

Para tanto, podem ser programadas sessões de abrangência regional/estadual/local, com o objetivo de constituir as alianças e as articulações necessárias ao pleno desenvolvimento da ESF.

Nesse sentido, alguns aspectos devem ser salientados:

- ênfase na missão da ESF enquanto proposta de reorganização do modelo assistencial;
- utilização de diferentes canais de comunicação, informação e mobilização;
- utilização dos meios de comunicação de massa, como TV, rádio, etc.;
- envolvimento das instituições formadoras de recursos humanos para o SUS;
- ênfase na comunicação, informação e sensibilização junto aos profissionais de saúde.

## 8.2 - Adesão

*a) Município* – Estar habilitado em alguma condição de gestão, sendo critério básico para a implantação da ESF. O município que decide optar pela ESF enquanto estratégia de reorganização do seu modelo de atenção básica, deve elaborar projeto para implantação das equipes nas UBSF, sempre observando os elementos fundamentais do modelo Saúde da Família.

Este projeto deve ser posteriormente submetido a apreciação do Conselho Municipal de Saúde, sendo aprovado, deve ser encaminhado pelo gestor municipal à SESA, que irá analisá-lo e submetê-lo a apreciação e aprovação da Comissão Intergestora Bipartite. Considerado apto nesse nível, será realizado o cadastramento das UBSF, segundo regulamento da Norma Operacional de Ass. em Saúde (NOAS).

*b) Estado* – A Secretaria de Estado da Saúde submete sua proposta de adoção da ESF à apreciação e aprovação da Comissão Intergestores Bipartite. Para viabilização da proposta, devem ser pactuados as estratégias de apoio técnico aos municípios, bem como a inclusão de seu financiamento na programação dos tetos financeiros dos estados e municípios. Cabe à instância de gestão estadual assumir, através de assessorias às atividades de planejamento, acompanhamento e avaliação das Unidades Saúde da Família, a co-responsabilidade pela implantação da ESF, bem como o processo de capacitação e educação continuada dos profissionais envolvidos.

## 8.3 – Recrutamento, seleção e contratação de recursos humanos

A partir da definição da composição de suas equipes, o município deve planejar e executar o processo de recrutamento e seleção dos profissionais, contando com a assessoria da SESA e ou instituição de formação de recursos humanos. Como todo processo seletivo, deve ser dada atenção a identificação do perfil do profissional não apenas em termos de exigências legais, mas de proximidade com o campo de atuação específico da ESF. Os critérios para identificação dessas habilidades devem ser justos e apresentar aos candidatos boa comunicabilidade e compreensibilidade.

Existem várias formas de seleção que podem ser utilizadas, isoladamente ou associadas entre elas:

- prova escrita ou de múltipla escolha, contemplando o aspecto de assistência integral à família;
- prova prática de atendimento integral à saúde familiar e comunitária;
- prova teórico-prática de descrição do atendimento a uma situação simulada;
- entrevistas, com caráter classificatório, visando a seleção de profissionais com perfil adequado;
- análise de currículo, sobretudo referente às atividades afins às propostas contidas na ESF e ainda, com o intuito de avaliar a experiência e o perfil adequados para o exercício da função.

Especial atenção deve ser dada à composição das bancas que devem estar afinadas com os princípios éticos da função de selecionar profissionais e os objetivos que norteiam a ESF.

A análise de cada situação local definirá o melhor critério de seleção, que seja ao mesmo tempo viável e satisfatório. A remuneração dos profissionais deve ser objeto de uma política diferenciada e adaptada às características locais de modo a garantir a dedicação e disponibilidade necessárias ao bom desempenho de suas tarefas. Cada município decidirá sobre a modalidade de contratação de seus profissionais.

## 8.4 - Capacitação das equipes

Por exigir uma nova prática em saúde, recomenda-se que toda equipe da Estratégia Saúde da Família, antes de iniciar as atividades em sua área de atuação, inicie um processo específico de capacitação. A primeira capacitação é o treinamento introdutório, que deve anteceder ao início do trabalho dos profissionais selecionados. Esse treinamento introdutório capacita os profissionais para que possam analisar, com a comunidade, a situação de sua área de abrangência: os aspectos demográficos, sociais, econômicos, ambientais e sanitários (morbidade/mortalidade e fatores de risco), identificando os problemas e o potencial que a cidade tem para resolvê-los. Esse treinamento ajuda os profissionais a compreenderem e aprenderem os indicadores de saúde, em especial os pactuados para a Atenção Básica e produzidos pelo Sistema de Informação da Atenção Básica (SIAB) e outros sistemas.

O treinamento introdutório deve ser o mais descentralizado possível, de preferência, no próprio município ou na regional a que pertence. A responsabilidade pela capacitação das equipes é compartilhada entre os integrantes do Pólo de Capacitação, Formação e Educação Permanente, que pode fazê-la diretamente ou em articulação com o setor de Recursos Humanos do Município ou da Secretaria Estadual de Saúde. No treinamento, os membros da equipe da ESF devem ser informados sobre as características da integração do município no SUS, seu tipo de gestão frente as normas vigentes no funcionamento do SUS. Devem saber, também, os princípios operacionais da Estratégia Saúde da Família, tais como:

- a definição territorial/adscrição da clientela;
- a organização do processo de trabalho para resolução dos problemas identificados no território;

- a noção da família como foco da assistência;
- o trabalho em equipe interdisciplinar;
- os vínculos de co-responsabilidade entre profissionais e as famílias assistidas;
- a noção de que as ações devem se caracterizar pela integralidade (atendimento a todos, sem distinção), resolutividade (capacidade de dar solução aos problemas de saúde da comunidade) e intersetorialidade (colaboração entre os diferentes setores);
- a importância do estímulo à participação social.

Esse é um trabalho complexo, que exige dos profissionais conhecimentos específicos da sua profissão (método clínico e fundamento de enfermagem), além de conhecimento do método epidemiológico. Exige, igualmente, bom senso para trabalhar as relações interpessoais, ou seja, capacidade para lidar com as várias dimensões do ser humano.

Os profissionais de saúde, no dia-a-dia de seu trabalho, mantêm contato direto com a população, vêem de perto a realidade social, econômica e cultural das comunidades inseridas na ESF, portanto, a metodologia a ser usada para ajudar na compreensão desses problemas deve ter como princípio essa experiência, estimulando a reflexão de meios para a construção das práticas profissionais, buscando novas soluções para as dificuldades encontradas.

Cursos com momentos de concentração e dispersão são sugeridos às equipes de Atenção Básica, uma vez que propiciam momentos de reflexão com foco na realidade vivida pelos profissionais. Recomenda-se que a educação permanente envolva todos os componentes da Equipe da Saúde da Família, o que ajuda a fortalecer o trabalho em equipe e as relações entre as pessoas.

Os conteúdos específicos de cada categoria profissional devem ser abordados em separado. O conteúdo poderá ser orientado por módulos e para cada módulo é sugerido a utilização de técnicas complementares de ensino que poderão ser utilizadas pelo instrutor, tais como: exposição oral, dramatização, estudo de caso, trabalho em grupo, colagens, discussões coletivas, atividades práticas, exibição e discussão de vídeos.

Após o treinamento introdutório, as equipes devem ser inseridas em um processo de educação permanente, para possibilitar o desenvolvimento constante de suas competências como equipe generalista.

As equipes de Saúde da Família devem estar preparadas para:

- atuar nas áreas já definidas como estratégicas: controle da tuberculose, da hipertensão arterial e da *diabetes mellitus*, eliminação da hanseníase, ações de saúde da criança, saúde da mulher e saúde bucal;
- prestar atenção integral e continuada a todos os membros da família da população adscrita à UBSF (Unidade Básica Saúde da Família), em cada uma das fases de seu ciclo de vida;
- ter consciência do compromisso de dar atenção integral também aos indivíduos saudáveis da comunidade;
- participar do processo de planejamento das ações de saúde em sua área de abrangência, tendo por base o conhecimento da realidade social, econômica, cultural e o perfil epidemiológico da população, com enfoque estratégico;
- ter capacidade de agir em sintonia com os demais integrantes da equipe, individualmente e em grupo, compreendendo o significado do trabalho em equipe, o seu papel e o sentido da complementaridade das ações no trabalho em saúde.

## 8.5 – Financiamento

O financiamento da Estratégia Saúde da Família está definido na NOAS (Norma Operacional de Assistência à Saúde), entendendo-se a Estratégia Saúde da Família como uma proposta substutiva das práticas tradicionais das Unidades Básicas de Saúde, sendo importante que esta lógica também se incorpore no campo do financiamento, ou seja, não podemos conceber a ESF como dependente de recursos paralelos, mas sim, como uma prática que racionaliza a utilização dos recursos existentes, com capacidade de potencialização dos resultados.

A operacionalização da Estratégia Saúde da Família deve ser adequada às diferentes realidades locais, desde que mantidos os seus princípios e diretrizes fundamentais. Para tanto, o impacto favorável nas condições de saúde da população adscrita deve ser a preocupação básica dessa estratégia. A humanização da assistência e o vínculo de compromisso e de co-responsabilidade estabelecido entre os serviços de saúde e a população tornam a Estratégia Saúde da Família uma estratégia transformadora do atual modelo assistencial.

# CAPÍTULO 9

## INSTALAÇÃO DA ESTRATÉGIA SAÚDE DA FAMÍLIA:

Para o perfeito funcionamento da Estratégia Saúde da Família (ESF), com os programas PACS, PSF e PSF-Saúde Bucal, vários passos necessitam ser seguidos, pois como dissemos, o sucesso da ESF depende do modo como é implementada no município.

### Estratégia Saúde da Família

- decisão do prefeito e do Secretário Municipal de Saúde;
- decisão política pela ESF para Atenção Básica;
- contratação do coordenador;
- mapeamento do Município e definição de cobertura;
- seleção das equipes;
- seleção dos Agentes Comunitários de Saúde;
- seleção dos demais profissionais que farão parte da ESF;
- treinamento (capacitação) de todos os profissionais.

O primeiro passo, a nível de decisão política, é a opção pela ESF na implementação da Atenção Básica ou Primária em Saúde. Cabe ao Prefeito Municipal e ao Secretário Municipal de Saúde a solicitação junto à Secretaria de Estado da Saúde e ao Ministério da Saúde o pleito da ESF, mediante ofício formal, após aprovação em ATA pelo Conselho Municipal de Saúde. Esse pedido é encaminhado à SESA (Secretaria de Estado da Saúde) que coloca em discussão na Comissão Intergestora Bipartite, que após aprovação segue ao Ministério da Saúde (MS), sendo colocado em votação na Comissão Intergestora Tripartite, homologado e publicado pelo Ministro da Saúde no Diário Oficial da União.

A partir desse momento, o município passa a receber os recursos de incentivo para implementação da ESF, de acordo com sua opção, PACS, PSF e PSF-Saúde Bucal.

O passo seguinte é a contratação de um COORDENADOR, que deve ser um profissional com conhecimentos sólidos da ESF, pois caberá ao mesmo, o mapeamento do município em Seguimentos, Áreas e Micro-áreas, definição da cobertura, seleção das equipes, agentes comunitários de saúde e demais profissionais que irão compor a ESF.

Como os profissionais são oriundos de Universidades diferentes e, nem sempre, com visão correta de suas atribuições na ESF, torna-se preponderante uma capacitação (treinamento) sobre o funcionamento dos programas PACS, PSF e PSF-Saúde Bucal.

A partir desse momento, feita a estruturação e implementação da ESF, nos moldes do que preconiza o Ministério da Saúde, adaptados a realidade de cada município, cabe ao coordenador o papel fiscalizatório sobre o trabalho de todo o recurso humano envolvido na ESF.

## Pactos pela Saúde - 2006

Segundo o Ministério da Saúde (2006), o documento das Diretrizes do Pacto pela Saúde 2006 – Consolidação do Sistema Único de Saúde, publicado na Portaria/GM nº 399, de 22 de fevereiro de 2006, contempla o Pacto firmado entre os gestores do SUS, em suas três dimensões: pela Vida, em Defesa do SUS e de Gestão.

Esse pacto apresenta mudanças significativas para a execução do SUS, dentre as quais ressaltamos: a substituição do atual processo de habilitação pela adesão solidária aos Termos de Compromisso de Gestão; a Regionalização solidária e cooperativa como eixo estruturante do processo de Descentralização; a Integração das várias formas de repasse dos recursos federais; e a Unificação dos vários pactos hoje existentes.

É o resultado de um intenso trabalho de discussão de cerca de dois anos, envolvendo os técnicos e a direção das diversas áreas do Ministério da Saúde, do Conselho Nacional de Secretários Municipais de Saúde – CONASEMS e do Conselho Nacional de Secretários de Saúde – CONASS e foi aprovado na reunião da Comissão Intergestora Tripartite de 26 de janeiro de 2006 e na reunião de 9 de fevereiro de 2006, pelo Conselho Estadual de Saúde. A partir desse ano, 2006, a implantação do Pacto depende da adesão dos muitos atores que, em cada parte deste nosso imenso e diverso País, constroem o cotidiano da Saúde Pública brasileira.

## Avaliação para Melhoria da Qualidade da Estratégia Saúde da Família (AMQ)

A garantia da qualidade da atenção apresenta-se atualmente como um dos desafios ao Sistema Único de Saúde (SUS) considerando a necessidade dessa ser compreendida à luz dos princípios de integralidade, universalidade, eqüidade e participação social. Nos últimos 10 anos a Atenção Básica, no Brasil, tem alcançado intensa transformação a partir da definição da estratégia Saúde da Família na reestruturação das suas práticas, buscando uma efetiva mudança de modelo. Tal iniciativa objetivou também ampliar o acesso e a cobertura dos serviços básicos de saúde e organizar a demanda aos demais níveis de atenção, alcançando grupos sociais até então excluídos de um cuidado integral em saúde.

Durante este período o investimento na expansão da rede e dos recursos humanos vinculados ao primeiro nível de atenção do sistema, conduziu a um crescimento contínuo do acesso da população às ações e serviços de saúde.

Contudo, mantêm-se premente o desafio de aprimorar o desenvolvimento organizacional intensificando os esforços destinados à melhoria da qualidade dos serviços e das práticas de saúde com o propósito de consolidar a estratégia como o eixo estruturante de reorganização da atenção básica com repercussões na reordenação do sistema de saúde como um todo.

A proposta de Avaliação para Melhoria da Qualidade da Estratégia Saúde da Família representa o compromisso institucional de contribuir para a consolidação da Política de Monitoramento e Avaliação no âmbito da Atenção Básica. Neste sentido, a utilização da avaliação da qualidade constitui-se ferramenta importante para a qualificação das ações e do cuidado à saúde dos indivíduos, da família e da comunidade.

## Metodologias de avaliação da qualidade em saúde

Existem diferentes alternativas para avaliar a qualidade das ações, serviços e práticas de saúde com o objetivo de desenvolver processos de melhoria da qualidade. Elas variam segundo os propósitos de promoção da qualidade a que se destinam, o objeto da melhoria da qualidade ou os mecanismos utilizados.

A perspectiva poderá ser de natureza externa ou interna, dependendo do agente que solicita, conduz ou torna válida a avaliação. Dentre aqueles de natureza externa tem-se a Acreditação, a Certificação e o Licenciamento, em que agentes externos formulam o resultado final, seja ele uma pontuação, um certificado ou uma licença. A Avaliação para Melhoria da Qualidade baseia-se na perspectiva interna de avaliação, considerada mais adequada para a estratégia Saúde da Família por ser conduzida, em todas as suas etapas, pelos próprios atores envolvidos.

### Avaliação externa

*Acreditação:* É um processo de avaliação e medição da qualidade formal do trabalho desenvolvido por uma organização de saúde, que utiliza padrões definidos por uma Comissão de Acreditação (geralmente uma organização não governamental) alheia à instituição a ser credenciada. A Comissão reconhece como de excelência um serviço ou organização de saúde que, tendo desenvolvido um processo de melhoria da qualidade, supera os padrões preestabelecidos para medição. O processo de acreditação é voluntário (solicitado pela organização a ser acreditada), periódico e sistemático, e tem aplicação em contexto nacional, regional ou local.

*Certificação:* Processo através do qual uma instância organizacional (governamental ou não), avalia e reconhece uma pessoa ou organização, que cumpre requisitos ou critérios preestabelecidos (exemplo: ISO-9000).

*Licenciamento:* Processo através do qual uma autoridade governamental outorga permissão a um profissional de saúde individual ou a uma organização de saúde para prestar serviços de saúde. Sustenta-se no cumprimento de certos requisitos mínimos para a oferta de serviços. A licença tem um período de vigência que requer renovação contínua, segundo a International Organization for Standardization (ISSO).

## Avaliação interna

*Melhoria Contínua da Qualidade (MCQ):* processos orientados à promoção da qualidade na atenção à saúde de maneira sistemática e contínua, destinados a atingir níveis de qualidade orientados pelo modelo de atenção em sintonia com as demandas sociais e os avanços científico e tecnológico em saúde

A Avaliação para Melhoria da Qualidade da Estratégia Saúde da Família utiliza a perspectiva interna de avaliação, articulando elementos da avaliação normativa e da melhoria contínua da qualidade (MCQ), apresentando-se como uma metodologia de gestão interna dos serviços. A partir de critérios e padrões preestabelecidos, busca impulsionar processos de melhoria da qualidade, oferecendo ao gestor um instrumento de trabalho facilitador para alcançar os propósitos da estratégia.

# Projeto de Expansão e Consolidação da Saúde da Família (PROESF)

A adesão dos municípios à Estratégia Saúde da Família variou conforme o porte, tendo os municípios menores conseguido operacionalizar sua implantação mais precocemente e com maior facilidade que os municípios de grande porte. Este fato está relacionado a múltiplas variáveis, tais como: complexidade sócio-sanitária, existência de modelos de atenção em saúde já estabelecidos e aspectos da organização urbana (edifícios, condomínios, áreas de invasão), perfil e formação dos profissionais, dentre outros.

Buscando superar as diversas limitações relacionadas à expansão da estratégia nas grandes cidades e centros urbanos, foi desenvolvido um projeto cujos objetivos principais são incentivar e ampliar o número de equipes, formar profissionais para o trabalho na estratégia e fortalecer os processos de monitoramento e avaliação nessas localidades.

O Projeto de Expansão e Consolidação da Saúde da Família – PROESF é uma iniciativa do Ministério da Saúde, apoiada pelo Banco Mundial -BIRD, voltada para o fortalecimento da atenção básica no país.

*O Projeto está estruturado em três componentes de atuação:*

I. Apoio à conversão e expansão da estratégia Saúde da Família – dirigido aos municípios acima de 100.000 habitantes.

II. Desenvolvimento de recursos humanos da estratégia Saúde da Família – dirigido a estados e municípios, independente do porte.

III. Monitoramento e avaliação – dirigido a estados e municípios, independente do porte.

A Avaliação para Melhoria da Qualidade da Estratégia Saúde da Família integra o componente III do PROESF, juntamente com os Estudos de Linha de Base e os Planos Estaduais de Monitoramento e Avaliação da Atenção Básica, dentre outras ações.

## Núcleo de Apoio à Saúde da Família (Nasf)

Em 2008, o Ministro da Saúde Dr. José Gomes Temporão, por meio da Portaria Ministerial nº 154, publicada no DOU em 25 de janeiro de 2008, autorizou a implementação dos "Núcleos de Apoio à Saúde da Família (NASF), que reunirão profissionais de diversas áreas no atendimento à população. Os núcleos integram um plano estratégico de saúde contendo ações para ampliação da assistência e qualificação do Sistema Único de Saúde.

Os Núcleos de Apoio à Saúde da Família são uma iniciativa para ampliação do número de profissionais vinculados às equipes de saúde da família, constituindo uma equipe multiprofissional composta por médicos especialistas, profissionais de educação física, nutrição, acupuntura, homeopatia, assistentes sociais, fisioterapeutas, fonoaudiólogos e terapeutas ocupacionais. Esses profissionais atuarão em parceria com as equipes do Saúde da Família, tendo como objetivo ampliar a abrangência das ações de atenção básica, complementando o trabalho das equipes.

Segundo o Ministério da Saúde (2008):

> "podem ser instituídos dois tipos de Nasf, o Nasf 1 e o Nasf 2. O Nasf 1 deve ter, no mínimo, cinco profissionais de diferentes áreas e cada núcleo deve estar vinculado a no mínimo, oito e no máximo, 20 equipes da ESF".

Em municípios com até 100 mil habitantes, o Nasf 1 poderá estar vinculado a, no mínimo, cinco equipes da ESF. Para ser implementado, o Nasf deve receber o apoio e aprovação do Conselho Municipal de Saúde e da Comissão Intergestora Bipartite do Estado. Ao Ministério da Saúde cabe o repasse de R$ 20 mil reais mensais para manutenção. O Nasf 2 deve ter, no mínimo, três profissionais de diferentes áreas, estar vinculado a, no mínimo, três equipes da ESF e só poderá ser implementado um núcleo por município. Esse município precisa ter densidade populacional abaixo de 10 mil habitantes por quilômetro quadrado, de acordo com os dados do IBGE de 2007, com o repasse, por parte do Ministério da Saúde, do valor de R$ 6 mil reais para cada Nasf 2 implementado.

Os profissionais de cada Nasf devem identificar, em conjunto com as equipes da ESF e a comunidade, as ações e as práticas a serem adotadas em cada área coberta, fazendo parte da estratégia de atuação dos núcleos a promoção da saúde e da qualidade de vida, como estratégia de prevenção de doenças e, por essa razão, é destacado o trabalho de fisioterapeutas, professores de educação física e nutricionistas, entre outros. Os Nasf devem: desenvolver atividades físicas e práticas corporais; proporcionar educação permanente em nutrição; contribuir para a ampliação e valorização da utilização dos espaços públicos de convivência; implementar ações em homeopatia e acupuntura para melhoria da qualidade de vida; promover ações multiprofissionais de reabilitação para reduzir a incapacidade e deficiências, permitindo a inclusão social; atender usuários e familiares em situação de risco psicossocial ou distúrbio mental; criar estratégias para abordar problemas vinculados à violência e ao abuso de álcool; e apoiar as equipes da ESF na abordagem e na atenção aos agravos severos ou persistentes na saúde de crianças e mulheres, entre outras ações.

# CAPÍTULO 10

## PRIORIDADES DA ESTRATÉGIA SAÚDE DA FAMÍLIA

A proposta de ampliação da Atenção Básica trazida pela Norma Operacional de Assistência à Saúde (NOAS/SUS 01) busca definir melhor as responsabilidades e ações estratégicas mínimas que todos os municípios brasileiros devem desenvolver. São elas:

- ações de saúde da criança;
- ações de saúde da mulher;
- controle da tuberculose;
- eliminação da hanseníase;
- controle da hipertensão arterial;
- controle da *diabetes melittus*;
- ações de saúde bucal.

É necessário que cada município tenha serviços de atenção básica de qualidade e resolutivos, possibilitando a organização e otimização dos serviços de referência.

A implantação da NOAS possibilitará a construção das redes regionalizadas e hierarquizadas de serviços de saúde, de acordo com os princípios do SUS. Esse é um passo fundamental para a consolidação da ESF, porque assegurará a resolutividade necessária na atenção básica e a continuidade da assistência quando as situações exigirem maior nível de complexidade assistencial.

## 10.1 – Ações de Saúde da Criança

*Ações de Saúde da Criança:*

- Vigilância Nutricional
- Imunização
- Assistência às doenças prevalentes na infância (infecção respiratória aguda – ira – e diarréias).

*Vigilância Nutricional:*

- Acompanhamento do crescimento e desenvolvimento.
- Promoção do aleitamento materno.
- Combate as carências nutricionais.
- Implantação e alimentação regular do SISVAN.

### 10.1.A – Desenvolvimento Infantil

Este capítulo mostra o conceito de desenvolvimento, a sua relação com o crescimento, os fatores que influenciam o crescimento e o desenvolvimento, os tipos, as formas e as etapas de desenvolvimento de acordo com a idade da criança. Apresenta também os marcos do desenvolvimento de 0 a 5 anos, existentes no Cartão da Criança, através dos quais você, pode acompanhar, ao lado dos pais, o desenvolvimento de cada criança (Ministério da Saúde, 1994).

A criança é um ser com características próprias, que está em contínuo crescimento e desenvolvimento. Isso significa que um bebê é diferente de uma criança de 1 ano, uma de 2 anos é diferente de uma de 3 e assim por diante. Essas diferenças não são apenas de tamanho, mas referem-se a tudo que constitui o ser humano.

A criança não é, portanto, um adulto em miniatura. Dessa forma, o conhecimento do processo de crescimento e desenvolvimento é muito importante para quem lida com a criança e cuida dela, principalmente durante a gestação da mãe e os primeiros anos de vida.

Neste capítulo, vamos nos referir apenas ao que chamamos desenvolvimento, embora nunca se deva esquecer que o crescimento e o desenvolvimento fazem parte do mesmo processo. No entanto, por apresentarem especificidades próprias e serem abordados de forma diferente, cada um será considerado em seu respectivo capítulo.

### Diferenciando Crescimento e Desenvolvimento

O que entendemos por desenvolvimento? É o mesmo que crescimento? Antes de qualquer coisa, vamos conhecer mais sobre os conceitos de crescimento e desenvolvimento, termos que são muitas vezes usados como sinônimos, embora tenham significados diferentes.

*Crescimento:* significa aumento do corpo como um todo ou em suas partes, ou seja, é quando as células aumentam de tamanho ou de quantidade. O crescimento do corpo pode ser medido em termos de centímetros (tamanho) ou de gramas (peso).

*Desenvolvimento:* refere-se à transformação complexa, contínua, dinâmica e progressiva, que inclui além do crescimento, o "amadurecimento" das células e dos músculos do corpo, o que permite à criança aprender a segurar objetos, associar sons e comportamentos, falar, locomover-se.

Desenvolvimento psicossocial: é o processo de humanização, através do qual a criança vai adquirindo maior capacidade para se mover, coordenar seus movimentos e ações, sentir, pensar e interagir com os outros e com o meio que a rodeia. Em síntese, é o que lhe permitirá se incorporar, de forma ativa e transformadora, à sociedade em que vive. O desenvolvimento psicossocial resulta da relação entre aspectos biológicos, psíquicos, cognitivos, ambientais, sócio-econômicos e culturais.

Crescimento e Desenvolvimento (C.D.) fazem parte do mesmo processo. Porém a percepção, a descrição e a avaliação do que acontece em cada etapa exigem diferentes formas de abordagem.

### Princípios Básicos sobre o Desenvolvimento Infantil

A palavra infância deriva de *infante,* palavra que em latim significa *incapaz de falar.* Geralmente, o termo infância define o período que vai do nascimento até aproximadamente os 2 a 3 anos de idade, quando a fala já se transformou em um instrumento de comunicação. É onde muitos eventos ocorrem pela primeira vez: o primeiro sorriso, a primeira palavra, os primeiros passos, o primeiro alcançar de um objeto.

Crescer e desenvolver têm suas próprias características e são, ao mesmo tempo, causa e efeito um do outro. Por exemplo: se um bebê estender a mão para agarrar um brinquedo, vai precisar que seus ossos da mão e dos pulsos estejam mais calcificados, que seus músculos e seu sistema nervoso estejam mais desenvolvidos e que tenha vontade de pegar o brinquedo. Porém, para que a criança se interesse por algum brinquedo ou alguma brincadeira, é necessário que as pessoas que cuidam dela mostrem, ofereçam objetos e que também brinquem com ela.

### Fatores que influenciam o Crescimento e o Desenvolvimento

O desenvolvimento recebe influência contínua de **fatores internos** e **externos** ao organismo, que fazem com que as pessoas sejam diferentes entre si e tenham vidas diferentes.

Os fatores internos são aqueles herdados dos pais e que determinam as características físicas da criança, como por exemplo, a cor dos seus olhos. Os fatores externos, também chamados de ambientais, começam a atuar desde o momento da concepção, estando diretamente relacionados com o ambiente da vida dentro do útero, proporcionado pela mãe por meio de suas condições de saúde e nutrição.

Além disso, mãe e feto recebem influências do ambiente que os rodeia, o bem-estar emocional da mãe também influencia, de forma significativa, no bem-estar do bebê. Após o nascimento, o ambiente em que a criança vive, os cuidados que lhe são dispensados pelos pais, o carinho, os estímulos e a alimentação passam a fazer parte do seu desenvolvimento.

## Tipos e Formas de Desenvolvimento

Quase tudo que acontece, ou deixa de acontecer com uma pessoa, tem grande influência em sua vida. Com crianças até os 5 anos de idade, essas mudanças são muitas e muito rápidas. Quanto menor é a criança, mais rápido é o seu crescimento e o seu desenvolvimento. O ritmo de crescimento de uma criança é tão acelerado nos primeiros anos de vida que ela atinge, entre 2 e 3 anos, a metade da altura que vai ter quando adulto.

Outro aspecto importante é perceber que o crescimento do ser humano não se dá da mesma forma para todos os sistemas do corpo.


## Desenvolvimento Neurológico

Ao nascer, o sistema nervoso do bebê não está totalmente formado. À medida que ele vai crescendo, as estruturas que compõem o sistema nervoso vão se aperfeiçoando como parte de um processo de "amadurecimento" – a maturação.

A maturação tem um rumo definido: ele acontece na direção da cabeça para os pés e do centro do corpo para as extremidades. Ao observarmos o bebê, notamos isso. Ele primeiro sustenta a cabeça, depois o tronco e, por último, as pernas (não é o movimento).

À medida que o sistema nervoso vai amadurecendo, o bebê vai aperfeiçoando suas habilidades e realizando atividades cada vez mais complexas. Isso permite que um recém-nascido, completamente dependente, amplie e aperfeiçoe seu repertório de atividades, passando gradativamente, por exemplo, a coordenar seus movimentos para se deslocar no espaço, de modo que, por volta de 1 ano de idade, possa andar sozinho. Andar é a grande conquista para a criança, um grande passo para sua autonomia. Outra conquista importante nessa época da vida é a linguagem, que permite à criança se comunicar: ela entende o que falam para ela e responde de tal modo que qualquer pessoa entenda. Esse mecanismo de comunicação já deverá estar bem desenvolvido por volta dos 3 anos de idade.

### Desenvolvimento Psíquico

Diferente dos fatores que são herdados da família, como a cor dos olhos ou dos cabelos, o psiquismo da criança, isto é, a percepção que ela tem de si, é formado a partir das trocas que ela faz com os outros durante a sua vida.

Antes mesmo de a criança nascer, seu psiquismo já está sendo formado. Isso porque seus pais desejam, imaginam, pensam e falam desse bebê, criando para ele, durante a gestação, um determinado lugar na família. Ao nascer, o bebê é acolhido nesse lugar, que já foi construído com as palavras e as expectativas dos pais. A partir das trocas com os pais e com outras pessoas, a criança vai realizando trocas, construindo assim, seu modo de ser, sua auto-imagem, isto é, a maneira como se vê como pessoa.

Se a criança, desde bem pequenininha, sente que é amada, desejada, capaz de aprender e fazer muitas coisas, mais chances tem de se sentir segura, confiante. Essa segurança é essencial para a criança gostar dela mesma e aumentar sua inclinação para explorar, experimentar e aprender. Portanto, atenção, carinhos e brincadeiras criam oportunidades para a criança crescer e desenvolver suas potencialidades.

Dessa forma, é importante considerar que uma família é composta por crianças cujas diferenças não são apenas herdadas dos pais ou provocadas pelo ambiente em que vivem, mas também determinadas pela maneira como cada uma se relaciona com seus pais e com aqueles que cuidam dela.

### Acompanhamento do Desenvolvimento

O acompanhamento do desenvolvimento deve fazer parte da consulta geral da criança nos serviços de saúde e nas visitas domiciliares. Para isso, não é preciso criar espaços específicos, momentos fora da consulta ou da visita, ou instrumental especializado, embora alguns pequenos brinquedos e/ou objetos do cotidiano da criança, da sua casa, possam ser usados para observar algum marco do desenvolvimento.

Ao fazer as visitas domiciliares, é importante observar como as mães lidam com seus filhos: se conversam com eles, se brincam, se lhes oferecem brinquedos ou objetos coloridos que o estimulem. Não é necessário que a mãe fique todo o tempo em casa, mas é importante que quem a substitui possa ter tempo para conversar com a criança, mesmo durante os cuidados da casa e da família.

Para o acompanhamento do desenvolvimento, dispomos de um excelente instrumento, que é o Cartão da Criança, cujas etapas do desenvolvimento são apresentadas abaixo.

*Marcos de desenvolvimento do Cartão da Criança*

**O bebê deve começar a mamar logo após o nascimento.**

Amamentar logo após o nascimento é muito importante para a saúde do bebê e da mãe, contribuindo para o vínculo entre mãe e filho. O bebê gosta de ouvir a mãe falar e cantarolar enquanto cuida dele. Ele já consegue demonstrar sinais de prazer (sorrir) e desconforto (chorar ou resmungar).

*1 a 2 meses*

O bebê fica protegido pelo leite materno e raramente adoece. No colo da mãe, se sente seguro e acalentado. Ele gosta de ficar em várias posições e olhar para objetos coloridos. Mas sobretudo, gosta de ver o rosto da mãe.

Responde ao sorriso.

*3 a 4 meses*

O bebê está bem mais ativo: olha para quem o observa, acompanha com o olhar e responde com balbucios quando alguém conversa com ele. Gosta de olhar e pôr as mãos na boca. Aprecia a companhia da mãe e gosta de trocar de lugar, mas atenção, porque já não fica quieto, pode cair.

De bruços, levanta a cabeça e ombros.

### 5 a 6 meses

O bebê sabe quando se dirigem a ele e gosta de conversar. Quando ouve uma voz, procura com o olhar. Ele já rola, senta com apoio e leva os seus pés à boca. Para que ele se movimente melhor, a mãe ou quem cuida dele, deve colocá-lo no chão. Para evitar quedas, não se deve deixá-lo em lugares altos.

Vira a cabeça na direção de uma voz ou objeto sonoro.

### 7 a 9 meses

Mesmo sendo amamentado, o bebê começa a querer provar outros alimentos. Ele gosta de brincar com a mãe e com os familiares. Às vezes, estranha pessoas de fora de casa. Não gosta de ficar só. Já fica sentado e também pode se arrastar ou engatinhar, pode até mesmo tentar se pôr em pé. É muito curioso, por isso não se deve deixar ao seu alcance: remédios, inseticidas e pequenos objetos. Já fica sentado sem apoio.

### 10 a 12 meses

O bebê está crescido, gosta de imitar os pais, dá adeus, bate palmas. Fala, pelo menos, uma palavra com sentido e aponta para as coisas que ele quer. Come comida da casa, porém precisa comer mais vezes que um adulto. Gosta de ficar em pé apoiando-se nos móveis ou nas pessoas. Engatinha ou anda com apoio.

### 13 a 18 meses

A criança está cada vez mais independente: quer comer sozinha e já se reconhece no espelho. Anda alguns passos mas sempre busca o olhar dos pais ou familiares. Fala algumas palavras e, às vezes, frases de duas ou três palavras. Brinca com brinquedos e pode ter um predileto. Anda sozinho.

*19 meses a 2 anos*

A criança já anda com segurança, dá pequenas corridas, sobe e desce escadas. Brinca com vários brinquedos. Aceita a companhia de outras crianças, porém brinca sozinha. Já tem vontade própria, fala muito a palavra não. Sobe e mexe em tudo: deve-se ter cuidado com o fogo e cabos de panelas.

Corre e/ou sobe degraus baixos.

*2 a 3 anos*

A criança gosta de ajudar a se vestir. Está ficando sabida: dá nomes aos objetos, diz seu próprio nome e fala "meu". A mãe deve começar, aos poucos, a tirar a fralda e ensinar, com paciência, o seu filho a usar o peniquinho. Ela já demonstra suas alegrias, tristezas e raivas. Gosta de ouvir histórias e está cheia de perguntas.

Diz seu nome e nomeia objetos como sendo seus.

*3 a 4 anos*

Gosta de brincar com outras crianças. Tem interesse em aprender sobre tudo o que a cerca, inclusive contar e reconhecer as cores. Ajuda a vestir-se e a calçar sapatos. Brinca imitando as situações do seu cotidiano e os seus pais.

Veste-se com auxílio.

*4 a 6 anos*

A criança gosta de ouvir histórias, aprender canções, ver livros e revistas. Veste-se e toma banho sozinha. Escolhe suas roupas, sua comida e seus amigos. Corre e pula alternando os pés. Gosta de expressar as suas idéias, comentar o seu cotidiano e, às vezes, conta histórias.

Conta ou inventa pequenas histórias.

*Cartão da Criança*

O Cartão da Criança foi feito para acompanhar o desenvolvimento e a saúde da criança até os 5 anos (Ministério da Saúde, 1994). O desenvolvimento da criança é o processo de mudanças que acontece com ela desde sua concepção. Acompanhando o desenvolvimento, podemos avaliar, cuidar e promover a saúde da criança. Existe um Cartão para meninas e outro para meninos, porque o desenvolvimento físico da menina é diferente do desenvolvimento do menino.

O Cartão da Criança vai ser usado pelos pais e pelos profissionais que atendem a criança. Deve ser apresentado em cada consulta e na visita do Agente Comunitário de Saúde (ACS). Também existe o que chamamos de Cartão Sombra, que é uma cópia do Cartão da Criança que fica com o ACS.

Toda criança, até os 5 anos, tem o direito de receber logo que nasce, e de graça, o seu Cartão. Informe aos pais que o Cartão está disponível no serviço de saúde mais próximo da residência.

Cada criança recebe um único Cartão. Nele são anotadas as informações importantes sobre sua saúde e seu desenvolvimento.

*Anotar no Cartão:*

- Dados de identificação e do nascimento da criança.
- Indicadores do desenvolvimento da criança: peso e atividade.
- Doenças da criança.
- Vacinas da criança.

# Anotação do peso no Cartão da Criança ou Ficha "C"

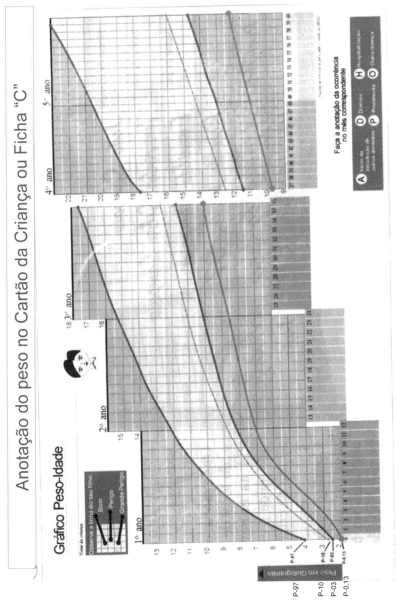

**P-97 à P-03 – Normal**   **>P-97 - Peso acima do normal para a sua idade**   **<P-03 –
Peso abaixo do normal = RISCO NUTRICIONAL**   **<P-0,13 – Grande perigo**   **<P-10 (linha tracejada) = Devem ser incluídas na suplementação alimentar**

*Balança do Agente Comunitário de Saúde*

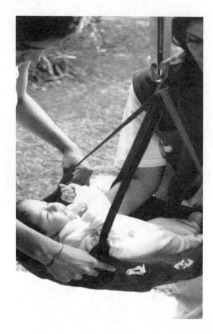

### *Indicadores de desenvolvimento: peso e atividade*

Para acompanhar o desenvolvimento físico da criança, precisamos observar como seu corpo está crescendo. Para isso, medimos o peso, um indicador que mostra rapidamente se a criança está tendo progressos ou problemas no seu crescimento.

O crescimento é acompanhado através do **Gráfico Peso-Idade.**

- A linha horizontal do gráfico mostra a idade em meses, começando no 0 (zero), que corresponde ao nascimento, até 60 meses, que equivale a 5 anos de idade.
- A linha vertical mostra o peso em quilos, iniciando com 2 kg e aumentando de 1 em 1.

Dentro do gráfico existem 4 linhas, onde 3 são contínuas e 1 é pontilhada. A linha contínua superior é o percentil 97, a pontilhada é o percentil 10, a linha abaixo da pontilhada é o percentil-03 e a linha vermelha é o percentil 0,13. A partir de agora, a letra "P" indicará percentil. Cada linha nos ajuda a verificar como está o peso da criança em relação à idade.

As linhas cinzas contínuas superior (P-97) e média (P-03) mostram a faixa dentro da qual a maioria das crianças sadias cresce, o chamado **Caminho da Saúde.** As crianças que estão acima da linha superior (P-97) se encontram com o peso acima do normal para a sua idade. Já as crianças cujo peso está abaixo da linha contínua média (P-03) podem estar com peso abaixo do normal, o que pode ser considerado como risco nutricional para desnutrição energético-protéica. As crianças cujo peso está abaixo da linha vermelha contínua inferior (P-O, 13) encontram-se em grande perigo.

*Agente Comunitário de Saúde Verificando a Estatura na Visita Domiciliária*

FONTE: Ministério da Saúde.

Toda vez que uma criança é pesada, esse peso é marcado com uma bolinha no gráfico, mas uma bolinha só não basta para mostrar o crescimento da criança. Para isso, temos que pesar a criança várias vezes, marcar cada pesagem com uma bolinha e ligar essas bolinhas com um traço. Formamos, assim, a **Curva de Peso** da criança.

## Acompanhamento do Crescimento e Desenvolvimento

*Pesando crianças menores de 2 anos ou com até 16 kg*

### Balança Pediátrica Mecânica

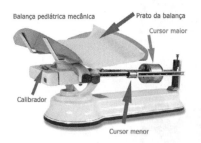

1º PASSO – certificar-se de que a balança está apoiada sobre uma superfície plana, firme e lisa. Forrar o prato com uma proteção antes de calibrar para evitar erros na pesagem.

2º PASSO – verificar se a balança está travada. Destravar a balança.

3º PASSO – observar se a balança está calibrada (a agulha do braço e o fiel devem estar na mesma linha horizontal). Caso contrário, girar leve e lentamente o calibrador até que a agulha do braço e o fiel estejam nivelados.

4º PASSO – após constatar que a balança está calibrada, ela deve ser travada.

5º PASSO – colocar a criança despida no centro do prato da balança, sentada ou deitada, de modo a distribuir o peso igualmente. Destravar a balança mantendo a criança parada o máximo possível nessa posição. Orientar a mãe ou responsável, é necessário manter-se próximo sem tocar na criança e no equipamento.

6º PASSO – mover os cursores sobre a escala numérica, primeiro o maior para os quilos.

7º PASSO – depois o menor para os gramas.

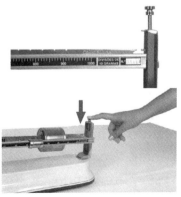
8º PASSO – esperar até que a agulha do braço e o fiel estejam nivelados.

9º PASSO – travar a balança, evitando que sua mola desgaste, assegurando o bom funcionamento do equipamento.

10° PASSO – realizar a leitura de frente para o equipamento, a fim de vizualizar melhor os valores apontados pelos cursores.

11° PASSO – anotar o peso na ficha do SIVAN/prontuário.

12° PASSO – retirar a criança e retornar os cursores ao zero na escala numérica.

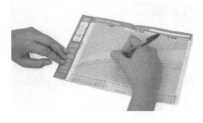
13° PASSO – marcar o peso no Cartão da Criança.

FONTE: Ministério da Saúde.

Toda Criança Sadia Ganha Peso

**No Gráfico Peso-Idade,** fique atento(a) para as variações da Curva de Peso da criança:

**Bom:** linha subindo: o peso está aumentando sempre.

**Linha horizontal**: o peso parou de aumentar.

**Grande perigo:** linha descendo: o peso está diminuindo.

De acordo com a localização do peso na Curva de Peso do Cartão da Criança, podemos ter a seguinte classificação:

- Criança com peso situado entre as duas linhas cinzas contínuas inferior e superior (P-03) a (P-97) é classificada *como* Peso não é baixo.
- Criança com peso entre a linha cinza contínua inferior (P-03) e a linha vermelha (P-0,13) do cartão é considerada *como* tendo Peso baixo para a idade.
- Criança com peso situado abaixo da linha vermelha (P-0,13) é classificada *como* tendo Peso muito baixo.

## Toda Criança Deve Ser Pesada Mensalmente até os 24 Meses

### *Registrando as doenças da criança e as internações hospitalares*

No Cartão, vamos anotar também as doenças que a criança tiver.

No Cartão, há algumas letras para você utilizar quando precisar registrar outros dados importantes sobre a criança. Assim, para registrar doenças, você tem a letra D para Diarréia, P para Pneumonia e O para outras doenças. Para registrar a introdução de outros alimentos, utilize A e se a criança foi hospitalizada, utilize H.

Como você pode ver, o Cartão registra peso e atividade e mostra se a criança está com as vacinas em dia, se adoece muito e do que adoece.

### *Registrando as vacinas da criança*

É muito importante verificar sempre se a criança está com as vacinas em dia. No Cartão, existe um espaço para anotar a data em que a criança é vacinada.

*Pesando crianças maiores de 2 anos, adolescentes e adultos*

*Balança Plataforma Mecânica*

1º PASSO – certificar-se de que a balança plataforma está afastada da parede.

2º PASSO – verificar se a balança está travada. Destravar a balança.

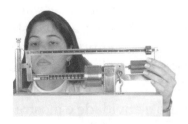

3º PASSO – observar se a balança está calibrada (a agulha do braço e o fiel devem estar na mesma linha horizontal). Caso contrário, girar leve e lentamente o calibrador, até que a agulha do braço e o fiel estejam nivelados.

4º PASSO – após constatar que a balança está calibrada, ela deve ser travada.

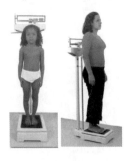

5º PASSO – posicionar a criança/adolescente/adulto de costas para a balança, descalça, com o mínimo de roupa possível, no centro do equipamento, ereto, com os pés juntos e os braços estendidos ao longo do corpo. Mantê-la parada nessa posição.

6º PASSO – destravar a balança.

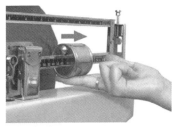
7º PASSO – mover os cursores sobre a escala numérica, primeiro o maior para os quilos.

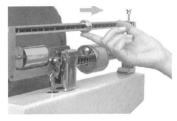
8º PASSO – depois o menor para os gramas.

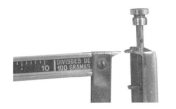
9º PASSO – esperar até que a agulha do braço e o fiel estejam nivelados.

10º PASSO – travar a balança, evitando que sua mola desgaste, assegurando o bom funcionamento do equipamento.

11º PASSO – realizar a leitura de frente para a balança, a fim de vizualizar melhor os valores apontados pelos cursores.

12° PASSO – anotar o peso na ficha do SISVAN/ prontuário.

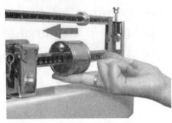
13° PASSO – retirar a criança/adulto/ adolescente e retornar os cursores ao zero na escala numérica.

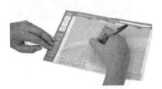
14° PASSO – marcar o peso das crianças de 7 anos de idade no cartão da criança.

FONTE: Ministério da Saúde.

**Medindo Crianças Menores de 2 Anos**

*Antropômetro Horizontal*

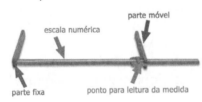
1° PASSO – verificar se o antropômetro está apoiado numa superfície plana, firme e lisa.

2° PASSO – deitar a criança no centro do antropômetro, descalça e com a cabeça livre de adereços.

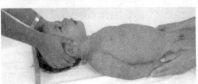
3° PASSO – apoiar a cabeça firmemente contra a parte fixa do equipamento, com o pescoço reto

e o queixo afastado do peito. Os ombros devem estar totalmente em contato com a superfície de apoio do antropômetro e os braços estendidos ao longo do corpo. Para manter a criança nessa posição é necessária ajuda da mãe ou responsável.

4° PASSO – as nádegas e os calcanhares devem estar em pleno contato com a superfície que apóia o equipamento, os braços permanecem estendidos ao longo do corpo.

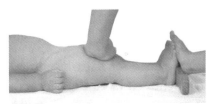

5° PASSO – pressionar cuidadosamente, os joelhos da criança para baixo, com uma das mãos, de modo que eles fiquem estendidos. Unir os pés, fazendo um ângulo reto com as pernas. Levar a parte móvel do equipamento até a planta dos pés com cuidado para que não se mexam.

6° PASSO – realizar a leitura do comprimento quando estiver seguro de que a criança não se moveu da posição indicada.

7° PASSO – anotar o resultado na ficha do SISVAN/prontuário. Retirar a criança.

FONTE: Ministério da Saúde.

## Medindo Crianças Maiores de 2 Anos, Adolescentes e Adultos

### Antropômetro Vertical

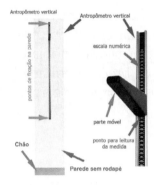

1° PASSO – verificar se o antropômetro está fixado numa parede lisa e sem rodapé.

2° PASSO – posicionar a criança/adolescente/adulto descalço e com a cabeça livre de adereços no centro do equipamento. Mantê-lo em pé, ereto, com os braços estendidos ao longo do corpo, com a cabeça erguida, olhando para um ponto fixo na altura dos olhos.

3° PASSO – encostar os calcanhares, ombros e nádegas na parede.

4° PASSO – os ossos internos dos calcanhares devem se tocar, bem como a parte interna de ambos os joelhos. Unir os pés fazendo um ângulo reto com as pernas.

5° PASSO – abaixar a parte móvel do equipamento, fixando-a contra a cabeça, com pressão suficiente para comprimir o cabelo. Retirar a criança/adolescente/adulto, quando tiver certeza de que o mesmo não se moveu.

6° PASSO – realizar a leitura da estatura, sem soltar a parte móvel do equipamento.

7° PASSO – anotar o resultado na ficha do SISVAN/ prontuário.

FONTE: Ministério da Saúde.

### 10.1.B - Promoção do aleitamento materno

Segundo o Ministério da Saúde (2000) os profissionais da ESF têm um papel fundamental nas orientações das mães, em suas comunidades, sobre a amamentação do bebê desde o seu nascimento.

Aleitamento materno é o procedimento em que a mãe alimenta o seu filho com o seu leite.

Hoje em dia, muitas mulheres acabam usando, mais cedo do que o recomendado e o necessário, algum tipo de alimentação artificial para seus bebês. Normalmente, elas começam a usar o leite de vaca fresco ou em pó. A indústria de leite em pó começou, há anos atrás, a fazer grandes campanhas de publicidade ressaltando a qualidade de seus produtos. Essas campanhas, aliadas à entrada da mulher no mercado de trabalho, geraram uma série de mal-entendidos que levaram a uma queda intensa da prática do aleitamento materno. Essa queda contribuiu para o aumento da ocorrência de doenças em bebês e para a mortalidade infantil.

Hoje a situação melhorou e, no Brasil, existe uma "Norma para Comercialização de Alimentos para Lactentes" que regula a propaganda de leites, proibindo qualquer mensagem escrita ou ilustração que possa levar a mãe e mesmo os profissionais de saúde a pensarem que o leite industrializado é melhor ou tão bom quanto o leite materno.

Especialmente com o primeiro filho e, particularmente, se forem muito jovens, a maioria das mulheres precisa de apoio para manter a amamentação. Fatores como preocupações com o trabalho, insegurança sobre o bem-estar e ganho de peso da criança podem ser motivos para desistir do aleitamento. Assim, os profissionais que atuam na ESF, precisam estar bem informados para apoiar e orientar as mães, em suas comunidades, sobre a amamentação do bebê desde o seu nascimento.

A partir da década de 70, em vários países, inclusive no Brasil, alguns grupos começaram a apontar os prejuízos do leite de vaca. Passaram, então, a fazer uma série de palestras, para grupos de gestantes e nutrizes em favor do aleitamento materno.

Esses movimentos sociais basearam-se nas descobertas realizadas por estudos sobre amamentação. Esses estudos revelavam que o leite materno contém os anticorpos necessários para proteger o bebê contra infecções e possui todos os nutrientes necessários à sua saúde, protegendo-o contra a desnutrição. Revelavam também que a introdução precoce (antes dos 6 meses) do leite de vaca trazia riscos ainda maiores para os bebês que viviam em comunidades sem condições adequadas de saneamento básico (água limpa, destino adequado das fezes e do lixo).

Constatou-se, nessas comunidades, que as crianças alimentadas na mamadeira (artificialmente) morriam mais, tinham 14 vezes mais chances de morrer por diarréia e 4 vezes mais chances de morrer por infecção respiratória aguda, do que aquelas que estavam sendo amamentadas.

Não há nenhuma dúvida de que o leite materno é o alimento ideal para o bebê. Ele é fundamental para sua saúde e seu desenvolvimento.

As suas propriedades nutricionais, o seu valor de proteção contra doenças e o vínculo afetivo que gera entre a mãe e a criança são incomparáveis.

O leite materno é o alimento ideal para a criança até os 2 anos de idade ou mais. Ele contém todos os nutrientes, inclusive água, de que a criança precisa nos primeiros 6 meses de vida, período onde só deve receber o leite materno, sendo oferecido todas as vezes que o bebê quiser, inclusive durante a noite, mamando cerca de 8 vezes em 24 horas.

### Conhecendo as Vantagens do Aleitamento Materno

*O leite materno é mais adequado do ponto de vista nutricional*

A principal vantagem do leite de peito está na composição dos nutrientes. Ele atende a todas as necessidades nutricionais da criança até os 6 meses de vida. A qualidade e a quantidade dos seus componentes, como proteínas, água, vitaminas e sais minerais, satisfazem as necessidades do bebê. Além disso, o bebê aproveita muito melhor o leite materno, digerindo e absorvendo mais nutrientes do que quando toma leite de vaca ou outro tipo de leite.

*Incentivo ao Aleitamento Materno*

*O leite materno contém substâncias chamadas anticorpos, que protegem o bebê das infecções*

Está comprovado por muitos estudos que, em condições precárias de vida, com falta de saneamento básico e água limpa, as chances de a criança ter diarréia e outras infecções são muitas vezes maiores quando ela toma leite artificial do que quando está sendo amamentada por sua mãe.

Além disso, hoje se sabe que o leite materno contém **fatores de proteção**. Os chamados anticorpos, contra muitas doenças. Essas substâncias, que passam do leite da mãe para o filho, protegem a criança. O primeiro leite é chamado colostro, tem uma grande quantidade desses anticorpos, por isso a amamentação deve começar logo após o nascimento, preferencialmente na primeira hora de vida, donde podemos afirmar que o colostro é a primeira vacina que o bebê recebe.

*O leite materno é prático e higiênico*

O leite do peito é muito mais higiênico, não tem risco de contaminação, porque não precisa ser preparado, passa direto do peito para a boca da criança e já vem na temperatura certa.

É mais prático, porque já está pronto e aquecido. Não se perde tempo preparando-o, nem lavando mamadeiras e panelas.

*É mais econômico criar filhos com o leite materno*

Outro fato muito comum quando a criança começa a tomar outro leite que não o da mãe é a dificuldade em preparar o leite de vaca nas medidas certas. Como o leite é muito caro, na hora de preparar as mamadeiras, a mãe acaba misturando mais água do que o indicado. Isso faz com que o bebê não receba as quantidades de nutrientes necessárias ao seu crescimento saudável.

Mesmo quando o leite é distribuído nos serviços de saúde, a quantidade geralmente não é suficiente. E como sempre tem mais de uma criança na casa, a mãe acaba preparando um leite mais fraco para que todos possam tomar um pouco.

Uma das soluções que as mães encontram é colocar no leite misturado com a água, creme de arroz ou outro tipo de farinha para engrossar. Então, o leite só fica com a aparência de ser forte, pois, na verdade, não é o tipo certo de alimento para a criança pequena. Como conseqüência, mesmo engordando, por causa da farinha, os bebês ficam fracos e com pouca resistência às infecções, porque não tomam a quantidade de leite com todas as substâncias nutritivas de que precisam.

É comum ver crianças que vinham crescendo bem, dentro da Curva de Peso e sem doenças, começarem, a partir do desmame, a ter infecções e emagrecer, descendo na Curva de Peso do Cartão.

### *O aleitamento materno favorece o relacionamento mãe-filho*

Outro aspecto importante é que a amamentação permite que a mãe e o bebê tenham uma relação mais próxima. Durante a mamada, a mãe e o filho estão mais próximos, num contato íntimo incomparável. Essa relação afetiva é fundamental para o desenvolvimento da criança.

### *A composição e a aparência do leite materno variam de acordo com a idade do bebê*

O colostro, que é o primeiro leite (chamado por muita gente de "agüinha"), é um leite muito nutritivo e com uma quantidade de agentes protetores muitas vezes maior que a do "leite maduro", produzido posteriormente. O colostro é suficiente e adequado para o bebê, na quantidade em que é produzido. Os fatores de proteção presentes na sua composição protegem o recém-nascido de infecções. Durante o crescimento, o leite materno vai tendo sua composição naturalmente alterada para se adaptar às necessidades da criança. Por isso, ele não é sempre igual, é específico para cada criança. Por exemplo, as mães de crianças prematuras produzem leite mais rico em proteínas, porque esses bebês precisam mais desses nutrientes para crescerem.

## Preparando a Mãe Para Amamentar

Quando a amamentação é comum na família, na comunidade ou na sociedade em geral, o preparo para a amamentação começa desde a infância. A melhor preparação para a amamentação é a experiência que a menina tem ao ver as mulheres ao seu redor amamentando os filhos.

O pré-natal e o acompanhamento da gestante na comunidade são bons momentos para se conversar sobre a amamentação, principalmente quando são realizados em grupos de gestantes. É importante que os homens participem desses grupos. Assim, a mulher se sentirá mais apoiada e poderá renovar o espírito de companheirismo entre o casal.

### Cuidados importantes para preparar os seios para a amamentação

Expor os seios ao sol, antes das 9 horas ou no final da tarde, por 5 a 10 minutos; fazer um orifício no centro do sutiã para expor os mamilos. Dessa forma, eles ficarão em contato permanente com a roupa, fortalecendo-os.

É importante a participação das gestantes em grupos, para discutir as vantagens do aleitamento materno e como enfrentar as dificuldades por que passam e os medos que sentem. O ponto de partida para a "ação do aleitamento materno" é o levantamento que o profissional da ESF precisará fazer na sua comunidade. Procure identificar:

- se é costume, na comunidade, as mães amamentarem e por quanto tempo;
- quais são as principais dificuldades encontradas pelas mães que amamentam;
- quais os motivos para o desmame;
- quais são os conhecimentos, as crenças e os costumes sobre a amamentação na comunidade;
- quais são as características das famílias cujas mães mais amamentam;
- quais são as características das famílias cujas mães não amamentam.

Esse levantamento permitirá compreender melhor o papel da amamentação na comunidade, como ela é praticada, seus fatores de facilitação e impedimento. Com base nessa "fotografia", as ações de estímulo e apoio ao aleitamento poderão ser planejadas.

## Iniciando o Aleitamento Materno

*O aleitamento materno deve ser iniciado logo que o bebê nasce*

É bom que a mãe comece a amamentar logo após o bebê nascer ou, no máximo, na primeira meia-hora após o parto. Isso vale tanto para os bebês que nascem em casa como no hospital.

Na maioria das vezes, o bebê não vai mamar como a mãe esperaria. Na verdade, nessa primeira vez, o mais importante é o contato entre a mãe e o filho. O bebê lambe o mamilo, como se estivesse reconhecendo sua mãe. Isso é um estímulo muito importante para aumentar a produção do leite. Informe as mulheres, antes do parto, sobre esses aspectos, para que elas não fiquem confusas, pensando que seu bebê não consegue mamar.

O importante é que o bebê fique com a mãe 24 horas por dia, para que seja amamentado quando quiser, e para criar um ambiente de segurança no qual a mãe se sinta capaz de cuidar do seu filho. Deixe o bebê mamar quando quiser e pelo tempo que quiser.

*Nos primeiros dias, a mulher produz o colostro*

Logo após o parto, o bebê precisa do colostro que, mesmo em pequenas quantidades, é suficiente para alimentar e é fundamental para proteger o bebê de doenças.

*Posições corretas da mãe e da criança para a amamentação*

A mãe deve procurar a posição mais confortável para ficar tranqüila e não apressar o bebê.

*a) Posição da mãe para amamentar:*
   A posição para amamentar é aquela em que a mãe e o bebê se sintam mais confortáveis; a mãe pode dar de mamar deitada, recostada na cama ou sentada. Se deitada, deve apoiar a cabeça e as

costas em travesseiros, para ficar à vontade. Com um braço, apoiar os ombros do bebê e com a outra mão, aproximar o peito da boca do bebê; deixar que ele próprio pegue o peito.

b) *Como segurar o bebê:*

Para que o bebê sugue o peito de maneira correta, ele deve ser colocado em boa posição para poder pegar não só o bico do peito, mas grande parte da aréola (círculo escuro ao redor do bico). Isso é importante, porque abaixo da aréola existem tubos por onde sai o leite que o peito produz; cabeça e corpo do bebê alinhados; nariz do bebê em frente ao bico do seio; corpo do bebê perto do corpo da mãe (estômago do bebê/barriga da mãe, isto é, barriga com barriga); sustentar todo o corpo do bebê.

*O horário das mamadas e a retirada do leite dos seios*

O bebê deve ser amamentado toda vez que tiver fome. À medida que o bebê vai crescendo, ele vai aprendendo as rotinas da família e começa a ter horários mais certos para dormir e mamar. Não há um horário rígido para se amamentar, nem um tempo determinado para a duração da mamada;

- deixar a criança terminar de sugar a primeira mama espontaneamente, antes de oferecer a segunda;
- se a mãe quiser interromper a mamada, o que não deveria ser feito com freqüência, ela pode colocar a ponta do dedo mínimo na boca do bebê, entre as gengivas, e o peito é solto sem machucar.

*Cuidados após a mamada*

Após a mamada, deve-se deixar a criança em posição mais elevada, por exemplo, no ombro da mãe, para que ela possa arrotar, expelindo o ar que possa ter engolido durante as mamadas; algumas crianças arrotam alto e outras nem se percebe ou nem arrotam; algumas crianças regurgitam várias vezes ao dia, principalmente após as mamadas.

Para evitar que o leite regurgitado sufoque o bebê, é necessário colocá-lo de lado no berço, algum tempo após a mamada. O bebê que mama no peito freqüentemente evacua várias vezes ao dia, principalmente após as mamadas. Isso não é diarréia. Em caso de dúvida, pergunte à mãe se ela notou alguma mudança na freqüência e no aspecto das evacuações do bebê.

### *Aprendendo a Lidar com Problemas que Podem Ocorrer Durante a Amamentação*

#### *Apojadura (febre do leite, descida do leite)*

A descida do leite, chamada de apojadura, ocorre entre 2 ou 3 dias após o nascimento, principalmente se o parto foi cesariana. Nesses casos, a mãe sente o peito inchado (ingurgitado), porque está cheio de leite. Antes da apojadura, já há a produção do colostro, que contém o necessário e o suficiente para o recém-nascido.

#### *Seios doloridos ou empedrados*

Quando os seios ficam doloridos ou empedrados, algumas orientações ajudam muito:

- quando a mãe sentir que o seio está ficando dolorido ou notar pontos mais endurecidos, deve fazer massagens circulares nas regiões endurecidas, retirar um pouco de leite e oferecer o peito mais vezes ao bebê;
- às vezes, é necessário retirar um pouco de leite antes e depois da mamada;
- deve-se começar a mamada pelo seio mais cheio. O bebê com fome suga mais forte e, assim, esvazia melhor a mama;
- se a mãe estiver muito ansiosa e insegura, pode, com isso, dificultar a saída do leite e seu peito pode empedrar. Por essa razão, é importante apoiar a mãe, esclarecer suas dúvidas e deixá-la o mais segura e relaxada possível.

*A rachadura dos mamilos*

Outra dificuldade comum das mães, no início da amamentação, é a rachadura dos mamilos, que causa muita dor. Algumas orientações que previnem esse problema e facilitam a cicatrização:

- os seios só precisam ser lavados no banho diário, não há necessidade de lavá-los a cada mamada. O uso de sabão, álcool ou água boricada facilita o ressecamento da pele e o aparecimento de rachaduras, por isso não devem ser usados;
- se os mamilos já estiverem com fissuras e a mulher não tiver condições de expô-los ao sol, pode-se fazer banho de luz. Usar uma lâmpada comum de 40 watts, colocada a dois palmos de distância do seio, por 10 minutos de cada lado, uma a duas vezes ao dia;
- não usar sutiã apertado, que impeça o arejamento do mamilo;
- quando o bico estiver rachado, a criança pode, ao mamar, ingerir um pouco de sangue. Ao regurgitar, portanto, irá sair sangue com leite. Não há nenhum problema nisso, apenas deve-se certificar se a origem do sangue é do seio da mãe. É necessário ajudar a mãe a cuidar da fissura, mantendo a amamentação.

*A mastite*

Às vezes, o seio empedrado (ingurgitado) ou com rachaduras (fissuras) pode inflamar e infeccionar, aparecendo o que chamamos de mastite. A mama fica quente e avermelhada e a mulher queixa-se de muita dor e febre. Nessa situação, deve-se manter as mesmas orientações dadas para "seio empedrado". A mãe deve ser encaminhada para o serviço de saúde para uma avaliação e, se necessário, prescrição de antibióticos. **Durante o uso dos antibióticos, não é preciso parar de amamentar. É também necessário, muitas vezes, o uso de analgésicos.**

Caso a mãe esteja com muita dor, que impeça a sucção, o leite deve ser retirado manualmente.

## Dificuldades que Levam a Mulher a Não Amamentar

*A mãe precisa voltar a trabalhar ou sair de casa e se sente presa pelo aleitamento*

O aleitamento materno dificulta, de fato, que a mulher se ausente por muitas horas de casa, o que pode acarretar ansiedade frente às suas necessidades de trabalho ou de sair de casa por outros motivos. É preciso apoiar essas mães para que encontrem soluções possíveis, que variam de caso para caso, para que o problema se resolva. É extremamente improdutivo apenas culpar a mãe: "elas não amamentam, porque não querem".

*Orientando as mães para a ordenha e a guarda do leite com segurança*

O leite pode ser retirado do peito e guardado na geladeira, por 24 horas, e no freezer, congelado por 15 dias; na hora de dar o leite, é só aquecê-lo em banho-maria no próprio vidro e oferecer à criança com uma colher ou um copinho; o leite não deve ser recongelado; o vidro para guardar o leite pode ser um de café solúvel ou de maionese com tampa plástica. Nesse caso, deve-se retirar o papelão da tampa, lavar o vidro e a tampa e colocá-los para ferver por 10 minutos; guardar os vidros fechados.

A participação dos pais em grupos, durante a gestação e após o parto, faz com que eles possam participar ativamente desse período, tornando tudo mais fácil para todos. Se ele estiver consciente da importância da amamentação para o seu filho, poderá ajudar.

Na verdade, a família como um todo pode participar, compreendendo a situação, ajudando nas tarefas domésticas e permitindo que a mulher tenha mais tempo livre para si e para todos.

*A mulher sofre muitas pressões para amamentar*

Muitas vezes, alguns profissionais de saúde, ao defenderem as vantagens do leite materno, assumem uma postura tão autoritária que, ao invés de ajudar, acabam criando dificuldades para as mulheres. As atitudes autoritárias não são apenas aquelas em que se fala de forma grosseira. Às vezes, os profissionais podem até falar muito delicadamente, mas passam mensagens que acabam por deixar a mulher confusa, ansiosa e com sentimento de culpa por estar tendo dúvidas ou dificuldades.

Quando a mãe sente dificuldade de amamentar, é necessário conversar sobre o assunto, para que ela expresse suas dificuldades. Conhecendo a situação, pode-se, junto com ela, procurar alternativas para que o problema seja solucionado e a amamentação continue.

*As mães são influenciadas pelos mitos e pelas crenças sobre o leite materno*

Em cada comunidade, é comum existirem algumas crenças sobre o leite materno. Muitas delas, inclusive, são baseadas em informações antigas da medicina e hoje já se sabe que não são verdadeiras. Em geral, as mães têm vergonha de fazer perguntas sobre essas crenças ao médico, pois temem que ele diga que é bobagem. Uma crença que existe em algumas regiões é a de que o leite pode estragar dentro do peito, quando o bebê não mama por um ou dois dias.

Conheça as crenças do seu lugar para que você possa esclarecer os mal-entendidos e manter a amamentação. O importante é deixar a mãe à vontade, para que ela possa falar o que quiser, sem julgamento ou crítica, respeitando-a acima de tudo.

*O bebê não quer mamar*

Essa é uma situação que pode ocorrer no primeiro mês. O peito muito cheio e duro faz com que a aréola e o mamilo fiquem achatados, dificultando a sucção do bebê. Quando o bico é plano ou mesmo invertido, o bebê pode não conseguir mamar. Retirar um pouco de leite antes de dar o peito ao bebê amacia a região da aréola e facilita a pega. Para os mamilos planos ou invertidos, devem ser ensinados exercícios para serem feitos logo após o parto, usando-se uma seringa (Técnica da Seringa).

Existe ainda a possibilidade de o leite não sair suficientemente quando o bebê sugar. A saída do leite é controlada por um hormônio, chamado ocitocina, que é produzido quando o bebê começa a sugar o seio. Se a mãe está cansada, ansiosa ou com dor, a produção do hormônio pode ficar diminuída. Quando isso acontece, o leite é produzido, mas tem dificuldade para sair do peito.

O bem-estar emocional da mulher é, portanto, fundamental, também por mais essa razão. A ocitocina também age no útero da mãe, fazendo com que ele se contraia e volte, aos poucos, ao seu tamanho normal. É por esse motivo que a mulher pode sentir cólicas quando dá de mamar. Mais uma vez, o apoio é fundamental.

### Aleitamento e Anticoncepção

Essa é uma questão importante, porque as mulheres ficam preocupadas em não engravidar e têm receio de tomar pílulas. Há alternativas de pílulas próprias para mulheres que amamentam e outros métodos como camisinha, DIU ou diafragma. Há ainda a possibilidade de ser usada a LAM (Lactação - Amenorréia) como método anticoncepcional. Avaliar com a sua cliente a melhor conduta, respeitando a escolha da mulher.

### Quando a Mulher não Deve Amamentar

São muito poucas as situações em que a mulher não deve amamentar. Deve-se avaliar os aspectos negativos e os benefícios para o bebê. As situações em que a amamentação não é recomendada são:

- *quando a mãe tiver alguma doença infecciosa que coloque em risco o bebê,* como a AIDS (neste caso, se houver um Banco *de Leite Humano próximo* da casa da *puérpera,* o leite retirado pode ser pasteurizado e oferecido ao bebê). A tuberculose e a hanseníase materna não contra-indicam a amamentação. Deve-se seguir as normas de profilaxia do Ministério da Saúde, que se aplicam a crianças amamentadas ou não;
- quando a mulher estiver fazendo o uso de medicamento de comprovado efeito tóxico para o bebê (o que é raro). Consultar o mé-

dico da ESF ou o cartaz e o manual sobre drogas e amamentação, do Ministério da Saúde;

- quando a mãe apresentar algum problema mental sério que possa colocar em risco a integridade do bebê.

### 10.1.C - Aleitamento materno e alimentação complementar

Até os 6 meses, o leite materno supre todas as necessidades nutricionais da criança. A partir dessa idade, ela irá precisar de outros alimentos, chamados alimentos complementares. A criança deverá receber, então, o leite materno e outros alimentos que atendam às suas necessidades, principalmente com ferro e vitamina A.

A introdução de qualquer outro alimento ou líquido, inclusive chás, sucos e água, inicia o processo de **desmame** da criança. O desmame da criança deve ser lento, é preciso que os novos alimentos sejam introduzidos com cuidado. O desmame só irá se completar quando ocorrer a suspensão completa do leite materno. O aleitamento materno deve continuar até os 24 meses de idade da criança, ou mais, juntamente com outros alimentos (Ministério da Saúde, 2000).

No período de transição entre o leite materno e a alimentação da família, a amamentação irá complementar as necessidades nutricionais da criança. Portanto, o processo de desmame é um momento delicado para a criança, sobretudo se ocorrer muito cedo, de maneira brusca ou desequilibrada. Deve-se ficar atento se o ganho de peso está adequado, evitando-se o desenvolvimento da desnutrição e de outras doenças.

## 10 Passos para uma alimentação saudável

1.  Dar somente leite materno até 6 meses, sem oferecer água, chás ou qualquer outro elemento.

2.  A partir dos 6 meses, introduzir de forma lenta e gradual outros alimentos, mantendo o leite materno até os 2 anos de idade ou mais.

3.  Após 6 meses, dar alimentos complementares (cereais, tubérculos, carnes, leguminosas, frutas, legumes) 3 vezes ao dia, se a criança receber leite materno, e 5 vezes ao dia, se estiver desmamada.

4.  A alimentação complementar deve ser oferecida sem rigidez de horários, respeitando-se sempre a vontade da criança.

5.  A alimentação complementar deve ser espessa desde o início e oferecida de colher; começar com consistência pastosa (papas/purês) e, gradativamente, aumentar a consistência até chegar à alimentação da família.

6.  Oferecer à criança diferentes alimentos ao dia. Uma alimentação variada é uma alimentação colorida.

7.  Estimular o consumo diário de frutas, verduras e legumes da região.

8.  Evitar açúcar, café, enlatados, frituras, refrigerantes, balas, salgadinhos e outras guloseimas, nos primeiros anos de vida. Usar sal com moderação.

9.  Cuidar da higiene no preparo e manuseio dos alimentos; garantir o seu armazenamento e conservação adequados.

10. Estimular a criança doente e convalescente a se alimentar, oferecendo sua alimentação habitual e seus alimentos preferidos, respeitando a sua aceitação.

FONTE: Ministério da Saúde (2001).

Cada comunidade tem um hábito alimentar próprio. A criança, durante o desmame, vai sendo introduzida ao hábito alimentar da sua família e se adaptando a ele. É fundamental que a mãe seja orientada sobre o fato de a introdução de alimentos causar certa estranheza às crianças, que, em geral, cospem os alimentos, fazem caretas ou cerram os lábios. Isso faz parte do aprendizado quanto ao uso dos alimentos.

Os hábitos alimentares de uma pessoa se formam muito cedo, até o final do primeiro ano de vida. Por isso, a criança deve experimentar, a partir do 6º mês, diferentes sabores para poder aceitar uma dieta variada, que garanta o atendimento a todas as suas necessidades nutricionais.

Nesse período, também deve-se estar atento ao aparecimento de alergias alimentares. As crianças muito novas têm maior possibilidade de apresentar intolerância e alergia a alguns tipos de alimentos. Por isso, os alimentos novos devem ser introduzidos um a um e com intervalos de 2 a 3 dias. Dessa maneira, será possível detectar qualquer alteração ou reação e identificar o alimento responsável.

Por causa da alta ocorrência, no nosso país, de hipovitaminose A e anemia ferropriva, a alimentação da criança deve prever fontes de vitamina A e ferro para prevenir a ocorrência dessas deficiências.

Além da alimentação, a criança deve tomar o sol da manhã para poder sintetizar a vitamina D, que previne o raquitismo.

Identificando os alimentos básicos disponíveis na comunidade.
FONTE: Ministério da Saúde (2001).

Cada região ou localidade tem um alimento de base ou principal. Em geral, é um cereal, grão, tubérculo ou uma raiz, por exemplo: arroz, macarrão (trigo), fubá de milho, farinha de mandioca, etc. Ele é o primeiro alimento que as pessoas citam quando perguntamos sobre a alimentação. Esse alimento de base é excelente para preparar os primeiros alimentos da dieta complementar da criança, a partir do 6º mês de vida.

Devemos procurar, junto à comunidade, conhecer os alimentos utilizados para alimentar as crianças, a forma de introdução dos alimentos e a disponibilidade de alimentos que normalmente não são utilizados, mas, por serem nutritivos, mereceriam ser incorporados aos hábitos das famílias.

### 10.1.D - Imunização

Segundo o Guia de Vacinação (MS, 2000) a ciência, hoje, conhece os agentes causadores e a forma como ocorre a maioria das doenças transmissíveis, assim como são conhecidos os meios para evitar que elas aconteçam.

A característica principal dessas doenças é que elas são transmitidas através de um agente infeccioso. Estes agentes são popularmente chamados de micróbios ou germes e são capazes de "passar" de um homem para outro homem ou de um animal para um homem, de modo direto (espirro, saliva, sangue contaminado) ou indireto (objetos ou utensílios contaminados, inseto vetor).

Os principais agentes infecciosos são as bactérias, que causam certas diarréias, a difteria e a tuberculose; os vírus, como o do sarampo, o da poliomielite, febre amarela e hepatite B; os protozoários, que causam a malária e a doença de Chagas e os fungos, que causam micoses. Há também os vermes, que causam a esquistossomose e a ascaridíase.

Algumas doenças transmissíveis podem ser evitadas através de vacinas (imunizações). São as chamadas imunopreveníveis.

Apesar de todo esse conhecimento e das vacinas existentes, doenças imunopreveníveis, como tuberculose, hepatite B, poliomielite, difteria, tétano, coqueluche, sarampo, febre amarela e rubéola congênita, continuam sendo responsáveis por muitas mortes ou seqüelas em grande parte do mundo. Muitas crianças ainda morrem, porque não recebem todas as doses necessárias de vacinas. Os postos de vacinação em todo o país devem dispor de vacinas contra todas essas doenças e aplicá-las de acordo com as recomendações do Ministério da Saúde (veja o esquema básico, p. 185).

Com a realização das campanhas de vacinação em massa e a intensificação da vacinação de rotina, está crescendo o número de indivíduos que são vacinados no nosso país.

A imunização é uma ação básica de saúde que apresenta resultados importantes e imediatos na redução da mortalidade infantil. Assim, não se justifica a morte de nenhuma criança por doença para a qual se dispõe de vacinas.

Nem todas as crianças têm as mesmas possibilidades de adoecer ou morrer por doenças transmissíveis.

Nos países mais desenvolvidos ou naqueles em que se realizam investimentos voltados para a melhoria das condições sanitárias e da saúde, as doenças transmissíveis foram eliminadas ao longo dos anos, através de medidas como o tratamento da água, o destino adequado do lixo e dos dejetos, o sistema de esgoto, a melhoria do estado nutricional dos indivíduos e das condições de habitação, a imunização, o controle e/ou a eliminação dos transmissores das doenças e a vigilância dos alimentos.

As possibilidades de a criança adoecer e morrer por doenças transmissíveis estão relacionadas às condições gerais de vida nas quais está inserida, ao seu acesso à vacinação, bem como às suas condições pessoais de resistência aos agentes infecciosos.

O fato de uma pessoa entrar em contato com os agentes que causam essas doenças não basta para que o indivíduo adoeça. Se o organismo da pessoa tiver condições de resistir ao ataque desses agentes, ela não ficará doente.

Sabe-se que as crianças desnutridas estão predispostas às doenças infecciosas. Além disso, nessas crianças, a doença é muito mais grave. O sarampo, quando acontece em uma criança desnutrida, vem sempre acompanhado de complicações, como a diarréia e a pneumonia, levando muitas vezes ao óbito.

A pobreza e toda a situação de vida dela decorrente, incluindo a desnutrição, colocam a criança em situação de risco para as doenças infecciosas.

*Vacinas*

As vacinas são preparados com os próprios agentes infecciosos (micróbios ou germes enfraquecidos ou mortos), com parte deles ou com suas toxinas modificadas artificialmente.

Durante o processo de fabricação, esses preparados perdem as propriedades nocivas que causariam a doença, mantendo sua capacidade de induzir uma proteção semelhante à provocada pela própria doença natural.

Quando o indivíduo recebe uma vacina, faz o organismo formar ou fabricar "armas" (defesas) contra os micróbios que causam a doença. Essas "armas" chamamos de anticorpos, que são proteínas especiais que ficam no sangue.

Assim, quando um indivíduo vacinado entra em contato com pessoas que tenham tal doença, ele não adoece. Diz-se, então, que o indivíduo adquiriu imunidade ou proteção contra aquela doença.

Para que a vacina produza os efeitos necessários, isto é, a formação de anticorpos, é preciso que o indivíduo receba o número de doses apropriado, com intervalos recomendados, idade indicada e que a vacina tenha sido bem transportada e conservada, esteja dentro do prazo de validade estabelecido pelo fabricante e que seja aplicada com a técnica correta. O estado geral de saúde desse indivíduo também é importante para que se obtenha uma boa proteção.

*Fluxo de Clientes na Sala de Imunização*

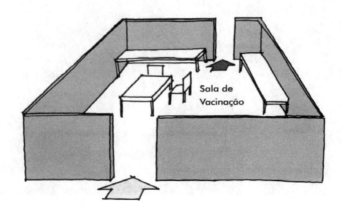

*Termômetro de Capela ou de Máxima e Mínima*

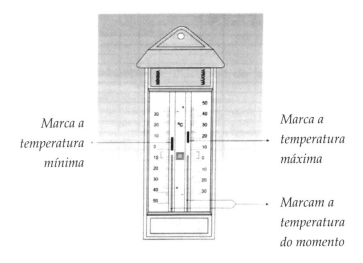

Marca a temperatura mínima

Marca a temperatura máxima

Marcam a temperatura do momento

Quando a maioria das pessoas de uma comunidade está vacinada, a doença não encontrará muitos indivíduos desprotegidos e, assim, não conseguirá se espalhar.

Quando praticamente todas as crianças estão vacinadas, as doenças tendem a desaparecer, porque os agentes infecciosos não estão circulando pelo ambiente.

Portanto, o risco de uma criança que ainda não foi vacinada ter certa doença transmissível vai ser sempre maior nas comunidades onde existem muitas outras crianças também não vacinadas, ou seja, onde a COBERTURA VACINAL É BAIXA.

*Organização do Refrigerador da Sala de Imunização*

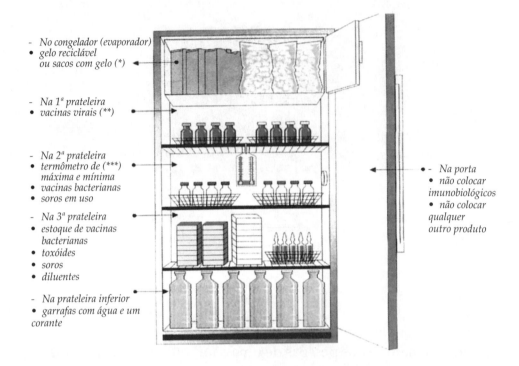

- *No congelador (evaporador)*
• gelo reciclável ou sacos com gelo (*)

- *Na 1ª prateleira*
• vacinas virais (**)

- *Na 2ª prateleira*
• termômetro de (***) máxima e mínima
• vacinas bacterianas
• soros em uso

- *Na 3ª prateleira*
• estoque de vacinas bacterianas
• toxóides
• soros
• diluentes

- *Na prateleira inferior*
• garrafas com água e um corante

- *Na porta*
• não colocar imunobiológicos
• não colocar qualquer outro produto

As pessoas vacinadas formam uma espécie de barreira defensiva, que protege a comunidade da propagação da doença, evitando os surtos das doenças e as epidemias. Dessa forma, protege-se também as crianças que ainda não estão na idade de vacinar e os adultos que nunca foram vacinados.

### Soros

Em algumas situações, quando as pessoas já tiveram contato com um agente infeccioso ou com um doente, é necessário que já se aplique nelas um produto que contenha anticorpos (defesas) prontos. Não há tempo para esperar que o organismo ainda vá fabricar os anticorpos, como ocorre ao se usar a vacina. Nesses casos, são utilizados os soros, que são injeções que contêm anticorpos e que devem ser imediatamente aplicadas para que se tenha uma proteção eficaz, embora de curta duração.

Os soros heterólogos são produzidos a partir do sangue de animais saudáveis (cavalos) que foram imunizados e que dispõem de bastante anticorpos. Os soros homólogos são produzidos a partir do sangue de pessoas vacinadas ou convalescentes da doença. Ex.: imunoglobulina humana antitetânica.

Assim, imunizar é proteger um indivíduo contra doenças, através da aplicação de vacinas e/ou de soros.

*Esquema básico de vacinação*

*Calendário de vacinação preconizado pelo Ministério da Saúde*

| Idade | Vacina | Dose | Doenças |
|---|---|---|---|
| Ao nascer | BCG | Única | Tuberculose |
| | Hepatite B | 1° | Hepatite B |
| 1 mês | Hepatite B | 2° | Hepatite B |
| 2 meses | VOP | 1° | Poliomielite |
| | DTP + Hib (tetra) | 1° | Dif., tétano, coqueluche, outras |
| | Rotavírus | 1° | Diarréias p/ rotavírus |
| 4 meses | VOP | 2° | Poliomielite |
| | DTP + Hib | 2° | Dif., tétano, coqueluche, outras |
| | Rotavírus | 2° | Diarréias p/rotavírus |

Continua...

| 6 meses | VOP | 3° | Poliomielite |
|---|---|---|---|
|  | DTP + Hib | 3° | Dif., tétano, coque-luche, outras |
|  | Hepatite B | 3° | Hepatite B |
| 12 meses | SRC (Tríplice Viral) | Única | Sarampo, rubéola, caxumba |
| 15 meses | VOP | Reforço | Poliomielite |
|  | DTP | 1° reforço | Difteria, tétano, coqueluche |
| 4 anos | DTP | 2° reforço | Difteria, tétano, coqueluche |
|  | SRC | Reforço | Sarampo, rubéola, caxumba |

*Outras vacinas utilizadas em situações específicas*

Vacina contra a febre amarela: aplicada no braço ou nas nádegas. Indicada para toda a população das áreas de risco e para aqueles que se deslocam para essas áreas.

- 1ª dose aos 6 meses;

- reforço a cada 10 anos.

As áreas de risco para Febre Amarela no Brasil são: Acre, Amazonas, Pará, Rondônia, Roraima, Amapá, Tocantins, Maranhão, Mato Grosso, Mato Grosso do Sul, Goiás e Distrito Federal.

Fora do Brasil, alguns países da América do Sul e da África são também considerados de risco e aqueles que para lá viajam devem ser vacinados, no mínimo, 10 dias antes do deslocamento e apresentar, obrigatoriamente, o comprovante de vacinação (recomendações internacionais para o controle da doença no mundo).

Vacina contra a rubéola: para o controle da rubéola congênita, aplicada na rotina, em dose única, nas mulheres, durante o pós-parto e o pós-aborto imediatos, exceto para aquelas que já tomaram a vacina tríplice viral, pois já se encontram protegidas.

Essa vacina protege a mulher gestante contra a rubéola e, conseqüentemente, proteje o seu filho das possíveis seqüelas ou da morte provocadas pela doença (síndrome da rubéola congênita).

Vacinas contra meningite meningocócica dos tipos A, B e C: são recomendadas somente em casos específicos ou em surtos localizados em áreas restritas, objetivando um controle local e temporário, já que essas vacinas proporcionam um curto tempo de proteção. Nessas ocasiões, o serviço de vigilância, ao analisar o grande número de casos de meningites meningocócicas, notificados e confirmados por exame de laboratório, determina a necessidade de medidas de controle, dentre essas a vacinação, e define também a faixa etária a ser vacinada.

Vacina contra a febre tifóide: utilizada, em geral, para tropas militares que se deslocam para outros países, onde o saneamento básico é muito precário e há casos da doença.

*Falsas contra-indicações para a vacinação*

Não há contra-indicações para vacinação nas situações abaixo:
- doenças benignas comuns, tais como resfriados com tosse e/ou coriza, bronquites, diarréia, problemas de pele, como sarna e impetigo, e outras;
- desnutrição;
- prematuridade ou baixo peso ao nascer, em criança com peso igual ou maior que 2 kg;
- doença neurológica, como convulsão ("ataque") controlada ou com história na família;
- tratamento com corticóide com doses não elevadas e por pouco tempo (menos de uma semana), ou por mais tempo com doses baixas ou moderadas, em dias alternados;
- alergias (exceto as do tipo imediatas anafiláticas, relacionadas com componentes de determinadas vacinas);
- aplicação de vacina contra a raiva em andamento;
- história ou diagnóstico anterior de qualquer doença prevenível por vacina não contra-indica o uso da própria vacina.

*Dificuldades em se vacinar toda a população infantil no Brasil*

As principais dificuldades para garantir a imunização de todas as crianças brasileiras são:

- dificuldades de acesso de um grande número de famílias aos serviços de saúde para a vacinação de rotina;
- "oportunidades perdidas" de vacinação (quando as crianças freqüentam os serviços de saúde e não são vacinadas).

As "oportunidades perdidas" estão ligadas a falhas dos serviços de saúde e a falsas contra-indicações, que dificultam a vacinação.

*Falhas existentes nos serviços de saúde que dificultam a vacinação*

Ainda hoje, faltam nos serviços de saúde vacinas e materiais para que sejam aplicadas. A falta de pessoal responsável pela vacinação é um problema presente no dia-a-dia de muitos serviços de saúde. E ainda alguns profissionais de saúde costumam não ter como rotina diária a verificação do registro de vacinação das crianças que chegam ao posto por qualquer motivo. Os horários para a vacinação são, às vezes, muito limitados e pouco divulgados.

A família, ao procurar o serviço de saúde, deve levar o Cartão da Criança. O profissional de saúde deve verificar sempre o Cartão, no sentido de identificar como está a situação de vacinação e aplicar as doses de vacinas que forem necessárias. Na verdade, não são só as famílias que "se esquecem" de levar o Cartão, quando vão com a criança aos serviços de saúde. Os profissionais também "se esquecem" de verificá-lo, quando a criança chega à unidade de saúde, por algum motivo ou na ocasião de suas visitas domiciliares.

É importante que se discuta com a comunidade o funcionamento dos serviços de vacinação, procurando atender tanto aos interesses das pessoas como às necessidades de organização do serviço. Um dos primeiros passos é identificar o motivo pelo qual o serviço de saúde não está vacinando em alguns dias. Vale ressaltar que discussões com a comunidade sobre os dias e os horários de vacinação podem oferecer soluções que diminuam, ao máximo, o desperdício de doses de vacinas, aumentem significativamente a cobertura vacinal e, portanto, proporcionem melhor proteção às pessoas.

Para resolver os problemas, é fundamental que a população exija seus direitos, isto é, cobre das autoridades locais que as unidades de vacinação funcionem todos os dias, em horários adequados à população, e que não faltem vacinas ou condições adequadas para que elas sejam aplicadas.

O Programa Nacional de Imunizações (PNI) está voltado para a proteção de toda a população brasileira: crianças, adolescentes, jovens, adultos e idosos, homens e mulheres.

*Eventos adversos pós-vacinação (efeitos atribuídos à vacinação)*

Quaisquer medicamentos, assim como as vacinas, não estão totalmente livres de provocarem eventos adversos (reações), porém, em sua grande maioria, não causam maiores problemas. Os riscos de complicações das vacinas são muito menores que as complicações, seqüelas e mortes provocadas pelas suas doenças correspondentes.

A decisão de contra-indicar uma vacina em virtude de reações anteriores é de extrema responsabilidade, uma vez que a pessoa não imunizada corre o risco de adoecer e constitui, ainda, uma fonte de infecção para a comunidade.

É fundamental que o pessoal de saúde que atua na área de vacinação conheça quais são os tipos de reações que podem surgir de cada produto, para sempre informar à comunidade. Pessoas bem informadas não se deixam levar por noticiários e informações irresponsáveis, que podem abalar a confiança nas vacinas e trazer resultados muito preocupantes para o controle de doenças tão sérias, que vitimam a população.

*Registro das Vacinas*

No Cartão da Criança, há um espaço reservado para o registro de vacinas. Nele são anotados:

- as doses já realizadas;
- as próximas doses (aprazamento), como lembrete para o retorno.

A família, entendendo a maneira como são registradas as vacinas, poderá cuidar melhor da saúde da criança e lutar pelo direito de ela ser vacinada adequadamente. Nesse sentido, as informações básicas são:

- quando a criança recebe cada dose de vacina, o profissional de saúde anota no Cartão, com caneta, a data em que foi dada a vacina, identificando também o posto e o funcionário que registrou aquela dose;

- para as próximas doses, ele anota a lápis as datas em que a criança deve retornar ao serviço de saúde para tomar outras vacinas;

- os espaços sombreados do registro de vacinação significam as vacinas que são obrigatórias no primeiro ano de vida.

Uma outra grande vantagem em se registrar as vacinas no Cartão da Criança é permitir a realização de um levantamento da situação vacinal de todas as crianças da comunidade.

Assim, é possível, por exemplo, saber o número de crianças menores de 1 ano que estão com o esquema básico de vacinação completo. A partir daí, pode-se conhecer a COBERTURA VACINAL das crianças da comunidade, isto é, a percentagem de crianças menores de 1 ano com o esquema completo. Cabe ao enfermeiro, fazer o cálculo dessa cobertura, informando sempre à Secretaria de Saúde do seu município.

Embora níveis entre 80 e 95% de cobertura vacinal sejam considerados satisfatórios, o ideal é que nenhuma criança deixe de receber todo o esquema básico de vacinação.

### 10.1.E - Prevenção de acidentes e violência

Segundo o Ministério da Saúde (2001) a violência e os acidentes têm causado mortes em crianças e adolescentes, no Brasil. Em algumas capitais, entre a população de 0 a 19 anos, as mortes por causas externas (por violência e por acidentes) já ocupam o 2° lugar, perdendo apenas para as mortes perinatais (as que ocorrem relacionadas à gravidez e ao parto).

Ao consultarmos um dicionário na procura do significado da palavra violência, vamos encontrar: ação com ímpeto, ação intensa, agitação, tumulto, algo agressivo, quando se faz uso da força. Contrário ao direito, à justiça: quando se fala em violência, consideram-se as ações de indivíduos ou grupos que causam danos físicos, emocionais, morais e espirituais a outros.

No caso de crianças e adolescentes, a violência acontece quando os pais ou responsáveis, ou qualquer outra pessoa em situação de poder, executam ações que causam danos ao seu desenvolvimento físico, emocional, intelectual e social. Isso inclui abuso físico, abuso sexual, tratamento descuidado ou sevícias a menores de 18 anos, intimidação, entre outros. A omissão (deixar de agir) também é considerada uma forma de violência contra crianças e adolescentes. Os atos de violência são também uma violação dos direitos humanos.

Na intenção de descobrir e compreender o que leva à violência, pesquisadores de todo o mundo levantaram inúmeras causas, que passam por questões raciais, sócio-econômicas, de guerras, tráfico e uso de drogas, porte de armas, até questões comportamentais, por convívio com a violência dentro e fora de casa ou por doenças neuropsiquiátricas (por exemplo, esquizofrenia, psicose, depressão grave).

Assim, pode-se dizer que a violência é dinâmica, pode assumir várias formas e ocorre em todas as classes sociais, entre pessoas de diferentes culturas, graus de escolaridade e de qualquer religião, profissão ou posição política.

A forma mais freqüente de violência contra crianças e adolescentes acontece na família, é a violência intrafamiliar.

*Formas de Violência Intrafamiliar*

*Abuso físico*

O abuso físico ocorre quando alguém causa ou tenta causar dano por meio da força física ou de algum tipo de arma ou instrumento que pode causar lesões internas ou externas, ou ambas. As conseqüências podem ser físicas ou psicológicas, deixando ou não marcas aparentes. Dependendo da gravidade, a agressão pode causar danos temporários, permanentes ou mesmo a morte.

Mais recentemente, o castigo repetido, não severo, ou os chamados métodos "disciplinares", que implicam em repressão e punição, também passaram a ser considerados abuso físico.

*Abuso sexual*

A violência sexual é toda ação na qual uma pessoa, **em situação de poder,** obriga uma outra à realização de práticas sexuais **por meio da força física, da influência psicológica** (intimidação, aliciamento, sedução), do uso de armas ou drogas. Inclui diversas situações, como:

- carícias não consentidas, olhar perturbador insistente, cantadas obscenas;
- exposição de material pornográfico e exploração sexual de crianças para fins econômicos, como a pornografia e a prostituição infantil;
- práticas sexuais entre adultos e crianças;
- práticas sexuais entre adultos e menores de 14 anos. Mesmo que esses tenham consentido a realização do ato sexual, essa situação é considerada violência presumida, pois até essa idade, não se tem maturidade para a tomada de decisões dessa natureza;
- estupro: submeter outra pessoa à penetração oral, vaginal ou anal com pênis ou objetos;
- assédio sexual: exigir favores sexuais como condição para dar benefícios a alguém ou manter seus privilégios;
- exibicionismo.

*Abuso emocional ou psicológico*

Toda ação ou omissão que causa ou visa causar dano à auto-estima, à identidade ou ao desenvolvimento da criança e do adolescente.

O abuso emocional ou psicológico é talvez a forma de violência mais difícil de ser percebida. O abuso pode ocorrer na família ou em qualquer local de convivência da criança e do adolescente. Pode se manifestar nas formas de:

- *rejeição:* não reconhecer o valor da criança nem considerar que as suas necessidades são legítimas;
- *isolamento:* afastar a criança de experiências sociais próprias da sua idade;
- *terrorismo:* provocar um clima de medo e insegurança na criança, através de ameaças e agressões com palavras e gestos;

- *desestímulo:* não estimular o desenvolvimento intelectual e emocional da criança;
- *exigência:* exigir da criança rendimento escolar, intelectual ou esportivo exagerados;
- *interferência:* interferir de modo negativo, fazendo com que a criança fique com a auto-imagem prejudicada.

## Negligência

A negligência é a omissão de responsabilidade de um ou mais membros da família em relação a outro, principalmente com aqueles que precisam de ajuda, seja por questões de idade ou por alguma necessidade específica, permanente ou temporária.

É negligência: deixar vacinas em atraso, não buscar atendimento médico, não fazer os tratamentos necessários por falta de interesse, perder documentos, como certidão de nascimento e Cartão da Criança, não permitir que a criança ou o adolescente estude. Também é considerado negligência você ver alguém sofrendo violência e não buscar ajuda para essa pessoa. A negligência pode causar atraso ou prejuízos no desenvolvimento pessoal ou até mesmo graves problemas de saúde.

### Identificando as situações de violência intrafamiliar contra crianças e adolescentes

A violência pode ser identificada em diferentes momentos ou lugares: durante o trabalho, nas visitas domiciliares ou nas reuniões comunitárias, ou em qualquer outra situação, como por exemplo, sendo informado por alguém da comunidade.

Existem sinais que podem nos chamar atenção, que podem nos levar a suspeitar de que existe algo errado com aquela criança ou aquele adolescente ou com sua família, são os sinais de alerta. Os sinais de alerta são indícios de que alguém possa estar sofrendo violência ou agredindo outra pessoa. Eles podem nos levar a uma suspeita ou mesmo a confirmar a violência.

Os sinais de alerta não devem ser vistos de maneira isolada. Alguns são claramente indicativos de agressões, como marcas de cinto, surras de corda, etc. Outros podem ser ou não indicativos, como por exemplo, obesidade ou problemas de sono ou de pele.

Em geral, as pessoas têm dificuldade de confessar que estão sofrendo violência. No caso de crianças e adolescentes, essa dificuldade fica ainda mais acentuada. Por isso, se por força da situação, você precisar conversar com uma criança ou um adolescente que esteja sendo vítima de violência, procure utilizar palavras simples e de fácil entendimento, que lhe permita obter a informação necessária para ajudar aquela criança ou adolescente.

Os sinais de alerta podem ser observados no corpo e no comportamento da pessoa que sofre a violência, mas também podem ser apresentados como queixas pela pessoa ou pelo seu responsável.

### Sinais de alerta em relação à vítima

No abuso físico, podemos reconhecer lesões recentes e antigas na pele, como queimaduras, hematomas e mordeduras, que podem ter a forma do instrumento causador (fivela, fio elétrico, cigarro, etc.). Em casos mais graves, podem ocorrer fraturas ósseas, hemorragias na conjuntiva ocular, hemorragias no abdome (fígado e baço), intoxicações, envenenamentos e até coma.

No abuso sexual, são freqüentes as queixas de infecções urinárias, dor, edema, escoriações, fissuras, sangramentos nos órgãos genitais e no ânus, dificuldade em caminhar, dificuldade no controle dos esfíncteres, etc. Pode ocorrer, ainda, o surgimento de doenças sexualmente transmissíveis. As crianças e os adolescentes vítimas do abuso sexual podem apresentar enfermidades psicossomáticas, como asma, lesões de pele, distúrbios do sono, obesidade, distúrbios da fala, comportamentos infantis impróprios para a idade, como a enurese noturna (urinar durante o sono) depois dos 7 anos.

As vítimas de abuso psicológico também podem apresentar enfermidades psicossomáticas e outros comportamentos (regressivos, autodestrutivos, submissos, de medo e pânico, de isolamento e depressivos), como condutas agressivas, irritabilidade, baixo nível de desempenho escolar, fugas, mentiras e roubos.

As crianças submetidas à negligência apresentam higiene inadequada, baixo peso, crescimento e desenvolvimento deficientes, fadiga constante, pouca atenção, vestimentas inadequadas para o clima, ausências ou atrasos na escola ou nos atendimentos de saúde e vacinas atrasadas.

### Sinais de alerta em relação ao agressor

- desleixo ou pouca atenção em relação à vítima, ignora a opinião dela;
- afirma que a vítima é má, culpada por problemas que ocorrem na família;
- deixa crianças pequenas sozinhas em casa ou constantemente fora;
- deixa os filhos fora da escola ou não acompanha as suas atividades escolares.
- Defende o comportamento severo ou não coloca limites (permissividade excessiva);
- extremamente protetor ou zeloso com a vítima, ou extremamente distante;
- trata a vítima com privilégios, como uma forma sutil de obrigá-la ao silêncio;
- faz perguntas ou acusa a vítima de práticas que considera inadequadas;
- fala publicamente sobre as suas relações sexuais;
- crê no contato sexual como a única forma de manifestação do amor;
- acusa a vítima de promiscuidade e sedução;
- faz ameaças, chantagens e impede que saia de casa ou tenha amigos;
- oferece explicações não convincentes sobre as lesões que a vítima apresenta;
- pode possuir antecedentes de maus tratos, violência física ou sexual na infância;
- possui baixa auto-estima. É desleixado com a higiene e a aparência pessoal;
- abusa de álcool e/ou outras drogas.

### Conhecendo as Possibilidades de Denúncia

É um compromisso ético e humanitário notificar qualquer ato de violência contra a criança e o adolescente, seja um ato físico, um ato sexual, um ato emocional ou de negligência e abandono, que tenha ocorrido no lar ou fora dele.

As crianças e os adolescentes têm direitos e são protegidos pela lei. A denúncia é um dos instrumentos previstos no Estatuto da Criança e do Adolescente, com o objetivo de proteger as vítimas. O art. 13 do Estatuto diz:

"Nos casos de suspeita ou confirmação de maus tratos contra crianças e adolescentes, serão obrigatoriamente comunicados ao conselho tutelar da respectiva localidade, sem prejuízo de outras providências legais".

A comunicação da suspeita ou do abuso deve ser discutida com a Equipe de Saúde da Família da Unidade Básica de Saúde, pois é essencial para se identificar, em conjunto, o melhor a fazer nos casos confirmados de violência. Como trabalhador da área de saúde, é preciso que você não tome decisões sozinho.

É bom lembrar que vítimas e agressores são seres humanos e cidadãos e, portanto, possuem igual direito de receber ajuda e orientação. Além da notificação, é importante oferecer assistência, tratamento e acompanhamento às pessoas envolvidas nos casos de violência. De acordo com o caso, é sempre necessário um ou mais tipos de atendimento:

- jurídico, por meio das varas especializadas e delegacias;
- social, por meio de conselhos tutelares, abrigos, creches, escolas e programas de reeducação familiar;
- atendimento psicoterapêutico, por meio de terapia feita por um profissional especializado.

### Acidentes na Infância e na Adolescência

Os acidentes representam uma importante causa de morte e agravos em crianças de 0 a 5 anos de idade.

*Tipos de acidentes*

Os acidentes mais freqüentes que causam morte e lesões em crianças são:

- acidentes domésticos, como queimaduras, quedas, afogamento na banheira ou na piscina, etc.

- acidentes de transporte: atropelamento, colisão (quando o menor se encontra dentro do veículo) e queda do veículo;
- acidentes em ambientes freqüentados pelas crianças, a exemplo de picadas de cobra, quedas de árvore, saltos de pontes e cachoeiras, travessias precárias sobre rios e córregos, afogamentos, quedas de animais, mordidas de animais, etc.


### Situações de Risco e Prevenção

#### Acidentes de Transporte

É preciso identificar as situações de risco e investir em ações preventivas, como a educação no trânsito.

Nas ações educativas sobre o trânsito, é importantíssimo:
- identificar, na comunidade, os locais de perigo potencial para os atropelamentos. Exemplos: uma rua ou avenida larga e movimentada, uma linha férrea, uma rodovia, um trevo, um cruzamento muito movimentado, etc.
- orientar as famílias para que possam ensinar seus filhos a olharem para ambos os lados da rua, ou estrada, só atravessarem quando o sinal estiver aberto para os pedestres ou quando não houver tráfego na estrada e atravessarem sempre sem correr, caminhando normalmente. Nas cidades próximas às rodovias, é preciso alertar adolescentes e crianças sobre o risco de ficarem sentados às margens da pista;
- orientar pais e/ou familiares a segurarem as mãos das crianças ao atravessarem as ruas com eles ou saltarem de carros ou ônibus;
- chamar a atenção sobre situações de segurança no transporte de crianças pequenas, como andar no banco traseiro do veículo, usando sempre o cinto de segurança. Bebês devem ser conduzidos também no banco traseiro, em cadeiras especiais, com cinto de segurança. Em veículos como tratores, caminhonetes e caminhões, as crianças devem ser transportadas na cabine, com as medidas de segurança já referidas. No caso de bicicletas, motos, cavalos, canoas e barcos, as crianças e os adolescentes devem estar acompanhados pelos responsáveis e protegidos por capacetes, coletes salva-vidas, joelheiras, etc.

- estimular as famílias a reivindicarem às autoridades de trânsito, por meio de seus representantes, instrumentos de prevenção como sinais e faixas de pedestres, redutores de velocidade, túneis ou passarelas, sinais sonoros nas sinaleiras, grades de proteção nas esquinas, etc.

## Acidentes Domésticos

Dentro de casa, existem situações e espaços que favorecem a ocorrência de acidentes. A partir da observação de uma residência (casa ou apartamento), pode-se identificar áreas que oferecem maior risco. É preciso alertar os pais e/ou a pessoa que passa a maior parte do tempo com a criança sobre cuidados que podem prevenir acidentes.

Sempre que possível, as crianças devem ser orientadas sobre os riscos de certas brincadeiras, como subir nos muros, nos telhados e nas árvores, sem segurança.

Se as crianças brincam em um espaço público (praça) ou em um espaço possível (terreno baldio), pode-se mobilizá-las, junto aos adultos, para um mutirão de limpeza, para retirada de lixo, latas enferrujadas, vidros quebrados e mato onde se escondam animais que podem picar ou morder. Assim, todos vão poder brincar com mais segurança.

Se a comunidade for organizada, ela pode ter um grupo que se responsabilize por ajudar a observar os locais de brincadeira e intervir em situações de risco, como conflitos entre jovens, tráfico de drogas, etc.

A observação de pequenos detalhes como a existência de vasos e objetos de vidro em locais onde as crianças possam puxá-los, tomadas de energia elétrica sem proteção, aparelho de TV ao alcance das crianças, pode evitar acidentes domésticos e até salvar a vida de muitas crianças. É importante, também, evitar a utilização de tapetes que escorreguem, de janelas sem proteção e a guarda de armas de fogo.

As armas de fogo não trazem segurança para ninguém, muito menos para a família. Aumentam os riscos de acidente, de homicídio e de suicídio em uma casa. Portanto, não devem ser usadas por um civil. No entanto, se não for possível evitar esse problema (casa de policial, de militar, de segurança privado, etc.), deve-se guardar a arma em um local onde apenas o dono saiba, desarmada e com a munição em outro local, de acesso impossível para crianças e adolescentes.

### O banheiro

Nesse ambiente, as quedas são os acidentes mais freqüentes e, muitas vezes, graves, principalmente quando há quebra das louças sanitárias, ocasionando ferimentos que podem levar à morte. Deve-se usar tapete de borracha ou de material aderente, para se evitar escorregões, e um banco ou um caixote para que a criança possa usar a pia, sem ficar dependurada. Não colocar prateleiras sobre o vaso sanitário.

Há muitas famílias que guardam no banheiro medicamentos, tinturas de cabelo, artigos de limpeza, etc. Tudo isso deve ficar fora do alcance das crianças.

### A cozinha

Esse é potencialmente o lugar mais perigoso da casa: nele guardamos os talheres, o *fogo* está aceso durante grande parte do dia, as panelas contêm alimentos quentes, assim como o *forno,* há material de limpeza e, com freqüência, são utilizados aparelhos elétricos. As queimaduras provocadas pelo calor do *forno,* pelo *fogo* ou pela eletricidade são importantes causas de morte nas crianças. Definitivamente, a cozinha é um espaço que não deve ser freqüentado pelas crianças.

### Depósitos ou despensas

Geralmente, material de limpeza, desinfetantes, venenos para insetos, agrotóxicos (nas áreas rurais), etc. ficam em espaços na área de serviço ou fora da casa. Esses locais são de grande risco para acidentes e não devem ser freqüentados pelas crianças e pelos adolescentes.

No caso de ingestão de qualquer substância tóxica, é importante levar a vítima à unidade de saúde mais próxima, identificar a substância ingerida (se possível, levar a embalagem junto), estimar a quantidade de substância ingerida, informar o peso da criança ao profissional que realizar o atendimento e solicitar que o mesmo se comunique por telefone com o centro de intoxicações da região, para as orientações que forem necessárias.

*Brinquedos*

É importante que sejam adequados à idade da criança. Os adultos devem observar as orientações dadas pelo fabricante, quanto à faixa etária indicada para o brinquedo. Até os 3 anos, deve-se evitar dar brinquedos com peças muito pequenas, pois as crianças podem engoli-las. O material deve ser resistente, para não quebrar com facilidade, e não apresentar superfícies pontudas ou ásperas.

*Cuidados especiais*

Objetos, como pregos, alfinetes, botões, moedas, etc., que possam ser engolidos ou provocar cortes, devem ser mantidos fora do alcance das crianças, especialmente daquelas na faixa de 0 a 3 anos. Balas ou guloseimas que não possam ser mordidas, como também sacos plásticos, fios, travesseiros fofos ou outros objetos que possam causar asfixia e sufocamento devem ser mantidos fora de alcance.

*Afogamentos*

Para que crianças e adolescentes possam desfrutar da natureza, com segurança, em banhos de mar, rio, lago, açude, etc. é preciso que os responsáveis tomem alguns cuidados.

Quando a criança ou o adolescente não sabe nadar, é recomendável que um adulto entre na água com eles. Mesmo no caso de bons nadadores, é importante que um adulto esteja vigilante, pois algumas brincadeiras podem causar pancadas, escorregões e levar a afogamentos.

Especial atenção deve ser dada ao mergulho em locais onde não se conheça a profundidade. A fratura de coluna é um acidente freqüente e deixa seqüelas graves.

Em residências ou clubes, as piscinas não destinadas a crianças devem ter proteção adequada.

*Queimaduras*

As queimaduras são acidentes muito freqüentes, podendo ocorrer por efeito de:
- temperatura elevada. Exemplos: fogo, líquidos quentes/ferventes, etc.
- substâncias químicas. Exemplos: ácidos e bases;
- corrente elétrica.

Algumas medidas importantes que podem e devem ser tomadas no próprio local do acidente:
1. apagar as chamas das roupas; retirar o fio da tomada com um pedaço de madeira, rolo de jornal ou pano seco; desligar a chave geral de corrente elétrica e não pegar diretamente na vítima;
2. deitar a vítima em local limpo, despida de suas vestes, e colocar água limpa e fria (gelada, se for possível) sobre a área atingida, para resfriar o local da queimadura. Compressas de água fria, com panos limpos, devem ser trocadas com freqüência, até que se transporte a vítima à unidade de saúde mais próxima, para cuidados mais especializados. **Não colocar nenhuma substância sobre a área queimada, a não ser água fria, até chegar à unidade de saúde.**

## 10.1.F - Infecções Respiratórias Agudas (IRA)

As infecções respiratórias agudas (IRA) e as doenças diarréicas são as duas causas mais freqüentes de atendimento nos serviços de saúde, estando entre as principais causas de morte de crianças no Brasil (Ministério da Saúde, 2000). As infecções respiratórias agudas são também o principal motivo de internações hospitalares de crianças.

Nem sempre são doenças graves. O nome "aguda" significa que a doença é de curta duração, com evolução média de sete dias. As IRA caracterizam-se pela presença de um ou mais dos seguintes sinais: tosse, dificuldade para respirar, chiado no peito, coriza, dor de ouvido e dor de garganta.

Existem infecções respiratórias agudas, como é o caso das chamadas gripes e resfriados, que mesmo sendo benignas, prejudicam a criança no seu dia-a-dia, incomodando-a para dormir, comer, chegando, às vezes, a comprometer o seu crescimento.

Os resfriados são doenças tão comuns que, muitas vezes, já não incomodam as famílias, acostumadas a ver as crianças com nariz escorrendo e tosse. Isso porque os resfriados e as gripes não são graves e se curam sozinhos. Mesmo nesses casos, as crianças devem ser acompanhadas com cuidado, para se evitar complicações.

Quando se fala em infecções respiratórias, a preocupação maior é com a pneumonia, pois é uma doença que pode levar à morte. Entre as infecções respiratórias agudas, o maior número de mortes de crianças é por pneumonia, razão pela qual o diagnóstico e o tratamento devem ser feitos assim que se inicie o quadro. Deve-se prestar atenção especial aos bebês **menores de 2 meses** com pneumonia, pois essa é classificada como uma **doença muito grave**, que pode levar à morte em poucas horas, se não for tratada.

As mortes por pneumonia ocorrem, em geral, porque em muitos lugares do Brasil existem grandes dificuldades, como, por exemplo, conseguir transporte para os serviços de saúde ou mesmo receber um atendimento adequado. Assim, é freqüente as crianças só serem internadas e medicadas quando estão em estado muito grave, fazendo com que muitas delas acabem por morrer.

Infelizmente, não existe uma medida fácil e, ao mesmo tempo, eficaz para o tratamento das doenças respiratórias agudas, como é o caso do soro de reidratação oral para a diarréia.

As infecções respiratórias (assim como a diarréia) não ocorrem igualmente em todos os lugares e em todas as crianças.

Nos países onde as condições de vida e de assistência à saúde são adequadas, as crianças têm menos complicações por causa de infecções respiratórias e morrem menos de pneumonia.

As condições de saúde da criança fazem com que ela reaja de forma melhor ou pior à doença respiratória. Por exemplo: a criança desnutrida costuma ter quadros mais graves.

As IRA são as infecções do aparelho respiratório que podem afetar o nariz, a garganta, os ouvidos, a laringe, os brônquios e os pulmões.

A criança com infecção respiratória aguda pode ter tosse, nariz entupido ou escorrendo (coriza), dor de ouvido, dor de garganta, chiado no peito ou dificuldade para respirar.

Além disso, a criança perde o apetite, pode ficar muito irritada e chorosa. Algumas ficam com os olhos vermelhos e lacrimejando. As crianças maiores reclamam de dor de cabeça e dores no corpo.

As pessoas pegam infecções respiratórias quando têm contato com alguém que está com a doença. Isso acontece, porque quando o doente fala, tosse ou espirra elimina os germes que causam as infecções respiratórias.

Pela facilidade com que se transmite um resfriado, é comum acontecer de várias pessoas terem o mesmo tipo de resfriado ou gripe ao mesmo tempo. São os surtos de gripe que ocorrem principalmente nos meses frios, quando as pessoas vivem mais em ambientes fechados.

Em geral, são os vírus que causam a maioria das infecções respiratórias. Mas podem ocorrer infecções por bactérias, que costumam ser mais graves. Às vezes, os resfriados causados por vírus se complicam quando se junta uma infecção por bactéria.

Contra o vírus não existe um remédio específico. Contra as bactérias podem ser usados os antibióticos. Em geral, os resfriados e as gripes são causados por vírus e as infecções de ouvido e as pneumonias, por bactérias. Assim, os resfriados e as gripes não precisam de tratamento com antibióticos, mas as pneumonias, sim.

### Situações de Risco para Ira

As crianças que moram nas cidades podem ter cerca de **5 a 8 episódios** de infecções respiratórias agudas por ano, enquanto as crianças que moram na zona rural têm cerca de **4 episódios** por ano.

Nas cidades, as crianças vivem em ambientes fechados, com pouca circulação de ar, o que facilita as infecções respiratórias. As crianças que moram em locais com pouca circulação de ar, com pais que fumam dentro de casa e têm pouca vida ao ar livre, também estão mais sujeitas a ter infecções respiratórias. Além disso, a fumaça de veículos e fábricas contribui para que as crianças adoeçam mais.

Na periferia das cidades, as famílias com menos recursos moram em lugares onde há maior poluição, isto é, perto das fábricas ou ruas sem asfalto, com muita poeira. Sabe-se que, quando aumenta a poluição, é também maior o número de crianças com infecções respiratórias que procuram os serviços de saúde.

No campo, o ar é menos poluído, mas às vezes a fumaça de cigarros e fogões à lenha dentro das casas pode ser um fator que aumenta as infecções respiratórias nas crianças.

As condições de moradia são muito importantes. Quando as famílias moram em casas muito pequenas, o fato de ter muitas pessoas vivendo e dormindo no mesmo ambiente faz com que, rapidamente, a gripe se espalhe entre todos. Casas construídas precariamente, com muita umidade, paredes cobertas de mofo e praticamente sem ventilação, onde não bate sol, são ambientes que favorecem as infecções respiratórias.

Outro aspecto importante diz respeito à vida da criança em creches. Geralmente as creches são pouco arejadas e ventiladas. As crianças ficam muito tempo fechadas nesses ambientes, em contato com outras crianças que já estão com infecções respiratórias. Por isso, as crianças de creche adoecem mais do que as que não freqüentam creches.

Nas regiões mais frias, durante o inverno, a necessidade de se manter os ambientes com portas e janelas fechadas favorece o contágio com os vírus que causam infecções respiratórias. Quando há uma aglomeração de pessoas num mesmo cômodo, a qualidade do ar fica prejudicada, fazendo com que haja a ocorrência de infecções respiratórias.

No campo ou na cidade são as crianças mais pobres as maiores vítimas das infecções respiratórias agudas, pois, além das dificuldades de acesso aos serviços de saúde, elas vivem expostas às piores condições de habitação e à poluição ambiental.

### Situações de risco de agravamento das IRA

Além de as inadequadas condições de vida e da qualidade do ar provocarem o aparecimento de doenças respiratórias, existem outras situações que fazem com que a criança tenha mais chances de agravamento da doença.

Nos primeiros meses de vida, as defesas contra as infecções ainda não estão bem desenvolvidas, tornando as crianças, nessa fase, mais propensas a terem infecções mais graves.

Quando a criança nasce com baixo peso (menos de **2.500g**), apresenta um risco muito maior de ter doenças do que aquela que nasce com peso acima desse valor. Em relação à pneumonia, as crianças de baixo peso costumam apresentar quadros mais graves.

A criança desnutrida tem menos defesas contra as infecções, por isso tem mais chance de ter infecções respiratórias e quando tem pneumonia, geralmente a doença é mais grave. Pode-se dizer que a desnutrição é um dos fatores que mais contribui para as mortes por diarréia e pneumonia.

Sabe-se, ainda, que os bebês alimentados com mamadeira apresentam maior possibilidade de ter pneumonia e diarréia do que aqueles amamentados ao seio. Isso porque o leite materno possui anticorpos que protegem o bebê contra infecções e o leite de vaca não.

Doenças como sarampo, coqueluche, tuberculose e difteria, associadas a infecções respiratórias, levam muitas crianças à morte. Pode-se evitar isso, pois existem vacinas contra essas doenças.

Onde há crianças que não estão com o esquema de vacinas completo, é maior a ocorrência de mortes por pneumonia.

Verifica-se, portanto, que o risco de adoecer e morrer por infecções respiratórias não é o mesmo para todas as crianças. Quanto mais nova e mais desnutrida for a criança, mais grave será a infecção.

*Prevenção das Infecções Respiratórias Agudas*

Para a prevenção das infecções respiratórias agudas, os seguintes aspectos são importantes:

- o aleitamento materno exclusivo até os seis meses de idade;
- a melhoria das condições de alimentação;
- a vacinação da criança nas épocas certas;
- a melhoria da qualidade do ar dentro das casas (por exemplo: redução da fumaça de cigarro e/ou de fogão à lenha);
- a melhoria da qualidade do ar, relacionada à poluição ambiental provocada pela fumaça de indústria, pelos veículos, entre outros;
- a melhoria das condições de assistência à saúde.

Sugestões para a identificação da situação e a prevenção das infecções respiratórias agudas na comunidade:

*Durante as suas visitas domiciliares, procure identificar:*

- Por que tantas crianças têm infecções respiratórias?
- Quais são os tipos de infecções respiratórias mais freqüentes na comunidade?
- Por que muitas crianças têm apenas resfriados e outras morrem de pneumonia?
- Como são as condições de moradia das famílias onde as crianças adoecem mais?
- O que é diferente das outras famílias?
- O que as famílias sabem e o que costumam fazer no que diz respeito às infecções respiratórias agudas?

Após o levantamento da situação, defina com os demais membros da sua equipe as possibilidades de resolução dos problemas encontrados.

### Avaliação e Atendimento da Criança com Ira

*Sinais de IRA:*

Tosse ou dificuldade para respirar

A tosse ou a dificuldade para respirar são dois sinais que devem alertar os pais para buscar uma avaliação da criança. A tosse é um dos sinais mais freqüentes nas doenças respiratórias agudas. No bebê menor de 2 meses, a tosse pode não ser tão freqüente.

Para fazer a avaliação da criança com IRA, é preciso considerar a sua idade, conforme é indicado abaixo:

- em bebês **menores de 2 meses**;
- em crianças a partir de 2 meses até 5 anos.

Na avaliação da criança com tosse ou dificuldade para respirar, é preciso também diferenciar:

- primeiro, se a criança apresenta algum sinal de perigo por causa de IRA ou de outra doença;
- depois, classificar se a criança está ou não com doença respiratória e se essa é grave ou não.

Visando ajudar o seu trabalho, foi elaborado um esquema que permite classificar os casos e orientar a conduta em cada situação. Esse esquema foi feito a partir de dois sinais: **respiração rápida e tiragem.**

Respiração rápida

Quando as vias respiratórias estão cheias de catarro, fica difícil para o ar chegar até os pulmões ou ser expelido. Diminui, então, a quantidade de oxigênio que chega aos pulmões e a criança tem de respirar mais vezes por minuto para conseguir o oxigênio de que precisa. Assim, a respiração fica mais rápida, isto é, aumenta o número de vezes em que a criança puxa o ar por minuto.

Para contar a respiração, é necessário que a criança esteja calma, no colo da mãe. Pede-se, então, para a mãe levantar a roupa da criança, deixando visível o peito e a barriga. Observa-se a respiração da criança e contam-se os movimentos da respiração durante **1 minuto**, marcando com um relógio ou cronômetro.

Tiragem

A criança com infecção respiratória aguda tem de fazer mais força para conseguir que o ar chegue até os pulmões. Esse esforço maior dos músculos do tórax pode ser visto na parte inferior do peito da criança, que apresenta um afundamento abaixo das costelas, chamado de tiragem.

No bebê **menor de 2 meses**, a parede do peito é tão fina que é possível ver um afundamento entre as costelas ("tiragem intercostal") ou embaixo delas ("tiragem subcostal"), mesmo ele estando saudável. Nessa idade, portanto, a tiragem só tem valor quando é bem visível. Se for observada só quando a criança chora ou está agitada, não deve ser considerada. Assim, no bebê **menor de 2 meses**, pode haver um grau mínimo de tiragem. Por isso, tal sinal só será considerado quando for bem evidente.

O importante é não perder tempo diante de crianças que estão com doença grave. Os pais devem ser orientados a levar o filho rapidamente ao serviço de saúde se além da tosse:

- a criança estiver respirando mais depressa que o normal;
- a parte inferior do peito da criança (abaixo das costelas) afundar quando ela estiver inspirando;
- o bebê não conseguir mamar e as crianças maiores não estiverem conseguindo se alimentar ou beber líquidos;
- a criança estiver anormalmente sonolenta ou difícil de despertar;
- o bebê menor de **2 meses** apresentar febre ou temperatura baixa.

Chiado no peito

Ruído esquisito ao respirar (estridor)

Algumas crianças, mesmo quando tranqüilas, apresentam um barulho alto e áspero ao inspirar. Isso significa que pode estar havendo obstrução das vias aéreas superiores, isto é, da laringe ou da traquéia, sendo risco de vida para a criança e, por isso, um sinal de perigo.

O cansaço que acompanha as infecções respiratórias e se manifesta pelo chiado no peito é conseqüência do catarro que se acumula nas vias aéreas das crianças doentes. O catarro dificulta a passagem do ar pelos brônquios. A criança precisa fazer um esforço maior e quando o ar passa por essas passagens estreitas, produz um assobio característico, que é chamado de chiado, piado ou sibilância.

Para diferenciar se é uma pneumonia ou uma crise de asma, é preciso perguntar aos pais se a criança já apresentou chiado anteriormente. Quando já tiver acontecido outra crise de chiado há menos de 12 meses, pode ser um caso de asma, em que a criança freqüentemente apresenta crises de cansaço.

As crianças que têm asma costumam melhorar do chiado quando tomam broncodilatadores. Nesses casos, o chiado no peito não é um sinal de doença grave.

Já os bebês **menores de 2 meses** raramente têm chiado e quando isso ocorre, significa um sinal de gravidade.

Ao fazer a avaliação da criança, você irá identificar se existem sinais de doença muito grave. A seguir, serão apresentados sinais de doença muito grave:

Em crianças de todas as idades:
- criança mais molinha, parada e com choro fraco;
- convulsões.

Em bebês menores de dois meses:
- febre ou temperatura baixa;
- não pega o peito ou não consegue se alimentar;
- gemente.

Em crianças a partir de 2 meses até 5 anos:
– não mama, não bebe e não se alimenta;
– vomita tudo.

Se a criança apresentar qualquer um desses sinais de perigo, ela está com uma doença muito grave e precisa ser encaminhada com urgência para um hospital.

### *A Criança com Tosse ou Dificuldade para Respirar*

A pneumonia é uma infecção nos pulmões. Uma pessoa com pneumonia não consegue fazer a renovação adequada do ar nos pulmões, passando a ter dificuldade para respirar.

A pneumonia é mais grave em bebês **menores de 2 meses** e naquelas crianças que têm suas defesas comprometidas, como em casos de desnutrição, sarampo ou AIDS.

Os bebês **menores de 2 meses**, com pneumonia, podem apresentar apenas sinais inespecíficos para essa doença: não pega o peito ou não consegue se alimentar, têm febre ou temperatura baixa e gemência.

As crianças **acima de 2 meses**, com pneumonia, costumam apresentar febre alta, tosse e catarro, respiração rápida, tiragem, falta de apetite e diminuição de atividade. Às vezes, o quadro começa como um resfriado, que apresenta piora dos sintomas em seguida.

A criança com pneumonia pode rapidamente desenvolver um quadro grave, necessitando de cuidados que só podem ser dados em hospitais.

### O bebê menor de 2 meses, com tosse ou dificuldade para respirar

O tratamento do bebê **menor de 2 meses,** com doença muito grave, deve ser feito em hospital. Por isso, é necessário encaminhá-lo com urgência, para que possa receber antibiótico injetável e oxigênio.

Os bebês **menores de 2 meses,** com infecção, tendem a apresentar queda de temperatura. A temperatura baixa pode agravar o quadro e até ser um fator que pode levar o bebê à morte.

A necessidade do encaminhamento indica para os pais que o caso é mais grave. Por isso, eles precisam ser tranqüilizados e orientados sobre como devem fazer para buscar o atendimento de que a criança necessita. Ao identificar uma criança com doença muito grave, não basta dizer aos pais que devem levá-la ao hospital, é necessário que você, profissional de saúde, assuma, junto com os pais, a responsabilidade, para que a criança receba o tratamento hospitalar de que precisa.

Portanto, é fundamental verificar se os pais podem levar o bebê ao hospital e explicar a importância de que isso seja feito o mais rápido possível. Verificar, ainda, se eles sabem onde fica o hospital, informando-os sobre o direito de o bebê, caso ele fique internado, ter uma pessoa da família que fique com ele.

O ACS e os demais membros da equipe de saúde, a família e a comunidade podem encontrar meios para transportar a criança até o hospital.

Em locais onde os hospitais ficam muito distantes da comunidade ou quando faltam condições adequadas de transporte, uma solução possível é encaminhar o bebê à unidade de saúde mais próxima, enquanto se providenciam condições para a remoção do bebê.

Para o encaminhamento, a família precisa ser orientada sobre os cuidados durante a viagem: é importante aquecer o bebê, agasalhando-o e mantendo-o junto ao corpo da mãe. Continuar oferecendo o leite materno ou a água açucarada (caso não esteja sendo amamentado), ou SRO (se estiver com diarréia) para não desidratar.

- o bebê **menor de 2 meses** que não apresenta sinal de doença muito grave pode ser tratado em casa, pela família. Nésse caso, não se deve ser dado nenhum antibiótico. O tratamento visa melhorar as condições do bebê para que ele reaja à doença, aliviando o desconforto provocado pela tosse e por outros sintomas.

Esse tratamento envolve os seguintes cuidados gerais, que devem ser feitos em qualquer caso de infecção respiratória aguda:

- amamentar mais vezes o bebê;
- para os bebês que não mamam no peito, é necessário aumentar a oferta de líquidos – água, chás, sucos;
- manter o bebê agasalhado;
- quando o nariz estiver entupido, tanto o sono como a alimentação do bebê podem ficar prejudicados. Por isso, é importante limpá-lo com um pano limpo macio (fralda, lenço ou um retalho de pano). Para facilitar a retirada das secreções do nariz, pingar soro fisiológico.

Como o bebê pode rapidamente piorar, passando a ter uma pneumonia, você precisa acompanhá-lo de perto, fazendo as visitas domiciliares mais freqüentemente e, assim, orientar os pais sobre os sinais de gravidade: convulsões; molinho, parado e com choro fraco; gemente; não pega o peito e não consegue se alimentar; febre ou temperatura baixa.

Os pais, sabendo quais são os sinais que indicam a piora do bebê, podem evitar as complicações, diminuindo o risco de morte se procurarem com urgência os serviços de saúde.

### *A criança de 2 meses a 5 anos, com tosse ou dificuldade para respirar*

Quando a criança apresenta tiragem, significa que o seu pulmão está afetado e é preciso fazer um grande esforço para compensar as dificuldades encontradas na renovação do ar nos pulmões.

Entretanto, é preciso diferenciar se a tiragem é devido a uma crise de asma, o que pode não significar uma pneumonia. É preciso saber da família se a criança já apresentou, em outras ocasiões, crises semelhantes. Nestas situações, pneumonia ou asma, a criança deve ser encaminhada à unidade de saúde mais próxima.

Para o encaminhamento hospitalar e o transporte da criança, as providências devem ser as mesmas já referidas para o caso dos bebês menores de dois meses.

A criança com doença respiratória pode ser tratada em casa, com o antibiótico indicado pelo serviço de saúde. É importante que você acompanhe a mãe na preparação e administração da primeira dose do medicamento, para saber se ela entendeu como se prepara, qual a dose exata e se a criança aceitou bem o remédio.

Com dois dias de tratamento, é indispensável que você faça uma visita à família para saber como está a criança e se ela está tomando o antibiótico na dose e nos horários corretos. Assim:

- se a criança estiver melhor, respirando mais devagar, com menos febre e comendo melhor, continuar com o antibiótico;
- se a criança não apresentou melhora, mas também não piorou, é necessário que ela retorne ao serviço de saúde para ser reavaliada;
- se a criança estiver pior, apresentando tiragem ou algum outro sinal de perigo, é necessário encaminhá-la ao hospital.

Essas orientações devem ser feitas em cada situação, sendo que o mais importante é procurar saber o que aconteceu com a criança. A criança conseguiu tomar o remédio? Quais foram as dificuldades encontradas pelos pais para tratar a criança?

É comum os pais ficarem apavorados ao saberem que o seu filho está com pneumonia, porque muitas vezes sabem ou conhecem alguma criança que teve pneumonia e morreu. O apoio do ACS e de outras pessoas da comunidade é muito importante nessa situação.

Não se pode dizer que a dificuldade de entender as orientações ou mesmo de dar os remédios corretamente seja ignorância ou falta de cuidado e interesse da família. É preciso compreender que nessa situação de temor à morte do filho, as reações dos pais podem ser muito diversas. Alguns ficam tão apavorados que não conseguem ouvir as explicações direito. Quando a criança melhora, é comum que os pais se esqueçam de dar corretamente o medicamento. Por todas essas razões, é preciso que você conquiste a confiança da família e acompanhe de perto a criança.

Nas visitas domiciliares seguintes, você deve procurar algumas pistas sobre como está sendo dada a medicação, sem, contudo, adotar uma atitude de fiscalização ou de quem não confia no interesse e na capacidade dos pais para cuidarem do seu filho.

Não se deve dar antibiótico a uma criança que tenha somente tosse ou resfriado. O antibiótico não vai melhorar os sintomas da tosse ou do resfriado, nem vai impedir que o resfriado se transforme em pneumonia.

É necessário explicar que a tosse é um mecanismo de defesa do organismo, que ajuda a soltar o catarro e a eliminá-lo através dos brônquios, e que os sedativos para a tosse (xaropes) dificultam a eliminação do catarro.

É importante que as famílias saibam o que é um resfriado, para que elas mesmas possam tratá-lo. É preciso saber que o resfriado se cura sozinho, mas que tem um tempo para isso, que é em torno de 3 a 7 dias.

São cuidados importantes: amamentar a criança ou aumentar a oferta de líquidos para as crianças maiores, além de retirar as secreções do nariz.

A febre em criança **maior de 2 meses** não é sinal de gravidade, sendo apenas uma reação comum do organismo às infecções. Por ela causar mal-estar, deve ser tratada. Mas não se recomendam medidas drásticas, como banhos gelados ou "suadouros". Para baixar a febre, deve-se dar remédio, quando a temperatura estiver acima de 38,5° C, e deixar a criança à vontade, com roupas leves. Pode-se dar banhos mornos, de preferência em bacia ou banheira.

Como a criança durante a febre, perde mais líquidos do organismo, é necessário aumentar a ingestão de água, chás e sucos. A criança que se encontra em aleitamento materno exclusivo deve mamar mais vezes. A criança, mesmo doente, deve tomar banho todos os dias. O banho refresca e também acalma a criança.

O papel da ESF deve ser, portanto, tranqüilizar as famílias sobre o fato de que a criança com resfriado pode ter febre por alguns dias e que os pais são capazes de tratá-la em casa.

Por outro lado, as famílias devem estar orientadas para procurar imediatamente os serviços de saúde quando a criança, com resfriado ou tosse, começar a apresentar algum sinal de perigo. Dessa forma, é possível ter uma melhor utilização dos serviços de saúde, evitando-se idas desnecessárias quando o caso da criança é apenas um resfriado.

## A Criança com Problema de Ouvido

Entre as IRA, a infecção no ouvido, chamada de otite, é uma das mais conhecidas entre as mães. Até os **3 anos** de idade, mais da metade das crianças já tiveram otite pelo menos uma vez.

A criança com infecção no ouvido pode apresentar:

- febre, irritabilidade, choro intenso e freqüente e recusa da alimentação;
- ouvido supurado;
- dor de ouvido, dita apenas pela criança maior.

Como é impossível ver dentro do ouvido sem um otoscópio (aparelho próprio para examinar o ouvido), é necessário, nos casos de otite, que a criança seja examinada por um profissional de saúde, para diagnóstico e tratamento adequados.

As otites são infecções que podem ser classificadas em dois tipos: aguda ou crônica.

Considera-se infecção aguda, ou otite média aguda, quando a criança tem dor de ouvido ou ouvido supurado há menos de duas semanas, e infecção crônica, ou otite média crônica, quando existe supuração há mais de duas semanas.

Quando a criança apresenta supuração no ouvido, é preciso limpá-lo e verificar se a própria criança não colocou um feijão ou qualquer outro objeto dentro do ouvido. É preciso encaminhar essa criança para que um profissional de saúde possa fazer o diagnóstico.

Se a inflamação se espalhou para a região atrás da orelha, que se torna vermelha e inchada, a infecção pode atingir os ossos e a criança precisa ser encaminhada para o hospital, pois se trata de um caso grave.

O tratamento da infecção aguda do ouvido pode ser feito com antibiótico, mas existem outros cuidados que ajudam a curar a otite.

Para aliviar a dor, é bom fazer compressas quentes e secas no ouvido. Basta passar a ferro (ou mesmo aquecer numa lâmpada) uma toalha ou qualquer pedaço de pano e colocar em cima do ouvido. O calor no local da infecção também ajuda a melhorar a inflamação.

A criança se sente melhor quando o nariz está desentupido. Por isso, torna-se necessário pingar soro fisiológico no nariz e limpá-lo várias vezes ao dia. Também é importante oferecer bastante líquido e dar alimentos que ela aceite bem, especialmente aqueles em que não se precise mastigar muito, por causa da dor do ouvido.

Nos casos de febre ou dor, os antitérmicos são indicados.

Nunca se deve pingar nada dentro do ouvido, pois, além de não curar a infecção, isso atrapalha, porque mantém o ouvido úmido, permitindo o crescimento de micróbios.

A secreção que sai do ouvido também favorece o crescimento de micróbios, por isso é preciso limpar o ouvido várias vezes ao dia.

Um dos cuidados mais importantes quando existe supuração no ouvido é limpar a secreção, para que o ouvido fique sempre seco.

Como limpar o ouvido:

- nunca use cotonete, papel higiênico ou palitos;
- torça a ponta de um pedaço de pano de algodão bem limpo e seco (por exemplo, uma fralda), coloque-o no ouvido da criança até ficar bem molhado; retire o pedaço de pano e faça tudo de novo, até que o ouvido fique bem seco.

Para se conseguir curar a otite, é preciso fazer o tratamento acima pelo menos durante **1 a 2 semanas.** Como isso é muito trabalhoso, é necessário que a mãe seja bem orientada sobre o porquê de se fazer tudo isso para tratar a otite, pois se o ouvido continuar supurando, haverá muitos riscos de outras infecções ou de problemas mais sérios, como a surdez.

As crianças maiores precisam ser orientadas, a fim de não usarem objetos para coçar ou limpar o ouvido, tais como chaves, grampos de cabelo (beliros), palitos ou cotonetes. Basta limpar a cera que está saindo na parte de fora da orelha com um pedacinho de pano ou, durante o banho, com água e sabão. Não se deve limpar dentro do ouvido.

Algumas orientações são importantes durante o tratamento:

- entre uma limpeza e outra, não deixar entrar água no ouvido;
- não colocar óleo nem qualquer outro líquido no ouvido.

*A Criança com Problema de Garganta (Faringe):*

A dor de garganta é uma queixa muito freqüente nas crianças com gripe ou resfriado. A garganta fica vermelha e atrapalha a criança para comer. A irritação dá garganta também é um fator que provoca tosse.

Esse tipo de inflamação na garganta se cura sozinho, resolvendo-se com os cuidados gerais que são feitos para os resfriados e as gripes.

Limão com açúcar, mel, chá com alho e limão, chá de hortelã, poejo e alecrim são bons para acalmar a tosse.

A dor de garganta é um problema sério quando a criança apresenta também febre alta, dificuldade para engolir e placas de pus na garganta. Nesses casos, encaminhá-la para a unidade de saúde mais próxima.

*Assistência e Controle das Infecções Respiratórias Agudas (IRA)*

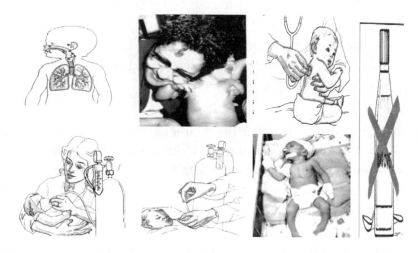

10.1.G - Doença Diarréica

A diarréia é uma das doenças mais conhecidas pela população. Isso porque, além de ser muito freqüente, ela é responsável pela morte de um número muito grande de crianças, no Brasil e no mundo (Ministério da Saúde, 2000).

É uma doença perigosa, porque pode levar à desidratação e comprometer o estado de nutrição, colocando a criança em risco de se tornar desnutrida ou mesmo de morrer.

Em muitas comunidades, parece que a diarréia é uma doença comum da criança. As pessoas estão tão acostumadas a verem crianças com diarréia que até acham natural essa situação.

A diarréia não é uma doença que ocorre em todos os lugares da mesma forma. Em países como os Estados Unidos e a Suécia, quase não existe mais a diarréia. À medida que esses países foram se desenvolvendo, possibilitando uma melhor qualidade de vida, com acesso da população a condições sanitárias adequadas, os casos de diarréia tornaram-se mais raros e menos graves.

No mundo inteiro, a diarréia é mais freqüente nas regiões menos desenvolvidas e mais pobres. Ela ocorre principalmente nas crianças de famílias com menos recursos, que moram em casas sem condições adequadas de saneamento (água e esgoto), que não conseguem ter uma boa alimentação e que têm grandes dificuldades para ter assistência à saúde.

A diarréia não é uma doença igual em todas as crianças. Quando a diarréia ocorre em uma criança bem nutrida, proveniente de uma família com recursos, com boa assistência médica e condições de garantir o tratamento adequado, a doença costuma ser leve e de curta duração.

É exatamente ao contrário quando a diarréia ocorre em uma criança desnutrida, que mora em lugares onde não há água tratada e sistema adequado para o destino das fezes e do lixo, com grande deficiência de assistência à saúde e onde as pessoas não têm condições para seguir um tratamento adequado. Nessas crianças, é comum que a doença se prolongue por até várias semanas. Também é freqüente a desidratação, o que leva à internação e, muitas vezes, à morte.

Pode-se dizer que a diarréia é uma doença que acontece predominantemente em crianças pobres.

A diarréia é uma doença, na maioria das vezes, muito contagiosa, causada por agentes como vermes, bactérias e vírus, ou ainda por fungos. Essa doença se espalha rapidamente em condições precárias de vida e em pessoas com menos defesa, como as crianças desnutridas e as de baixa idade.

Quando uma pessoa está com diarréia, ela evacua mais vezes que o habitual. As fezes são mais líquidas e muitas vezes com cheiro diferente. Em alguns casos, pode haver, nas fezes, sangue ou muco (uma espécie de catarro).

As crianças com doença diarréica ficam abatidas e fracas. Podem ter cólicas, vômitos ou febre. Logo perdem o apetite e se a diarréia é mais intensa, rapidamente começam a perder peso.

Quando a diarréia se torna, mais intensa, a criança perde muita água e sais minerais pelas fezes ou pelos vômitos, podendo ficar desidratada. Além disso, no caso da criança desnutrida, a doença é mais grave, piorando a desnutrição e aumentando o risco de morte.

É bom lembrar que no primeiro ano de vida, principalmente no recém-nascido, é normal a criança evacuar várias vezes por dia, com fezes líquidas e até esverdeadas. Isso é mais freqüente ainda nas crianças em aleitamento materno. Também algumas crianças, até os dois ou três anos, mesmo sem diarréia, podem evacuar mais vezes. A diferença é que essas crianças não parecem estar doentes, comem bem e estão ganhando peso. Isso, portanto, não é diarréia.

### Como ocorre a transmissão da diarréia?

A transmissão da diarréia ocorre através de vermes, bactérias, vírus e fungos. As pessoas que têm diarréia (sejam elas adultos, crianças ou bebês) eliminam esses agentes infecciosos pelas fezes.

Quando as fezes são despejadas no solo ou nos córregos e rios, esses micróbios podem contaminar as pessoas, quando, por exemplo, usam a água contaminada para irrigar hortas ou lavar as mãos e preparar alimentos.

As moscas e as formigas são também agentes de transmissão da diarréia, pois circulam em locais contaminados (lixo, por exemplo), carregando em suas patas os micróbios e contaminando, dessa forma, os alimentos.

Pode-se dizer, portanto, que o destino adequado das fezes e do lixo e o tratamento da água são fatores indispensáveis para se evitar a transmissão da diarréia.

As comunidades que vivem em precárias condições de saneamento ficam prejudicadas até mesmo no que diz respeito aos cuidados de higiene pessoal, pois, com freqüência, não dispõem de água sequer para lavar as mãos após a evacuação.

## Assistência e Controle das Doenças Diarréicas

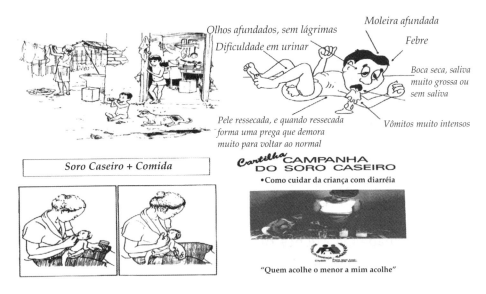

Mesmo quando têm acesso à água, é comum ela não estar tratada, fazendo com que, por exemplo, alimentos e mamadeiras fiquem contaminados por micróbios que causam a diarréia, infectando a criança.

### Situações de risco para a criança ter diarréia

Onde não existe saneamento básico, isto é, água tratada e em quantidade suficiente e destino adequado das fezes e do lixo, é mais difícil se manterem as condições de higiene pessoal necessárias para se evitar que ocorra a diarréia. É difícil também cuidar dos alimentos quando se mora em casa sem geladeira nem armários, ou quando não se dispõe nem mesmo de vasilhas para que o alimento não fique exposto às moscas e às formigas.

Nessas situações, é muito comum, quando a criança não está sendo amamentada, que no preparo da mamadeira ocorra contaminação pelos germes que causam a diarréia.

O preparo e a conservação dos alimentos são muito importantes quando se avaliam as condições da alimentação, pois são momentos em que pode haver contaminação, levando a muitas doenças.

O que se observa é que essas situações de risco ocorrem, em geral, onde há um grau de pobreza que limita as condições de higiene que a família pode ter.

### Situações de risco de agravamento da diarréia

Além das condições que favorecem o aparecimento da diarréia, já citadas, é necessário saber que existem famílias com crianças que têm mais chances de adoecer de diarréia. São crianças que vivem em situações de risco de agravamento da diarréia.

Nos bebês que nascem com baixo peso (menos de 2.500g), nas crianças que são desnutridas, nas crianças com AIDS ou naquelas que não foram vacinadas, a doença diarréica costuma ser muito mais grave, com perigo maior de a criança desidratar e morrer.

As crianças convalescentes de outras doenças infecciosas, principalmente do sarampo, apresentam quadros mais graves de diarréia, que freqüentemente levam à morte.

Além de as chances de se ter diarréia não serem as mesmas para todas as crianças, sabe-se também que em algumas crianças, a diarréia pode ser mais perigosa.

### Assistência e Controle das Doenças Diarréicas

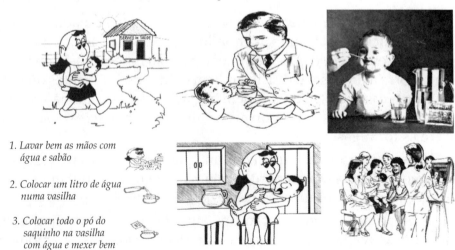

1. Lavar bem as mãos com água e sabão
2. Colocar um litro de água numa vasilha
3. Colocar todo o pó do saquinho na vasilha com água e mexer bem

FONTE: Ministério da Saúde.

## Prevenção da Diarréia

São medidas importantes de prevenção da diarréia:

- saneamento básico;
- aleitamento materno;
- práticas adequadas de desmame;
- imunização.

### Saneamento básico

O saneamento básico compreende: água tratada disponível para todos e destino adequado das fezes e do lixo.

Os lugares que passaram a ter saneamento básico apresentaram uma acentuada redução no número de casos de diarréia e uma queda da mortalidade infantil. No Brasil, a grande maioria dos municípios, principalmente aqueles mais pobres, não possui um sistema de saneamento básico.

Serão destacados, a seguir, alguns cuidados importantes a serem tomados quando não há saneamento básico: cuidados com a água, com as fezes e com o lixo.

### Cuidados com a água

Quando não há água tratada e encanada, as chances de ela estar contaminada são muito grandes.

Alguns cuidados podem diminuir o risco de contaminação através da água:

- procurar na região qual a fonte de água limpa;
- verificar se essa fonte não está sendo contaminada por fossas ou fezes de animais;
- guardar a água trazida para casa em depósitos limpos e bem tampados;
- retirar a água desses depósitos com conchas ou latas limpas;
- evitar que os animais cheguem perto desses depósitos.

Mesmo uma água com um aspecto de muito limpa pode conter milhões de germes causadores da diarréia. Por isso, deve-se filtrar e clorar a água que vai ser bebida. Quando não se tem o cloro, e se for possível, é bom ferver a água de beber.

Para clorar a água, basta colocar em **1 litro** de água **2 gotas** de hipoclorito de sódio a **2.5 %** ou **1 gota** de água sanitária. Esperar **30 minutos,** antes de utilizar a água.

Mesmo sabendo da importância desses cuidados, a comunidade, muitas vezes, não consegue colocar em prática tais recomendações. Não porque as pessoas não queiram, mas porque essas recomendações são difíceis de serem resolvidas isoladamente por uma família.

Nos lugares onde há falta de água, é necessário que a comunidade discuta, coletivamente, sobre a importância de se encontrarem formas de resolver os problemas, e pressione as autoridades governamentais a executarem os serviços de água (a construção de poços, a canalização de córregos e o tratamento de água). Assim, é importante que você, profissional da ESF, trabalhe em parceria com a comunidade nessa luta.

Mesmo quando as pessoas sabem que devem lavar as mãos após as evacuações, se não tiverem água em casa, nem num lugar próximo, ficará mais difícil de terem esse hábito. É difícil se conseguir evitar a diarréia apenas insistindo para que as famílias lavem as mãos antes de preparar os alimentos e antes de comer, assim como depois de evacuar, trocar as fraldas ou limpar as crianças após evacuarem.

Embora as pessoas saibam que o hábito de lavar as mãos é uma medida eficaz para reduzir a diarréia e outras doenças infecciosas, é preciso que essas orientações sejam discutidas juntamente com a possibilidade de se ter acesso à água.

*\* A experiência em outros países, e mesmo no Brasil, tem mostrado que, quando se tem água tratada e em quantidade suficiente, diminuem em muito os casos de diarréia.*

Cuidados com as fezes

É preciso ter muito cuidado para que as fezes não sejam fontes de contaminação de outras pessoas.

Junto com o acesso a água tratada, o destino adequado para as fezes é uma medida que reduz efetivamente o número de casos de diarréia.

As precárias condições em que vive a grande maioria da população brasileira, fazendo com que as pessoas tenham que evacuar até mesmo no mato, exigem medidas como, por exemplo, enterrar as fezes, para impedir que os germes se espalhem através de moscas e outros insetos. É preciso, entretanto, que as pessoas tenham muito cuidado ao escolher o lugar onde as fezes devem ser enterradas.

A comunidade, como um todo, deve estar atenta para que a fossa de uma família não contamine o poço da família vizinha. Afinal, a diarréia é uma doença infecciosa que pode se alastrar pela comunidade.

Nas comunidades muito pobres, as pessoas não têm, em geral, condições de arcar com o custo da construção de fossas, sendo, portanto, indispensável uma rede de esgoto a qual todos reivindiquem junto à prefeitura de seu município, no sentido de que essa obra pública seja realizada.

## Cuidados com o lixo

Todos sabem que o lixo significa sujeira e é uma fonte de insetos, ratos e outros bichos que transmitem doenças.

Em algumas comunidades, entretanto, não há um local adequado para se jogar o lixo, nem há um serviço público de coleta. Parece que as pessoas vão se acostumando com os montes de lixo que se acumulam em terrenos da redondeza.

Quando o destino do lixo não é uma preocupação da comunidade, é comum as pessoas se livrarem do lixo caseiro jogando-o na rua ou em outros lugares públicos. Nesse caso, é possível que não exista uma consciência muito clara em relação ao perigo do lixo para a saúde de cada um e de toda a comunidade. Só a partir do momento em que a comunidade sente o problema do lixo como um problema de todos (isto é, uma necessidade de todos), é que se torna possível buscar formas de se resolver a questão.

Assim, é preciso que a comunidade tenha aliados como você, profissional da ESF, que colaborem no sentido de discutir os prejuízos, por exemplo, do destino inadequado do lixo para a saúde de todos.

Esse tipo de discussão envolverá certamente a comunidade na busca dos caminhos que competem a ela própria e dos que devem ser cobrados das autoridades.

As soluções para o problema da água, do esgoto e do lixo são coletivas, isto é, necessitam da participação de toda a comunidade.

### Medidas para se evitar as parasitoses intestinais

As medidas para se evitar as parasitoses intestinais estão direcionadas para prevenir que os parasitas penetrem no organismo humano e são medidas ensinadas às pessoas através de ações de educação sanitária:

- a parasitose é uma doença produzida pela presença e reprodução de parasitas no organismo humano. Geralmente, os parasitas estão presentes nas fezes humanas e de animais e são transportados por moscas, baratas, ratos e animais domésticos ou por pessoas. Esses parasitas podem estar no organismo humano, nos alimentos ou nas águas contaminadas.

*As causas das parasitoses são:*

- carência de água potável;
- moradia em precárias condições (chão de terra batida, paredes de plástico ou papelão);
- disposição inadequada do lixo e das fezes;
- hábitos inadequados de higiene.

*As parasitoses intestinais têm vários efeitos danosos para a saúde humana, como:*

- dor abdominal (cólica), diarréia e vômitos ocasionais;
- anemia (palidez);
- desnutrição (os parasitas podem levar à deficiência de crescimento, pois competem pelos alimentos no organismo da criança infectada);
- irritabilidade, falta de atenção e alteração do sono.

*Como prevenir as parasitoses:*

- manter bons hábitos de alimentação;
- considerar as demais medidas preventivas para a diarréia;
- usar sapatos.

*Aleitamento materno*

Onde não existem condições adequadas de saneamento, os bebês alimentados com mamadeira têm 30 vezes mais chances de ter diarréia grave e de morrer do que aqueles que estão em aleitamento exclusivo, isto é, sem tomar chás, água ou outros alimentos.

Mesmo em aleitamento parcial, o risco de esse bebê ter diarréia é menor do que o daquele que recebe mamadeira.

O aleitamento materno exclusivo é um fator de proteção para a diarréia, porque:
- evita o uso de mamadeira e leite preparados sem condições adequadas de higiene;
- o leite materno contém fatores de proteção (anticorpos) contra as doenças;
- possui todos os nutrientes necessários para a alimentação da criança.

O aleitamento materno é, portanto, uma medida eficaz no combate à diarréia.

*Imunização*

As doenças infecciosas diminuem a resistência do organismo, favorecendo o aparecimento da diarréia e de outras doenças.

A diarréia que ocorre durante o sarampo ou nos seis meses após o episódio do sarampo é particularmente grave, com risco muito maior de levar à morte do que a maioria das outras doenças diarréicas. Por isso, a imunização contra o sarampo ajuda a diminuir as mortes por diarréia. A criança deve ser vacinada contra o sarampo, com a vacina tríplice viral, logo após completar doze meses de idade. As outras vacinas também devem estar em dia, observando-se as datas certas do esquema básico de vacinação e das campanhas de vacinação.

### Tratamento da Diarréia

A desidratação e a desnutrição são as complicações que mais contribuem para o elevado número de mortes por diarréia.

Quanto mais cedo a família iniciar o tratamento, menor é o risco de desidratação e desnutrição.

Para tratar uma criança com diarréia, é preciso antes avaliar o seu estado de hidratação.

*Avaliação do estado de hidratação:*

Para avaliar se a criança está desidratada, devemos observar:
- o aspecto da criança;
- a sede;
- os olhos fundos;
- o sinal da prega.

Apresenta-se, a seguir, um esquema de avaliação do estado de hidratação da criança:
- Diarréia com dois dos sinais abaixo:
- inquieta e irritada;
- bebe rapidamente e com sede;
- olhos fundos;
- sinal da prega: a pele volta ao seu estado anterior lentamente (menos de 2 segundos).
- Diarréia com desidratação:
  Encaminhe a criança para a unidade de saúde mais próxima.

## Condutas nos casos de crianças com diarréia

*1. Conduta nos casos de diarréia sem desidratação*

Aumentar a ingestão de líquidos

Durante a diarréia, a criança perde líquidos e sais minerais através das evacuações e dos vômitos. É preciso, portanto, que ela receba mais líquidos para compensar essas perdas.

Mesmo na diarréia intensa, o organismo tem condições de absorver a água e os sais minerais de que precisa. Essa foi uma grande descoberta da medicina, que vem possibilitando salvar a vida de milhares de crianças, através da reidratação com soro oral.

Ao primeiro sinal de diarréia, portanto, é preciso oferecer mais líquidos para a criança.

Assim, para:

- as crianças em aleitamento materno oferecer o peito mais vezes e se a diarréia for muito intensa, introduzir também o soro de reidratação oral (SRO), usando colher ou copinho;
- as crianças após o desmame aumentar a oferta de água, chás caseiros, sucos de fruta coados, leite, água de arroz, sopas e SRO.

A quantidade de líquidos a ser dada depende da sede e da aceitação da criança.

Quando a criança vomitar, esperar um pouco e recomeçar em pequenas quantidades, aos goles ou em colheradas.

Refrigerantes, líquidos doces e água-de-coco em grande quantidade não devem ser utilizados, pois são muito concentrados, o que pode piorar a diarréia.

Manter a alimentação

Até há pouco tempo, os médicos recomendavam dietas muito rígidas durante a diarréia, com proibição de vários alimentos e orientação para diluir o leite. Assim, alimentava-se pouco a criança, que já estava perdendo nutrientes pelas fezes, o que favorecia a desnutrição.

Hoje, sabe-se que a criança com diarréia pode absorver e aproveitar os alimentos no intestino. A criança que se alimenta durante a diarréia tem mais condições de reagir à doença e menos risco de ficar desnutrida. Assim:

- não se deve diluir o leite;
- oferecer alimentos da preferência da criança, em pequenas quantidades e mais vezes ao dia;
- para facilitar a mastigação e a digestão, oferecer alimentos cozidos sob a forma de papas ou amassados;
- misturar à comida 2 colheres das de chá de óleo, para aumentar as calorias.

Durante o período de recuperação, a criança precisa ainda de mais alimentos para recuperar seu peso. É preciso, portanto, oferecer uma ou mais refeições suplementares até a criança voltar a apresentar o peso adequado.

Sempre que possível, no início da diarréia, deve-se pesar a criança (despida e descalça) e anotar o peso, o que será útil para acompanhá-la durante a fase de recuperação.

## 2. Conduta nos casos de diarréia com algum grau de desidratação

A grande maioria dos casos de diarréia se cura dentro de **1 a 2 semanas,** só com o tratamento feito em casa. Entretanto, alguns casos podem se agravar, necessitando de encaminhamento para os serviços de saúde.

É importante orientar a família sobre as condições nas quais é preciso procurar atendimento médico.

Se a criança apresentar qualquer sinal de desidratação, os pais devem começar a dar o soro de reidratação oral que vem em pacotinhos. Enquanto a família não conseguir o soro de reidratação oral, é preciso ir hidratando a criança com o soro caseiro.

É melhor usar o soro que vem em pacotinhos, porque as quantidades de açúcar (glicose) e sais já vêm medidas, sendo necessário apenas misturar em água limpa. Se a criança aceitar bem o soro, dentro de 4 horas já deve estar hidratada.

Após esse período, os pais devem também procurar o serviço de saúde nas seguintes situações:

- se a criança começar a apresentar sangue nas fezes;
- se a criança vomitar tudo que bebe ou não aceitar beber nada;
- se a diarréia piorar;
- se aparecer febre ou se a febre continuar;
- se a criança já estava doente ou desnutrida, antes de a diarréia começar.

Você deve orientar os pais a procurar imediatamente o hospital quando a criança apresentar os seguintes sinais de gravidade:

- apresentar convulsões durante a doença;
- não conseguir beber ou beber muito mal;
- estiver largada, sonolenta.

Quando a criança já está hidratada e recebe alta (para tratamento em casa), os pais devem continuar a dar o soro de reidratação oral após cada evacuação, até a criança melhorar da diarréia. No caso de a diarréia se prolongar por 14 dias ou mais, a criança deverá ser encaminhada para a unidade de saúde mais próxima.

*3. Conduta nos casos de diarréia com desidratação*

A criança com desidratação deve ser levada imediatamente ao hospital ou à unidade de saúde mais próxima para tratamento. É importante começar a dar o soro de reidratação oral e manter a amamentação ou a alimentação até ela ser atendida pelo médico.

Também nesse caso, quando a criança tiver alta para continuar o tratamento em casa, deverá receber o soro de reidratação oral.

- Encha bem um copo grande (200ml) com água limpa, fervida e em temperatura ambiente ou use água clorada.
- Usando a medida distribuída nas unidades sanitárias para o preparo de soro caseiro, coloque a medida pequena e rasa de sal.

- Coloque duas medidas grandes e rasas de açúcar.
- Mexa bem e ofereça à criança após cada evacuação.

No caso de termos os sais de reidratação oral:
- Dissolver o conteúdo de 1 pacote de sal reidratante em 1 litro de água.
- Usar água limpa e fervida ou água clorada, em temperatura ambiente.
- Depois de pronto, o soro pode ser usado por um período de 24 horas. Após esse período, joga-se fora e prepara-se um novo soro.
- Os sais do pacotinho só podem ser dissolvidos em água, não se pode acrescentar açúcar ou outras substâncias para melhorar o seu gosto.

Crianças até 12 meses
50 a 100ml
(1/4 a meio copo)
Crianças acima de 12 meses
100 a 200ml (1/2 a 1 copo)

*Ciência do Gestor Municipal sobre os casos de DDA, providências e encaminhamento do consolidado à Regional de Saúde, SESA e M. Saúde*

## 10.2 – Ações de Saúde da Mulher

*Ações de Saúde da Mulher:*

- Planejamento familiar
- Pré-natal e puerpério
- Prevenção do câncer de colo de útero e de mama
- Climatério
- Assistência nas DST/AIDS

## 10.2.A – Planejamento familiar

Quando pensamos em contracepção precisamos lembrar que a maioria de nós, homens e mulheres, não foi educada para exercê-la. A maioria das pessoas sabe muito pouco sobre seu próprio corpo e como cuidar dele, principalmente no que se refere ao aparelho reprodutor e seu funcionamento.

Os pré-adolescentes, quando começam a perceber as mudanças corporais próprias ao seu desenvolvimento, nem sempre têm a quem recorrer para esclarecer suas dúvidas. Independentemente da classe social ou grau de instrução, acabam aprendendo fora do lar o que poderiam saber primeiro em suas casas e escolas.

O planejamento familiar consiste na possibilidade de decisão da mulher, do homem ou do casal em ter ou não filhos, o número destes e o momento ideal de concebê-los. Quando acontece a atração física, o relacionamento sexual ocorre visando a realização do prazer, mais do que propriamente o desejo de gerar um filho. Este fato comprova a distância entre a função sexual e a função reprodutiva e se expressa, concretamente, no grande número de crianças geradas sem que a paternidade ou a maternidade seja desejável e responsável.

Uma gestação não programada acontece, muitas vezes, por falta de conhecimento sobre o próprio corpo, falta de familiaridade e credibilidade do homem e da mulher em relação aos diferentes métodos que evitam a gravidez ou acesso a eles.

Há anos que as mulheres de todo o mundo lutam por seus direitos. No Brasil, a década de oitenta (80) foi marcada por diversos movimentos de saúde que questionavam, reinvindicavam e exigiam a implantação do Programa de Assistência Integral à Saúde da Mulher (PAISM). Em 1984, grupos de mulheres feministas elaboraram a "Carta de Itapecerica", conquistando a implantação do PAISM, através do SUS, em todo território nacional.

Assim, os Serviços Públicos de Saúde, desde 1984, vêm oferecendo atendimento à mulher, com atenção à saúde reprodutiva e ao planejamento familiar. Na Conferência Internacional sobre População e Desenvolvimento, realizada na cidade do Cairo, Egito, em 1994, a abordagem dos assuntos sobre população foi alterada, a ênfase foi dada às discussões sobre medidas e ações efetivas para alcançarem-se os objetivos propostos.

Em 1995, na IV Conferência Mundial sobre a Mulher, realizada na cidade de Pequim, China, foi aprovada uma "Plataforma de Ação" reafirmando as conquistas das mulheres nas últimas Conferências. Este evento contou com a representação oficial de mais de 180 países e com a participação de inúmeros grupos feministas.

O Brasil participou da elaboração desta "Plataforma de Ação" assinando a Declaração de Pequim, comprometendo-se em garantir, assegurar o respeito aos direitos humanos das mulheres, os direitos reprodutivos e a assistência integral à saúde da mulher.

Várias ações desenvolvidas pelas mulheres pressionaram mudanças legislativas e nas políticas públicas, até que a Constituição Federal, aprovada pelo Congresso em 1988, incluiu em seu § 7°, art. 226, a responsabilidade do Estado no que se refere ao planejamento familiar, devendo este "propiciar recursos educacionais e científicos" para o exercício deste direito, sendo "vedada qualquer forma coercitiva por parte de instituições oficiais ou privadas" (Código de Processo Civil, 1999).

Os Direitos Reprodutivos estão baseados no "reconhecimento de todos os casais e indivíduos em decidir livre e responsavelmente pelo número de filhos, intervalo entre eles e de dispor de informações e dos meios para tanto. A promoção do exercício responsável destes direitos deve ser a base principal das políticas e programas estatais e comunitários na esfera da saúde reprodutiva, incluindo o planejamento familiar. Oito anos depois, em 12 de janeiro de 1996, foi decretada a Lei n° 9.263 que regulamenta o § 7°, do art. 226, sobre planejamento familiar.

Esta lei garante a efetivação dos direitos reprodutivos através do Sistema Único de Saúde (SUS), prevendo uma série de ações preventivas e educativas como o acesso igualitário e universal às informações, métodos e técnicas disponíveis para a regulação da fecundidade e o treinamento de equipes multiprofissionais de saúde. Estudos estatísticos demonstram que a esterilização cirúrgica ainda é a primeira opção das mulheres que se declaram insatisfeitas com o método contraceptivo que usam (Bemfam, 1996). Outros estudos demonstram que a insatisfação com tais métodos é grande e que estes possuem um índice de falha maior do que os índices de falha que são divulgados (Giffin & Costa, 1999). A explicação disto está no fato das mulheres utilizarem métodos contraceptivos sem orientação adequada, contribuindo para o aumento do número de casos de gravidez indesejada e, conseqüentemente, de abortos provocados.

Somente munidos de conhecimentos técnicos e legais estaremos preparados para uma prática educativa que favoreça a transformação das crenças e conceitos, contribuindo para a construção de uma sociedade onde as crianças geradas sejam mais seguras e tenham a auto-estima fortalecida.

Nesse sentido, cabe aos educadores e profissionais de saúde desenvolverem estratégias de intervenção comportamental, tais como: oficinas de sexo seguro, sensibilização quanto às DST/Aids, aconselhamento e treinamentos direcionados a equipes multiprofissionais e à população em geral. Dessa forma, estarão colaborando para que o exercício da sexualidade seja um direito aliado à opção e responsabilidade da reprodução.

Além disso, as ações desenvolvidas devem pressupor a valorização e a melhoria da qualidade de vida, contribuindo para a formação de cidadãos mais conscientes e sadios, física e psiquicamente.

Afinal, instrumentalizar as pessoas sobre o conhecimento de seus direitos favorece a construção e o exercício da cidadania.

As atividades educativas atuais preconizam características humanistas de forma a situar a pessoa no mundo, possibilitando um processo contínuo de descobertas. Isto deve ser compreendido e adotado por parte de quem se propõe a realizar um trabalho educativo voltado para o despertar da responsabilidade sobre a vida.

Considerar a realidade do educando, num presente imediato, ou seja, aqui e agora, é vital para o desenvolvimento de uma abordagem dos temas que tratam de saúde reprodutiva e métodos contraceptivos.

A prática educativa deve estar de acordo com o público-alvo. O educador ou profissional da equipe de saúde deve utilizar uma linguagem simples e clara, possibilitando o desenvolvimento dos conceitos num clima de tranqüilidade, respeito e harmonia, cuja metodologia desperte a consciência do grupo. Nesse sentido, propomos que sejam usadas dinâmicas de grupo e encontros programados, onde os temas sejam abordados de forma a revelar o que as pessoas sabem ou pensam saber.

"Considerando que o simples acesso à informação não é suficiente para mudar comportamentos, as abordagens mais recentes de educação buscam criar situações no processo de aprendizagem para que as pessoas possam atuar e, em sua prática, revelar valores, atitudes e comportamentos padrões. Tais manifestações quando confrontadas com outros modelos de comportamentos desejáveis, aliados à informação adequada, possibilitam em certa medida, a mudança e adoção de novos comportamentos.

Experimentar, praticar novas maneiras de comportar-se em situações simuladas, contribui para mudanças na vida real.

O educador deve oferecer condições para que o grupo possa adquirir novos conhecimentos, transforme o seu saber e adote comportamentos preventivos e responsáveis ao exercício da sexualidade, saúde reprodutiva e quanto à prevenção das doenças sexualmente transmissíveis (DST).

Para isto é fundamental o estabelecimento de uma relação entre educadores e educandos que permita a troca de experiências e o esclarecimento de dúvidas, contribuindo para a reflexão individual.

Através de dinâmicas de grupo, oficinas vivenciais e grupos operativos, o educador constrói um espaço pedagógico mais eficaz em direção ao planejamento familiar, favorecendo a aquisição de conteúdos sobre o corpo do homem e da mulher, menstruação, gravidez, menopausa, métodos contraceptivos, masturbação e as doenças sexualmente transmissíveis e a Aids.

> *Planejamento Familiar:*
>
> • Informação quanto aos métodos contraceptivos.
> • Decisão da cliente quanto a contracepção.
> • Consulta médica e de enfermagem.
> • Fornecimento de contraceptivos.
> • Acompanhamento.

Outro fator importante é a inclusão do casal. Geralmente quem chega ao serviço de saúde é a mulher, porém, o educador ou agente de saúde precisa criar meios para atrair a presença masculina, dos companheiros dessas mulheres, promovendo a sua participação e o despertar de sua responsabilidade na construção familiar.

À medida que profissionais de saúde, educadores ou agentes comunitários sentem-se responsáveis pela implantação deste trabalho, tornam-se responsáveis também pela difusão do saber entre essas pessoas, capacitando-as para exercer e reivindicar seus direitos.

Tal trabalho educativo precisa, ainda, de um sistema de avaliação e desempenho periódicos. Este servirá como um termômetro das atividades, desenvolvidas.

O educador, profissional de saúde ou agente comunitário, deve utilizar-se dos resultados obtidos para a elaboração de estratégias que possibilitem o uso produtivo do seu tempo, favorecendo o crescimento de seu trabalho. Esse processo de avaliação envolve o acompanhamento das usuárias e usuários dos métodos contraceptivos para garantia do seguimento e detecção de dúvidas e falhas ocasionadas pelo eventual uso incorreto.

Para que o acompanhamento seja eficiente, é necessário que o profissional sistematize e registre o seu trabalho, em prontuário. Este será seu instrumento de pesquisa, histórico do paciente e objeto formador do vínculo.

Dessa forma, o "seguir de perto" favorece a detecção de dúvidas, falhas no uso e abandono do método. O profissional de posse destas informações pode escrever sua experiência e apresentá-la em encontros regionais ou nacionais, nas diversas áreas multidisciplinares: psicologia, enfermagem, serviço social, medicina, entre outras, para que sirvam de referência e estímulo aos profissionais de saúde de outros municípios e regiões. Enfim, o perfil do profissional comprometido com práticas educativas e preventivas é o daquele que estabelece vínculos, sabe gerenciar seu tempo, valoriza as relações humanas, respeita as diferenças individuais, tem senso crítico e percepção das próprias dificuldades. É curioso, busca aprimorar e atualizar seu conhecimento. É capaz de prever e evitar problemas, incentiva a confiança mútua e a cooperação de sua clientela. Atua no sentido de transformar sem impor os próprios valores.

## Métodos de Contracepção

### Barreira Mecânica

### 1 - *Preservativo Masculino*

Trata-se de um saquinho fino que deve ser colocado no pênis ereto (duro) antes de qualquer contato sexual.

Estudos recentes demonstram que o preservativo masculino evita a gravidez em até 98%. Quanto à prevenção das DST e da Aids, os estudos indicam que, quando usado corretamente, é um método muito eficaz, oferecendo 10.000 vezes mais proteção contra as doenças transmitidas pelo sexo (Ministério da Saúde, 1998).

No caso de relação sexual oral ou anal, também é importante o uso do preservativo, uma vez que este evita o contato entre mucosa bucal, anal, com o pênis ou sêmen.

*Vantagens:*
- Contribui para que o homem divida com a mulher a responsabilidade de evitar a gravidez.
- Oferece proteção contra as doenças sexualmente transmissíveis (DST), inclusive a AIDS e o HPV (Papiloma Vírus Humano), um dos causadores do câncer no colo do útero.

- É o método mais indicado para jovens que estão iniciando a vida sexual.
- O preservativo masculino é fácil de ser encontrado em farmácias e supermercados.
- Muitos serviços públicos de saúde oferecem gratuitamente.
- É descartável; após o uso deve ser embrulhado e jogado no lixo.
- Trata-se de um método reversível, caso haja desejo de uma gravidez.
- Utilizado sem receita médica, não tem contra-indicação.
- É prático para o transporte e a embalagem é pequena, permitindo que seja levado a qualquer lugar, desde que seja preservado do calor e não seja amassado.
- Não exige abstinência das relações sexuais.
- Pode ser colocado pelo(a) parceira, como prática erótica.

*Desvantagens:*

- Muitas pessoas queixam-se de que o preservativo masculino interfere na espontaneidade da relação sexual, uma vez que deve ser colocado com o pênis duro, antes da penetração. Outras se referem ao desagradável momento de retirá-lo, enquanto o pênis ainda está ereto.
- Alguns homens se queixam da perda de sensibilidade no pênis. Porém, os preservativos masculinos atuais são desenvolvidos para permitir uma melhor sensibilidade e adaptação, tanto pelo homem quanto pela mulher.
- Algumas pessoas podem apresentar alergia ao látex. Estas pessoas devem utilizar um lubrificante à base de água, que imita a lubrificação natural, não provoca reações indesejáveis e alivia a alergia.

### 2 - Preservativo Feminino

O preservativo feminino, também chamado de camisinha feminina, é fabricado em poliuretano macio e transparente para revestir a vagina e a parte externa da vulva, protegendo os grandes lábios. Trata-se de um tubo com aproximadamente 16 cm de comprimento por

8 cm de largura que possui dois anéis flexíveis, também em poliuretano, sendo que um deles fica solto, na parte de dentro, servindo para facilitar a colocação e fixação do preservativo no fundo da vagina. É lubrificado por dentro e por fora. Deve ser colocado antes da relação sexual.

Protege as paredes da vagina, o colo do útero e parte da vulva. Assim, além de impedir a passagem dos espermatozóides para o útero, oferece à mulher maior proteção contra as DST e Aids.

*Vantagens:*
- Oferece maior autonomia para a mulher, garantindo sua proteção, independentemente do parceiro.
- Material mais resistente do que o látex do preservativo masculino, não rompendo com a mesma facilidade.
- Tem validade de 60 meses (5 anos) após a data de fabricação.
- Não faz mal à saúde.
- Pode ser utilizado sem receita médica e não tem contra-indicações.
- É descartável; deve ser enrolado e jogado após o uso.
- É de fácil transporte; pode ser guardado na bolsa.
- Algumas mulheres relatam que o anel externo estimula o clitóris, facilitando a obtenção de prazer.
- Não exige abstinência das relações sexuais.
- O Ministério da Saúde distribui gratuitamente em algumas Unidades de Saúde dos Estados que atendem ao Programa de Prevenção das DST/Aids.

*Desvantagens:*
- Algumas mulheres relatam "estranhamento" e recusa, em um primeiro momento, em função de seu aspecto.
- No comércio, o custo é relativamente alto quando comparado ao preservativo masculino.
- É encontrado apenas em algumas redes de farmácias nos grandes centros.

## 3 - Diafragma

Trata-se de uma capinha de silicone ou látex, macia e com aro de metal flexível. É colocada pela própria mulher no fundo da vagina, antes da relação sexual. Quando colocado corretamente, cobre o colo do útero se ajustando entre o púbis e a parede posterior da vagina. Este método impede que os espermatozóides entrem no útero, formando uma barreira. É utilizado em conjunto com a geléia espermicida (componente químico capaz de matar os espermatozóides).

É de uso exclusivo de cada mulher. Existem 6 tamanhos diferentes, 60 mm a 85mm de diâmetro, sendo necessário que um profissional de saúde, treinado, faça a verificação do tamanho que varia de mulher para mulher.

O Diafragma deve ser medido novamente após um parto, aborto, cirurgia ginecológica ou sempre que houver diferença no peso corporal, para mais ou para menos do que 10 quilos.

O Diafragma de silicone, de produção nacional, é mais resistente do que o de látex.

Estudos mostram que o Diafragma de silicone pode ser colocado algumas horas antes da relação sexual, não interferindo na espontaneidade do ato.

*Atenção:*

Deve ser usado em todas as relações sexuais, mesmo que a mulher não esteja em período fértil, para obter a máxima segurança contraceptiva.

Se ocorrer mais de uma relação sexual no mesmo período, após cada relação deve-se verificar se o Diafragma está bem colocado.

Não deve ser retirado entre uma e outra relação.

Deve ser retirado somente 8 horas após a última relação sexual.

Nos primeiros 7 a 10 dias de uso, deve-se retornar à consulta com o profissional que o mediu, para conferir se o número está adequado e se está sendo colocado corretamente.

*Vantagens:*

- O Diafragma pode ser usado em todas as fases de vida da mulher.
- É prático, pode ser transportado na bolsa.

- Contribui para que a mulher toque seus órgãos genitais e conheça melhor seu corpo.
- Não atrapalha a relação sexual, pois em geral, homens e mulheres não sentem sua presença.
- Estudos recentes demonstram que o Diafragma possui eficácia em torno de 98% quando bem utilizado e acompanhado de orientação médica (FEBRASGO, 1997).
- É considerado um dos métodos contraceptivos femininos mais inócuos e que não faz mal à saúde.
- Não tem efeitos colaterais.
- Não interfere no ciclo menstrual.
- Pode ser usado com geléia espermicida, aumentando a proteção.
- Protege o colo do útero contra eventuais lesões e infecções durante a relação sexual.
- Pode ser utilizado durante a amamentação pois não interfere na lactação.
- Não é descartável; possui durabilidade entre 2 e 3 anos, quando cuidado adequadamente.
- Possui um custo baixo, comparado a outros métodos (custo/ durabilidade/ eficácia).
- Não exige abstinência das relações sexuais.
- Pode ser usado junto com o preservativo masculino, aumentando assim, a proteção.
- O Ministério da Saúde disponibiliza todos os números, gratuitamente, nas Unidades de Saúde dos Estados e Municípios.

*Desvantagens:*
- O Diafragma exige disciplina em seu uso.
- Não protege contra as DST/Aids.
- Pouco indicado por falta de conhecimento e familiaridade dos profissionais de saúde com o método.
- No comércio, é encontrado apenas em algumas redes de farmácias, nos grandes centros.

# Barreira Química

## 1 - Espermicidas (Geléias ou óvulos)

São produtos em forma de creme ou óvulos, que a própria mulher coloca no fundo da vagina, antes de cada relação sexual. Estes produtos contêm substâncias químicas capazes de matar os espermatozóides.

*Vantagens:*
- Não exige abstinência das relações sexuais.

*Desvantagens:*
- O tempo de ação dos espermicidas é curto e sua aplicação repetida pode interferir na relação sexual.
- Podem provocar alergias em algumas mulheres.
- Os espermicidas devem ser sempre utilizados associados a outros métodos.
- Possuem um alto índice de falha, quando utilizado sozinho.
- Embora possam ter ação anti-séptica na vagina e colo uterino, os espermicidas não protegem contra as DST/Aids.

## 2 - DIU (Dispositivo Intra-uterino)

Trata-se de uma pequena peça de plástico, em polietileno, com uma parte recoberta de cobre em formato espiral. O cobre diminui a motilidade do espermatozóide, dificultando seu acesso ao óvulo e alterando as características do muco cervical.

Encontramos 4 tipos de DIU no comércio. O médico é quem deve indicar o mais adequado para cada caso.

Deve ser introduzido de preferência no período menstrual quando o orifício do colo está mais aberto e também, para garantir a ausência de uma gravidez. Deve ser colocado e retirado do útero somente por um médico ou enfermeira treinados.

**Observação:** Antes da indicação do DIU, deve-se obter informações sobre a vida sexual da usuária em potencial, para detectar sua vulnerabilidade (risco) diante das DST e da Aids.

**Importante:** Não pode ser utilizado por mulheres com alergia a cobre e com cólica menstrual ou fluxo severos.

*Vantagens:*

- Após ser introduzido, o DIU pode permanecer no útero por muitos anos. Dependendo do tipo, por 5 a 10 anos.
- Pode ser introduzido 60 dias após o parto.
- Não exige disciplina em seu uso porque permanece continuamente no corpo da mulher.
- Não exige abstinência das relações sexuais.
- A eficácia para evitar a gravidez está próxima a dos anticoncepcionais hormonais (98%).

*Desvantagens:*

- DIU não é recomendado na presença ou suspeita de: gravidez, câncer no útero ou nas trompas, malformação no útero, hemorragias e presença de anemia constante.
- Apesar de seguro, pode ocorrer uma gravidez com o DIU. Quando isso acontece, o risco de aborto é maior.
- Em presença de DST o DIU não deve ser recomendado. Caso já esteja em uso, deve ser retirado.
- Exige um acompanhamento médico periódico.
- Não protege das DST/AIDS.

## Métodos Hormonais de Contracepção

Os Anticoncepcionais Hormonais devem ser utilizados com indicação médica. Podem provocar prejuízos à saúde se usados sem orientação.

São contra-indicados em casos de trombose, neoplasias, diabetes insulino dependentes, para mulheres com hipertensão arterial, hepatites, com problemas cardiovasculares e glaucoma, entre outros.

**Atenção:** Os profissionais de saúde devem estar atualizados para indicações e contra-indicações, vantagens e desvantagens dos contraceptivos.

## 1 - Anticoncepcional Oral (Pílula)

Existem vários tipos de Pílulas, com diferentes combinações de hormônios. Apresentam dosagens altas ou baixas. É considerado um método muito seguro, 98,5%, para evitar a gravidez. Geralmente, não é utilizada por mulheres que estejam amamentando pois podem reduzir a quantidade de leite materno. Nestes casos, existe uma única indicação, a minipílula, que só contém progestágeno de uso contínuo. Deve ser tomada com orientação médica.

*Vantagens:*
- É prático. Pode ser transportado na bolsa.
- Após suspender o "tratamento", os ovários voltam à função normal (ovulação).
- Regula o ciclo menstrual, diminui o fluxo menstrual e alivia as cólicas.
- Não exige abstinência das relações sexuais.

*Atenção nos casos de esquecimento:*
1. Se não ultrapassar 12 horas do horário, tomar o comprimido esquecido imediatamente e o do dia no horário previsto.
2. Se o período de esquecimento ultrapassar 12 horas, espere o horário normal, tome 2 pílulas (a esquecida e a do dia) continue a tomar as outras até o fim da cartela nos horários previstos e aguarde a menstruação. Usar um método de barreira (preservativos) em todas as relações sexuais seguintes.

3. Caso o esquecimento ultrapasse 2 ou 3 dias, tomar uma das esquecidas e a do dia normal ou a contracepção de emergência. Continue a tomar as outras da cartela até o final e aguarde a menstruação. Procurar orientação médica e usar um método de barreira (preservativos) pois a eficácia ficou comprometida.

*Desvantagens:*
- Exige disciplina. Deve ser tomada diariamente, sempre no mesmo horário. Se a mulher esquecer de tomar o comprimido poderá engravidar.
- Contra-indicado para mulheres com mais de 35 anos e fumantes.
- Não previne contra as DST/Aids.
- Deve ser tomada com orientação médica.

## 2 - Contracepção de Emergência (PAE)

Encontra-se no comércio sob a forma de 2 (dois) comprimidos com altas concentrações de hormônios artificiais (75 mg cada de levonorgestrel) que impedem ou retardam a ovulação (saída do óvulo dos ovários), agindo sobre o deslocamento dos espermatozóides. Não provoca descolamento do óvulo fecundado, ou seja, não provoca aborto, caso já haja implantação no endométrio.

É composto de hormônios sintéticos (progestogênio) para evitar uma gravidez não planejada. Atua até 72 horas (3 dias) após a relação sexual desprotegida.

*Forma de Utilização:*

É recomendado pelo Ministério da Saúde, desde 1996, para casos de emergência contraceptiva como:
- Ruptura ou uso incorreto do preservativo.
- Retirada antecipada ou rompimento do diafragma.
- Esquecimento de ingestão do anticoncepcional oral por dois dias ou mais seguidos no mesmo ciclo.

- Em casos de estupro ou de violência sexual.
- Na expulsão do DIU.

Os comprimidos devem ser tomados com intervalo de 12 (doze) horas entre um e outro. Se ocorrer vômito até 2 horas após a administração, a dose deve ser repetida.

A eficácia deste método é de 95% quando a primeira dose é ingerida nas primeiras 24 horas após a relação, pois depende da ovulação não ter ocorrido. Quando ingerido no segundo dia, a eficácia cai para 85% e no terceiro dia, para 58%. Portanto, quanto mais rápido for utilizado, maior sua eficácia.

Após o uso da contracepção de emergência não costuma haver sangramentos. Os hormônios dos comprimidos não têm efeito depois de iniciada uma gravidez ou quando tomados após o período indicado, no máximo de 3 dias.

**Atenção:** A contracepção de emergência só serve para proteger a relação anterior e não futuras, por isso é preciso usar um método de barreira (camisinha) em todas as relações.

Este método não deve substituir os anticoncepcionais regulares, portanto, NUNCA se deve fazer uso continuado mensal da contracepção de emergência, pois pode causar sérias alterações hormonais no organismo, desregular a menstruação e facilitar uma gravidez. Além disso, não previne DST e Aids.

**Importante:** Em locais onde não há a dosagem pronta à disposição no serviço público ou no comércio, pode ser utilizada na forma YUSPE, que consiste no uso de doses especiais de pílulas orais normais.

*Vantagens:*
- Pode ser utilizado após uma relação sexual em que houve risco. Funciona como uma segunda opção para falhas de outros métodos.

*Desvantagens:*
- Os comprimidos possuem alta concentração de hormônios e só devem ser utilizados em casos de emergência.

- Não podem ter uso contínuo, pois suas contra-indicações se tornam as mesmas para os outros anticoncepcionais.
- Os comprimidos podem causar efeitos colaterais como: náuseas, vômitos, tontura, desconforto nas mamas, sangramento uterino fora do ciclo e dor de cabeça.
- A menstruação pode adiantar ou atrasar alguns dias da data prevista.
- O uso repetitivo em um mesmo ciclo menstrual protege menos contra a gravidez do que os outros métodos contraceptivos.
- Medicamentos como barbitúricos e alguns antibióticos, podem reduzir a eficácia deste método.
- Não previne contra as DST/Aids.

## 3 - Pílula Anticoncepcional Vaginal (Pav)

Cada cartela contém 21 comprimidos com dois hormônios combinados. É indicada para mulheres que sentem muitas náuseas quando utilizam o anticoncepcional oral.

Deve ser introduzida na vagina, diariamente, sempre no mesmo horário. Deve-se iniciar no 5º dia do ciclo menstrual, contando o dia de início da menstruação como primeiro dia. Ao acabar a cartela, espera-se a menstruação (intervalo de 7 dias) e no 8º dia recomeçar uma nova cartela, mesmo que a menstruação não tenha terminado.

*Vantagens*
- É um método reversível: para engravidar, basta suspender seu uso.
- A eficácia é semelhante a dos anticoncepcionais orais.
- Possui menor índice de efeitos colaterais, como náuseas e vômitos, do que a pílula anticoncepcional oral.
- Oferece à mulher oportunidade para se conhecer.

*Desvantagens*
- Começa a agir 14 dias após o início do uso. Durante esses dias é necessário utilizar um método de barreira (camisinhas ou diafragma).

- Exige disciplina; é necessário introduzi-la diariamente no mesmo horário.
- Se esquecer de colocá-la por mais de 12 horas é necessário usar um método anticoncepcional de barreira até o fim da cartela (camisinhas ou diafragma).
- É contra-indicado para fumantes e mulheres acima de 35 anos.
- Não protege contra as DST/Aids.

### 4 - Injetável Hormonal

Este método químico, hormonal, evita a gravidez, impedindo a ovulação, alterando as características do muco cervical e a motilidade das tubas uterinas, o que dificulta a fecundação. É aplicado em forma de injeção por via intramuscular profunda (deve ser aplicado no glúteo). Como a dosagem de hormônios é alta, o efeito é mais prolongado no organismo.

*Existem 2 tipos:*

**Mensal** - é a combinação de dois hormônios (progesterona e estradiol). Deve ser aplicada uma vez por mês, entre o 7° e o 10° dia do ciclo, de preferência no 8° dia, observando-se a orientação médica.

**Trimestral** - possui apenas um tipo de hormônio (progesterona). A aplicação deve ser feita a cada três meses. A primeira dose deve ser aplicada entre o "5° e o 7° dia do ciclo. Causa amenorréia – suspensão da menstruação.

**Atenção:** Deve ser utilizado sempre com prescrição e acompanhamento médico e a sua aplicação com data mensal preestabelecida.

*Vantagens:*

- A eficácia está próxima à dos outros anticoncepcionais hormonais, 98,5%, quando usado sob orientação médica.
- Não interfere nas relações sexuais.

*Desvantagens:*

- Pode produzir alterações no ciclo menstrual e também causar efeitos colaterais não desejados como: náuseas, cefaléia, tontura, sangramentos em dias fora do período menstrual, irritabilidade, perda ou aumento de peso, dor nas mamas, cloasma (manchas escuras na face).
- A injeção trimestral pode ocasionar aumento do apetite e aumento de peso em maior intensidade do que a mensal.
- A ovulação pode demorar meses após a suspensão do uso.
- Não é recomendado no período de pós-parto e aleitamento, já que pode diminuir a quantidade de leite.
- Não previne contra as DST/Aids.

### *Métodos Naturais ou Comportamentais de Contracepção*

### *1 - Método Billings ou Muco Cervical do Período da Ovulação*

Se a mulher observar a sua própria umidade, na vagina, vai perceber que logo após a menstruação, fica "seca". Depois, percebe o início de uma umidade com saída de uma espécie de "catarro líquido" (muco cervical). No início do período fértil, este muco é espesso, claro e em pequena quantidade. Vai ficando mais líquido à medida em que se aproxima a ovulação.

A ovulação ocorre no 14º dia antes da próxima menstruação. Nesse período, o muco adquire o aspecto de clara de ovo cru, sendo transparente e elástico. Após aproximadamente 4 (quatro) dias, torna-se opaco, pegajoso e perde a elasticidade.

Nos dias úmidos com a presença do líquido do tipo 'clara de ovo' (muco), não manter relações sexuais, ou fazer uso de um método de barreira (camisinhas ou diafragma) pois, há risco de engravidar. Terminada esta fase a mulher retorna para o período infértil ou seco (ausência do muco), com menor risco de gravidez. A eficácia depende da disciplina da mulher nas observações de seu corpo e do casal nos dias de risco de gravidez.

*Vantagens:*

- Este método não tem efeitos colaterais.
- Favorece a participação do homem no planejamento familiar, fazendo com que ele acompanhe os ciclos de fertilidade e a menstruação da mulher.
- Permite um melhor conhecimento do corpo feminino e seus ciclos menstruais e de fertilidade, oferecendo oportunidade para a mulher tocar-se.

*Desvantagens:*

- Exige disciplina.
- No período úmido (fértil), o casal deve fazer uso de abstinência sexual ou usar outro método de barreira.
- Mulheres com ciclo menstrual irregular não devem utilizar este método.
- Mulheres que apresentam inflamações crônicas, com presença constante de corrimento, não têm como verificar de forma correta os dias em que ocorre a presença do líquido (muco).
- Não previne contra as DST/Aids.

### 2 - Método Ogino-Knaus, ou Tabelinha (Cálculo dos dias de Abstinência das Relações Sexuais de Acordo com o Ciclo Menstrual)

Este método necessita de controle constante das datas de menstruação, que devem ser anotadas em calendário todos os meses, por um período mínimo de 6 (seis) meses, para conhecer o ciclo menstrual. A mulher não pode estar fazendo uso de nenhum anticoncepcional hormonal. Este método é indicado para mulheres que têm o ciclo menstrual mais ou menos regular, de 26 a 32 dias.

Ao saber o número de dias do ciclo menstrual é preciso dividir o período em dias sem risco de gravidez e dias com risco de gravidez da seguinte forma: a partir do primeiro dia da menstruação contam-se 8 (oito) dias em que o casal poderá manter relações sexuais sem risco de gravidez. Após estes dias iniciam-se os próximos 10 (dez) dias em que o casal deverá evitar o contato sexual pois são dias férteis, com risco de gravidez. Os dias restantes do ciclo são dias inférteis, sem risco de gravidez.

A eficácia depende do casal e, especialmente da mulher, na observação dos dias com risco e sem risco e abster-se das relações nos dias com risco de gravidez ou utilizar-se de um método de barreira.

Alguns fatores externos podem alterar o ciclo menstrual como: viagens, depressão, fortes emoções, doenças, entre outros, dificultando a verificação dos dias férteis. Estes fatores podem reduzir a eficácia na prevenção da gravidez.

*Vantagens:*

- Este método favorece o autoconhecimento dos períodos de menstruação e fertilidade.
- Não apresenta efeitos colaterais.

*Desvantagens:*

- Este método exige disciplina da mulher no controle do ciclo menstrual e do casal que deve respeitar os dias de abstinência sexual.
- Não deve ser utilizado no período em que a mulher estiver amamentando, já que, geralmente, não há menstruação.
- Não previne contra as DST/Aids.
- Não é recomendado para adolescentes.

### 3 - Temperatura Basal (Alteração da Temperatura Corporal Durante a Ovulação)

Este método auxilia no reconhecimento do período fértil através da verificação da temperatura corporal. Durante o período fértil a temperatura do corpo feminino aumenta de 0,3 a 0,8 graus C.

Para saber a sua temperatura, a mulher deve medi-la com termômetro, de preferência na boca, vagina ou ânus, todos os dias logo ao acordar, antes de levantar-se, falar ou ingerir alimentos. Anotar, dia-a-dia, em um gráfico. Quando perceber alteração na temperatura, deve-se evitar as relações sexuais.

251

*Vantagens:*

- Este método favorece a observação do corpo.
- Este método é muito utilizado EM CASOS DE DESEJO DE EN-GRAVIDAR, sendo um método auxiliar no tratamento da infer-tilidade.

*Desvantagens:*

- A eficácia é relativamente baixa para a prevenção da gravidez.
- Exige muita disciplina. A temperatura precisa ser medida e ano-tada diariamente pela manhã, ao acordar.
- Algumas doenças que provocam febre podem confundir as ano-tações da temperatura.
- Este método limita o período sem risco de gravidez.
- Não previne contra as DST/Aids.

### 4 - Coito Interrompido

Este é o método em que o homem tira o pênis fora da vagina no momento do gozo, ou seja, antes de ejacular.

Exige aprendizagem no autocontrole da ejaculação, por isso não é indicado, sobretudo na adolescência.

Os homens consideram que esta é uma forma de participarem na prevenção da gravidez.

*Vantagens:*

- É uma forma em que o homem participa na prevenção da gravidez.

*Desvantagens:*

- É um método contra-indicado pelos médicos pois favorece a dor pélvica (algia pélvica).
- A eficácia deste método é baixa, oferece alto risco de gravidez, uma vez que há a possibilidade do homem eliminar um pouco de muco com espermatozóides antes do gozo.

- Exige retenção constante da ejaculação o que, para alguns homens, pode gerar tensão ou ansiedade. Além disso, seu uso prolongado pode favorecer a ejaculação precoce.
- A preocupação com o desempenho do parceiro pode levar à insatisfação da mulher.
- Não previne contra as DST/Aids.

## Métodos Definitivos de Contracepção (Esterilização)

A esterilização é uma cirurgia realizada na mulher ou no homem com a finalidade de evitar, definitivamente, a possibilidade da gravidez. É realizada sob o critério da lei, com a avaliação de uma equipe multidisciplinar e após o conhecimento dos outros métodos contraceptivos reversíveis.

A ovulação ou a produção de espermatozóides e esperma continuam a ocorrer normalmente, porém estes são reabsorvidos pelo organismo. Trata-se de uma opção que exige muita reflexão, pois na maioria dos casos, é irreversível.

### 1 - Laqueadura ou Ligadura das Tubas Uterinas (Trompas)

Trata-se de uma cirurgia feita nas tubas uterinas e que impede a passagem do óvulo por elas para o encontro com o espermatozóide no útero, evitando assim a gravidez.

**Atenção:** A decisão precisa ser da mulher compartilhada com seu companheiro, com avaliação da equipe.

Este método não é recomendado para mulheres jovens e para aquelas que ainda queiram ter filhos. Geralmente é indicada nos casos em que a mulher corre risco de vida se engravidar. Exemplo: mulheres com hipertensão arterial, cardiopatas, com problemas renais, diabetes grave e outros. Deve ser realizada, de preferência, fora do período do parto através da cirurgia Laparoscópica (Laparoscopia). Nela a incisão é periumbilical, a recuperação da cirurgia é mais rápida e oferece menor risco para a mulher.

A menstruação continua a ocorrer normalmente, após a cirurgia.

Após a cirurgia, procurar ajuda médica caso ocorram: febre, secreção vaginal mal cheirosa, falta de menstruação e alterações na cicatrização.

*Vantagens:*

- A mulher não precisa mais utilizar outros meios para evitar a gravidez.
- A possibilidade de falha é muito rara.

*Desvantagens:*

- Trata-se de uma cirurgia, portanto, com os mesmos riscos que qualquer outra, exigindo exames pré-operatórios, internação e anestesia. A cirurgia é definitiva e quase sempre de difícil reversão (religamento das trompas). A tentativa de tornar a engravidar depois da cirurgia favorece a gravidez nas trompas.
- Existe um índice de arrependimento muito alto em relação à cirurgia, embora quando as pessoas decidem pela esterilização, estejam certas de que é isso que desejam.
- Este método não protege contra as DST/Aids.

## 2 - Vasectomia

Trata-se de uma pequena cirurgia feita nos canais deferentes, com o objetivo de impedir que os espermatozóides produzidos nos testículos saiam com o líquido expelido durante a ejaculação. Os canais deferentes são tubos finos que levam os espermatozóides dos testículos, passando pelo epidídimo, próstata e vesículas seminais, onde recebem os líquidos que formam o sêmen, até a saída no pênis.

Através deste método o homem deixa de ser fértil devido a ausência de espermatozóides no sêmen. Eles continuam a ser produzidos, porém, são reabsorvidos pelo organismo. Para que não ocorra nenhum tipo de problema é necessário um repouso de 2 (dois) dias após a cirurgia. Além disso, o homem deve evitar carregar pesos e fazer esforços físicos durante uma semana.

O homem só pode ter certeza de não estar mais fértil após ter realizado o exame de espermograma – contagem de espermatozóides no sêmen – com resultado de ausência total de espermatozóides, já que após a cirurgia, ainda encontram-se espermatozóides que ficam armazenados nas vesículas seminais. Geralmente estes acabam em cerca de vinte ejaculações, aproximadamente 2 a 3 meses ou mais, em que a mulher deve utilizar outro método anticoncepcional. Portanto, somente o exame é que indica a segurança para evitar a gravidez.

Após a cirurgia procurar auxílio médico caso ocorram: episódios de febre, sangramentos, dor forte ou edema (inchaço).

*Vantagens:*
- Este método não altera o desempenho sexual.
- Favorece a participação do homem na contracepção.
- A cirurgia é simples, com anestesia local e pode ser realizada em consultório, não havendo necessidade de internação.

*Desvantagens:*
- Trata-se de uma opção que exige muita reflexão porque o efeito da cirurgia não é de fácil reversão.
- Este método não protege contra as DST, inclusive a Aids.

## 10.2.B - Organização da assistência pré-natal e do puerpério

Segundo o Ministério da Saúde (2000) o principal objetivo da assistência pré-natal é acolher a mulher desde o início de sua gravidez, período de mudanças físicas e emocionais , que cada gestante vivencia de forma distinta. Essas transformações podem gerar medos, dúvidas, angústias, fantasias ou simplesmente a curiosidade de saber o que acontece no interior de seu corpo.

Na construção da qualidade da atenção pré-natal está implícita a valorização desses aspectos, traduzida em ações concretas que permitam sua integração no conjunto das ações oferecidas.

Em geral, a consulta de pré-natal envolve procedimentos bastante simples, podendo o profissional de saúde dedicar-se a escutar as demandas da gestante, transmitindo nesse momento o apoio e a confiança necessários para que ela se fortaleça e possa conduzir com mais autonomia a gestação e o parto. A maioria das questões trazidas, embora pareça elementar para quem escuta, pode representar um problema sério para quem o apresenta. Assim, respostas diretas e seguras são significativas para o bem-estar da mulher e sua família.

Está demonstrado que a adesão das mulheres ao pré-natal está relacionada com a qualidade da assistência prestada pelo serviço e pelos profissionais de saúde, o que, em última análise, será essencial, para redução dos elevados índices de mortalidade materna e perinatal verificados no Brasil.

Informações sobre as diferentes vivências devem ser trocadas entre as mulheres e os profissionais de saúde. Essa possibilidade de intercâmbio de experiências e conhecimentos é considerada a melhor forma de promover a compreensão do processo de gestação.

As gestantes constituem o foco principal do processo de aprendizagem, porém não se pode deixar de atuar, também, entre os companheiros e familiares. A posição do homem-pai na sociedade está mudando tanto quanto os papéis tradicionalmente atribuídos às mulheres. É necessário que o setor saúde esteja aberto para as mudanças sociais e cumpra de maneira mais ampla o seu papel de educador e promotor da saúde.

Entre as diferentes formas de realização do trabalho educativo, destacam-se as discussões em grupo, as dramatizações e outras dinâmicas que facilitam a fala e a troca de experiências entre os componentes do grupo.

Essas atividades podem ocorrer dentro ou fora da unidade de saúde. O profissional de saúde, atuando como facilitador, deve evitar o estilo palestra, pouco produtiva, que ofusca questões subjacentes, na maioria das vezes, mais importantes para as pessoas presentes do que um roteiro preestabelecido.

A equipe deverá estar preparada para o trabalho educativo. A maioria das questões que emerge em grupos de pré-natal em geral, relaciona-se aos seguintes temas:

- importância do pré-natal;
- sexualidade;
- orientação higieno-dietética;

- desenvolvimento da gestação;
- modificações corporais e emocionais;
- sinais e sintomas do parto;
- importância do planejamento familiar;
- informação acerca dos benefícios legais a que a mãe tem direito;
- impacto e agravos das condições de trabalho sobre a gestação, parto e puerpério;
- importância da participação do pai durante a gestação;
- importância do vínculo pai-filho para o desenvolvimento saudável da criança;
- aleitamento materno;
- preparo psicológico para as mulheres que têm contra-indicação para o aleitamento materno (portadoras de HIV e cardiopatia grave).
- importância das consultas puerperais;
- cuidados com o recém-nascido;
- importância do acompanhamento do crescimento e desenvolvimento da criança, e das medidas preventivas (vacinação, higiene e saneamento do meio ambiente).

### Visitas Domiciliares

As visitas domiciliares deverão ser realizadas, preferencialmente, pelos agentes comunitários, na freqüência possível para cada localidade, porém, no mínimo, seis por gestação.

Ela deverá reforçar o vínculo estabelecido entre a gestante e a unidade básica de saúde e, apesar de estar voltada à gestante, deverá ter um caráter integral e abrangente sobre a família e o seu contexto social. Assim sendo, qualquer alteração ou identificação de fator de risco para a gestante ou para outro membro da família deve ser observada e discutida com a equipe na unidade de saúde.

No que tange especificamente ao acompanhamento da gestante, deve-se ter como objetivos:

- captar gestantes não-inscritas no pré-natal;
- reconduzir gestantes faltosas ao pré-natal, especialmente as de alto risco, uma vez que podem surgir complicações;

- acompanhar a evolução de alguns aspectos da gestação, segundo orientação da unidade de saúde, nos casos em que o deslocamento da gestante à unidade, em determinado período, seja considerado inconveniente ou desnecessário;
- completar o trabalho educativo com a gestante e seu grupo familiar;
- reavaliar, dar seguimento ou reorientar as pessoas visitadas sobre outras ações desenvolvidas pela unidade de saúde.

Deverá ser visto o cartão da gestante e discutido os aspectos ligados às consultas, à vacinação, aos sintomas que ela está apresentando, aos aspectos relacionais com os demais membros da família e outros.

Qualquer alteração deverá ser anotada e informada à enfermeira e ao médico da unidade, sendo avaliada em equipe a necessidade de mudança no esquema de consultas preestabelecido.

### Preparo para Parto e Nascimento Humanizados

A assistência ao pré-natal é o primeiro passo para parto e nascimento humanizados. O conceito de humanização da assistência ao parto pressupõe a relação de respeito que os profissionais de saúde estabelecem com as mulheres durante o processo de parturição e, compreende:

- parto como um processo natural e fisiológico que, normalmente, quando bem conduzido, não precisa de condutas intervencionistas;
- respeito aos sentimentos, emoções, necessidades e valores culturais;
- disposição dos profissionais para ajudar a mulher a diminuir a ansiedade e a insegurança, assim como o medo do parto, da solidão, da dor, do ambiente hospitalar, de o bebê nascer com problemas e outros temores;
- promoção e manutenção do bem-estar físico e emocional ao longo do processo da gestação, parto e nascimento;
- informação e orientação permanente à parturiente sobre a evolução do trabalho de parto, reconhecendo o papel principal da mulher nesse processo, até mesmo aceitando a sua recusa a condutas que lhe causem constrangimento ou dor;

- espaço e apoio para a presença de um(a) acompanhante que a parturiente deseje;
- direito da mulher na escolha do local de nascimento e co-responsabilidade dos profissionais para garantir o acesso e a qualidade dos cuidados de saúde.

A humanização do nascimento, por sua vez, compreende todos os esforços para evitar condutas intempestivas e agressivas para o bebê. A atenção ao recém-nascido deverá caracterizar-se pela segurança da atuação profissional e a suavidade no toque, principalmente durante a execução dos cuidados imediatos, tais como: a liberação das vias aéreas superiores, o controle da temperatura corporal e o clampeamento do cordão umbilical, no momento adequado.

A equipe responsável pela assistência ao recém-nascido deverá ser habilitada para promover:

- a aproximação, o mais precoce possível, entre a mãe e o bebê para fortalecer o vínculo afetivo e garantir o alojamento conjunto;
- o estímulo ao reflexo de sucção ao peito, necessário para o aleitamento materno e para estimular a contratibilidade uterina;
- a garantia de acesso aos cuidados especializados necessários para a atenção ao recém-nascido em risco.

A promoção desses aspectos inclui o respeito às condições físicas e psicológicas da mulher frente ao nascimento.

### Condições Básicas para Organização da Assistência Pré-natal

No contexto da assistência integral à saúde da mulher, a assistência pré-natal deve ser organizada para atender às reais necessidades da população de gestantes, mediante utilização dos conhecimentos técnico-científicos existentes e dos meios e recursos disponíveis mais adequados para cada caso.

As ações de saúde devem estar voltadas para a cobertura de toda a população-alvo da área de abrangência da unidade de saúde, assegurando continuidade no atendimento, acompanhamento e avaliação dessas ações sobre a saúde materna e perinatal.

Como condições para uma assistência pré-natal efetiva, deve-se garantir:

I. discussão permanente com a população da área, em especial com as mulheres, sobre a importância da assistência pré-natal na unidade de saúde e nas diversas ações comunitárias;

II. identificação precoce de todas as gestantes na comunidade e o pronto início do acompanhamento pré-natal para que tal se dê ainda no 1º trimestre da gravidez, visando às intervenções oportunas em todo o período gestacional sejam elas preventivas ou terapêuticas. Deve-se garantir a possibilidade de as mulheres realizarem o teste de gravidez na unidade de saúde sempre que necessário. O início precoce da assistência pré-natal e sua continuidade requerem preocupação permanente com o vínculo entre os profissionais e a gestante, assim como com a qualidade técnica da atenção;

III. acompanhamento periódico e contínuo de todas as mulheres grávidas, visando assegurar o seguimento da gestante durante toda a gestação, em intervalos preestabelecidos, acompanhando-a tanto na unidade de saúde como em seu domicílio, e por meio de reuniões comunitárias;

IV. sistema eficiente de referência e contra-referência, objetivando garantir a continuidade da assistência pré-natal em todos os níveis de complexidade do sistema de saúde, para toda a clientela, conforme a exigência de cada caso. Toda gestante encaminhada para um nível de atenção mais complexo deverá levar consigo o cartão da gestante, bem como informações sobre o motivo do encaminhamento e dos dados clínicos de interesse. Da mesma forma, deve-se assegurar o retorno da gestante à unidade básica de origem, com todas as informações necessárias para o seguimento do pré-natal.


Para que tais práticas sejam desenvolvidas, faz-se necessário:

a) recursos humanos que possam acompanhar a gestante segundo os princípios técnicos e filosóficos da assistência integral à saúde da mulher, no seu contexto familiar e social;

b) área física adequada para atendimento à gestante e familiares, no centro de saúde; com condições adequadas de higiene e ventilação. A privacidade é um fator essencial nas consultas e exames clínicos ou ginecológicos.

**c)** equipamento e instrumental mínimos, devendo ser garantida a existência de:

– mesa e cadeiras (para entrevista);

– mesa de exame ginecológico;

– escada de dois degraus;

– foco de luz;

– balança para adultos (peso/altura);

– esfigmomanômetro (aparelho de pressão);

– estetoscópio clínico;

– estetoscópio de Pinard;

– fita métrica flexível e inelástica;

– espéculos;

– pinças de Cherron;

– material para coleta de exame colpocitológico;

– Sonar Doppler (se possível);

– Gestograma ou disco obstétrico.

**d)** apoio laboratorial para a unidade básica de saúde, garantindo a realização dos seguintes exames de rotina:

– dosagem de hemoglobina (Hb);

– grupo sangüíneo e fator Rh;

– teste de Coombs indireto;

– sorologia para sífilis (VDRL);

– glicemia em jejum;

– teste de tolerância com sobrecarga oral de 75g de glicose anidra;

– exame sumário de urina (Tipo I);

– urocultura com antibiograma;

– exame parasitológico de fezes;

– colpocitologia oncótica;

– bacterioscopia do conteúdo vaginal;

– teste anti-HIV.

**e)** instrumentos de registro e processamento e análise dos dados disponíveis, visando permitir o acompanhamento sistematizado da evolução da gravidez, do parto e do puerpério, por meio da coleta e da análise dos dados obtidos em cada encontro, seja na unidade ou no domicílio. O fluxo de informações entre os serviços de saúde, no sistema de referência e contra-referência, deve ser garantido. Para tanto, devem ser utilizados:

– *cartão da gestante* - instrumento de registro. Deve conter os principais dados de acompanhamento da gestação, os quais são importantes para a referência e contra-referência. Deverá ficar, sempre, com a gestante;

– *ficha perinatal* - instrumento de coleta de dados para uso dos profissionais da unidade. Deve conter os principais dados de acompanhamento da gestação, do parto, do recém-nascido e do puerpério;

– *mapa de registro diário* - instrumento de avaliação das ações de assistência pré-natal. Deve conter as informações mínimas necessárias de cada consulta prestada.

**f)** medicamentos essenciais: antiácidos, sulfato ferroso, ácido fólico, supositório de glicerina, analgésicos, antibióticos, tratamento de corrimentos vaginais.

**g)** avaliação permanente da assistência pré-natal com vistas à identificação dos problemas de saúde da população-alvo, bem como o desempenho do serviço. Deve subsidiar, também, quando necessário, a mudança de estratégia com a finalidade de melhorar a qualidade da assistência. A avaliação será feita segundo os indicadores construídos a partir dos dados registrados na ficha perinatal no cartão da gestante, nos mapas de registro diário da unidade de saúde, nas informações obtidas no processo de referência e contra-referência e no sistema de estatística de saúde do Estado.

A avaliação deve utilizar, no mínimo, os seguintes indicadores:

- distribuição das gestantes por trimestre de início do pré-natal;
- porcentagem de mulheres que realizaram pré-natal em relação à população-alvo (número de gestantes na área ou previsto);
- porcentagem de abandono do pré-natal em relação ao total de mulheres inscritas;
- porcentagem de óbitos de mulheres, por causas associadas à gestação, parto ou puerpério, em relação ao total de gestantes atendidas;
- porcentagem de óbitos por causas perinatais, em relação ao total de recém-nascidos vivos;
- porcentagem de crianças com tétano neonatal, em relação ao total de recém-nascidos vivos;

- porcentagem de recém-nascidos vivos de baixo peso (menor de 2.500 g), em relação ao total de recém-nascidos vivos;
- porcentagem de VDRL positivos em gestantes e recém-nascidos, em relação ao total de exames realizados;
- porcentagem de mulheres atendidas nos locais para onde foram referenciadas em relação ao total de mulheres que retornaram à unidade de origem após encaminhamento.

## *Calendário de Consultas*

As consultas de pré-natal poderão ser feitas na unidade de saúde ou durante visitas domiciliares. O calendário de atendimento pré-natal deve ser programado em função:
- da idade gestacional na primeira consulta;
- dos períodos mais adequados para a coleta de dados necessários ao bom seguimento da gestação;
- dos períodos nos quais se necessita intensificar a vigilância, pela possibilidade maior de incidência de complicações;
- dos recursos disponíveis nos serviços de saúde e da possibilidade de acesso da clientela aos mesmos.

O intervalo entre as consultas deve ser de quatro semanas. Após a $36°$ semana, a gestante deverá ser acompanhada a cada 15 dias, visando à avaliação da pressão arterial, da presença de edemas, da altura uterina, dos movimentos do feto e dos batimentos cardiofetais.

Frente a qualquer alteração, ou se o parto não ocorrer até sete dias após a data provável, a gestante deverá ter consulta médica assegurada, ou ser referida para serviço de maior complexidade.

## *Ações Complementares*

- referência para atendimento odontológico;
- referência para vacinação antitetânica, quando a gestante não estiver imunizada;

- referência para serviços especializados na mesma unidade ou unidade de maior complexidade, quando indicado;
- agendamento de consultas subseqüentes.

### Fatores de Risco Reprodutivo

A gravidez não é doença, mas acontece num corpo de mulher inserida em um contexto social em que a maternidade é vista como uma obrigação feminina. Além de fatores econômicos, a condição de subalternidade das mulheres interfere no processo de saúde e doença e configura um padrão de adoecimento e morte específicos.

Para implementar as atividades de normatização do controle pré-natal dirigido às gestantes, é necessário dispor de um instrumento que permita identificá-las no contexto amplo de suas vidas e mapear os riscos a que cada uma delas está exposta. Isso permitirá a orientação e encaminhamentos adequados em cada momento da gravidez.

A avaliação de risco não é tarefa fácil. O conceito de risco está associado a probabilidades, e o encadeamento entre um fator de risco e um dano nem sempre está explicado ou é conhecido.

Os primeiros sistemas de avaliação do risco foram elaborados com base na observação e experiência dos seus autores, e só recentemente têm sido submetidos a avaliações, persistindo ainda dúvidas sobre sua qualidade como discriminador.

Os sistemas que utilizam pontos ou notas sofrem ainda da falta de exatidão do valor atribuído a cada fator e a sua associação entre eles, assim como a constatação de grandes variações de acordo com sua aplicação a indivíduos ou populações.

Assim, a realidade epidemiológica local deverá ser levada em consideração para dar maior ou menor relevância aos fatores mencionados no quadro sobre fatores de risco na gravidez.

## Níveis de Execução da Assistência Pré-natal

*Agente comunitário de saúde*

- Realiza visitas domiciliares, identificando gestantes e desenvolvendo atividade de educação da gestante e de seus familiares, orientando sobre os cuidados básicos de saúde e nutrição, cuidados de higiene e sanitários.
- Deve encaminhar a gestante ao serviço de saúde ou avisar ao enfermeiro ou ao médico de sua equipe, caso apresente: febre, calafrio, corrimento com mau cheiro, perda de sangue, palidez, contrações uterinas freqüentes, ausência de movimentos fetais, mamas endurecidas, vermelhas e quentes, e dor ao urinar.
- Orienta sobre a periodicidade das consultas, identifica situações de risco e encaminha para diagnóstico e tratamento.
- Realiza a captação precoce de gestante para a primeira consulta e para consultas subseqüentes.
- Realiza visitas no período puerperal, acompanha o processo de aleitamento, orienta a mulher e seu companheiro sobre planejamento familiar.

*Auxiliar de enfermagem*

- Orienta as mulheres e suas famílias sobre a importância do pré-natal e da amamentação.
- Verifica o peso e a pressão arterial e anota os dados no Cartão da gestante.
- Fornece medicação, mediante receita médica ou medicamentos padronizados para o programa.
- Aplica vacina antitetânica.
- Participa das atividades educativas.

*Enfermeiro (a)*

- Orienta as mulheres e suas famílias sobre a importância do pré-natal amamentação, vacinação, preparo para o parto, etc..
- Realiza consulta de pré-natal de gestação de baixo risco.
- Solicita exames de rotina e orienta tratamento conforme protocolo do serviço;
- Encaminha gestantes identificadas como de risco para o médico.
- Realiza atividades com grupos de gestantes, grupos de sala de espera, etc..
- Fornece o cartão da gestante devidamente atualizado a cada consulta.
- Realiza coleta de exame citopatológico.

*Médico (a)*

- Realiza consulta de pré-natal intercalando com o do (a) enfermeiro (a).
- Solicita exames e orienta tratamento conforme as Normas Técnicas e Operacionais.
- Orienta gestantes quanto aos fatores de risco.
- Identifica as gestantes de risco e as encaminha para a unidade de referência.
- Realiza coleta de exame citopatológico.
- Fornece o cartão da gestante devidamente atualizado a cada consulta.
- Participa de grupos de gestantes e realiza visita domiciliar quando for o caso.
- Atende as intercorrências e encaminha as gestantes para a unidade de referência quando necessário.

## 10.2.C – Controle do câncer cérvico-uterino e de mama

Segundo o Ministério da Saúde (1998) a diretriz norteadora do setor saúde é o reconhecimento de que a assistência à saúde é direito inalienável de todo cidadão brasileiro, sendo dever do Estado assegurá-lo.

O grande objetivo setorial é a organização de um sistema nacional de saúde unificado, cuja consecução efetivar-se-á através de um complexo processo histórico, durante o qual cada ação do Ministério da Saúde deve constituir um passo a mais nessa direção.

Maximizar o alcance da assistência à saúde no Brasil significa tanto estender a cobertura dos serviços de saúde a frações da população ainda não beneficiadas, quanto aperfeiçoar seu poder de resolução diante dos problemas de saúde mais prevalentes.

Uma das estratégias adotadas por este Ministério, visando incrementar a resolubilidade dos serviços de saúde, é a de identificar e dar prioridade a ações básicas que possuam comprovada eficácia e que envolvam reduzida complexidade tecnológica no controle dos mais relevantes problemas de saúde.

Essas medidas, no caso específico da assistência à mulher, recebem a denominação de "Ações Básicas na Assistência Integral à Saúde da Mulher", e devem constituir-se no elemento central da assistência à mulher, a ser prestada em toda a rede de serviços de saúde.

A normalização dessas ações é, sem dúvida, uma atividade estratégica dentro do processo de organização de um sistema nacional de saúde, haja vista possibilitar que distintas instituições governamentais, mesmo ligadas a diferentes órgãos, trabalhem sob orientação única. A normalização das ações de saúde, necessárias ao controle dos agravos de maior prevalência, permite que os serviços de saúde orientem suas atividades de forma a obter um significativo impacto sobre a ocorrência desses agravos, ao invés de responder passivamente a demanda espontânea e desordenada.

Embora exista tecnologia simples e de baixo custo para a prevenção e diagnóstico de estágios precoces do câncer cérvico-uterino, capaz de ser incorporada a todos os serviços de saúde, esta atividade, atualmente atinge apenas uma pequena parcela da população feminina. Esta realidade está refletida nas altas taxas de mortalidade por neoplasias malignas nas mulheres, onde aparecem, com maior destaque, o câncer de mama e de colo de útero, apresentando este último maior incidência nas regiões Norte, Nordeste e Centro-Oeste.

As neoplasias malignas constituem importante problema de saúde pública, principalmente em decorrência do aumento do número médio de anos de vida do brasileiro, de sua maior exposição a fatores de riscos ambientais e de modificação nos hábitos de vida. Dentre as neoplasias malignas, o câncer cérvico-uterino e de mama constituem as principais causas de óbito na população feminina de 15 anos e mais.

A distribuição dos óbitos por essas duas neoplasias apresenta diferenças regionais, relacionadas ao grau de desenvolvimento de cada região do país.

---

*Prevenção do Câncer de Colo de Útero e de Mama:*

- Rastreamento de câncer de colo de útero e de mama.
- Coleta de material para exame de citopatologia.
- Realização ou referência para exame citopatológico.
- Alimentação do sistema de informação.

---

### 10.2.C.1 – Câncer cérvico-uterino

O câncer cérvico-uterino é uma enfermidade progressiva, iniciada com transformações neoplásicas intra-epiteliais que podem evoluir para um processo invasor, num período que varia de 10 a 20 anos. Histologicamente, as lesões cervicais pré-invasoras se desenvolvem através de alterações displásicas (leves, moderadas, acentuadas), as quais levam ao carcinoma *in situ* e, finalmente, ao carcinoma invasor.

O principal objetivo das ações de controle do câncer cérvico-uterino é o de prevenir o carcinoma invasor, através da detecção, diagnóstico e tratamento das lesões cervicais pré-invasoras. O câncer cérvico-uterino está estritamente relacionado com:

- níveis sócio-econômicos baixos;
- início de atividade sexual em idade precoce;
- multiplicidade de parceiros (ambos os sexos);

- história de doenças sexualmente transmissíveis, principalmente as decorrentes de infecções por papilomavírus (HPV) e vírus do herpes tipo 2 (HSV-2).

São considerados, ainda, como fatores de relativa significação na epidemiologia do câncer cérvico-uterino, o hábito de fumar e carências nutricionais, como a hipovitaminose A.

Todas essas variáveis caracterizam o grupo de maior risco para o câncer cérvico-uterino e devem ser consideradas na determinação da população-alvo. Ao lado dessas variáveis, é importante considerar, ainda, a incidência da doença por grupo etário e as peculiaridades regionais que podem determinar um comportamento epidemiológico diferenciado.

As ações de controle do câncer cérvico-uterino envolvem atividades preventivas e ou curativas, a seguir discriminadas:

- consulta clínica ginecológica;
- citologia de esfregaço cérvico-vaginal;
- colposcopia;
- teste de Schiller;
- histopatologia;
- tratamento dos processos inflamatórios e displásicos;
- encaminhamento para clínica especializada, dos casos indicados para complementação diagnóstica e ou tratamento;
- controle dos casos negativos;
- seguimento dos casos tratados.

*Citologia do esfregaço cérvico-vaginal*

**Coleta do esfregaço cérvico-vaginal para citologia**

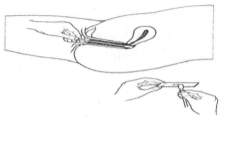

Recomenda-se a coleta tríplice:
1. Fundo de saco vaginal posterior
2. Ectocérvice
3. Endocérvice

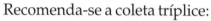

Classificação descritiva:
- Negativo para células malignas
- Atipias inflamatórias
- Displasia leve - NIC I
- Displasia moderada - NIC II
- Displasia acentuada - NIC III
- Carcinoma *in situ* - NIC III

NIC — Neoplasia intra-epitelial Cervical
Não é câncer e sim uma lesão precursora, dependendo de sua gravidade pode evoluir para câncer

FONTE: Ministério da Saúde.

A citologia é o estudo das células descamadas, esfoliadas, no conteúdo cérvico-vaginal e visa identificar as alterações celulares que precedem o processo neoplásico.

*a) Técnica de coleta e preparo dos esfregaços*

Recomenda-se a coleta tríplice: fundo de saco vaginal posterior, ectocérvice e endocérvice, em uma única lâmina, previamente limpa e identificada por meio de lápis-diamante, marcador de azulejo ou lápis-grafite, no caso de a extremidade da lâmina ser fosca.

• *Etapas da coleta:*

### Local: fundo de saco vaginal posterior

Retirar o material do fundo do saco posterior, com a extremidade arredondada da espátula de madeira, **tipo Ayre** ou similar, colocando-o, em seguida, na parte central da lâmina.

### Local: ectocérvice (junção escamo colunar - JEC)

Com a outra extremidade da espátula, que apresenta uma re-entrância, fazer um raspado da ectocérvice, periorificial, realizando um movimento rotativo. Esse movimento deve ser firme, semelhante ao realizado numa biópsia de superfície, para destacar as células da mucosa. Em seguida, colocar o material retirado sobre a amostra do fundo de saco.

### Local: endocérvice (canal cervical)

Introduzir, no canal cervical, uma escovinha de coleta, e colher o material com um leve movimento rotativo. Colocar o material sobre as duas amostras colhidas anteriormente e distender todo o material sobre a lâmina, de uma maneira delicada, a fim de que o esfregaço se apresente uniformemente distribuído e fino.

Outra opção para o preparo dos esfregaços consiste em colocar as amostras colhidas do fundo de saco vaginal posterior, ectocérvice e endocérvice na extremidade distal, no centro e na extremidade proximal da lâmina, respectivamente.

**Atenção:** em mulheres grávidas, a colheita deverá ser dupla: fundo de saco vaginal posterior e ectocérvice (independentemente da idade gestacional).

*Fixação do esfregaço*

A fixação do esfregaço visa conservar o material colhido, mantendo as características das células. Deve ser procedida imediatamente após a coleta.

SOLUÇÃO FIXADORA: Álcool a 95%, lâmina com material submerso no álcool a 95%, em vidros de boca larga.

Polietileno glicol: pingar 3 ou 4 gotas da solução fixadora sobre o material. Deixar secar ao ar livre, até a formação de uma película leitosa e opaca na sua superfície.

Propinil glicol: borrifar a lâmina com o "spray" fixador, a uma distância de 20 cm. (Citospray)

Após a fixação, as lâminas deverão ser adequadamente acondicionadas e enviadas ao laboratório de citologia.

Visando garantir uma boa qualidade dos esfregaços, é necessário informar às clientes que, por ocasião da colheita do material:

- não devem estar menstruadas;
- não devem usar duchas ou medicamentos vaginais, nas 48 ou 72 horas precedentes ao dia da colheita;
- não devem ter contato sexual, nas 24 horas anteriores à colheita.

A não observação dessas recomendações pode falsear os resultados da citologia.

No momento da consulta, as clientes devem receber todas as informações pertinentes ao tipo do exame que está sendo realizado e a importância de seu retorno à unidade de saúde para receber o resultado do exame, e tratamento, quando necessário.

*Resultado da citologia*

Os resultados citopatológicos são emitidos em relatórios, segundo uma nomenclatura que permite estabelecer parâmetros de comparabilidade em nível nacional.

Recomenda-se a utilização da seguinte nomenclatura:

Negativo para células malignas

Atipias inflamatórias

Displasia leve

Displasia moderada

Displasia acentuada

Carcinoma *in situ*

Carcinoma invasor

Adenocarcinoma

A técnica de Papanicolau permite, também, identificar a microflora vaginal nos esfregaços. A simples presença de um microrganismo não implica processo inflamatório, sendo necessário, para tal, que a estrutura celular apresente reações que caracterizem a inflamação.

### Colposcopia

A colposcopia é uma técnica que permite localizar, no colo do útero, as lesões pré-malignas e o carcinoma invasivo inicial, em mulheres com citologia anormal. Não deve ser utilizada isoladamente como método de detecção de um processo neoplásico.

A colposcopia tem, portanto, indicações precisas, quais sejam:

- diagnóstico diferencial de lesões benignas e malignas;
- orientação do local correto para biópsia;
- seguimento das pacientes portadoras de lesões atípicas.

As imagens colposcópicas são agrupadas de acordo com os seguintes aspectos:

*a) aspectos fisiológicos:* são consideradas as variações fisiológicas da mucosa de revestimento do colo do útero – a mucosa ideal da ectocérvice ("original", segundo Hinselmann), a ectopia da mucosa endocervical, a zona de transformação normal e as modificações características da gravidez;

*b) aspectos colposcópicos relacionados com processos malignos:* compreende os aspectos peculiares do epitélio atípico do colo do útero (leucoplasia, mosaico, vascularização atípica, pontilhado, epitélio branco);

*c) aspectos patológicos sem relação com malignidade:* são aspectos característicos dos processos inflamatórios – pontilhado vermelho em focos ou generalizado (colpite e cervicite).

*Teste de Schiller*

- Permite diferenciar as alterações da mucosa cérvico-vaginal, dada a propriedade das células de se impregnarem com uma solução de Lugol, em virtude da presença de glicogênio nestas.
- Schiller NEGATIVO - Iodo positivo.
- Schiller POSITIVO - Iodo negativo.

O teste de Schiller permite diferenciar as alterações da mucosa cérvico-vaginal, dada a propriedade das células de se impregnarem com uma solução de Lugol, em virtude da presença de glicogênio nestas. Esse teste deve ser realizado na fase final do exame colposcópico. A interpretação do teste de Schiller é feita com base no grau de fixação do iodo pelas células, como descrito a seguir:

Presença de pontos brancos (absorção do iodo)
SCHILLER POSITIVO

Não absorção do iodo
SCHILLER NEGATIVO

O teste de Schiller não deve ser utilizado isoladamente como método de detecção de um processo neoplásico.

*Histopatologia*

O diagnóstico de certeza de uma neoplasia maligna é dado a partir do resultado do exame histopatológico de uma amostra de tecido obtido através de biópsia.

Assim, toda paciente com diagnóstico de displasia moderada, acentuada, carcinoma *in situ* e invasivo deve ser submetida a uma biópsia do colo uterino, a fim de ter a confirmação desse diagnóstico.

*Resultado da histopatologia*

Os resultados histopatológicos devem ser expressos segundo uma nomenclatura que permita a correlação cito-histológica.

*Controle, seguimento e tratamento*

Os diversos procedimentos para o controle, seguimento e tratamento de pacientes, deverão ser realizados de acordo com o grau de complexidade de cada unidade de saúde.

As pacientes com resultados citopatológicos de displasia moderada, acentuada, carcinoma *in situ* e invasivo devem ser submetidas a procedimentos adicionais de diagnóstico e terapêutica, o mais rapidamente possível.

**Nota:** Sugere-se, para aquelas clientes que fazem o exame preventivo regularmente (todos os anos), com duas ou mais citologias negativas, que a periodicidade do controle seja espaçada, por exemplo, a cada 2 anos.

### 10.2.C.2 – *Câncer de mama*

O diagnóstico e o tratamento no estágio de pré-invasão do câncer de mama pode ter influência significativa na diminuição da respectiva mortalidade. Após esse estágio, a eficácia do tratamento local é reduzida (Ministério da Saúde, 1998).

O estágio pré-invasor do câncer de mama é longo, podendo durar meses ou mesmo anos. Daí, a importância da intensificação das ações de detecção, mais freqüentemente naquelas mulheres consideradas como de maior risco.

O câncer de mama está relacionado a fatores que, atuando isolada ou simultaneamente, definem o grupo de risco para esse tipo de câncer:

- história familiar de câncer mamário;
- primeira gestação tardia;
- nuliparidade;
- disfunções hormonais;
- história de patologia mamária benigna (displasias mamárias).

São ainda considerados como fatores de relativa significação na epidemiologia do câncer de mama: obesidade, menarca precoce, menopausa tardia, não lactação, ingesta rica em gordura e exposição às irradiações.

As ações de controle do câncer de mama têm como principal objetivo a detecção precoce de alterações que podem sugerir ou constituir uma neoplasia.

É importante lembrar que, quanto mais precocemente for diagnosticado o câncer de mama, melhor será o prognóstico e mais longa a sobrevida da paciente.

Compõem as ações de controle do câncer de mama:
- exame clínico das mamas;
- auto-exame;
- exames complementares.

*Prevenção do Câncer de Mamas*

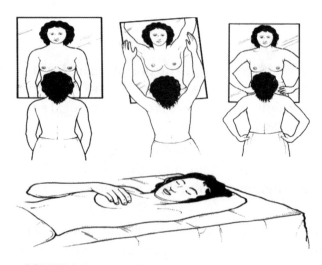

FONTE: Ministério da Saúde

*Exame clínico das mamas*

O exame clínico das mamas deve ser uma rotina no exame ginecológico e tem como objetivo a detecção de neoplasia maligna ou qualquer outra patologia incidente.

O exame das mamas requer momentos propedêuticos obrigatórios, mesmo que à simples inspeção aparentem ser normais.

Momentos propedêuticos:

**a) Inspeção**

A inspeção deve ser feita com a paciente em pé ou sentada, a qual deve ser observada com os braços ao longo do tronco, com os braços levantados, e com as mãos nos quadris.

*Atentar para:*
– forma, volume, simetria e retrações;
– coloração e alterações da pele;
– aréola, mamilo e papila.

**b) Palpação**

A palpação deve estender-se desde a linha médio-esternal até a clavícula e, lateralmente, até o início da região dorsal. Deve ser realizada em dois momentos:

1) paciente deitada – ombro sobreelevado, palpar a mama em toda sua extensão, deslizando os dedos sobre a pele, a fim de sentir o parênquima mamário.
   • Atentar para presença de nódulos.
2) paciente sentada - palpar profundamente as cadeias linfáticas, com atenção especial para as fossas supraclaviculares e região axilar.
   • Atentar para presença de linfonodos.

**c) Expressão**

Esta é uma etapa subseqüente a palpação e permite detectar a presença de secreção.

A presença de secreção papilar pode estar associada a processo inflamatório, lesão benigna ou maligna.

Atentar para presença e característica da secreção – se purulenta e ou sanguinolenta, colher material para exame citopatológico.

**O exame clínico das mamas deve ser realizado com a seguinte periodicidade:**

mulheres com risco – semestralmente;

mulheres sem risco – anualmente;

mulheres que detectaram anormalidade no auto-exame – imediatamente.

*Auto-exame das mamas*

É um procedimento que permite à mulher participar do controle de sua saúde, uma vez que a realização rotineira desse procedimento permite identificar, precocemente, alterações nas mamas.

A técnica para a realização do auto-exame deve ser ensinada pelos profissionais de saúde, durante a consulta ginecológica ou em reuniões educativas.

*Etapas do auto-exame*

**a) Inspeção estática em frente ao espelho**

A mulher deve estar em pé, desnuda, braços estendidos ao longo do tronco. Deve observar as mamas e estabelecer comparações de uma para outra, em relação ao tamanho, posição, cor da pele, retrações ou qualquer outra alteração.

Em seguida, a mulher deve levantar os braços sobre a cabeça e fazer as mesmas comparações, observando, ainda, se existe projeção de massa tumoral.

Finalmente, a mulher deve colocar as mãos nos quadris, pressionando-os, para que fique salientado o contorno das mamas. Esse procedimento evidencia retrações, que podem sugerir a presença de processo neoplásico.

### b) Palpação

Para realizar a palpação, a mulher deve estar deitada com o ombro sobreelevado. Assim, para examinar a mama direita, deve colocar sob o ombro direito um travesseiro ou toalha dobrada e, com a mão esquerda, realizar a palpação da mama e da região axilar.

Após a palpação, a mulher deve pressionar os mamilos, procurando verificar a presença de secreção. Procedimento similar deve ser realizado na mama esquerda, após colocar sob o ombro esquerdo um travesseiro ou toalha dobrada.

*Periodicidade do auto-exame*

O auto-exame deve ser realizado mensalmente, após a menstruação, período em que as mamas não apresentam edema.

Para mulheres que não menstruam, recomenda-se fazer o auto-exame na primeira semana de cada mês.

As mulheres devem estar alertas para as seguinte observações:

- as mamas nem sempre são rigorosamente iguais;
- o auto-exame não substitui o exame ginecológico de rotina;
- a presença de um nódulo mamário não é obrigatoriamente indicadora de neoplasia maligna;
- em grande percentual dos casos é a própria mulher que identifica a sua patologia mamária.

*Citopatologia de mama*

A citopatologia é um procedimento de grande importância no diagnóstico das patologias mamárias.

O material para os esfregaços citológicos é obtido através de descarga papilar, espontânea ou provocada, ou através de punção. Quando a citologia é positiva para células malignas, significa que existe um câncer em estado avançado.

*Mamografia*

A mamografia é um procedimento diagnóstico que permite identificar alterações ou sinais de malignidade nas mamas, quando ainda não perceptíveis no exame clínico.

O diagnóstico é feito a partir das características das imagens radiológicas. A lesão benigna é homogênea, de bordas lisas e não apresenta mudanças secundárias nas mamas. A lesão maligna apresenta-se como uma massa irregular e causa alterações secundárias nas mamas e na pele (aumento de vascularização, calcificações etc.).

A mamografia não substitui o exame clínico, mas serve-lhe de complemento.

*Termografia*

A termografia é um procedimento diagnóstico que se caracteriza, principalmente, por permitir visualizar alterações da forma e curso dos vasos e fluxos sanguíneos.

É um método importante para o diagnóstico precoce do câncer de mama, e deve ser utilizado como complemento do exame clínico.

### 10.2.D - Assistência no climatério

Segundo o Ministério da Saúde (2000) o climatério é um período da vida feminina caracterizado pelo esgotamento dos folículos ovarianos, e tendo como resultado a queda dos níveis de estrogênio e progesterona. Resulta disto alterações sobre a pele, as mucosas, o esqueleto, o metabolismo lipoprotéico e a função emocional.

A menopausa é um episódio dentro do climatério e representa a última menstruação da vida da mulher.

O Climatério inicia-se ao redor dos 40 anos e se estende até os 65 anos de idade.

No Brasil a menopausa ocorre por volta dos 48 aos 50 anos de idade, considerando-se precoce quando antes dos 40 anos e tardia após os 55 anos.

O aumento da expectativa de vida, traz um incremento do número de mulheres climatéricas que necessitam de atenção da equipe de saúde e é por isso que os profissionais que atuam na ESF devem estar preparados para atender a demanda crescente de mulheres climatéricas.

---

*Climatério*

- Informação quanto ao climatério.
- Consulta médica, odontológica e de enfermagem.
- Realização ou referência para exames.
- Acesso a medicação gratuita.
- Acompanhamento das intercorrências na UBSF.
- Encaminhamento à assistência secundária quando necessário.

---

Os eventos que desencadeiam os distúrbios climatéricos estão associados à queda progressiva dos níveis de estrogênio, conseqüente à falência ovariana (atividade folicular), com manifestações centrais mediadas principalmente pelos opióides endógenos e repercussões periféricas, de extensão e variedade individualizadas.

A perturbação hipotalâmica, que resulta da perda da pulsatilidade do GnRH e das gonadotrofinas, responsabiliza-se pelo componente neurovegetativo dos sintomas, tais como irritabilidade, insônia, fogachos e sudorese. A carência estrogênica nos órgãos estrogênio-dependentes pode resultar em perda da lubrificação vaginal, ressecamento da pele e queda de cabelos. Nas situações mais graves de duração mais prolongada, podem ocorrer alterações do metabolismo das lipoproteínas, com aumento do risco de doença cardiovascular e aceleração da perda de cálcio dos ossos, resultando em quadros mais ou menos graves de osteopenia e osteoporose.

No período climatérico as modificações na função hormonal ovariana, conduzem à produção cada vez menor de estrogênios, embora com manutenção de certo equilíbrio hormonal decorrente da maior produção de androgênios e sua conversão periférica, que conduzem a modificações do metabolismo ósseo mineral.

O climatério traz, pelas modificações hormonais e metabólicas, alterações que são características desta fase da vida, que podem ser classificadas como precoces, de médio prazo e tardias.

Em conseqüência, o quadro pode ser acompanhado de:

*Alterações Precoces:*

- Doenças cardiovasculares;
- Osteoporose.

Os distúrbios neuro-endócrinos constituem-se nos sintomas mais freqüentes, que podem cursar sem limites precisos, com a crise de identidade, caracterizada pela perda de auto-estima, insegurança e medo de rejeição.

Nesta fase, as queixas mais freqüentes são:
- Ondas de calor, sudorese, calafrios.
- Cefaléia, tonturas, parestesia e palpitações.
- Depressão, insônia, fadiga e perda de memória.
- Alterações menstruais.

*Alterações de Médio Prazo:*

Nesta fase a sintomatologia é acrescida de queixas físicas e objetivas, que se caracterizam por fenômenos atróficos produzidos pela deficiência de ação hormonal, sendo as mais freqüentes:
- Secura vaginal, dispareunia.
- Síndrome uretral.
- Pele seca e pouco elástica.
- Fragilidade e queda dos cabelos.

*Alterações Tardias:*

São resultantes da longa privação do efeito dos esteróides sexuais.

Sistematização da consulta e acompanhamento da mulher climatérica:

A atuação de profissionais de saúde na assistência ao climatério, envolve necessariamente, dois tipos de atividades:

- Atividades educativas.
- Atividades clínicas.

Atividades educativas:

Essas atividades devem ser integradas, já que o atendimento constitui oportunidade para prática de ações educativas, não restritas aos aspectos específicos, mas abrangendo os princípios da atenção integral à saúde da mulher.

As atividades educativas devem ser desenvolvidas com o objetivo de oferecer às clientes, o maior nível de atendimento sobre as modificações biológicas inerentes ao período do climatério, bem como propiciar adequada vigilância epidemiológica às situações de risco associadas. Diferentes metodologias educativas podem ser estabelecidas, dependendo das possibilidades de cada serviço. Qualquer metodologia utilizada deverá contemplar a participação das clientes, permitindo maior integração à equipe de saúde.

Atividades clínicas:

1. Anamnese.
2. Exame físico geral.

O atendimento clínico visa a identificação da situação da mulher climatérica, o rastreamento das condições de risco e a adequação terapêutica destas pacientes.

## Benefícios e Riscos da Terapêutica de Reposição Hormonal

Dependendo do tipo de estrógeno utilizado, teremos maior atuação em determinado segmento do organismo. Portanto, conforme os sintomas apresentados, podemos direcionar a categoria dos compostos, como estriol nas atrofias urogenitais ou estradiol e estrógenos conjugados, em sintomas vasomotores, de pele, prevenção da osteoporose ou manutenção da massa óssea e distúrbios neurovegetativos; onde devem ser a primeira escolha, na medida do possível.

A escolha da via de administração também deve ser feita de acordo com os objetivos que se deseja alcançar e permitir que os efeitos, de sintomas secundários, como os gastrintestinais, sejam minimizados, evitando desistências precoces ou falta de persistência no uso da medicação prescrita.

Para que evitemos os riscos mais temidos no sentido de *oncogênese* a nível endometrial, está indicada a reposição progesterônica nas portadoras de útero, selecionando os de maior efeito androgênico e a menor dosagem eficaz, de modo a minimizar ações deletéricas a nível metabólico (dislipidemias) e cardiovascular, anulando desta forma um dos maiores riscos da terapêutica de reposição hormonal. Quanto à *oncogênese* mamária, a literatura ainda se mostra controversa.

É importante ressaltar mais uma vez que os riscos e benefícios dependerão, acima de tudo, da indicação correta obedecendo as contra-indicações, acompanhamento da paciente e o uso da menor dose eficaz.

### Dietas no Climatério:

Faz-se de modo genérico, visando proporcionar os requerimentos nutricionais necessários, afim de que as pacientes tenham ingestão adequada de calorias, proteínas, gorduras, carboidratos, cálcio e outros micronutrientes necessários à manutenção da saúde, peso adequado, manutenção da massa óssea e proteção cardiovascular.

Após os 50 anos as mulheres tendem a aumentar de peso. As necessidades energéticas em repouso diminuem cerca de 2% a cada década. Este aumento de peso provavelmente tem seu maior componente na diminuição da atividade física.

*Orientação dietética geral com explicação dos princípios fundamentais da dietoterapia e a proposta de redução da ingesta geral*

Solicitar à paciente um registro escrito por um período de 5 a 7 dias do tipo e quantidade de alimentos ingeridos, horários, ambiente e pessoas que fizeram companhia na refeição. Perguntar bebidas consumidas.

Ter em mente que as pessoas obesas comem por influência das pessoas que fazem companhia e não necessariamente porque estejam com fome.

A paciente climatérica terá sua dieta orientada no sentido de manter seu colesterol sérico em níveis ideais. O tratamento estrogênico é benéfico para correção dos níveis de colesterol, entretanto considera-se a dieta item fundamental para a prevenção das doenças cardiovasculares.

Dialogar com a paciente sobre o valor nutricional e energético dos diferentes grupos de alimentos como frutas e vegetais, grãos e cereais, leite e derivados, carnes e gorduras. A perda de peso deve estar em torno de 2,5 kg por mês.

*Orientação geral acerca do valor calórico dos alimentos e seu teor de colesterol e gorduras saturadas (de origem animal)*

Aconselha-se:

Se não houver êxito no tratamento, fornecer cardápios alimentares com cálculo calórico definido. Neste caso a liberdade do paciente restringe-se a escolher os alimentos do grupo.

- Diminuir a ingestão de calorias.
- Diminuir a ingestão de gorduras.
- Diminuir a ingestão de alimentos ricos em colesterol.
- Substituir carboidratos simples pelos carboidratos complexos (derivados de grãos, cereais, vegetais e frutas).
- Orientar sobre a ingestão de fibras vegetais, benéficas para evitar a diverticulite, as hemorróidas, as varicosidades, apendicite e o Ca de cólon.

Os programas dietéticos de restrição calórica, devem ser acompanhados de exercícios que aumentem os gastos energéticos, que praticados com regularidade aumentam a massa corporal magra e diminuem o tecido adiposo.

Os exercícios diminuem os nívés plasmáticos de insulina e melhoram a sensibilidade tissular a esse hormônio. Além disso os efeitos psicológicos positivos melhoram a auto-estima e autoconfiança.

*Alterações ósseas no Climatério:*

Aproximadamente 25% das mulheres apresentarão osteoporose importante após 15 anos da menopausa.

Caso não haja redução a níveis normais do colesterol deve-se admitir o uso de drogas rupolipemiantes.

Com a menopausa a mulher perde de 1 a 3% de osso cortical e acima de 5% de osso trabecular ao ano, até os 65 anos. A partir dos 65 anos a perda óssea diminui.

Exercícios aeróbicos podem oferecer benefícios cardiovasculares quando praticados com regularidade. Pode-se observar melhora do perfil lipídico e lipoprotéico após 3 a 4 meses.

Apesar das vantagens da ingestão de cálcio através de fontes alimentares, por vezes é necessário a suplementação de cálcio. O mais usado é o carbonato de cálcio, podendo ser usado também o gluconato e o lactato.

A ingestão insuficiente de cálcio ou má-absorção intestinal do cálcio compromete a massa óssea.

O cálcio tem efeitos benéficos como coadjuvante da prevenção da osteoporose, sem no entanto substituir os efeitos de proteção da reposição estrogênica.

A ingestão moderada de cálcio por mulheres com cálcio sérico normal é segura para aquelas sem antecedentes de hipercalcemia e nefrolitíase.

Admite-se que menos de 25% da população adulta tenha consumo adequado de cálcio.

A ingestão de cálcio deve ser feita com as refeições, porque em meio ácido é melhor sua absorção.

Na peri e pós-menopausa a mulher deve ingerir 1000 mg/dia de cálcio, de preferência, oriundo de fontes alimentares, de forma fracionada, com a última ingestão no período noturno, próximo ao deitar.

O sódio incrementa a excreção urinária do cálcio. A cafeína aumenta as perdas fecais e urinárias do cálcio, por isso as mulheres climatéricas devem fazer o uso do sal e do café com moderação.

Deve-se evitar numa mesma refeição a ingestão de cálcio e fibras vegetais, por que estas dificultam a absorção intestinal do cálcio.

O cálcio, administrado como medicamento para mulheres com osteoporose estabelecida deve ser consumido na dose de 1,5 a 3,0g diárias.

### Exercícios Físicos no Climatério:

Os exercícios físicos praticados de maneira regular ajudam a combater a hipertensão, obesidade, coronariopatia isquêmica, ansiedade, depressão e síndrome de dores músculo-esqueléticas. Devem ser praticados como parte integrante de um programa completo de saúde preventiva. Os exercícios dinâmicos incluem atividades como caminhada, corrida, natação, ciclismo e outros.

O exercício físico estimula o aumento do HDL colesterol, protegendo da doença coronariana. Considera-se como ideal o exercício equivalente ao consumo de 300 cal acima da atividade física normal, sendo necessários 4 meses de atividade energética para se obter resultados.

A redução do peso corporal é a maior motivação para a mulher climatérica participar de um programa de exercícios físicos.

Inicialmente não há importante variação no peso corporal com a prática de exercícios físicos, embora haja redução de gordura na compensação com o aumento da massa muscular.

Geralmente após 3 meses de exercícios físicos, há estabilização da massa muscular, passando a haver redução do peso, conseqüência das alterações da gordura corporal.

É imprescindível que o exercício físico seja associado a controle dietético. O exercício físico, liberando neurotransmissores cerebrais, pode reduzir o apetite.

A perda da massa óssea, osteoporose, se acentua com o envelhecimento. Intensifica-se com a ausência do estrogênio. As fraturas ocorrem geralmente onde predomina o osso trabecular sobre o compacto, como por exemplo vértebras, fêmur proximal, rádio distal e ossos da bacia. A inatividade física aumenta a reabsorção e reduz a formação do osso.

A sobrecarga mecânica imposta pelo exercício físico estimula a remodelação-óssea, desde que o esforço seja menor que o limiar de fratura. O exercício físico associado à ingestão adequada de cálcio e a força da gravidade parece ser eficaz no aumento da massa óssea, em todas as idades.

O exercício físico é eficaz nas zonas esqueléticas de inserção dos músculos. Na osteoporose deve-se levar em conta exercícios específicos, de ação localizada e exercícios gerais, como a caminhada, a natação e o ciclismo.

Um dos exercícios mais simples e por demais importante, são as caminhadas, principalmente para os ossos dos membros inferiores e da coluna vertebral. Deve-se andar no mínimo 30 minutos, em velocidade maior que a usada para passear, de preferência ao sol, antes das 10 horas e depois das 15 horas, por que os raios ultravioletas realizam a fotossíntese da vitamina D.

Anotar o tempo levado para percorrer um determinado percurso, diminuindo o mesmo paulatinamente. Correr não é adequado para mulheres osteoporóticas, pelo risco de fraturas. A natação é um bom exercício para os músculos dos ombros, dos membros superiores e inferiores. Não é estímulo suficiente para as vértebras lombares.

Os exercícios específicos visam fortalecer os músculos e ossos de determinada região corporal. É importante que sejam dinâmicos e repetitivos.

Os exercícios devem ser individualizados, bem planejados regularmente, para produzir um máximo de benefícios com um mínimo de risco.

Exercícios aeróbicos rítmicos que implicam em saltos e torções, exercícios outros que provocam forte tração ou flexão do tórax estão contra-indicados em mulheres osteoporóticas.

O exercício físico regular pode desenvolver a sensação de bem-estar, melhora na auto-estima, atenuação da ansiedade, da tensão e da depressão. Exercícios físicos aeróbicos são benéficos sobre a capacidade cognitiva e de raciocínio.

## 10.2.E - Assistência nas Doenças Sexualmente Transmissíveis

As Doenças Sexualmente Transmissíveis (DST) estão entre os problemas de saúde pública mais comuns em todo o mundo. Nos países industrializados ocorre um novo caso de DST em cada 100 pessoas por ano, e nos países em desenvolvimento, as DSTs estão entre as 5 principais causas de procura por serviços de saúde (OMS-1990).

Nos últimos anos, provavelmente devido a alta transcendência da aids, o trabalho com as outras DSTs, doenças que facilitam a transmissão do HIV, passou a ter redobrada importância, principalmente no que se refere à vigilância epidemiológica, ao treinamento de profissionais para o atendimento adequado e à disponibilidade e controle de medicamentos.

Levando-se em conta a alta magnitude estimada das DSTs em nosso meio, sua transcendência, não somente pelas graves conseqüências para a população, mas também pela sua interação com o **HIV,** a existência de tecnologia apropriada para seu controle e a possibilidade de êxito com o desenvolvimento de atividades específicas, cabe às equipes da Estratégia Saúde da Família o controle das DSTs como um de seus objetivos junto a assistência às mulheres.

### *Assistência nas DSTs/AIDS*

- Informação quanto as principais DSTs/AIDS.
- Acesso aos preservativos masculino e feminino.
- Consulta médica e de enfermagem.
- Realização ou referência para exames laboratoriais.
- Acompanhamento diante das DSTs/AIDS.
- Encaminhamento para assistência secundária quando necessário.

Nos últimos anos, principalmente após o início da epidemia de aids, as DSTs readquiriram importância como problemas de saúde pública. Entretanto, alguns fatos negativos têm sido percebidos no contexto da atenção às DSTs em nosso País:

- são escassos os dados epidemiológicos relativos às DSTs; apenas a aids e a sífilis congênita são de notificação compulsória. Entretanto, raros são os serviços onde a notificação é realizada de forma sistemática;

- os portadores de DST continuam sendo discriminados nos vários níveis do sistema de saúde. O atendimento é muitas vezes inadequado, resultando em segregação e exposição a situações de constrangimento. Tal fato se dá, por exemplo, quando os pacientes têm que expor seus problemas em locais sem privacidade ou a funcionários despreparados que, muitas vezes, demonstram seus próprios preconceitos ao emitirem juízos de valor. Essas situações ferem a confidencialidade, discriminam as pessoas com DST e contribuem para afastá-las dos serviços de saúde;

- a irregularidade na disponibilização de medicamentos específicos é mais uma das causas de afastamento dos indivíduos com DST dos serviços de saúde. Isso ocorre por provisão insuficiente ou pelo uso para tratamento de outras enfermidades;

- para muitas das DSTs, as técnicas laboratoriais existentes não apresentam a sensibilidade e/ou a especificidade satisfatórias.

Pouquíssimas unidades são capazes de oferecer resultados de testes conclusivos no momento da consulta. Soma-se a isso o fato de que o sistema público de saúde, no Brasil, apresenta reduzidas condições para a realização dos testes e freqüentemente os técnicos responsáveis estão desmotivados e/ou despreparados.

A conseqüência mais evidente dessa situação de baixa resolutividade dos serviços é a busca de atendimento em locais nos quais não seja necessário se expor, nem esperar em longas filas, ou seja: as farmácias comerciais.

São quatro os critérios para a priorização de agravos em saúde pública:

1) magnitude
2) transcendência
3) vulnerabilidade
4) factibilidade.

### 1) Magnitude

Embora os poucos dados epidemiológicos existentes não se prestem a fazer inferências para o País como um todo, ao menos permitem, quando conjugados às informações geradas em outros países, a realização de estimativas que concluem pela elevada freqüência das DSTs em nosso País. Isto, associado ao alto índice de automedicação, torna o problema ainda maior, já que muitos dos casos não recebem a orientação e tratamento adequados, ficando subclínicos, permanecendo transmissores e mantendo-se como os elos fundamentais na cadeia de transmissão das doenças.

## 2) Transcendência
- as DSTs são o principal fator facilitador da transmissão sexual do HIV;
- algumas delas, quando não diagnosticadas e tratadas a tempo, podem evoluir para complicações graves e até o óbito;
- algumas DSTs, durante a gestação, podem ser transmitidas ao feto, causando-lhe importantes lesões ou mesmo provocando a interrupção espontânea da gravidez;
- as DSTs podem causar grande impacto psicológico em seus portadores;
- as DSTs causam também grande impacto social, que se traduz em custos indiretos para a economia do País e que, somados aos enormes custos diretos decorrentes das internações e procedimentos necessários para o tratamento de suas complicações, elevam dramaticamente esses custos totais.

## 3) Vulnerabilidade
As DSTs, por suas características epidemiológicas, são agravos vulneráveis a ações de prevenção primária, como por exemplo a utilização de preservativos, de forma adequada, em todas as relações sexuais. Além disso, com exceção das DSTs causadas por vírus, existem tratamentos eficazes para todas elas; portanto, à medida que se consiga conscientizar os pacientes da necessidade de procurar rapidamente um serviço de saúde para tratar-se adequadamente e a seus parceiros sexuais, lograr-se-á, a curto prazo, romper a cadeia de transmissão dessas doenças e, conseqüentemente, da infecção pelo HIV.

## 4) Factibilidade
O controle das DSTs é possível, desde que existam bons programas preventivos e uma rede de serviços básicos resolutivos, ou seja, unidades de saúde acessíveis para pronto atendimento, com profissionais

preparados, não só para o diagnóstico e tratamento, mas também para o adequado acolhimento e aconselhamento dos portadores de DST e de seus parceiros sexuais, e que tenham a garantia de um fluxo contínuo de medicamentos e preservativos.

Os princípios básicos para o controle das DSTs, como em qualquer processo de controle de epidemias, são os seguintes:

### Interromper a cadeia de transmissão

Atuando objetivamente nos "elos" que formam essa corrente, ou seja, detectando precocemente os casos, tratando-os, e a seus parceiros, adequada e oportunamente.

### Prevenir novas ocorrências

Por meio de aconselhamento específico, durante o qual as orientações sejam discutidas conjuntamente, favorecendo a compreensão e o seguimento das prescrições médicas e contribuindo de forma mais efetiva para a adoção de práticas sexuais mais seguras.

A prevenção, estratégia básica para o controle da transmissão das DSTs e do HIV, dar-se-á por meio da constante informação para a população geral e das atividades educativas que priorizem: a percepção de risco, as mudanças no comportamento sexual e a promoção e adoção de medidas preventivas com ênfase na utilização adequada do preservativo. As atividades de aconselhamento das pessoas com DSTs e seus parceiros durante o atendimento, são fundamentais, no sentido de buscar que os indivíduos percebam a necessidade de maior cuidado, protegendo a si e a seus parceiros, prevenindo assim a ocorrência de novos episódios. Deve-se sempre enfatizar a associação existente entre as DSTs e a infecção pelo HIV. Deve-se, ainda, estimular a adesão ao tratamento, explicitando a existência de casos assintomáticos ou pouco sintomáticos, também suscetíveis a graves complicações. A promoção e distribuição de preservativos deve ser função de todos os serviços que prestam esse tipo de assistência. Desta forma, a assistência pode se constituir em um momento privilegiado de prevenção.

O tratamento deve ser instituído no momento da consulta, preferencialmente com medicação por via oral e em dose única, ou com o menor número possível de doses. A utilização de alguns fluxogramas desenvolvidos, testados e já validados, provê a possibilidade de tratamento imediato e a ruptura imediata da cadeia de transmissão. Nesta abordagem, são pesquisados os sintomas e/ou sinais que, agrupados, forneçam o diagnóstico de uma síndrome. O tratamento visará, então, os agentes etiológicos mais comuns na síndrome em estudo. Para que esse tipo de assistência seja adequadamente implementada deve incluir ainda a coleta de material que permita a realização do diagnóstico etiológico em laboratório local ou de referência, aconselhamento para redução de risco, tratamento de parceiros, orientações para adesão aos tratamentos fracionados, promoção e distribuição de preservativos.

Tão importante quanto diagnosticar e tratar o mais precocemente possível os portadores sintomáticos é realizar a detecção dos portadores assintomáticos. Entre as estratégias que poderão suprir esta importante lacuna estão os rastreamentos de DSTs assintomáticas, especialmente sífilis, gonorréia e clamídia em gestantes ou adolescentes, em serviços específicos, como aqueles que executam atendimento ginecológico, em especial os de planejamento familiar, de atendimento prénatal e os serviços de prevenção do câncer cérvico-uterino.

Os portadores de DST devem receber atendimento e tratamento imediato. A espera em longas filas e a possibilidade de agendamento para outro dia, associadas à falta de medicamentos, são talvez os principais fatores que induzem à busca de atenção diretamente com o balconista da farmácia. Em si, o atendimento imediato de uma DST não é apenas uma ação curativa, mas também, e principalmente, uma ação preventiva da transmissão do HIV e do surgimento de outras complicações.

### Triagem

Neste modelo considera-se extremamente desejável a existência de um serviço de triagem confidencial que seja realizada por profissionais de saúde devidamente preparados para essa finalidade.

### Espera

O tempo de espera deverá ser utilizado para educação em saúde por intermédio de vídeos educativos, atividades de aconselhamento em grupo, incluindo outras questões de saúde e cidadania.

### Consulta médica

Além da anamnese e do exame físico, neste momento devem ser feitas as coletas do material das secreções e lesões para exame laboratorial; o material para a colpocitologia oncótica deverá ser coletado somente após efetivação da cura da DST que motivou a consulta.

### Consulta de enfermagem

A participação de enfermeiros e outros profissionais de saúde deve ser estimulada em todas as etapas do atendimento. O aconselhamento, a detecção de situações de risco e a educação para saúde das pessoas com DST e seus parceiros são atividades nas quais esses profissionais deverão atuar. Excepcionalmente os enfermeiros poderão prescrever e aplicar medicamentos estabelecidos em programas de saúde pública e em rotina aprovada pela instituição de saúde (segundo a Lei do Exercício Profissional n° 7.498/86 de 25 de junho de 1986 e regulamentada pelo Decreto n° 94.406, de 8 de junho de 1987).

### Aconselhamento

Esta é uma atividade que deve estar presente em todo o atendimento e não depender de apenas um profissional. A figura do médico é extremamente importante no aconselhamento assim como a consistência das informações a serem fornecidas por toda a equipe. Todos os profissionais envolvidos no atendimento devem participar do processo de aconselhamento.

### Comunicação aos parceiros sexuais:

Serão considerados parceiros, para fins de comunicação ou convocação, os indivíduos com quem o paciente relacionou-se sexualmente nos últimos 30 dias. O uso de cartões para comunicação aos parceiros sexuais é desejável. De acordo com as possibilidades de cada serviço, outras atividades poderão ser desenvolvidas. É fundamental que os parceiros de gestantes com sífilis que não atenderem ao chamado para tratamento sejam objeto de busca ativa.

O atendimento de pacientes com DSTs tem algumas particularidades. Ele visa interromper a cadeia de transmissão da forma mais efetiva e imediata possível. Visa, ainda, evitar as complicações advindas da(s) DSTs em questão, e a cessação imediata dos sintomas.

O objetivo desse atendimento é tentar prover, em uma única consulta: diagnóstico, tratamento e aconselhamento adequados. Não há impedimento para que exames laboratoriais sejam colhidos ou oferecidos. A conduta, no entanto, não deverá depender de demorados processos de realização e/ou interpretação dos exames. Não se quer dizer com isto que o laboratório seja dispensável, ao contrário, tem seu papel aumentado principalmente em unidades de saúde de maior complexidade, que servirão como fontes para a definição do perfil epidemiológico das diferentes DSTs e de sua sensibilidade aos medicamentos preconizados.

Fluxogramas específicos, já desenvolvidos e testados, são instrumentos que auxiliarão o profissional que realiza o atendimento na tomada de decisões. Seguindo os passos dos fluxogramas, o profissional, ainda que não especialista, estará habilitado a determinar um diagnóstico sindrômico, implementar o tratamento imediato, realizar aconselhamento para estimular a adesão ao tratamento, para a redução de riscos, para a convocação, orientação e tratamento de parceiros, promoção de incentivo ao uso de preservativos, dentre outros aspectos.

O exame físico e a anamnese do paciente e de seus contatos sexuais devem constituir-se nos principais elementos diagnósticos das DSTs, tendo em vista a dificuldade de acesso imediato aos exames laboratoriais. O médico, e mesmo os demais profissionais de saúde, deverão conhecer os principais aspectos anatômicos e funcionais, tanto do organismo masculino como do feminino, para poder, junto com os dados da anamnese, fazer um diagnóstico de presunção das principais síndromes (abordagem sindrômica) ou doenças transmitidas pelo sexo, lembrando que, na mulher, diversas DSTs podem apresentar-se de maneira assintomática durante período variável de tempo.

É importante frisar que obter informações fidedignas para a realização de uma anamnese consistente e precisa implica na construção de uma relação de confiança entre o profissional de saúde e o indivíduo em atendimento. Para tal, o profissional deve ter em mente que no contexto assistencial das DSTs, questões sobre sexualidade, fidelidade, prazer, desprazer, violência, conceito de risco, de doença, de saúde e outros, são apresentados das mais variadas formas, de acordo com a história de cada um dos interlocutores (paciente e profissional), seu meio sócio-econômico e sua personalidade.

Sabemos que as DSTs implicam em práticas de foro íntimo e são decorrentes do exercício da sexualidade. Sendo assim, os profissionais têm a oportunidade ímpar de conversar sobre aspectos da intimidade da vida da pessoa em atendimento e, portanto, precisam ter clareza a respeito dos valores sexuais do paciente, assim como de seus próprios valores. Dessa forma, atitudes de preconceito, juízos de valor e imposição de condutas deverão ser evitadas e, apesar das eventuais diferenças, o diálogo será garantido.

Caso contrário, conseqüências negativas poderão ocorrer, como por exemplo: omissão de informações necessárias para a realização do diagnóstico ou despreocupação quanto à real gravidade da doença ou, por outro lado, superdimensioná-la, causando, desta forma, angústias desnecessárias ou até mesmo desajustes conjugais.

Nesse sentido entendemos que o paciente deverá ser visto como um todo, constituído por sentimentos, crenças, valores, aspectos estes determinantes das práticas de risco e atitudes diante do tratamento prescrito. Seu comportamento orgânico também não se restringe aos órgãos genitais; lembremos que outras doenças (ex.: diabetes, dermatoses, imunodeficiências, etc.), o estado nutricional e o uso de medicamentos, podem interferir tanto no diagnóstico como no tratamento das DSTs.

No atendimento motivado por DST, os profissionais de saúde deverão incluir o exame clínico-genital minucioso que contemple a busca de outras DST, educação para redução de riscos, orientação sobre cuidados higiênicos, oferecimento do teste anti-HIV, aconselhamento, estímulo à adesão ao tratamento, promoção do uso de preservativos, convocação dos parceiros sexuais e a notificação do caso; sempre que possível deverá ser feita a pesquisa e a observação de achados que possam identificar outras doenças, por meio de: inspeção geral, controle de pressão arterial, palpação de mamas, toque retal. A citologia oncótica de colo de útero deverá ser realizada quando houver indicação e por ocasião do retorno da paciente.

Os profissionais de saúde quando estão diante de um possível caso de DST geralmente usam um dos seguintes métodos diagnósticos:

- Diagnóstico etiológico: utilização de testes laboratoriais para identificar o agente causador.
- Diagnóstico clínico: utilização da identificação e sintomas e sinais que possam caracterizar uma determinada DST, baseado na experiência pessoal de cada profissional.

O diagnóstico etiológico é o método ideal, já que permite que os profissionais de saúde saibam qual é o agente causal daquela doença e indiquem o tratamento mais adequado.

No entanto, ambos os métodos apresentam alguns problemas quando utilizados em DST.

A identificação etiológica de algumas DSTs requer técnicos especializados e equipamento sofisticado de laboratório, nem sempre disponíveis.

As gonorréias nos homens e as tricomoníases nas mulheres podem ser diagnosticadas no momento da consulta, desde que estejam disponíveis um microscópio, insumos e um técnico treinado para a realização da bacterioscopia.

Tanto a infecção gonocócica como a causada por clamídia, nas mulheres, só podem ser diagnosticadas atualmente através de testes sofisticados de laboratório; as técnicas de cultura são difíceis e nem sempre estão disponíveis em unidades básicas de saúde.

Testes para outras DSTs, como para cancro mole e herpes, por exemplo, são até mais complexos.

Um grande número de pacientes procura tratamento para DST em unidades básicas de saúde onde nem sempre estão disponíveis os equipamentos, insumos e os técnicos habilitados para a realização do diagnóstico etiológico.

As associações entre diferentes DSTs são freqüentes. Destaca-se, atualmente, a relação entre a presença de DST e o aumento do risco de infecção pelo HIV.

O cumprimento de todos os passos da anamnese, do exame físico e a coleta de secreções e material para a realização do diagnóstico etiológico, o oferecimento para realização do diagnóstico sorológico anti-HIV e o aconselhamento devem fazer parte da rotina. No entanto, lembramos que a realização do exame para detecção de anticorpos anti-HIV deve ocorrer se o profissional sentir-se capacitado para realizar o aconselhamento pré e pós-teste.

Em alguns casos, o diagnóstico etiológico pode ser muito demorado e dispendioso. Existe, necessariamente um lapso de tempo para a apresentação dos resultados dos testes e conseqüentemente para o início do tratamento.

Alguns clínicos acham que, após examinar os pacientes, é fácil fazer o diagnóstico **clínico** de uma uretrite gonocócica, por exemplo. Porém, até mesmo os especialistas podem equivocar-se quando utilizam apenas sua própria experiência clínica. Por quê? Em muitos casos, não é possível fazer clinicamente o diagnóstico diferencial entre as várias possíveis infecções e, além disso, é comum que ocorram infecções mistas. Um paciente que tem infecções múltiplas necessita receber tratamento para todas elas. Ao se tratar apenas uma das infecções, a outra ou outras podem evoluir para complicações sérias, além de continuarem potencialmente sendo transmitidas, ou seja, não se rompe a cadeia de transmissão.

## 10.3 – Controle da Hipertensão Arterial e do *Diabetes Mellitus*

### Apresentação

Segundo o Ministério da Saúde (2000) as doenças cardiovasculares constituem a principal causa de morbimortalidade na população brasileira. Não há uma causa única para estas doenças, mas vários fatores de risco que aumentam a probabilidade de sua ocorrência.

A Hipertensão arterial sistêmica e o *Diabetes mellitus* representam dois dos principais fatores de risco, contribuindo decisivamente para o agravamento deste cenário em nível nacional.

A hipertensão afeta de 11 a 20% da população adulta com mais de 20 anos. Cerca de 85% dos pacientes com acidente vascular encefálico (AVE) e 40% das vítimas de infarto do miocárdio apresentam hipertensão associada.

O diabetes atinge a mulher grávida e todas as faixas etárias, sem qualquer distinção de raça, sexo ou condições sócio-econômicas. Na população adulta, sua prevalência é de 7,6%.

Estas doenças levam, com freqüência, à invalidez parcial ou total do indivíduo, com graves repercussões para o paciente, sua família e a sociedade.

Quando diagnosticadas precocemente, estas doenças são bastante sensíveis, oferecendo múltiplas chances de evitar complicações; quando não, retardam a progressão das já existentes e as perdas delas resultantes.

Investir na prevenção é decisivo não só para garantir a qualidade de vida como também para evitar a hospitalização e os conseqüentes gastos, principalmente quando considera-se o alto grau de sofisticação tecnológica da medicina moderna.

Se for possível prevenir e evitar danos à saúde do cidadão, este é o caminho a ser seguido.

Desta forma, o Ministério da Saúde, em articulação com as sociedades científicas (Cardiologia, Diabetes, Hipertensão e Nefrologia), as federações nacionais dos portadores, as secretarias estaduais, através do CONASS, e as secretarias municipais de saúde, através do CONA SEMS, apresenta o Plano de Reorganização da Atenção à Hipertensão Arterial e *Diabetes mellitus.*

O propósito do Plano é vincular os portadores desses agravos às unidades de saúde, garantindo-lhes acompanhamento e tratamento sistemático, mediante ações de capacitação dos profissionais e de reorganização dos serviços.

A abordagem conjunta neste trabalho justifica-se pela apresentação dos fatores comuns às duas patologias, tais como: etiopatogenia, fatores de risco, cronicidade, necessidade de controle permanente, entre outros.

Detectar, estabelecer diagnóstico, identificar lesões em órgãos-alvo e/ou complicações crônicas e efetuar tratamento adequado para a HAS e o DM caracteriza-se como um verdadeiro desafio para o Sistema Único de Saúde, as sociedades científicas e as associações de portadores, pois são situações que necessitam de intervenção imediata pela alta prevalência na população brasileira e pelo grau de incapacidade que provocam.

---

### *Controle da Hipertensão Arterial*

| **Responsabilidades** | **Atividades** |
|---|---|
| • Diagnóstico de casos | • Diagnóstico clínico |
| • Busca ativa de casos | • Aferição de PA, visita domiciliária, informações |
| • Tratamento de casos | • Acompanhamento ambulatorial e domiciliar de pacientes Fornecimento de medicamentos Acompanhamento domiciliar de pacientes com seqüelas de AVE e outras complicações |
| • Diagnóstico precoce de complicações | • Realização ou referência para exames |
| • Atendimento de urgência | • Atendimento em crises hipertensivas |

> **Controle da Diabetes Melittus**
>
> | **Responsabilidades** | **Atividades** |
> |---|---|
> | • Diagnóstico de casos | • Investigação em usuários com fatores de risco. |
> | • Cadastramento dos portadores | • Alimentação do sistema de informação (HIPERDIA). |
> | • Tratamento dos casos | • Acompanhamento ambulatorial e domiciliar, Educação terapêutica em diabetes, Fornecimento de medicamentos básicos, Curativos. |
> | • Monitoração da glicemia | • Realização de glicemia na US. |
> | • Diagnóstico de complicações | • Realização de exames. |
> | • Encaminhamento de casos graves | • Encaminhamento para assistência secundária |

Diante do exposto, faz-se necessária a adição de esforços de todos os envolvidos com essa grave situação de saúde pública, buscando a reorganização da atenção básica, tendo como estratégias principais a prevenção dessas doenças, suas complicações e a promoção da saúde, objetivando assim uma melhor qualidade de vida.

## Importância do problema

As doenças do coração e dos vasos (infarto agudo do miocárdio, morte súbita, acidente vascular encefálico, edema agudo de pulmão e insuficiência renal) constituem a primeira causa de morte no Brasil (27,4%), segundo dados do MS (1998), e desde a década de 1960 têm sido mais comuns que as doenças infecciosas e parasitárias (tuberculose, diarréias agudas, broncopneumonias, etc.).

Dentre as doenças cardiovasculares, o acidente vascular encefálico (AVE) e o infarto agudo do miocárdio (IAM) são as mais prevalentes.

## Epidemiologia

Na faixa etária de 30 a 69 anos essas doenças foram responsáveis por 65% do total de óbitos, atingindo a população adulta em plena fase produtiva.

Haja vista o seu caráter crônico e incapacitante, podendo deixar seqüelas para o resto da vida, são de grande importância. Dados do Instituto Nacional de Seguro Social (INSS) demonstram que 40% das aposentadorias precoces decorrem das mesmas.

Na faixa etária de 30 a 60 anos, as doenças cardiovasculares foram responsáveis por 14% da totalidade de internações, sendo 17,2 % por AVE ou IAM, resultando em gastos da ordem de 25,7 % do total.

Em vista do exposto, torna-se urgente implementar ações básicas de diagnóstico e controle destas condições através dos seus clássicos fatores de risco, nos diferentes níveis de atendimento da rede do Sistema Único de Saúde - SUS, especialmente no nível primário de atenção. A HAS e o DM constituem os principais fatores de risco populacional para as doenças cardiovasculares, motivo pelo qual constituem agravos de saúde pública onde cerca de 60 a 80 % dos casos podem ser tratados na rede básica.

Em nosso meio, a HAS tem prevalência estimada em cerca de 20% da população adulta (maior ou igual a 20 anos) e forte relação com 80% dos casos de AVE e 60% dos casos de doença isquêmica do coração. Constituem, sem dúvida, o principal fator de risco para as doenças cardiovasculares, cuja principal causa de morte, o AVE, tem como origem a hipertensão não-controlada.

Vários estudos mostram que se reduzirmos a pressão arterial diastólica média de uma população em cerca de 4 mmHg, em um ano teremos uma redução de 35 a 42% de AVE nessa comunidade.

No Brasil, o AVE vem ocorrendo em idade precoce, com uma letalidade hospitalar, em 1 mês, em torno de 50%; dos que sobrevivem, 50% ficam com algum grau de comprometimento. Mundialmente, o número de casos novos (incidência) varia, de acordo com dados da OMS de aproximadamente 500 a 700.000 casos/ano, com uma mortalidade entre 35 a 200 casos em cada grupo de 100.000 habitantes.

O DM vem aumentando sua importância pela crescente prevalência. Calcula-se que em 2010 possam existir cerca de 11 milhões de diabéticos no país, o que representa um aumento de mais de 100% em relação aos atuais 5 milhões de diabéticos no ano 2000. No Brasil, os dados do estudo multicêntrico de diabetes (1987) demonstraram uma prevalência de 7,6% na população de 30 a 69 anos. Estudo recente realizado em Ribeirão Preto/SP demonstrou uma prevalência de 12% de diabetes nessa população.

Outro importante dado revelado por esse estudo multicêntrico foi o alto grau de desconhecimento da doença, onde 46,5% dos diagnosticados desconheciam o fato de ser portadores de diabetes.

## Justificativas para a abordagem conjunta

A possibilidade de associação das duas doenças é da ordem de 50%, o que requer, na grande maioria dos casos, o manejo das duas patologias num mesmo paciente.

A HAS e o DM são doenças que apresentam vários aspectos em comum:

- Etiopatogenia: identifica-se a presença, em ambas, de resistência insulínica, resistência vascular periférica aumentada e disfunção endotelial.
- Fatores de risco, tais como obesidade, dislipidemia e sedentarismo;
- Tratamento não-medicamentoso: as mudanças propostas nos hábitos de vida são semelhantes para ambas as situações.
- Cronicidade: doenças incuráveis, requerendo acompanhamento eficaz e permanente.
- Complicações crônicas que podem ser evitadas quando precocemente identificadas e adequadamente tratadas.

- Geralmente assintomática na maioria dos casos.
- De difícil adesão ao tratamento pela necessidade de mudança nos hábitos de vida e participação ativa do indivíduo.
- Necessidade de controle rigoroso para evitar complicações.
- Alguns medicamentos são comuns.
- Necessidade de acompanhamento por equipe multidisciplinar.
- Facilmente diagnosticadas na população.

Considerando-se todos esses fatores, propõe-se o seguimento associado dessas patologias na rede de atenção básica e justifica-se a realização de uma abordagem conjunta.

## Conceito e classificação

### Hipertensão arterial sistêmica - HAS

#### *Conceito*

Visando oferecer maior consistência aos clínicos na definição do conceito, foi adotada a classificação definida no III Consenso Brasileiro de HAS.

Assim, o limite escolhido para definir HAS é o de igual ou maior de 140/90 mmHg, quando encontrado em pelo menos duas aferições - realizadas no mesmo momento.

Esta nova orientação da OMS chama a atenção para o fato de que não se deve apenas valorizar os níveis de pressão arterial, fazendo-se também necessária uma avaliação do risco cardiovascular global.

A hipertensão arterial é, portanto, definida como uma pressão arterial sistólica maior ou igual a 140 mmHg e uma pressão arterial diastólica maior ou igual a 90 mmHg, em indivíduos que não estão fazendo uso de medicação anti-hipertensiva.

*Classificação*

Admite-se como pressão arterial *ideal,* condição em que o indivíduo apresenta o menor risco cardiovascular, PAS < 120 mmHg e PAD < 80 mmHg.

A pressão arterial de um indivíduo adulto que não esteja em uso de medicação anti-hipertensiva e sem comorbidades associadas é considerada *normal* quando a PAS é < 130 mmHg e a PAD < 85 mmHg. Níveis de PAS entre 130 e 139 mmHg e de PAD entre 85 e 89 mmHg são considerados limítrofes.

Este grupo, que aparece como o mais prevalente, deve ser alvo de atenção básica preventiva. É importante salientar que a tabela usada para classificar o estágio de um indivíduo hipertenso não estratifica o risco do mesmo. Portanto, um hipertenso classificado no estágio 1, se também for diabético, pode ser estratificado como grau de risco muito alto.

*Diabetes mellitus* - DM

*Conceito*

O DM é uma síndrome de etiologia múltipla, decorrente da falta de insulina e/ou da incapacidade de a insulina exercer adequadamente seus efeitos. Caracteriza-se por hiperglicemia crônica com distúrbios do metabolismo dos carboidratos, lipídeos e proteínas. As conseqüências do DM, a longo prazo, incluem disfunção e falência de vários órgãos, especialmente rins, olhos, nervos, coração e vasos sangüíneos.

*Classificação*

A classificação baseia-se na etiologia do DM, eliminando-se os termos "*diabetes mellitus* insulino-dependente" (IDDM) e "não-insulino-dependente" (NIDDM), como indicado a seguir.

## Classificação etiológica dos distúrbios glicêmicos

### DM tipo 1

Resulta primariamente da destruição das células beta pancreáticas e tem tendência à cetoacidose. Esse tipo ocorre em cerca de 5 a 10% dos diabéticos. Inclui casos decorrentes de doença auto-imune e aqueles nos quais a causa da destruição das células beta não é conhecida, dividindo-se em:

- imunomediado;
- idiopático.

### DM tipo 2

Resulta, em geral, de graus variáveis de resistência à insulina e de deficiência relativa de secreção de insulina. O DM tipo 2 é hoje considerado parte da chamada síndrome plurimetabólica ou de resistência à insulina e ocorre em 90% dos pacientes diabéticos.

Denomina-se resistência à insulina o estado no qual ocorre menor captação de glicose por tecidos periféricos (especialmente muscular e hepático), em resposta à ação da insulina. As demais ações do hormônio estão mantidas ou mesmo acentuadas. Em resposta a essa resistência tecidual há uma elevação compensatória da concentração plasmática de insulina com o objetivo de manter a glicemia dentro dos valores normais. A homeostase glicêmica é atingida às custas de hiperinsulinemia. As principais características da síndrome estão descritas no quadro a seguir e todas concorrem para a doença vascular aterosclerótica.

### DM gestacional

É a diminuição da tolerância à glicose, de magnitude variável, diagnosticada pela primeira vez na gestação, podendo ou não persistir após o parto. Abrange os casos de DM e de tolerância à glicose diminuída, detectados na gravidez. O Estudo Multicêntrico Brasileiro de Diabetes Gestacional-EBDG revelou que 7,6% das mulheres em gestação apresentam intolerância à glicose ou diabetes.

## Avaliação e estratificação da HAS

### *Anamnese*

A anamnese do portador de hipertensão deve ser orientada para os seguintes pontos:

- Hábito de fumar, uso exagerado de álcool, ingestão excessiva de sal, aumento de peso, sedentarismo, estresse, antecedentes pessoais de diabetes, gota, doença renal, doença cárdio e cerebro-vascular.

- Utilização de anticoncepcionais, corticosteróides, antiinflamatórios não-hormonais, estrógenos, descongestionantes nasais, anorexígenos (fórmulas para emagrecimento), ciclosporina, eritropoetina, cocaína, antidepressivo tricíclico e inibidores da mono-amino-oxidase.

- Sinais ou sintomas sugestivos de lesão em órgãos-alvo e/ou causas secundárias de hipertensão arterial.

- Tratamento medicamentoso anteriormente realizado, seguimento efetuado e reação às drogas utilizadas.

- História familiar de hipertensão arterial, doenças cárdio e cerebro-vasculares, morte súbita, dislipidemia, diabetes e doença renal.

Deve-se estar atento para algumas possibilidades de causa secundária de hipertensão arterial – para as quais um exame clínico bem conduzido pode ser decisivo.

1) Pacientes com relato de hipertensão arterial de difícil controle e apresentando picos tensionais graves e freqüentes, acompanhados de rubor facial, cefaléia intensa e taquicardia, devem ser encaminhados à unidade de referência secundária, para pesquisa de feocromocitoma.

2) Pacientes nos quais a hipertensão arterial surge antes dos 30 anos ou de aparecimento súbito após os 50 anos, sem história familiar para hipertensão arterial, também devem ser encaminhados para unidade de referência secundária, para investigação das causas, principalmente reno-vasculares.

*Exame físico*

O exame físico do portador de HAS deve avaliar:
- Os pulsos carotídeos (inclusive com ausculta) e o pulso dos 4 membros;
- A pressão arterial - PA em ambos os membros superiores, com o paciente deitado, sentado e em pé (ocorrência de doença arterial oclusiva e de hipotensão postura).
- O peso (atual, habitual e ideal) e a altura, com estabelecimento do IMC - Índice de Massa Corporal.
- *Fácies,* que podem sugerir doença renal ou disfunção glandular (tireóide, supra-renal, hipófise) – lembrar o uso de corticosteróides.
- O pescoço, para pesquisa de sopro em carótidas, turgor de jugulares e aumento da tireóide.
- O precórdio, anotando-se o *ictus* (o que pode sugerir aumento do ventrículo esquerdo) e possível presença de arritmias, 3a ou 4a bulhas e sopro em foco mitral e/ou aórtico.
- O abdome, pela palpação (rins policísticos, hidronefrose, tumores) e ausculta (sopro sugestivo de doença renovascular).
- O estado neurológico e do fundo-de-olho.
- Ao examinar uma criança ou adolescente com hipertensão arterial, deve-se sempre verificar os pulsos nos membros inferiores, que quando não presentes orientam o diagnóstico para coarctação da aorta.

*Avaliação laboratorial*

Os objetivos da investigação laboratorial do portador de hipertensão arterial são:
- a) confirmar a elevação da pressão arterial;
- b) avaliar lesões em órgãos-alvo (LOA);
- c) identificar fatores de risco para doença cardiovascular e co-morbidades;
- d) diagnosticar a etiologia da hipertensão.

Quando possível, conforme o III Consenso Brasileiro de HAS, a avaliação mínima do portador de HAS deve constar dos seguintes exames:

- Exame de urina (bioquímica e sedimento).
- Creatinina sérica.
- Potássio sérico.
- Glicemia sérica.
- Colesterol total.
- Eletrocardiograma de repouso.

### Estratificação dos portadores

A decisão relativa à abordagem de portadores de HAS não deve ser baseada apenas nos níveis de pressão arterial, mas também na presença de outros fatores de risco e doenças concomitantes, tais como diabetes, lesão em órgãos-alvo, doença renal e cardiovascular. Deve-se também considerar os aspectos familiares e sócio-econômicos.

São definidas quatro categorias de risco cardiovascular absoluto, mostrando que mesmo os pacientes classificados nos estágios 1, 2 ou 3 podem pertencer a categorias de maior ou menor risco na dependência de comorbidades ou fatores de risco associados, conforme citados a seguir:

### Grupo de risco baixo

Incluem homens com idade menor de 55 anos e mulheres com idade abaixo de 65 anos, com hipertensão de grau I e sem fatores de risco. Entre indivíduos dessa categoria a probabilidade de um evento cardiovascular grave, nos próximos 10 anos, é menor que 15%.

### Grupo de risco médio

Incluem portadores de HAS grau I ou II, com um ou dois fatores de risco cardiovascular. Alguns possuem baixos níveis de pressão arterial e múltiplos fatores de risco, enquanto outros possuem altos níveis de pressão arterial e nenhum ou poucos fatores de risco. Entre os indivíduos desse grupo a probabilidade de um evento cardiovascular grave, nos próximos 10 anos, situa-se entre 15 e 20%.

### Grupo de risco alto

Incluem portadores de HAS grau I ou II que possuem três ou mais fatores de risco e são também portadores de hipertensão, sem fatores de risco. Nesses, a probabilidade de um evento cardiovascular, em 10 anos, situa-se entre 20 e 30%.

### Grupo de risco muito alto

Incluem portadores de HAS grau II, que possuem um ou mais fatores de risco, com doença cardiovascular ou renal manifesta. A probabilidade de um evento cardiovascular, em 10 anos, é estimada em mais de 30%. Para esse grupo, está indicada a instituição de imediata e efetiva conduta terapêutica.

### Avaliação e estratificação do DM

*Características clínicas*

### Diabetes mellitus tipo 1
- Maior incidência em crianças, adolescentes e adultos jovens.
- Início abrupto dos sintomas.
- Pacientes magros.
- Facilidade para cetose e grandes flutuações da glicemia.
- Deterioração clínica, se não tratado imediatamente com insulina.

*Diabetes mellitus* **tipo 2**

- Obesidade, especialmente de distribuição abdominal (obesidade "andróide ou tipo maçã") diagnosticada quando a razão entre a circunferência da cintura e do quadril (RCQ) é maior que 1 m, para os homens, e maior que 0,80 m, para as mulheres. Esta condição está presente em 80% dos pacientes no momento do diagnóstico.
- Forte componente hereditário.
- Idade maior que 30 anos, embora possa ocorrer em qualquer época. A prevalência aumenta com a idade, podendo chegar a 20% na população com 65 anos ou mais. Atualmente, têm surgido casos de DM tipo 2 em crianças e adolescentes, principalmente em obesas e as que apresentam características de resistência insulínica como a *Acantose nigricans*.
- Pode não apresentar os sintomas clássicos de hiperglicemia (poliúria, polidipsia, polifagia e emagrecimento).
- Evidências de complicações crônicas micro e macrovasculares, ao diagnóstico, pelo fato desses pacientes evoluírem 4 a 7 anos antes, com hiperglicemia não-detectada.
- Não propensão à cetoacidose diabética, exceto em situações especiais de estresse agudo (*sepsis*, infarto agudo do miocárdio, etc.).

### Anamnese

Questionar sobre:
- Sintomas (polidipsia, poliúria, polifagia, emagrecimento), apresentação inicial, evolução, estado atual, tempo de diagnóstico.
- Exames laboratoriais anteriores.
- Padrões de alimentação, estado nutricional, evolução do peso corporal.
- Tratamento(s) prévio(s) e resultado(s).
- Prática de atividade física.
- Intercorrências metabólicas anteriores (cetoacidose, hiper ou hipoglicemia, etc.).

- Infecções de pés, pele, dentária e geniturinária.
- Úlceras de extremidades, parestesias, distúrbios visuais.
- IAM ou AVE no passado.
- Uso de medicações que alteram a glicemia.
- Fatores de risco para aterosclerose (hipertensão, dislipidemia, tabagismo, história familiar).
- História familiar de DM ou outras endocrinopatias.
- Histórico gestacional.
- Passado cirúrgico.

## *Exame físico*

- *Peso e altura* - excesso de peso tem forte relação causal com o aumento da pressão arterial e da resistência insulínica. Uma das formas de avaliação do peso é através do cálculo do índice de massa corporal (IMC), dividindo o peso em quilogramas pelo quadrado da altura em metros. Esse indicador deverá estar, na maioria das pessoas, entre 18,5 e 25,0 kg/m².
- Palpação da tireóide.
- Circunferência da cintura e do quadril para cálculo da RCQ - Relação Cintura-Quadril, (RCQ normal: homens, até 1m; mulher, até 0,80 m).
- Exame da cavidade oral (gengivite, problemas odontológicos, candidíase).
- Avaliação dos pulsos arteriais periféricos e edema de MMII (membros inferiores).
- *Exame dos pés:* lesões cutâneas (infecções bacterianas ou fúngicas), estado das unhas, calos e deformidades.
- *Exame neurológico sumário:* reflexos tendinosos profundos, sensibilidade térmica, táctil e vibratória.
- Medida da PA, inclusive em ortostatismo.
- Exame de fundo-de-olho com pupila dilatada.

*A Obesidade é geralmente Diagnosticada Através do Índice de Massa Corpórea*

$$IMC = \frac{peso\ (kg)}{altura2(m)}$$

### Rastreamento do DM

*Sinais e sintomas*
- Poliúria / nictúria.
- Polidipsia / boca seca.
- Polifagia.
- Emagrecimento rápido.
- Fraqueza / astenia / letargia.
- Prurido vulvar ou balanopostite.
- Diminuição brusca da acuidade visual.
- Achado de hiperglicemia ou glicosúria em exames de rotina.

Sinais ou sintomas relacionados às complicações do DM: proteinúria, neuropatia periférica, retinopatia, ulcerações crônicas nos pés, doença vascular aterosclerótica, impotência sexual, paralisia oculomotora, infecções urinárias ou cutâneas de repetição, etc.

### Condições de risco do DM tipo 2

- Idade> 40 anos.
- Histórico familiar (pais, filhos, irmãos, etc.).
- Excesso de peso (IMC >25 kg/m$^2$).
- Obesidade (particularmente do tipo andróide ou central).
- HAS.
- Presença de doença vascular aterosclerótica antes dos 50 anos.
- Histórico prévio de hiperglicemia e/ou glicosúria.

- Mães de recém-nascidos com mais de 4 kg.
- Mulheres com antecedentes de abortos freqüentes, partos prematuros, mortalidade perinatal, polidrâmnio, diabetes gestacional.
- HDL - colesterol 35 mg/dl.
- Triglicerídeos 200 mg/dl.
- Uso de medicamentos diabetogênicos (corticóides, anticoncepcionais, etc.).
- Sedentarismo.

A glicemia capilar pode ser utilizada para rastreamento de DM, devendo-se confirmar o diagnóstico com glicemia plasmática.

O rastreamento seletivo é recomendado:

1) a cada três a cinco anos para indivíduos com idade igual ou superior a 45 anos;

2) de um a três anos quando:
- há história de diabetes gestacional.
- há evidências de dois ou mais componentes da síndrome plurimetabólica.
- há presença de dois ou mais fatores de risco;

3) uma vez por ano, ou mais freqüentemente, nas seguintes condições:
- glicemia de jejum alterada ou tolerância à glicose diminuída (mais freqüentemente quando a suspeita é de DM tipo 1);
- presença de complicações relacionadas com o DM.

### Diabetes gestacional

Na primeira consulta de pré-natal deve-se realizar uma glicemia de jejum aplicando os critérios gerais de diagnóstico.

O rastreamento do DM gestacional é realizado entre a 24ª e 28ª semanas de gravidez, podendo ser em uma ou duas etapas:
- *Em uma etapa* – é aplicado diretamente o teste oral de tolerância à glicose – TOTG, com ingestão de 75 g de glicose.
- *Em duas etapas* – inicialmente, é aplicado um teste de rastreamento incluindo glicemia de jejum ou glicemia de uma hora após ingestão

de 50 g de glicose (jejum dispensado). Testes são considerados positivos quando a glicemia de jejum for 85 mg/dl ou a glicemia uma hora após 50 g de glicose for 140 mg/dl. Nos casos considerados positivos, é aplicado o TOTG, com 75 g de glicose.

### Diagnóstico laboratorial

#### Glicemia de jejum

Por sua praticidade, a medida da glicose plasmática em jejum (8 a 12 horas) é o procedimento básico empregado para fazer o diagnóstico do DM.

### Teste oral de tolerância à glicose (TOTG)

O teste padronizado de tolerância à glicose é realizado com medidas de glicemia nos tempos de 0 e 120 minutos após a ingestão de 75 g de glicose anidra (ou dose equivalente de 82,5 g de dextrosol).

A realização do teste de sobrecarga de 75 g está indicada quando:

- A glicose plasmática de jejum for > 110 mg/dl e < 126 mg/dl.
- A glicose plasmática de jejum for < 110mg/ dl na presença de dois ou mais fatores de risco para DM nos indivíduos com idade superior a 45 anos.

A hemoglobina glicada e a glicemia através de tiras reagentes não são adequadas para o diagnóstico do DM. As tiras reagentes podem ser usadas para rastreamento. A hemoglobina glicada é um excelente método laboratorial de avaliação do controle metabólico do paciente diabético.

### Alterações na tolerância à glicose

São definidas as seguintes categorias de alterações:

- *glicemia de jejum alterada* – o diagnóstico é feito quando os valores da glicemia de jejum situarem-se entre 110 e 125 mg/dl;

- *tolerância diminuída à glicose* – diagnosticada quando os valores da glicemia de jejum forem inferiores a 126 mg/dl e, na segunda hora após a sobrecarga com 75 g de glicose via oral, situarem-se entre 140 e 199 mg/dl;
- *Diabetes mellitus - DM* – diagnosticada quando o valor da glicemia de jejum for maior que 126 mg/dl e, na segunda hora, após a ingestão de 75 g de glicose anidra, maior ou igual a 200 mg/dl.

### Diagnóstico de DM

Este pode ser feito diante das seguintes situações:

- sintomas clássicos de DM e valores de glicemia de jejum iguais ou superiores a 126mg/dl;
- sintomas clássicos de DM e valores de glicemia realizada em qualquer momento do dia iguais ou superiores a 200 mg/dl;
- indivíduos assintomáticos, porém com níveis de glicemia de jejum iguais ou superiores a 126 mg/dl, em mais de uma ocasião;
- indivíduos com valores de glicemia de jejum menores que 126 mg/dl e, na segunda hora após uma sobrecarga com 75 g de glicose via oral, iguais ou superiores a 200 mg/dl.

*Valores de Glicemia Capilar para Rastreamento*

| | Resultado | Internação |
|---|---|---|
| Glicemia de jejum ou após 4h sem alimentação | Menor que 100mg/dl | Normal |
| | Entre 101 e 125mg/dl | Exame duvidoso |
| | Entre 126 e 199 mg/dl | Exame alterado |
| | Entre 200 e 270 mg/dl | Provável DM |
| | Maior ou igual a 270 mg/dl | Muito provável DM |
| Glicemia ao acaso (em qualquer hora do dia) | Menor que 140 mg/dl | Normal |
| | Entre 141 e 199 mg/dl | Duvidoso |
| | Entre 200 e 270 mg/dl | Provável DM |
| | Maior ou igual a 270 mg/dl | Muito provável DM |

* Esse teste não faz diagnósticos definitivos

FONTE: Ministério da Saúde.

### Diagnóstico de diabetes gestacional

Os critérios diagnósticos são baseados no TOTG, com administração de 75 g de glicose, e compreendem:

- glicemia de jejum  126 mg/dl e/ou
- glicemia, duas horas após administração 140 mg/dl.

No rastreamento com o teste de 50g de glicose, pode-se considerar o diagnóstico de DM gestacional quando o valor de glicose plasmática de uma hora estiver acima de 185 mg/dl.

O estágio clínico denominado glicemia de jejum alterada (glicemia de jejum 110 mg/dl e inferior a 126 mg/dl) não foi incluído nos critérios diagnósticos do DM gestacional. No entanto, recomenda-se que, ao empregar a glicose plasmática de jejum como teste de rastreamento na gravidez, a detecção de uma glicemia compatível com esse estágio requer confirmação diagnóstica imediata através do TOTG com 75 g.

### Parâmetros bioquímicos para o controle metabólico

Os parâmetros bioquímicos para o controle glicêmico do DM podem ser divididos em:

- de curto prazo (glicosúria, cetonúria e glicemia)
- de médio prazo (albumina glicada e frutosamina)
- de longo prazo (hemoglobina glicada ou glico-hemoglobina).

### Glicosúria

A avaliação da glicosúria através de técnicas semiquantitativas ou quantitativas permanece como um método utilizado para a monitoração do tratamento do DM quando não for possível a monitoração com glicemia capilar. Os testes urinários realizados pelo menos duas vezes ao dia, antes de cada aplicação insulínica, ou quatro vezes ao dia antes das principais refeições, e à noite, ao deitar, podem auxiliar no estabelecimento do padrão de ação insulínica e na avaliação do controle glicêmico. Com o objetivo de melhorar a correlação entre a glicosúria e a glicemia, o paciente deve esvaziar a bexiga, ingerir água, aguardar por aproximadamente 30 minutos, urinar novamente e então efetuar a glicosúria. Em condições ideais, a glicosúria deve ser negativa, mas considera-se aceitável uma glicosúria em amostra isolada inferior a 5 g/l e inaceitável quando acima desse valor.

Contudo, existem vários aspectos que devem ser considerados quando utilizamos a glicosúria para estimar a glicemia:

- A capacidade máxima de reabsorção tubular renal de glicose corresponde a uma concentração plasmática de aproximadamente 160 mg/dl ou 180 mg/dl. Portanto, para uma glicemia em torno de 180 mg/dl, a glicosúria deve ser negativa. Em muitos adultos, particularmente aqueles com diabetes de duração prolongada, esta capacidade de reabsorver glicose pode variar substancialmente, de modo que pode existir hiperglicemia acentuada sem glicosúria. Por outro lado, alguns indivíduos, principalmente crianças e mulheres grávidas, podem apresentar reabsorção tubular renal muito baixa ou variável, resultando em glicosúria com euglicemia.
- A ingestão de líquido e a densidade urinária podem alterar os testes.
- Uma glicosúria negativa não é capaz de fazer distinção entre uma hipoglicemia, euglicemia e uma hiperglicemia leve ou moderada.
- A metodologia para os testes de urina domiciliares envolvem o uso de tiras reagentes que mudam de cor e são comparadas a uma coloração padrão – o que torna-se difícil para os daltônicos e pacientes com comprometimento visual.
- Algumas drogas (vitamina C e AAS) podem falsear o resultado da glicosúria; e grandes quantidades de cetona podem diminuir o aparecimento de cor nas tiras reagentes.

As considerações acima referidas devem ser de conhecimento tanto da equipe de saúde como dos pacientes, para que possam interpretar adequadamente a glicosúria e saber as suas limitações.

**Outro problema** com os testes de glicosúria é a representação dos resultados em "cruzes": +, ++, +++, ++++. Se é assim que você representa seus resultados de glicosúria, tome cuidado: o mesmo resultado, em "cruzes", pode significar quantidades bem diferentes de glicose, dependendo do produto utilizado. Para evitar problemas, se você usa os testes de glicosúria, sempre expresse os resultados nas unidades de medida mencionadas no rótulo de cada produto.

## PRODUTOS PARA OS TESTES DE GLICOSÚRIA

| PRODUTO | TEMPO DE LEITURA | BLOCOS REFERENCIAIS DE RESULTADOS |
|---|---|---|
| Glukotest | 1 min | + 50 / ++ 100 / +++ 300 / ++++ 1.000 ou + mg% |
| Diastix | 30 seg | Traços 100 / + 250 / ++ 500 / +++ 1.000 / ++++ 2.000 ou + mg% |
| Glicofita | 2 min | Teste apenas qualitativo: positivo ou negativo |

## Cetonúria

A determinação da cetonúria constitui parte importante do controle metabólico, especialmente nos diabéticos tratados com insulina.

A cetonúria pode ser indicativa de cetoacidose em evolução, condição que necessita assistência médica imediata.

A cetonúria deve ser pesquisada em:

- situações de doenças agudas e infecções;
- quando a glicemia está persistentemente acima de 300 mg/dl;
- durante a gestação;
- quando sintomas de cetoacidose (náuseas, vômitos, dor abdominal) estão presentes.

A cetonúria, entretanto, associada a níveis baixos de glicemia ou glicosúrias negativas, indica a falta de suprimento alimentar. Por outro lado, a denominada cetose pura, na ausência do jejum, de infecções ou situações de estresse, associada à hiperglicemia, indica deficiência insulínica – no mínimo, de grau moderado.

### Quando fazer os testes de cetonúria?

Os testes de cetonúria são indicados sempre que os níveis glicêmicos estiverem **muito altos** (glicemia acima de 250 mg%). Além disso, todas as situações que possam afetar o controle glicêmico (intercorrências médicas, estresse físico e emocional etc.) podem requerer um teste de cetonúria.

#### PRODUTOS PARA OS TESTES DE CETONÚRIA

| PRODUTO | TEMPO DE LEITURA | FAIXA DE LEITURA |
|---|---|---|
| Gluketur | 1 min | + ■ 5-40   ++ ■ 40-100   +++ ■ >100 mg% |
| Keto-Diastix | 15 seg | Traços ■ 5   + ■ 15   ++ ■ 40   +++ ■ 80   ++++ ■ 160 mg% |

*No Brasil, os testes disponíveis para **cetonúria** também contêm a área reagente para **glicosúria** na mesma tira. Os tempos mencionados aqui são para a leitura da **cetonúria**.

## Glicemia capilar

Um grande avanço no monitoramento do tratamento nos pacientes diabéticos foi a possibilidade de se avaliar a glicemia do sangue capilar através das tiras reagentes de leitura comparativa ou óptica.

A automonitoração é recomendada para todos os pacientes em uso de insulina. Pode também ser recomendada para aqueles em uso de sulfoniluréias e todos os que não conseguem atingir as metas terapêuticas.

Para os pacientes do tipo 1, recomenda-se a automonitoração da glicemia com pelo menos quatro ou mais testes ao dia (antes de cada refeição principal e à noite, ao deitar).

A freqüência ideal para pacientes do tipo 2 não está bem definida, mas deve ser suficiente para a obtenção dos objetivos terapêuticos. Alguns recomendam uma avaliação diária, em horários diferentes, de modo que todos os períodos e diferentes situações sejam avaliados.

Um dos esquemas utilizado é o de quatro testes diários durante dois ou três dias na semana. Os pacientes mais motivados em melhorar significativamente o seu nível de controle metabólico monitoram a glicemia várias vezes ao dia, regularmente.

Além desta verificação, deve-se realizar, uma vez por semana, o teste entre 2 e 3 horas da madrugada, na tentativa de detectar hipoglicemias noturnas. Faz-se necessário, também, realizar glicemia, periodicamente, após 90 minutos das refeições, para avaliar as excursões pós-prandiais da mesma.

Considera-se como bom controle glicêmico o fato de 80% a 90% das avaliações mostrarem glicemia de jejum:

- entre 80 e 120 mg/ dl, uma e meia a duas horas pós-prandiais;
- entre 80 e 160 mg/dl;
- superior à 60 mg/dl, entre duas e três horas da madrugada.

Quando as glicemias de jejum situarem-se entre 121 e 140 mg/dl e as pós-prandiais entre 161 e 180 mg/dl, considera-se o controle como aceitável e ruim quando as glicemias estão superiores a esses níveis.

### Proteína sérica glicada

A glicação da hemoglobina ocorre de modo análogo ao da albumina e de outras proteínas plasmáticas.

A extensão da glicação não-enzimática das proteínas está diretamente relacionada à concentração da glicose plasmática e ao período em que a proteína ficou exposta a tais condições.

A concentração das proteínas glicadas está diretamente relacionada com os níveis glicêmicos e com a vida média da proteína.

As proteínas glicadas mais estudadas e utilizadas clinicamente são a albumina, a frutosamina e a hemoglobina A.

### Tratamento do DM e da HAS

#### *Princípios gerais*

O tratamento do DM e HAS inclui as seguintes estratégias: educação, modificações dos hábitos de vida e, se necessário, medicamentos.

O tratamento concomitante de outros fatores de risco cardiovascular é essencial para a redução da mortalidade cardiovascular.

O paciente deve ser continuamente estimulado a adotar hábitos saudáveis de vida (manutenção de peso adequado, prática regular de atividade física, suspensão do hábito de fumar, baixo consumo de gorduras e de bebidas alcoólicas).

A mudança nos hábitos de vida pode ser obtida se houver uma estimulação constante em todas as consultas, ao longo do acompanhamento.

O tratamento dos portadores de HAS e DM deve ser individualizado, respeitando-se as seguintes situações:

- idade do paciente;
- presença de outras doenças;
- capacidade de percepção da hipoglicemia;
- estado mental do paciente;
- uso de outras medicações;
- dependência de álcool ou drogas;
- cooperação do paciente;
- restrições financeiras.

*Tratamento não-medicamentoso*

**Terapia nutricional e educação alimentar**

*Objetivo geral*

Auxiliar o indivíduo a fazer mudanças em seus hábitos alimentares, favorecendo o melhor controle metabólico, do peso corporal, da pressão arterial e do nível glicêmico. O bom controle do DM e da HAS só é obtido com um plano alimentar adequado.

*Objetivos específicos*

- Incentivar atividades de promoção da saúde através de hábitos alimentares saudáveis para prevenir obesidade, HAS e DM.

- Aumentar o nível de conhecimento da população sobre a importância da promoção à saúde, de hábitos alimentares adequados, da manutenção do peso saudável e da vida ativa.
- Promover atitudes e práticas sobre alimentação adequada e atividade física.
- Prevenir o excesso de peso.
- Manter a glicemia em níveis adequados, através do balanceamento da ingestão de alimentos, doses de insulina ou antidiabéticos orais e intensidade da atividade física.
- Manter o perfil lipídico desejado.
- Manter os valores pressóricos normais.
- Prover calorias adequadas para manter o peso, o crescimento e o desenvolvimento normais e boa evolução da gravidez e da lactação.
- Auxiliar na prevenção e tratamento das complicações da HAS e DM, evitando a hipo e hiperglicemia, atenuando fatores de risco cardiovascular e orientando pacientes com lesão renal em dieta hipoprotéica.

### Orientações gerais

O plano alimentar deve ser personalizado de acordo com a idade, sexo, estado **metabólico**, situação biológica, atividade física, doenças intercorrentes, hábitos socioculturais, situação econômica e disponibilidade dos alimentos em sua região.

Deve-se fracionar as refeições objetivando a distribuição harmônica dos alimentos, evitando grandes concentrações de carboidratos em cada refeição, reduzindo, assim, o risco de hipo e hiperglicemia. O paciente deve seguir as seguintes recomendações:

- Para o DM tipo 1 - 6 refeições ao dia (3 grandes refeições e 3 pequenas refeições);
- Para o DM tipo 2 - de 4 a 6 refeições ao dia.

Procurar manter constante, a cada dia, a quantidade de carboidratos e sua distribuição.

- Incentivar o consumo de fibras alimentares (frutas, verduras, legumes, leguminosas, cereais integrais), pois além de melhorarem o trânsito intestinal retardam o esvaziamento gástrico, proporcionando maior saciedade e um efeito positivo no controle dos lipídeos sangüíneos.

- Evitar alimentos ricos em gordura saturada e colesterol (gorduras de origem animal, carne de porco, lingüiça, embutidos em geral, frutos do mar, miúdos, vísceras, pele de frango, dobradinha, gema de ovo, mocotó, carne vermelha com gordura aparente, leite e iogurte integral - no caso de adultos - manteiga, creme de leite, leite de coco, azeite-de-dendê e chocolate).
- Reduzir o consumo diário de sal para 5 g na hipertensão controlada e 2 g na hipertensão grave (1 colher de chá rasa = 1 g de sal). Moderar o uso durante o preparo das refeições, e evitar o consumo de determinados alimentos.
- Aumentar a ingestão de potássio para prevenir o aumento da pressão arterial e preservar a circu-lação cerebral, evitando o AVE.
- Evitar frituras em geral, inclusive com margarinas ou creme vegetal, processo que produz oxidação.
- Evitar carboidratos simples (açúcar, mel, garapa, melado, rapadura e doces em geral), principalmente para o indivíduo diabético.
- Reduzir a ingestão de sal, por ser grande desencadeador e mantenedor da pressão arterial elevada no âmbito individual e coletivo.

*Recomendações nutricionais*

Obeso (em geral, diabético tipo 2) - Dieta com moderada restrição calórica, associada com exercícios físicos, a fim de, gradativamente, reduzir o peso. Uma perda de peso de 5 a 10 kg em grandes obesos já se mostra efetiva no controle glicêmico, mesmo que o peso ideal não tenha sido alcançado.

**Peso adequado** – Dieta com calorias suficientes para a manutenção do peso.

**Baixo peso** (em geral, diabético tipo 1) – Dieta com ingesta calórica ajustada para a recuperação do peso e do bom estado nutricional.

**Crianças e adolescentes** – Dieta com ajustes freqüentes das recomendações energéticas, a fim de prover calorias suficientes para o crescimento e desenvolvimento dentro do esperado, para cada faixa etária.

*Bebidas alcoólicas*

Não é recomendável o uso habitual de bebidas alcoólicas. O consumo moderado (uma a duas vezes por semana, no limite de um cálice de vinho ou uma lata de cerveja ou uma dose de 50 ml de uísque ou equivalentes) é tolerado por pacientes bem controlados, desde que a bebida seja ingerida como parte de uma refeição e que as calorias estejam incluídas no VET (valor energético total).

## Os Dez Passos para a Manutenção do Peso Saudável

Na educação alimentar, alguns itens devem ser considerados em todas as atividades de informação, educação e comunicação:

• Esclarecer que a alimentação e nutrição adequadas são direitos humanos universais.

*1° Passo*
• Coma frutas e verduras variadas, pelo menos duas vezes por dia.

*2° Passo*
• Promover o peso saudável através de mensagens positivas.
• Promover a substituição do consumo de alimentos pouco saudáveis para alimentos saudáveis.
• Consuma feijão pelo menos quatro vezes por semana.

*3° Passo*
Evite alimentos gordurosos como carnes gordas, salgadinhos e frituras.
• Não discriminar alimentos, mas propor a redução do consumo dos menos adequados.

*4° Passo*
• Retire a gordura aparente das carnes e a pele do frango.
• Evitar a personificação do obeso, já discriminado socialmente.

*5° Passo*

• Esclarecer que alimentação saudável não é alimentação cara.

Nunca pule refeições, faça três refeições e um lanche por dia. No lanche, escolha uma fruta.

*6° Passo*

• Garantir a sustentabilidade das atividades de informação, educação e comunicação.

Evite refrigerantes e salgadinhos.

Não reforçar padrões estéticos.

*7° Passo*

• Faça as refeições com calma e nunca na frente da televisão.

*8° Passo*

• Aumente a sua atividade física diária. Ser ativo é se movimentar.
• Evite ficar parado, você pode fazer isto em qualquer lugar.

*9° Passo*

• Suba escadas ao invés de usar o elevador; caminhe sempre que possível e não passe longos períodos sentado assistindo TV.

*10° Passo*

• Acumule trinta minutos de atividade física todos os dias.

### Orientação para crianças e adolescentes

Tem-se demonstrado que para crianças e adolescentes diabéticos a orientação alimentar adequada, ajustada ao medicamento e a atividade física, proporciona melhor controle da glicemia.

### Consumo de nutrientes

A avaliação das necessidades energéticas e nutricionais da criança e do adolescente diabético devem ser revistas com maior freqüência, a fim de não comprometer o desenvolvimento pôndero-estatural, evitando o catabolismo metabólico.

O aporte de carboidratos deve ser igual ao dos jovens não-diabéticos.

As necessidades protéicas variam de acordo com a fase de crescimento da criança e do adolescente, onde, do total de proteínas consumidas, um terço deverá constituir-se de proteínas de alto valor biológico.

Da mesma forma que para o adulto, a criança e o jovem devem evitar o consumo excessivo de gorduras, lembrando que o ácido linoléico (ácido graxo essencial) é fundamental para o desenvolvimento do sistema nervoso central e, portanto, deve estar presente na alimentação em quantidades suficientes, através de alimentos que são fontes de gorduras – como os óleos vegetais e a gordura presente no leite integral.

As recomendações para micronutrientes e fibras são iguais às do não-diabético, lembrando que deve haver bom aporte de cálcio, fósforo, ferro e zinco para atender as demandas do crescimento.

## Interrupção do tabagismo

O hábito de fumar é o principal fator de risco para doenças do coração e dos vasos, bem como para o câncer e lesões pulmonares irreversíveis, como enfisema e bronquite crônica. Tal hábito deve ser abolido, porém isto não é fácil, pela dependência da nicotina, hoje considerada uma droga que provoca vício igual ao da cocaína e heroína.

Considerando tal fato, a educação para crianças e adolescentes é fundamental, evitando que venham a se tornar viciados.

## Recomendações

- Marque uma data para o abandono, idealmente dentro de duas semanas.
- Beber álcool está fortemente associado com recaídas.
- A presença de outros fumantes em casa dificulta o abandono.
- Avise amigos, familiares e colegas de trabalho, e peça apoio.
- Retire os cigarros de casa, carro e trabalho e evite fumar nesses locais.

- Reflita sobre o que deu errado em outras tentativas de abandono.
- Preveja as dificuldades, em especial a síndrome de abstinência.
- Abstinência total é essencial: não dê nem mesmo uma tragada.

## Atividade física

Ao prescrever atividades físicas, considerar que:
- Devem ser regulares, pois seus benefícios possuem ação máxima de apenas 24 a 48 horas.
- Devem ser exercícios aeróbicos (caminhar, nadar, andar de bicicleta, etc.), pois os exercícios isométricos não são recomendados.
- A duração média deve ser de 45 a 60 minutos, no mínimo três vezes por semana. Hoje, considera-se que as atividades físicas podem ser realizadas diariamente por 30 minutos, podendo ser fracionada em períodos (por exemplo, de 10 minutos, três vezes ao dia). Na atividade física intensa são necessários 15 minutos de aquecimento, 30 minutos de exercício e de 10 a 15 minutos de relaxamento.
- A idade, a aptidão física e as preferências de cada paciente são importantes.
- Os pacientes com idade superior a 35 anos, ou os indivíduos com história prévia de cardiopatia, devem ser submetidos a um teste ergométrico prévio.
- Os exercícios devem ser realizados com roupas e calçados adequados.
- Deve-se ingerir líquidos em quantidade suficiente antes, durante e após o exercício, para evitar a desidratação.
- Todo paciente portador de DM deve trazer consigo uma identificação e ser orientado para ter acesso imediato a uma fonte de carboidratos rapidamente absorvível (tabletes de glicose, refrigerantes não-dietéticos, sucos com açúcar, etc.) para uso em caso de hipoglicemia.

O exercício não deve ser do tipo competitivo se o paciente for portador de obesidade, osteoporose acentuada ou artropatia. Caminhar é preferível a nadar se a prevenção da osteoporose também for um objetivo, haja vista que a caminhada também é um exercício de levantamento de peso. Caminhar numa caixa d'água profunda pode ser benéfico se uma artropatia ou osteoporose estiver causando dores nas costas, nos membros inferiores ou joelhos.

A recomendação da *American Hearth Association* de que a pessoa empreenda exercícios aeróbicos, nos quais a taxa cardíaca atinja 70% do máximo em 20-30 minutos por 3 a 4 vezes na semana, pode ser aplicada aos diabéticos em geral. No idoso, esta freqüência deve ser diária.

Este nível de exercício deve ser empreendido somente após uma avaliação cardiovascular e o regime deve ser ajustado à presença de fármacos betabloqueadores ou outros agentes que possam afetar a freqüência do pulso.

### Efeitos

- *Hipertensão* – reduz os níveis prescritos de repouso e pode reduzir a dose de medicamentos necessários.
- *Dislipidemia* – diminui os níveis séricos de triglicérides e aumenta os níveis séricos de HDL colesterol.
- *Obesidade* – auxilia no controle do peso e reduz principalmente a gordura corporal.
- *Estresse* – reduz ansiedade, fadiga e depressão.
- *Diabetes:*
- previne ou retarda o surgimento do diabetes tipo 2;
- reduz a resistência insulínica, podendo diminuir a necessidade de medicamentos;
- diminui o risco cardiovascular.

### Para os portadores de diabetes tipo 1

Nesses pacientes, um programa de atividades físicas pode não levar a grandes resultados no controle metabólico. Entretanto, os mesmos devem ser encorajados a fazê-lo devido ao grande benefício cardiovascular, bem-estar psicológico, interação social e lazer.

Devem ser vigiados nesses pacientes: hipoglicemia, hiperglicemia, cetose, isquemia coronariana, arritmia, piora de uma retinopatia proliferativa e lesões nos membros inferiores.

Deve-se evitar a aplicação de insulina nos locais ou membros mais solicitados durante essas atividades. Uma redução de 1 a 20% da dose de insulina pode ser necessária nos dias de exercícios, os quais não devem ser realizados em horários próximos do pico de ação da insulina. Para evitar hipoglicemia, os pacientes devem receber uma suplementação de carboidratos antes ou durante a realização de exercícios prolongados.

### Para os portadores de diabetes tipo 2

Nesses pacientes, deve ser feita prévia avaliação da hipertensão arterial, do grau de retinopatia, nefropatia, neuropatia e, particularmente, de doença isquêmica cardíaca silenciosa.

Exercícios pós-alimentação podem reduzir a hiperglicemia pósprandial. É provável que exercícios realizados após as 16 horas possam reduzir a produção hepática de glicose e diminuir a glicemia de jejum.

Quando a duração do exercício for superior a uma hora, faz-se necessária suplementação alimentar durante o mesmo, especialmente nos pacientes em uso de insulina.

Os pacientes que utilizam apenas dieta para o tratamento não requerem suplementação alimentar, pois não correm o risco de hipoglicemia.

### Contra-indicações

- Glicemia superior a 300 mg/dl, cetonemia ou cetonúria positiva. Adiar os exercícios até que os valores estejam < 250 *mg/dl*.
- Incapacidade de detectar hipoglicemia.
- Coronariopatia clínica.

- Neuropatia grave em atividade.
- Retinopatia proliferativa não-tratada.
- Lesões abertas (úlceras) nos pés.

*Cuidados*

- Em pacientes com retinopatia próliferativa não-tratada ou tratada recentemente, evitar exercícios que aumentem a pressão intra-abdominal, manobras de Valsalva ou similar (levantamento de peso) e movimentos rápidos com a cabeça.
- Quando a glicemia for <100 mg/dl, fazer lanche extra. O valor calórico desta alimentação dependerá da intensidade e duração do exercício e da resposta individual.
- Em pacientes com neuropatia ou insuficiência arterial periférica, evite corrida. Dê preferência a nadar, andar de bicicleta ou caminhar usando calçados apropriados e confortáveis.
- Em pacientes com hipertensão arterial, evitar levantamento de peso ou manobras de Valsalva. Escolher exercícios que envolvam os membros inferiores.

## Educação

### Conceito

A educação é uma parte essencial do tratamento. Constitui um direito e dever do paciente e também um dever dos responsáveis pela promoção da saúde.

A ação educativa deve abranger os seguintes pontos:
- Informar sobre as conseqüências do DM e HAS não tratados ou mal controlados.
- Reforçar a importância da alimentação como parte do tratamento.

- Esclarecer sobre crendices, mitos, tabus e alternativas populares de tratamento.
- Desfazer temores, inseguranças e ansiedade do paciente.
- Enfatizar os benefícios da atividade física.
- Orientar sobre hábitos saudáveis de vida.
- Ressaltar os benefícios da automonitoração, insistindo no ensino de técnicas adequadas e possíveis.
- Ensinar como o paciente e sua família podem prever, detectar e tratar emergências.
- Ensinar claramente como detectar os sintomas e sinais de complicações crônicas, em particular nos pés.
- Ressaltar a importância dos fatores de riscos cardiovasculares.
- Incentivar o paciente a se tornar mais auto-suficiente no seu controle.

FONTE: Ministério da Saúde.

*Avaliação*

O processo de educação necessita de avaliação constante, num mecanismo de retroalimentação.

Deve-se levar em conta os resultados obtidos pelos pacientes, os instrumentos utilizados e o desempenho da equipe envolvida.

A avaliação utiliza parâmetros ligados a aderência, ao controle metabólico, a complicações agudas e crônicas, além da análise da adaptação psicossocial e de mudanças de hábitos.

A educação para o DM e a HAS deve ser associada a assistência ao paciente, de modo a prover todos os recursos necessários para o tratamento adequado.

# Tratamento medicamentoso da HAS

## Princípios gerais

Com base na estratificação do risco individual associada não somente aos níveis pressóricos mas também aos fatores de risco e às co-morbidades pode-se decidir pelo uso de medicamentos.

Quando da opção pelo uso de drogas anti-hipertensivas algumas noções básicas devem ser lembradas:

- Iniciar sempre com doses menores do que as preconizadas.
- Evitar os efeitos colaterais, associando nova droga antes da dose máxima estabelecida, favorecendo associações de baixas doses.
- Estimular a medida da PA no domicílio, sempre que possível.
- Lembrar que determinadas drogas anti-hipertensivas demoram de 4 a 6 semanas para atingir seu efeito máximo, devendo-se evitar modificações do esquema terapêutico antes do término desse período.
- O paciente deve ser orientado quanto ao uso do medicamento, horário mais conveniente, relação com alimentos, sono, diurese e mecanismos de ação.

- Antes de aumentar ou modificar a dosagem de um anti-hipertensivo, monitorar a adesão que significa o paciente estar com a pressão controlada e aderente às recomendações de mudanças nos hábitos de vida. A principal causa de hipertensão arterial resistente é a descontinuidade da prescrição estabelecida.

## Classes de anti-hipertensivos

Estão disponíveis seis classes de anti-hipertensivos: os diuréticos, os inibidores adrenérgicos (os de ação central, os alfa-1 bloqueadores e os betabloqueadores), os vasodilatadores diretos, os inibidores da enzima conversora da angiotensina (ECA), os antagonistas dos canais de cálcio e os antagonistas do receptor da angiotensina II.

A cada dia surgem novas classes, porém vale ressaltar que estudos para a redução da morbimortalidade somente foram demonstrados com o uso de diuréticos e betabloqueadores. Mais recentemente, verificou-se os mesmos resultados com o uso de nitrendipina (antagonista dos canais de cálcio) em idosos.

Este caderno detalhará apenas as drogas padronizadas pelo Ministério da Saúde, por razões científicas e de custo-eficácia no âmbito populacional.

A padronização recomendada inclui como de primeira escolha a hidroclorotiazida (diurético) e/ou propanolol (betabloqueador), seguido do captopril (IECA), especialmente para os diabéticos, a alfa-metildopa para as gestantes e o minoxidil (vasodilatador de ação direta) para os casos graves.

## Diuréticos

São as drogas mais usadas no tratamento da HAS em todo o mundo, há mais de trinta anos. Têm papel vital no controle dessa condição, seja isolado ou em associação com outras drogas.

Essas drogas são, ainda, as mais extensivamente estudadas e têm demonstrado redução de morte e complicações cardiovasculares.

**Mecanismo de ação** – o local de ação dessas drogas é o nefron (unidade morfofuncional do rim). O mecanismo exato pelo qual os diuréticos baixam a pressão ainda não está devidamente esclarecido. Inicialmente, produzem leve depleção de sódio. Com a continuação da terapia ocorre, também, diminuição da resistência vascular periférica.

**Efeitos adversos** – podem depletar potássio com doses moderadas ou elevadas. Cuidados especiais devem ser tomados com os idosos, em vista da hipotensão postural.

### Tipo de diurético

**Hidroclorotiazida (HCT)** – é o diurético padronizado para uso rotineiro. Deve ser usado, na maioria das vezes, como droga inicial, permitindo uma ação anti-hipertensiva lenta, com reações compensatórias reflexas menos intensas.

**A prevenção dos efeitos colaterais da HCT** – como dislipidemias, intolerância à glicose, hipopotassemia, impotência sexual e hiperuricemia – é alcançada com doses cada vez menores, e vigilância dessas alterações. Não se deve ultrapassar a dose de 50 mg/dia.

Estudos recentes têm mostrado diminuição da excreção urinária de cálcio. Este efeito tem sido associado a baixa incidência de fraturas em pacientes idosos.

Pacientes com insuficiência cardíaca e insuficiência renal crônica (creatinina 1,5 mg/dl) deverão usar a furosemida, ao invés da hidroclorotiazida.

Em diabéticos, utilizar doses baixas (12,5 a 25 mg/dia), o que minimiza os efeitos adversos. Deve-se, ainda, monitorar o potássio e a glicose sangüínea.

### Inibidores simpáticos

O cérebro exerce grande controle sobre a circulação. Portanto, atuar farmacologicamente nesta área é imprescindível para diminuir a pressão arterial nos hipertensos – clonidina e alfametildopa são as drogas preferenciais.

**Mecanismo de ação** – estas drogas deprimem o tônus simpático do sistema nervoso central.

### Tipo de inibidor simpático

*Alfametildopa*

É a droga ideal para tratamento da grávida hipertensa, pois mostrou-se mais efetiva na redução da pressão arterial dessas pacientes, além de não provocar malformação fetal.

Os efeitos colaterais, como hipotensão postural e disfunção sexual, sintomas freqüentes no paciente com neuropatia autonômica diabética, limitam o seu uso nessa população.

### Betabloqueadores

São drogas que antagonizam as respostas às catecolaminas, mediadas pelos receptores beta.

São úteis em uma série de condições, tais como: arritmias cardíacas, prolapso da valva mitral, infarto do miocárdio, angina do peito e hipertensão portal esquistossomática.

**Mecanismo de ação** – ainda não está bem esclarecido como estas drogas produzem redução da pressão arterial. Diminuição da freqüência e do débito cardíaco são os resultados encontrados após a administração das mesmas. No seu uso constante, a diminuição da pressão arterial se correlaciona melhor com alterações na resistência vascular periférica que com variações na freqüência cardíaca ou alterações no débito cardíaco induzidas por essas drogas.

### Tipo de betabloqueador

**Propanolol (PP)** – foi o primeiro betabloqueador sintetizado e ainda é o mais usado.

**Efeitos adversos** – contra-indicado em atópicos ou asmáticos pelo desencadeamento ou agravamento do broncoespasmo, podendo levar à insuficiência respiratória aguda. Também contra-indicado em bloqueios cardíacos e insuficiência vascular periférica.

Apesar da possível deterioração do controle glicêmico e do perfil lipídico, o UKPDS demonstrou que o atenolol reduziu o risco de doença macro e microvascular no paciente diabético. Importante lembrar que, no paciente diabético, além das suas clássicas contra-indicações, como a insuficiência arterial periférica, os betabloqueadores podem mascarar e prolongar os sintomas de hipoglicemia.

### *Vasodilatadores diretos*

São drogas que têm efeito relaxador direto no músculo liso vascular, sem intermediação de receptores celulares.

**Mecanismo de ação** – leva à vasodilatação da arteríola pré-capilar e conseqüente queda da resistência vascular periférica. Isto pode, por mecanismo de compensação, levar ao aumento da retenção de sódio e água. Esta é uma das razões porque essas drogas só devem ser usadas em associação prévia com betabloqueadores e diuréticos em hipertensão grave e resistente.

### Tipo de vasodilatador direto

**Minoxidil** – deve ser usada como quarta droga em HAS grave.

### *Inibidores da enzima conversora da angiotensina (IECA)*

Essas drogas representam grande avanço no tratamento da HAS.

**Mecanismo de ação** – esses compostos inibem a formação de angiotensina I, bloqueando o sistema renina angiotensina-aldosterona.

A angiotensina II é um dos maiores vasoconstritores conhecidos e se origina a partir do angiotensinogênio vindo da renina. As angiotensinas são produtos de uma série de reações proteolíticas iniciadas com a clivagem do angiotensinogênio. Para a formação da angiotensina II, vindo da angiotensina I, faz-se necessária a presença da enzima conversora (ECA). Essas drogas bloqueiam essa enzima, que transforma a AI em AII (convertase). Possuem perfil hemodinâmico e metabólico favorável e podem ser usadas em associação a outras drogas.

Do ponto de vista terapêutico, os inibidores da enzima de conversão da angiotensina (ECA), além da redução da pressão arterial sistêmica, reduzem a pressão intraglomerular, que tem como conseqüência proteção renal específica.

Vale ressaltar que são drogas contra-indicadas na gestação ou em mulheres com risco de engravidar, pela possibilidade de malformação fetal.

### Tipo de IECA

**Captopril** – foi o primeiro inibidor da conversão da angiotensina. Tem indicação formal para os hipertensos portadores de diabetes, haja vista provocar queda da hipertensão glomerular, tão danosa para a função renal, e evitar perda de albumina pela urina (albuminúria).

Apresenta a vantagem de não prejudicar a sensibilidade à insulina e o perfil lipídico do plasma, e associa-se à redução da HVE. Na neuropatia autonômica do diabetes, a possibilidade de hipoaldosteronismo hiporreninêmico com elevação de potássio pode limitar o uso de IECA.

Cuidados devem ser tomados em relação aos pacientes com estenose de artéria renal, pela possibilidade de hipoperfusão e, conseqüentemente, queda da função de filtração renal. Dosagem de potássio e de creatinina auxiliam na avaliação da função renal.

## Urgência e emergência em hipertensão arterial

### Crise hipertensiva

Os pacientes portadores de alterações pressóricas importantes acompanhadas de sintomatologia como cefaléia, alterações visuais recentes, dor no peito, dispnéia e obnubilação devem ser encaminhados para os serviços de urgência e emergência. É importante diferenciar dessas situações os quadros de alterações pressóricas que ocorrem em situações de estresse emocional e que, às vezes, podem ser contornados com o simples uso de um benzodiazepínico. Também não constituem urgências hipertensivas a elevação da pressão arterial desacompanhada de sintomas. Um simples ajuste terapêutico poderá, nesses casos, promover o adequado controle da pressão arterial, mesmo que para tal finalidade se façam necessários alguns dias de observação.

É interessante lembrar o aumento pressórico que surge como conseqüência da interrupção súbita do tratamento, especialmente em usuários de clonidina e betabloqueadores.

## Classificação da crise

### Urgência hipertensiva

Aumento súbito da pressão arterial não-associada a quadros clínicos agudos como obnubilação, vômitos, dispnéia e que assim não apresentam risco imediato de vida ou dano em órgão-alvo. Nessa situação, a pressão arterial pode ser controlada em 24 horas e a medicação de escolha deve ser os inibidores da enzima conversora da angiotensina (captopril), numa dosagem de 25 ou 50 mg, acompanhada de um diurético de alça (furosemida). O uso da nifedipina sublingual, muito difundido em passado recente, está no momento proscrito. A razão principal para o abandono desse tipo de terapêutica centra-se na lógica de que não necessitamos reduzir a pressão num período de tempo muito curto, mas sim dentro das 24 horas.

### Emergência hipertensiva

Aumento súbito da pressão arterial, acompanhado de sinais e sintomas indicativos de dano importante em órgãos-alvo e risco de vida. Os exemplos mais comuns dessas situações são presença de edema agudo pulmonar, infarto agudo do miocárdio, aneurisma dissecante da aorta, acidente vascular encefálico e encefalopatia hipertensiva. Nessas situações, indica-se sempre a hospitalização e, se possível, o tratamento inicial preconizado para os diversos tipos de emergências cardiológicas.

Cuidados especiais devem ser adotados com os quadros de AVE, quando a diminuição súbita da pressão arterial pode tornar-se extremamente danosa para o paciente.

## Tratamento medicamentoso do DM

Vários fatores são importantes na escolha da terapêutica para o DM tipo 2:
- gravidade da doença;
- condição geral do paciente (presença ou não de outras doenças);
- capacidade de autocuidado;
- motivação;
- idade.

### Opções de tratamento

Existem dois tipos de tratamento medicamentoso do DM: os antidiabéticos orais e as insulinas.

#### Antidiabéticos orais

Os antidiabéticos orais devem ser empregados, no DM tipo 2, quando não se tiver atingido os níveis glicêmicos desejáveis após o uso das medidas dietéticas e do exercício.

A natureza progressiva do DM, caracterizada pela piora gradual da glicemia de jejum ao longo do tempo, provoca a necessidade de aumento da dose dos medicamentos e acréscimo de outros no transcorrer da doença.

A combinação de agentes com diferentes mecanismos de ação é comprovadamente útil. Alguns pacientes diabéticos tipo 2 irão necessitar da terapia insulínica logo após o diagnóstico; outros, ao longo do tratamento.

Os agentes hipoglicemiantes orais podem ser classificados, de acordo com seu mecanismo de ação, em:

- Agentes que retardam a absorção pós-prandial de glicose (ex: inibidores de alfaglicosidase) .
- Agentes que aumentam a secreção de insulina (ex: sulfoniluréias, repaglinida).
- Agentes que reduzem a resistência insulínica (ex: metformina e tiazolidinedionas).

*Sulfoniluréias*

Esses agentes têm sido utilizados há mais de 40 anos no tratamento da hiperglicemia do DM tipo 2. A clorpropamida foi um dos primeiros fármacos desenvolvidos nessa classe de medicamentos conhecida como sulfoniluréia de "primeira geração". Subseqüentemente, outros agentes mais potentes, tais como a glibenclamida, glipizida e glicazida, foram sintetizados e são denominados agentes de "segunda geração" e mais recentemente, a glimepirida.

## Mecanismo de ação e efeitos

Estimulam agudamente a célula beta a secretar insulina, sendo portanto ineficazes em pacientes com redução importante na função destas células. Algumas ações extrapancreáticas foram descritas, embora não consideradas de grande importância na melhoria da hiperglicemia.

Após alguns meses de terapia, os níveis de insulina retornam aos valores pré-tratamento, enquanto os níveis glicêmicos permanecem mais baixos.

Em pacientes com níveis de glicose plasmática acima de 200 mg/dl, diminuem a glicose plasmática cerca de 60 a 70 mg/dl, e a glico-hemoglobina de 1,5 a 2,0 pontos percentuais.

## Indicações

Devem ser administradas no DM tipo 2 não-obeso ou com sobrepeso, quando não se obteve controle adequado após 2 a 3 meses de dieta ou em pacientes que apresentem no diagnóstico glicemias superiores a 270 mg/dl, sem sinais de descompensação. Iniciar a terapia com a menor dose possível e aumentar a dose a cada 4 a 7 dias, se necessário.

No DM tipo 2, as sulfoniluréias estão indicadas em associação com a metformina quando a terapêutica inicial monoterápica não for eficaz para um bom controle metabólico.

### Tipos de sulfoniluréias

**Clorpropamida** – de 1ª geração, este fármaco tem maior duração de ação, sendo por isso usado em dose única. Pode provocar icterícia colestática, hiponatremia, especialmente em idosos e em combinação com tiazídicos, e reações tipo dissulfiram (Antabuse) quando usadas com álcool. Por estas razões, não é apropriada como terapêutica de primeira escolha, especialmente em pessoas idosas (> 60 anos).

A clorpropamida foi associada a níveis pressóricos mais elevados e, o estudo do *United Kingdom Prospective Diabettes Study - UKPDS*, não determinou diminuição da incidência de retinopatia. Deve-se dar preferência às sulfoniluréias de 2ª geração, considerando-se sua boa eficácia e menor incidência de efeitos adversos.

**Glibenclamida** – tem duração de ação de 16 a 24 horas e pode ser usada em uma ou duas doses diárias.

**Glipizida** – tem vida plasmática curta, podendo ser usada em idosos e em uma ou duas doses diárias.

**Gliclazida** – se houver insuficiência renal crônica leve (creatinina sérica < 2 mg/dl), é preferencialmente indicada. Existem evidências de que possa ter efeito antioxidante.

**Glimepirida** – deve ser usada em dose única. Existem evidências de uma menor interação com o sistema cardiovascular, o que poderia resultar em efeito cardiovascular benéfico.

### Contra-indicações

- DM tipo 1 ou DM pancreático (pancreatite crônica, pancreatectomizados).

- Gravidez.
- Grandes cirurgias, infecções severas, estresse, trauma.
- História de reações adversas graves às sulfoniluréias ou similares (sulfonamidas).
- Predisposição a hipoglicemias severas (hepatopatias, nefropatias).
- Acidose ou estado pré-acidótico.
- Pacientes com diminuição da função hepática ou renal.

*Biguanidas*

**Metformina** é a biguanida em uso.

### Mecanismo de ação e efeitos

Aumenta a sensibilidade à insulina nos tecidos periféricos (muscular e adiposo) e no Fígado.

A redução da glicemia provocada pela metformina deve-se especialmente à diminuição da produção hepática de glicose. A magnitude na diminuição da glicose plasmática em jejum e da glico-hemoglobina é semelhante à das sulfoniluréias. Reduz os níveis de triglicerídeos de 10 a 15% e do LDL-colesterol, aumentando o HDL. Não está associada a aumento de peso, podendo inclusive determinar uma diminuição de dois a três quilos durante os primeiros seis meses de tratamento. Quando associada à sulfoniluréias, determina um efeito hipoglicemiante aditivo. Não causa hipoglicemia quando usada isoladamente.

### Indicações

- DM tipo 2 obeso, com hiperglicemia não controlada com dieta e exercício.
- DM tipo 2, associada às sulfoniluréias, quando há falha secundária a estes fármacos.

## Contra-indicações

- DM tipo 1
- Gravidez
- Situações clínicas que possam elevar o ácido láctico no sangue: creatinina > 1,5 mg/dl em homens e > 1,4 mg/dl em mulheres, transaminase três vezes maior que a normal, doença pulmonar obstrutiva crônica - DPOC, doença arterial periférica, insuficiência cardíaca e uso abusivo de álcool.
- História prévia de acidose láctica

## Efeitos colaterais

Podem surgir anorexia, náuseas, vômitos e diarréia. No entanto, com o tempo de uso do medicamento e a administração da medicação após as refeições, estes efeitos tendem a diminuir. A acidose láctica é rara (cerca de três casos/100.000 pacientes/ano).

## Precauções

- Interromper o uso do medicamento 72 horas antes de exame radiológico que use contraste iodado e cirurgia que exija anestesia geral.
- Evitar o uso concomitante com salicilatos, fenotiazinas e barbitúricos.
- Monitorar a função renal (uréia, creatinina) e hepática (TGO, TGP e fosfatase alcalina) pelo menos uma vez ao ano.

## Insulinas

A insulina é um hormônio produzido pelas células beta das ilhotas de Langerhans do pâncreas.

A molécula de insulina é uma proteína formada por duas cadeias interligadas de aminoácidos, não tendo ação quando administrada por via oral.

Os efeitos da insulina consistem em reduzir os níveis sangüíneos de glicose, ácidos graxos e aminoácidos e estimular a conversão destes para compostos de armazenamento que são o glicogênio, os triglicerídeos e as proteínas.

### Classificação

As insulinas geralmente são classificadas de acordo com:
1) *sua origem* – podem ser bovinas, suínas ou humanas;
2) *grau de purificação;*
3) *período de ação* – podem ser ultra-rápidas, rápidas, intermediárias, lentas, NPH (*Neutral Protamine Hagedom*) e ultralentas.

### Insulina humana

As insulinas humanas são obtidas através da tecnologia de DNA recombinante utilizando *E. coli* ou *Saccharomyces cerevisiae* (insulina humana biossintética) ou por uma modificação química da insulina suína.

As insulinas humanas apresentam ação mais rápida e de menor duração do que as insulinas suínas.

### Pré-misturas de insulinas

São constituídas por misturas de insulina de ação lenta (NPH) com insulina de ação rápida, aplicadas por via subcutânea. A proporção da mistura pode ser de 70%, 80%, ou 90% da primeira com 30%, 20% ou 10%, respectivamente, da segunda; por isso, são chamadas de 70/30, 80/20, 90/10.

345

*Prescrição*

*Ao prescrever insulina, especificar:*

- **origem:** mista (bovina + suína), suína ou humana;
- **tempo de ação:** ultra-rápida, rápida ou regular, intermediária (NPH e lenta) ultralenta;
- **concentração:** as insulinas são comercialmente disponíveis na concentração de 100 U/rnl, designadas como U-l00. Cada UI equivale a 36 ug de insulina.

### Uso da insulina

*Nos pacientes diabéticos tipo 1*

Considerar a fase de crescimento e desenvolvimento em que o paciente se encontra, a secreção residual de insulina, a fase da doença, o estilo de vida e a atividade profissional.

As necessidades diárias de insulina desses pacientes variam de 0,5 a 1,0 U/kg/dia.

Na puberdade ou na vigência de infecções, essas necessidades podem chegar a 1,5 U/kg/dia e na prática de atividades físicas podem ser inferiores a 0,5 U/kg/dia. Quando o paciente necessita de mais de 2 U/kg/dia de insulina e mantém glicemia acima de 250 mg/dl, deve-se pensar em situação de resistência insulínica. O esquema terapêutico mais freqüente é o de duas doses de insulina de ação intermediária, aplicando-se 2/3 da dose pela manhã, no desjejum, e 1/3 da dose, no jantar. Quando a glicemia de jejum estiver elevada, aumentar a insulina da noite e para hiperglicemia antes do jantar, aumentar a insulina da manhã. Um modo seguro de ajustar a insulina é aumentar de 10 em 10% as doses, num intervalo mínimo de 2 dias, até atingir os valores desejáveis de glicemia.

Para o alcance dos objetivos terapêuticos, em geral faz-se necessária a associação de insulina regular com insulina de ação intermediária, antes do café e do jantar, e uma dose de insulina regular antes do almoço.

Existem esquemas de múltiplas doses de insulina. Um dos esquemas aconselhável, para pacientes com alimentação ou atividade física irregular, é o de três injeções de insulina regular por dia (antes das principais refeições) e uma de ação intermediária ou ultralenta à noite, ao deitar.

### Nos pacientes diabéticos tipo 2

Quando os níveis de glicose plasmática estiverem acima de 270 mg/dl, especialmente se acompanhados de perda de peso, cetonúria e cetonemia. Alguns destes pacientes provavelmente não são do tipo 2, mas do tipo 1 de início tardio e, portanto, dependentes de insulina.

Durante a gravidez, quando não houver normalização dos níveis glicêmicos com dieta.

Quando os medicamentos orais não conseguirem manter os níveis glicêmicos dentro dos limites desejáveis.

Quando durante o tratamento com antidiabéticos orais surgirem intercorrências tais como cirurgias, infecções, acidente vascular encefálico, etc., nas quais os níveis glicêmicos elevados podem piorar o prognóstico em pacientes com infarto agudo do miocárdio e com níveis de glicose plasmática superiores a 200 mg/dl, utilizar insulina por via endovenosa contínua e solução de glicose a 5% com cloreto de potássio. O emprego destas medidas pode reduzir em 30% a mortalidade por causa cardiovascular.

O uso de insulina nos pacientes com diabetes tipo 2 pode ser combinado com os antidiabéticos orais que serão usados durante o dia e a insulina de ação intermediária ou ultralenta ao deitar.

Nesse caso, com o uso do hipoglicemiante de ação curta, antes das refeições, procuramos corrigir as hiperglicemias pós-prandiais e com a insulina ao deitar, corrigir a hiperglicemia de jejum.

É aconselhável retirar o hipoglicemiante oral e instituir monoterapia com insulina quando não se obtém o controle adequado da glicemia a partir do tratamento combinado (insulina + antidiabéticos orais).

## Complicações da insulinoterapia

### Hipoglicemia

Constitui a principal complicação da insulinoterapia.

Existem estudos que demonstram estar a hipoglicemia envolvida como fator primário ou secundário de morte em 4% dos pacientes com DM tipo 1.

Várias condições clínicas, como insuficiência adrenal, tireoideana, hipofisária, renal, hepática e uso de álcool podem predispor os indivíduos em uso de insulina a apresentarem hipoglicemia. Desse modo, essas condições devem ser monitoradas nesse tipo de paciente.

O uso de doses incorretas de insulina, a aplicação intramuscular e a omissão de refeições também levam à hipoglicemia em uma porcentagem não desprezível de pacientes.

### Lipodistrofia hipertrófica ou hipertrofia insulínica

É caracterizada por uma tumefação ou endurecimento no local e ao redor das aplicações de insulina.

Hoje, com o uso das insulinas altamente purificadas e as insulinas humanas, essa complicação praticamente inexiste.

### Edema insulínico

Pode ocorrer em pacientes cronicamente descompensados, sendo rapidamente desfeito a partir de um bom controle glicêmico com a insulinoterapia. O edema, cuja causa exata não é bem determinada, pode ser generalizado ou localizado em mãos e pés. Em alguns casos, faz-se necessário o uso de diurético por 2 ou 3 dias.

### Resistência insulínica

Refere-se a uma condição na qual um paciente adulto necessita de mais de 200 U/dia, ou uma criança mais do que 2,5 U/kg de peso de insulina/dia.

No DM tipo 2, está associada com uma série de condições clínicas tais como cirurgia, infecções, cetoacidose, doenças de excesso de hormônios contra-reguladores (hipercortisolismo, hipertireoidismo, hipersomatotropismo, feocromocitoma, hiperaldosteronismo), síndromes genéticas (síndrome de resistência insulínica tipo A, por exemplo) e altos títulos de anticorpos antiinsulina.

*Acompanhamento dos pacientes diabéticos do tipo 2*

Os pacientes estáveis e com controle satisfatório podem ser avaliados pela equipe multidisciplinar a cada três ou quatro meses. A pesquisa das complicações crônicas deve ser feita anualmente. Pacientes instáveis e com controle inadequado devem ser avaliados mais freqüentemente, de acordo com a necessidade. Recomenda-se:

- **a cada 3 meses:** verificar peso, pressão arterial, exame do pé, glicemia de jejum e glico-hemoglobina;
- **a cada ano:** pesquisar microalbuminúria, triglicerídeos, colesterol total e frações, ECG e fundo-de-olho.

*Monitoramento do DM*

O automonitoramento do controle glicêmico é parte fundamental do tratamento. A medida da glicose no sangue capilar é o teste de referência. No entanto, algumas vezes, razões de ordem psicológica, econômica ou social dificultam ou impedem a realização desta técnica. A medida da glicosúria, especialmente no período pós-prandial, tem se mostrado método útil em pacientes com DM tipo 2.

Os resultados dos testes devem ser revisados periodicamente com a equipe multidisciplinar. Os portadores de DM devem ser orientados sobre os objetivos do tratamento e as providências a serem tomadas quando os níveis de controle metabólico forem constantemente insatisfatórios.

A freqüência do monitoramento depende do grau de dificuldade de controle dos medicamentos anti-hiperglicêmicos utilizados e de situações específicas. Assim, pacientes em uso de insulina ou durante a gestação ou com intercorrências clínicas devem realizar medidas freqüentes da glicose capilar, pelo menos quatro vezes por dia (antes das refeições e ao deitar).

A medida da glicose capilar deve ser realizada sempre que houver suspeita clínica de hipoglicemia. Muitos pacientes atribuem alguns sintomas inespecíficos – como fome, mal-estar, nervosismo – à presença de hipoglicemia e ingerem alimentos doces e calóricos. Por isso, todo sintoma sugestivo de hipoglicemia deve ser cuidadosamente avaliado.

Em pacientes usuários de dose noturna de insulina e agentes orais durante o dia, ou apenas medicamentos orais, medidas de glicemia capilar, antes do café e do jantar, são suficientes.

À medida que os níveis glicêmicos permanecem estáveis, avaliações da glicose capilar podem ser realizadas apenas uma vez por dia, em diferentes horários, inclusive após as refeições. O conhecimento da glicemia após as refeições é particularmente útil nos casos em que os níveis de glico-hemoglobina forem discrepantes das medidas da glicose capilar de jejum.

## Tratamento das dislipidemias

O tratamento nutricional é fundamental para o controle do DM e das alterações lipídicas associadas. Caso não sejam atingidos os valores desejáveis de lípides séricos, recomenda-se utilizar uma dieta mais restrita em lipídeos (gordura saturada < 7% do Valor Calórico Total-VCT, ingestão de colesterol < 200 mg/dia), preferencialmente queijos magros (fresco, *cottage*, ricota), leite e iogurte desnatados, peixe e carne de frango sem pele.

Especial atenção deve ser dada a pacientes com hipertrigliceridemia grave (triglicérides> 700 mg/dl), quando a ingestão de gorduras deve ser mais restritiva, isto é, menos de 10% a 20% do Valor Calórico Total - VCT.

O estímulo ao aumento da atividade física é importante, pois além de favorecer a perda ponderal e aumentar a sensibilidade à insulina potencializa os efeitos da dieta no perfil lipídico, diminuindo os níveis de triglicérides e elevando o de HDL-c.

Estas medidas devem ser implementadas de forma individualizada, objetivando atingir o peso desejável pela restrição calórica, combinada ao aumento da atividade física e a normalização do nível glicêmico.

A correção da hipertrigliceridemia ocorre em poucos dias. Atingidos os dois objetivos acima e persistindo as alterações lipídicas, recomenda-se o emprego de medicamentos hipolipemiantes.

Em determinadas situações clínicas como triglicérides > 700 mg/dl, pelo risco de pancreatite aguda, aumento isolado de LDL-c (> 200 mg/dl) em duas medidas consecutivas e na presença de doença cardiovascular, não se aguarda o efeito da dieta, instituindo-se o tratamento medicamentoso.

Deve ser lembrado que alguns medicamentos utilizados para o controle da glicemia podem interferir no perfil lipídico, assim como alguns agentes anti-hipertensivos.

A insulina tem sempre um efeito corretor da dislipidemia, especialmente diminuindo a trigliceridemia e aumentando o HDL-c. As sulfoniluréias e a metformina melhoram o perfil lipídico em função do controle glicêmico.

Betabloqueadores e diuréticos tiazídicos podem elevar a colesterolemia e, mais acentuadamente, a trigliceridemia, embora isto não ocorra em todos os pacientes. O uso destas medicações não está contra-indicado desde que se façam medidas repetidas dos lípides séricos após seu início.

## Complicações

### Complicações da HAS

A PA elevada crônica leva à lesão vascular. As artérias apresentam modificações em sua geometria, desde a diminuição da luz e espessamento das paredes até rupturas. As lesões do coração, rins e cérebro são decorrentes das lesões vasculares desses órgãos.

*Coração*

A lesão característica da hipertensão no coração apresenta-se como hipertrofia do mesmo, ou seja, espessamento das paredes do ventrículo esquerdo, com aumento do peso e diminuição da cavidade. Este aumento da massa ventricular esquerda não é acompanhado pelo aumento da circulação coronária, o que acarreta alteração entre gasto energético e oferta, levando à isquemia miocárdica. Isto pode ser medido pelo ecocardiograma e, mais raramente, pelo eletrocardiograma.

Em fases avançadas da doença cardiovascular hipertensiva ou outras lesões associadas podemos encontrar desde aumento das cavidades com disfunção ventricular até o clássico quadro de insuficiência cardíaca congestiva.

*Cérebro*

O cérebro talvez seja o órgão que mais sofra com a hipertensão arterial crônica ou súbita.

A lesão típica caracteriza-se pelo microaneurisma de Charcot - Bouchard; com o progredir da condição, lesões de rarefação da substância branca tornam-se presentes. A trombose e a hemorragia são episódios geralmente agudos. Podemos encontrar microinfartos cerebrais que cursam assintomáticos e que são revelados pelo quadro clínico de demência discreta e revelados pela tomografia computadorizada e outros exames mais sofisticados.

*Rins*

Esses orgãos sofrem bastante com o aumento da pressão arterial. Sendo o glomérulo a unidade morfofuncional do rim e caracterizado como um tufo vascular, qualquer aumento da pressão nesse território (hipertensão intraglomerular) leva à diminuição progressiva de sua função, na maioria das vezes silenciosa.

O principal achado é o aumento na excreção de albuminas, diminuindo a função de filtração do mesmo, levando à insuficiência renal franca. Em cerca de 70% dos indivíduos em programa de hemodiálise, a lesão renal básica e primária foi causada por hipertensão arterial não-tratada. Na presença de DM, essas lesões são precoces e mais intensas.

*Complicações do DM*

**Resumo das complicações agudas e crônicas do diabetes**

| AGUDAS ||
|---|---|
| TIPO | CONSEQÜÊNCIA |
| 1) Níveis excessivamente altos de glicemia (hiperglicemia acentuada) | • Coma hiperglicêmico |
| 2) Níveis excessivamente baixos de glicemia (hipoglicemia acentuada) | • Coma hipoglicêmico |
| CRÔNICAS ||
| TIPO | CONSEQÜÊNCIA |
| 1) Comprometimento dos vasos capilares (microangiopatia diabética) | • Doença renal (nefropatia diabética) <br> • Doença na retina ocular (retinopatia diabética) |
| 2) Comprometimento dos vasos arteriais (macroangiopatia diabética) | • Deficiência circulatória em órgãos como o cérebro, o coração e os membros inferiores, causando derrames, infartos, úlceras nas pernas e gangrena nos dedos dos pés, etc. |
| 3) Comprometimento das vias nervosas (neuropatia diabética) | • Perda de sensibilidade nervosa, formigamentos, impotência, alterações digestivas, urinárias e circulatórias, ressecamento da pele, lesões ulcerosas de pernas e pés, etc. |

## Agudas

As principais complicações agudas são:
1. Hipoglicemia
2. Cetoacidose diabética
3. Coma hiperosmolar

Condutas

**No paciente consciente** – oferecer alimento com carboidrato de absorção rápida (de preferência, líquido), na dose de 10 a 20 gramas (ex. meio copo de refrigerante comum, suco de laranja ou três tabletes de glicose, etc.). Pode ser necessário repetir a dose.

**No paciente inconsciente** – não forçar ingestão oral. Dar 20 ml de glicose a 50% EV e/ ou I mg de Glucagon 1M ou SC. Encaminhar ao hospital.

O quadro pode se repetir e ser prolongado, especialmente em idosos, quando causado por uma sulfoniluréia. Sintomas neuroglicopênicos podem persistir por horas após a correção metabólica.

### Detectar causa do episódio

Deve ser adotado um cuidado especial para evitar a hipoglicemia, que pode ocorrer mais freqüentemente e de forma mais perigosa no idoso, principalmente porque podem faltar elementos de seu quadro clássico.

Os sintomas da reação adrenérgica faltam freqüentemente no diabético de longa data, principalmente no idoso, além do paciente que está fazendo uso concomitante de um betabloqueador. No diabético de longa data, isto ocorre pela neuropatia autonômica que é uma das complicações crônicas do DM. No idoso, soma-se à falta de resposta adrenérgica, comum nesta faixa etária. Estes pacientes não apresentam sudorese e, freqüentemente, entram em coma pouco após apresentarem um quadro de *delirium* que muitas vezes é fugaz.

## Cetoacidose

### Conduta

- Na presença de condições de risco e quadro clínico compatível, rastrear como teste de cetonúria e de glicemia.
- Tratar a doença intercorrente.
- Considerar que o quadro pode deteriorar-se rapidamente.
- Não interromper o tratamento habitual.
- Não interromper a ingestão de líquidos e alimentos; se não for possível ingerir alimentos sólidos, substituir por líquidos.
- Monitorar a glicemia a cada 2 horas, nas primeiras 12 horas e, depois, a cada 4 - 6 horas.

Aplicar suplementos de insulina regular subcutânea, conforme a glicemia:

- até 200 mg/dl não se aplica insulina,
- 201 a 300 mg/dl = 4 unidades,
- 300 mg/dl = 8 unidades,
- ou insulina regular, 8 a 10 unidades via intramuscular, de hora em hora.

Em crianças, essas doses são reduzidas em 50%, e em adultos obesos, acrescidas em 50%.

- Monitorar a cetonúria ao menos 3 vezes ao dia.
- Se persistirem vômitos, descompensação metabólica (hiperglicemia/cetose) ou surgir redução do sensório, encaminhar o paciente ao hospital, para tratamento.

# Crônicas

### Classificação

As complicações crônicas podem ser decorrentes de alterações:

- **na microcirculação** – retinopatia e nefropatia;
- **na macrocirculação** – cardiopatia isquêmica, doença cerebrovascular e doença vascular periférica;
- **neuropáticas.**

### Fatores de risco

Os principais fatores de risco para o desenvolvimento dessas complicações são:

- longa duração da doença;
- mau controle metabólico;
- presença de HAS;
- tabagismo e alcoolismo;
- complicações preexistentes;
- gestação.

## Atribuições e competências da equipe de saúde

A equipe mínima de Saúde da Família é constituída por um médico, um enfermeiro, um a dois auxiliares de enfermagem e 4 a 6 agentes de saúde, devendo atuar de forma integrada e com níveis de competência bem estabelecidos na abordagem da hipertensão arterial e do *diabetes mellitus*.

Considerando que uma equipe possua sob sua competência 800 famílias e que uma família tenha, em média, cinco integrantes, teremos uma população estimada de 4.000 pessoas por equipe. Dados do IBGE de 1998, apontam que 49% da população brasileira é de adultos; assim, estima-se que 2.000 habitantes merecerão uma atenção especial para o risco destas doenças.

Estimando-se que 20% dessa população sofram de hipertensão e 8% de diabetes, teremos, aproximadamente, 400 hipertensos e 160 diabéticos na população adscrita. Deste contingente identificado, podemos esperar que cerca de 280 apresentem hipertensão arterial leve; 60, hipertensão arterial moderada, 32, hipertensão arterial grave e 28 sejam portadores de hipertensão sistólica isolada.

De acordo com esse exemplo é possível imaginar que pelo menos 340 indivíduos são hipertensos leves ou moderados – que podem ser tratados pela equipe de Saúde da Família, quando devidamente capacitada para esta missão. Do mesmo modo podemos esperar que 128 indivíduos identificados como diabéticos possam também ser tratados pela equipe.

### Agente Comunitário de Saúde

1) Esclarecer a comunidade sobre os fatores de risco para as doenças cardiovasculares, orientando-a sobre as medidas de prevenção.

2) Rastrear a hipertensão arterial em indivíduos com mais de 20 anos pelo menos uma vez ao ano, mesmo naqueles sem queixa.

3) Identificar, na população geral, pessoas com fatores de risco para diabetes, ou seja: idade igual ou superior a 40 anos, obesidade, hipertensão, mulheres que tiveram filhos com mais de 4 quilos ao nascer e pessoas que têm ou tiveram pais, irmãos e/ou outros parentes diretos com diabetes.

4) Encaminhar à consulta de enfermagem os indivíduos rastreados como suspeitos de serem portadores de hipertensão.

5) Encaminhar à unidade de saúde, para exame de açúcar no sangue, as pessoas identificadas como portadoras de fatores de risco.

6) Verificar o comparecimento dos pacientes diabéticos e hipertensos às consultas agendadas na unidade de saúde.

7) Verificar a presença de sintomas de elevação e ou queda do açúcar no sangue, e encaminhar para consulta extra.

8) Perguntar, sempre, ao paciente hipertenso e ou diabético se o mesmo está tomando com regularidade os medicamentos e se está cumprindo as orientações de dieta, atividades físicas, controle de peso, cessação do hábito de fumar e da ingestão de bebidas alcoólicas.

9) Registrar na sua ficha de acompanhamento o diagnóstico de hipertensão e diabetes de cada membro da família com idade superior a 20 anos.

## Auxiliar de Enfermagem

1) Verificar os níveis da pressão arterial, peso, altura e circunferência abdominal, em indivíduos da demanda espontânea da unidade de saúde.

2) Orientar a comunidade sobre a importância das mudanças nos hábitos de vida, ligadas à alimentação e à prática de atividade física rotineira.

3) Orientar as pessoas da comunidade sobre os fatores de risco cardiovascular, em especial aqueles ligados à hipertensão arterial e diabetes.

4) Agendar consultas e reconsultas médicas e de enfermagem para os casos indicados.

5) Proceder as anotações devidas em ficha clínica.

6) Cuidar dos equipamentos (tensiômetros e glicosímetros) e solicitar sua manutenção, quando necessária.

7) Encaminhar as solicitações de exames complementares para serviços de referência.

8) Controlar o estoque de medicamentos e solicitar reposição, seguindo as orientações do enfermeiro da unidade, no caso de impossibilidade do farmacêutico.

9) Orientar pacientes sobre automonitorização (glicosúria e glicemia capilar) e técnica de aplicação de insulina.

10) Fornecer medicamentos para o paciente em tratamento, quando da impossibilidade do farmacêutico.

### Enfermeiro

1) Capacitar os auxiliares de enfermagem e os agentes comunitários, e supervisionar de forma permanente suas atividades.

2) Realizar consulta de enfermagem, abordando fatores de risco, tratamento não medicamentoso, adesão e possíveis intercorrências ao tratamento, encaminhando o indivíduo ao médico quando necessário.

3) Desenvolver atividades educativas de promoção de saúde com todas as pessoas da comunidade. Desenvolver atividades educativas individuais ou em grupo com os pacientes hipertensos e diabéticos.

4) Estabelecer junto com a equipe estratégias que possam favorecer a adesão (grupos de hipertensos e diabéticos).

5) Solicitar durante a consulta de enfermagem os exames mínimos estabelecidos nos consensos e definidos como possíveis e necessários pelo médico da equipe.

6) Repetir a medicação de indivíduos controladas e sem intercorrências.

7) Encaminhar para consultas mensais, com o médico da equipe, os indivíduos não aderentes, de difícil controle e portadores de lesões em órgãos-alvo (cérebro, coração, rins, vasos etc.) ou com co-morbidades.

8) Encaminhar para consultas trimestrais, com o médico da equipe, os indivíduos que mesmo apresentando controle dos níveis tensionais, sejam portadores de lesões em órgãos-alvo ou co-morbidades.

9) Encaminhar para consultas semestrais, com o médico da equipe, os indivíduos controlados e sem sinais de lesões em órgãos-alvo e sem co-morbidades.

10) Acrescentar na consulta de enfermagem o exame dos membros inferiores para identificação do pé em risco. Realizar também cuidados específicos nos pés acometidos e nos pés em risco.

11) Realizar glicemia capilar dos pacientes diabéticos a cada consulta e nos hipertensos não diabéticos uma vez ao ano.

## Médico

1) Realizar consulta para confirmação diagnóstica, avaliação dos fatores de risco, identificação de possíveis lesões em órgãos-alvo e co-morbidades, visando a estratificação do portador de hipertensão e diabetes.

2) Solicitar exames complementares quando necessário.

3) Tomar a decisão terapêutica, definindo o início do tratamento com drogas.

4) Prescrever tratamento não medicamentoso e medicamentoso.

5) Programar junto com a equipe estratégias para educação do paciente.

6) Encaminhar para unidades de referência secundária e terciária, às pessoas que apresentam hipertensão arterial grave e refratária ao tratamento, com lesões importantes em órgãos-alvo, com suspeita de causas secundárias e aqueles que se encontram em estado de urgência e emergência hipertensiva.

7) Encaminhar para unidades de referência secundária, uma vez ao ano todos os diabéticos, para rastreamento de complicações crônicas, quando da impossibilidade de realizá-lo na unidade básica.

8) Encaminhar para unidades de referência secundária os pacientes diabéticos com dificuldade de controle metabólico.

9) Encaminhar para unidades de referência secundária os casos de diabetes gestacional, gestantes diabéticas e os que necessitam de uma consulta especializada (cardiologia, oftalmologia e etc.).

10) Perseguir obstinadamente os objetivos e metas do tratamento (níveis pressóricos, glicemia pós-prandial, hemoglobina glicada, controle dos lipídeos e do peso).

## Outros Profissionais

A inserção de outros profissionais, especialmente nutricionistas, assistentes sociais e educadores físicos é visto como bastante enriquecedor, devendo atuar de acordo com decisões e práticas locais.

## Prevenção de doenças e complicações cardiovasculares

A prevenção é a forma mais eficaz, barata e gratificante de tratar esses agravos. É de suma importância e engloba, além da educação para a saúde, a reorganização das comunidades e da rede básica.

Geoffrey Rose, epidemiologista inglês que estabeleceu as bases da prevenção das doenças crônicas, dizia que "um grande número de pessoas expostas a um pequeno risco pode gerar mais casos que uma pequena quantidade de pessoas expostas a um grande risco".

Nesse sentido, a estratégia populacional de prevenção é mais efetiva e segura que a procura por indivíduos com alto risco, embora não deva ser excludente.

Assim, podemos relacionar quatro atividades fundamentais de prevenção cardiovascular:

### Prevenção primordial

Deve envolver um conjunto de ações que despertem na comunidade a noção de cidadania.

Em comunidades organizadas, com lideranças já identificadas e representativas, uma ação articulada da equipe de saúde com os líderes pode trazer grandes avanços neste aspecto.

A noção de cidadania deve abranger o conhecimento e a luta de todos por condições dignas de moradia, trabalho, educação e lazer. A existência de áreas insalubres (fábricas poluidoras do meio ambiente, águas estagnadas, matadouros, destino do lixo) deve ser identificada como de risco, e medidas saneadoras devem ser propostas.

*Prevenção primária básica*

Esta tarefa é de competência da equipe de saúde na prevenção da HAS, do DM e de suas complicações. Devem enfatizar o controle do tabagismo, da obesidade, do sedentarismo, do consumo de sal e de bebidas alcoólicas, e o estímulo a uma alimentação saudável.

Nos diabéticos tipo 2, 50% dos casos novos poderiam ser prevenidos evitando-se o excesso de peso, e outros 30% com o controle do sedentarismo.

A equipe de saúde deve:
- Realizar campanhas educativas periódicas, abordando fatores de risco com jovens na faixa escolar e com agrupamentos religiosos.
- Programar, periodicamente, atividades de lazer individual e comunitário.
- Reafirmar a importância dessas medidas para duas populações especiais: a de indivíduos situados no grupo normal-limítrofe na classificação de HAS e a de indivíduos considerados como intolerantes à glicose.

É interessante lembrar que no âmbito das secretarias municipais e estaduais de saúde já existem programas de prevenção e de intervenção na área cardiovascular. Nesses casos, as equipes de Saúde da Família devem procurar realizar uma ação articulada, visando otimizar recursos e buscar parcerias com as sociedades científicas relacionadas a essas patologias.

*Prevenção primária avançada*

Destina-se aos indivíduos com DM e HAS já instalados. Toda ação deve ser programada a partir da identificação de fatores de risco associados, lesões em órgão-alvo e avaliação de co-morbidades.

Nesta etapa de prevenção deve-se estimular a criação dos grupos de hipertensos e diabéticos, no sentido de facilitar a adesão ao tratamento proposto e, quando possível, agregar à equipe profissionais como nutricionista, assistente social, psicólogo, etc.

*Prevenção secundária*

Destina-se aos hipertensos e diabéticos com algum grau de comprometimento. Tem por finalidade impedir o aparecimento de novas complicações. Nesta fase, faz-se necessária uma atuação visando reabilitar os indivíduos já acometidos por agravos (insuficiência cardíaca, portadores de insuficiência renal, retinopatia diabética e pé em risco).

# Técnica para Aferição da Pressão Arterial

### Descrição do procedimento de medida da pressão arterial

Explicar o procedimento ao paciente. Certificar-se de que o paciente:

a) não está com a bexiga cheia;

b) não praticou exercícios físicos;

c) não ingeriu bebidas alcoólicas, café, alimentos ou fumou até 30 (trinta) minutos antes da medida.

- Deixar o paciente descansar por 5 a 10 minutos em ambiente calmo, com temperatura agradável.
- Localizar a artéria braquial por palpação.
- Colocar o manguito adequado firmemente, cerca de 2 a 3 cm acima da fossa antecubital, centralizando a bolsa de borracha sobre a artéria braquial.

- Manter o braço do paciente na altura do coração e utilizar de preferência o braço esquerdo. Posicionar os olhos no mesmo nível da coluna de mercúrio ou do mostrador do manômetro aneróide.

Palpar o pulso radial, inflar o manguito até o desaparecimento do pulso para estimação do nível da pressão sistólica, desinflar e aguardar de 15 a 30 segundos antes de tornar a inflar. Colocar o estetoscópio nos ouvidos, com a curvatura voltada para a frente. Posicionar suavemente a campânula do estetoscópio sobre a artéria braquial, na fossa antecubital, evitando compressão excessiva. Solicitar ao paciente que não fale durante o procedimento de medida. Inflar rapidamente, de 10 em 10 mmHg, até que o nível estimado da pressão sistólica ultrapasse 20 a 30 mmHg. Proceder a deflação na velocidade constante inicial de 2 a 4 mmHg por segundo. Após a determinação da pressão sistólica, aumentar para 5 a 6 mmHg por segundo, evitando congestão venosa e desconforto para o paciente. Determinar a pressão sistólica no momento do aparecimento do primeiro som (fase I de Korotkoff), que se intensifica com o aumento da velocidade de deflação. Determinar a pressão diastólica no aparecimento do som (fase V de Korotkoff), exceto em condições especiais. Auscultar cerca de 20 a 30 mmHg abaixo do último som, para confirmar o seu desaparecimento e, depois, proceder a deflação rápida e completa. Registrar os valores da pressão sistólica e diastólica, complementando com a posição do paciente, o tamanho do manguito e o braço em que foi feita a mensuração. Deverá ser registrado, sempre, o valor da pressão obtida na escala do manômetro, que varia de 2 em 2 mmHg, evitando-se arredondamentos e valores de pressão terminados em 5. Esperar de 1 a 2 minutos antes de realizar novas medidas.

### Orientação quanto à conservação, transporte e uso de insulina

A insulina é um hormônio que deve ser conservado de maneira adequada. O melhor local de armazenamento é na porta da geladeira.

*Evitar:*

- Congelamento (temperatura abaixo de 2 graus centígrados).

- Exposição à luz do sol, pois a insulina pode sofrer degradação.
- Deixar os frascos em local com temperatura elevada.

Nos locais onde não exista geladeira, os frascos de insulina deverão ser mantidos no canto mais fresco da residência – por exemplo, perto do filtro de água. Nesta situação, a insulina deve ser utilizada, no máximo, dentro de seis meses.

### *No caso de viagem:*

- Os frascos de insulina devem ser guardados em bolsa térmica ou caixa de isopor. Não há necessidade de colocar gelo.
- Caso a pessoa não possua bolsa térmica ou isopor, o frasco deve ser transportado em bolsa comum, onde não receba a luz do sol diretamente.
- A insulina que está em uso poderá ser mantida em temperatura ambiente (15°C a 30°C).

### Reutilização de seringas de insulina

Recomenda-se o uso da seringa apenas uma vez, porque a esterilização após o uso não pode ser garantida. Entretanto, grande parte dos pacientes preferem reutilizar a seringa até que sua agulha se torne romba. A maioria das preparações insulínicas possuem aditivos bacteriostáticos que inibem o crescimento da flora comumente encontrada na pele. Optando-se pela reutilização, a seringa deve ser retampada e estocada, ou na temperatura ambiente ou sob refrigeração.

A limpeza da agulha com álcool é dispensável, porque é capaz de remover o silicone que a reveste, tornando a aplicação mais dolorosa. As seringas reutilizadas devem ser descartadas quando a agulha se torna romba, curva ou entra em contato com alguma superfície diferente da pele.

### Recomendações para a concepção e contracepção

Nos meses imediatamente anteriores à concepção, o bom controle é fator particularmente importante na prevenção das malformações fetais. Deve ser investigado através de todos os meios disponíveis, em todas as pacientes diabéticas que estejam planejando uma gestação. Pacientes com complicações crônicas instaladas, tais como retinopatia proliferativa ou nefropatia, devem ser desencorajadas quanto à gravidez. Não há diferenças quanto ao aconselhamento anticoncepcional entre mulheres diabéticas e não-diabéticas. Deve-se, porém, usar somente contraceptivos hormonais de baixo teor estrogênico, levando em conta seus efeitos deletérios sobre o controle glicêmico, a evolução da microangiopatia, o surgimento de hipertensão e a incidência de trombo-embolismos. Na presença de qualquer destes fatores, usar preparações puramente progestacionais ou métodos de barreira, ou considerar a hipótese de realizar ligadura tubária.

## 10.4 - Controle da Tuberculose

### O Controle da Tuberculose Prioridade Nacional

Segundo o Ministério da Saúde (2000) a tuberculose é um problema de saúde prioritário no Brasil, que juntamente com outros 21 países em desenvolvimento, albergam 80% dos casos mundiais da doença. No Brasil, estima-se que ocorram 129.000 casos por ano, dos quais são notificados cerca de 90.000. Em 1998, o coeficiente de mortalidade foi de 3,5 por 100.000 habitantes. Esses números, entretanto, não representam a realidade do País, pois parte dos doentes não são diagnosticados nem registrados oficialmente.

O Ministério da Saúde (MS) (1999), define a tuberculose como prioridade entre as políticas governamentais de saúde, estabelecendo diretrizes para as ações e fixando metas para o alcance de seus objetivos.

As ações para o controle da tuberculose no Brasil têm como meta diagnosticar pelo menos 90% dos casos esperados e curar pelo menos 85% deles. A expansão das ações de controle para 100% dos municípios complementa o conjunto de metas a serem alcançadas.

Essa expansão se dará no âmbito da atenção básica, na qual os gestores municipais, juntamente com o gestor estadual deverão agir de forma planejada e articulada para garantir a implantação das ações de controle da tuberculose: estruturação da rede de serviços de saúde para identificação de sintomáticos respiratórios; organização da rede laboratorial para diagnóstico e controle dos casos; garantia de acesso ao tratamento supervisionado e/ou auto-administrado dos casos; proteção dos sadios; alimentação e análise das bases de dados para tomada de decisão.

Dentre as várias estratégias para estender o Plano Nacional de Controle da Tuberculose a todos os municípios brasileiros, estão a expansão e a consolidação dos Programas de Agentes Comunitários de Saúde e do Programa Saúde da Família do MS, em parceria com as prefeituras municipais.

## Atribuições das Unidades Básicas de Saúde para o Controle da Tuberculose

| *Controle da Tuberculose* | |
|---|---|
| **Responsabilidades** | **Atividades** |
| • Busca ativa de casos | • Identificação de sintomáticos respiratórios (SR). |
| • Diagnóstico clínico de casos | • Exame clínico de SR e comunicantes. |
| • Acesso a exames para diagnóstico e controle laboratorial e radiológico. | • Realização de baciloscopia e raio X na US ou referência para SMS. |
| • Cadastramento de portadores. | • Alimentação e análise dos Sistemas de Informação. |
| • Tratamento dos casos BK (+) | • Fornecimento de medicam. Busca aos faltosos. |
| • Medidas preventivas. | • Vacinação com o BCG. Busca aos comunicantes e Quimioprolaxia, Educação. |

As UBS do Sistema Único de Saúde (SUS) de todos os municípios do País devem realizar as ações para:

- identificar entre as pessoas maiores de 15 anos que procuram o serviço, sintomáticos respiratórios (pessoas com tosse e expectoração por três semanas ou mais), fazer o diagnóstico de tuberculose, iniciar o tratamento, acompanhar os casos em tratamento, dar alta aos pacientes;
- identificar entre as crianças que procuram o serviço de saúde, aquelas portadoras de pneumopatias e outras manifestações clínicas sugestivas de tuberculose, descritas mais adiante, e encaminhá-las a uma unidade de referência para investigação e confirmação do diagnóstico;
- acompanhar e tratar os casos confirmados nas UBS;
- aplicar a vacina BCG;
- coletar material para a pesquisa direta de bacilos álcool ácido resistentes (BAAR) no escarro. Caso a unidade básica de saúde não possua laboratório, identificar um laboratório de referência e estabelecer um fluxo de envio do material;
- realizar a prova tuberculínica quando necessário;
- realizar exame anti - HIV quando indicado;
- dispor de estoque de medicamentos específicos para os doentes inscritos no programa de tuberculose;
- fazer tratamento supervisionado na unidade de saúde ou no domicílio quando indicado;
- manter o Livro de Controle de Tratamento dos Casos de Tuberculose com informações atualizadas acerca do seu acompanhamento, baciloscopias e critério de alta. Essas informações devem ser enviadas mensalmente ao primeiro nível informatizado do SINAN, seja o distrito sanitário, nos municípios maiores, ou para a Vigilância Epidemiológica da Secretaria Municipal de Saúde. Estar atento que a médio prazo, uma nova ficha do SINAN deverá estar disponível incorporando essas informações;
- informar a Secretaria Municipal de Saúde acerca dos casos atendidos e situação de encerramento (resultado do tratamento) desses casos;
- realizar trimestralmente estudo de coorte dos casos acompanhados para a análise do resultado do tratamento;

- fazer uma programação anual para o Programa de Controle da Tuberculose, juntamente com a Vigilância Epidemiológica do município, estabelecendo metas a serem atingidas;

  fazer visita domiciliar quando necessário;
- treinar os recursos humanos da unidade básica de saúde;
- realizar ações educativas junto à clientela da unidade de saúde, bem como na comunidade;
- divulgar os serviços prestados tanto no âmbito do serviço de saúde como na própria Comunidade.

## Etiologia, Transmissão e Patogênese

A tuberculose é uma doença infecciosa e contagiosa, causada por um microorganismo *denominado Mycobacterium tuberculosis* também denominado de bacilo de Koch (BK), que se propaga através do ar, por meio de gotículas contendo os bacilos expelidos por um doente com tuberculose (TB) pulmonar ao tossir, espirrar ou falar em voz alta. Quando estas gotículas são inaladas por pessoas sadias, provocam a infecção tuberculosa e o risco de desenvolver a doença.

### A tuberculose é transmitida de pessoa a pessoa através do ar

A propagação da tuberculose está intimamente ligada às condições de vida da população. Prolifera, como todas as doenças infecciosas, em áreas de grande concentração humana, com precários serviços de infra-estrutura urbana, como saneamento e habitação, onde coexistem a fome e a miséria. Por isto, a sua incidência é maior nas periferias das grandes cidades, podendo, porém, acometer qualquer pessoa mesmo em áreas rurais.

A infecção pelo bacilo da tuberculose pode ocorrer em qualquer idade, mas no Brasil geralmente acontece na infância. Nem todas as pessoas expostas ao bacilo da tuberculose se tornam infectadas. A probabilidade que a TB seja transmitida depende de alguns fatores:

- da contagiosidade;
- do tipo de ambiente em que a exposição ocorreu;
- da duração da exposição.

Quando uma pessoa inala as gotículas contendo os bacilos de Koch, muitas delas ficam no trato respiratório superior (garganta e nariz), onde a infecção é improvável de acontecer. Contudo, quando os bacilos atingem os alvéolos a infecção pode se iniciar.

Em primeiro lugar, os bacilos multiplicam-se nos alvéolos e um pequeno número entra na circulação sangüínea disseminando-se por todo o corpo.

Dentro de 2 a 10 semanas no entanto, o sistema imune usualmente intervem, impedindo que os bacilos continuem a se multiplicar, prevenindo disseminação posterior. A infecção tuberculosa, sem doença, significa que os bacilos estão no corpo da pessoa, mas o sistema imune os está mantendo sob controle. O sistema imune faz isto produzindo células chamadas macrófagos que fagocitam os bacilos e formam uma "barreira", o granuloma, que mantém os bacilos sob controle. A infecção tuberculosa é detectada apenas pela prova tuberculínica (ver mais adiante). As pessoas infectadas e que não estão doentes não transmitem o bacilo.

Uma vez infectada, a pessoa pode desenvolver tuberculose doença em qualquer fase da vida. Isto acontece quando o sistema imune não pode mais manter os bacilos "sob controle" e eles se multiplicam rapidamente.

Todos os órgãos podem ser acometidos pelo bacilo da tuberculose, porém, ocorre mais freqüentemente nos pulmões, gânglios, pleura, rins, cérebro e ossos.

Apenas em torno de 10% das pessoas infectadas adoecem, metade delas durante os dois primeiros anos após a infecção e a outra metade ao longo de sua vida. Esta estimativa está correta se não existirem outras infecções ou doenças que debilitem o sistema imunológico da pessoa, como, por exemplo: *Diabetes Mellitus* (DM); infecção pelo HIV; tratamento prolongado com corticosteróides; terapia imunossupressora; doenças renais crônicas, entre outras; desnutrição calórico protéica. Nestes casos, o risco de progressão da infecção para a doença aumenta.

## A Procura de Casos de Tuberculose

Quanto maior o número de Unidades Básicas de Saúde (UBS) e de equipes com profissionais capacitados desenvolvendo as ações de controle da tuberculose, mais abrangente poderá ser a procura de sintomáticos respiratórios nos serviços de saúde e nas comunidades, mais rápido o início do tratamento e conseqüentemente mais rápida a interrupção da transmissão.

As ações para a procura de casos devem estar voltadas para os grupos com maior probabilidade de apresentar tuberculose. Deve-se realizar a busca ativa de casos entre os sintomáticos respiratórios. A equipe de saúde deve estar preparada para realizar a busca sistemática de sintomáticos respiratórios, ou seja, das pessoas maiores de 15 anos que procuram os serviços de saúde por qualquer motivo e apresentam queixas de tosse e expectoração por três semanas ou mais. Entre esses, deve-se procurar o doente com tuberculose pulmonar bacilífera, "fonte de infecção" para outros indivíduos; contatos de casos de tuberculose – toda pessoa, parente ou não, que coabita com um doente de tuberculose. Atenção especial deve ser dada às populações de maior risco de adoecimento como os residentes em comunidades fechadas – como presídios, manicômios, abrigos e asilos – e os indivíduos etilistas, usuários de drogas, mendigos, imunodeprimidos por uso de medicamentos ou por doenças imunossupressoras (aids, diabetes) e ainda os trabalhadores em situações especiais que mantêm contato próximo com doente com TB pulmonar bacilífera.

A procura de casos deve ser feita ainda entre os suspeitos radiológicos (pacientes com imagens suspeitas de TB que chegam ao serviço de saúde).

## A Organização da Busca de Casos na Comunidade

As equipes do PSF, os agentes comunitários de saúde e os profissionais de saúde responsáveis pela vigilância epidemiológica no distrito sanitário (quando houver), e no município devem mobilizar a comunidade para identificar os "tossidores crônicos", nas famílias, clubes, igrejas, e comunidades fechadas referidas acima, com o objetivo de encaminhá-los para fazer exame de escarro.

Essas unidades devem contar com o apoio de uma unidade de referência, de média complexidade. Porém do ponto de vista de sua atuação no Programa de Controle da Tuberculose, as UBS devem manter a sua autonomia na descoberta e no tratamento de casos de tuberculose.

### A Definição de Caso de Tuberculose

Denomina-se "caso de tuberculose" todo indivíduo com diagnóstico confirmado por baciloscopia ou cultura e aquele em que o médico, com base nos dados clínico-epidemiológicos e no resultado de exames complementares, firma o diagnóstico de tuberculose. "Caso novo" é o doente com tuberculose que nunca se submeteu à quimioterapia antituberculosa, fez uso de tuberculostáticos por menos de 30 dias, ou submeteu-se ao tratamento para tuberculose há cinco anos ou mais.

## Elementos para o Diagnóstico da Tuberculose Pulmonar

### A história clínica

Ter tido contato, intradomiciliar ou não, com uma pessoa com tuberculose; apresentar sintomas e sinais sugestivos de tuberculose pulmonar: tosse seca ou produtiva por três semanas ou mais, febre vespertina, perda de peso, sudorese noturna, dor torácica, dispnéia e astenia; história de tratamento anterior para tuberculose; presença de fatores de risco para o desenvolvimento da TB doença (infecção pelo HIV, diabetes, câncer, etilismo).

### Exame bacteriológico

A baciloscopia direta do escarro é método fundamental porque permite descobrir as fontes mais importantes de infecção – os casos bacilíferos. Esse exame, quando executado corretamente, permite detectar de 70 a 80% dos casos de tuberculose pulmonar em uma comunidade.

A baciloscopia direta do escarro deve sempre ser solicitada para:

- pacientes adultos que procurem o serviço de saúde por apresentarem queixas respiratórias ou qualquer outro motivo, mas que espontaneamente, ou em resposta ao pessoal de saúde, informem ter tosse e expectoração por três ou mais semanas;

- pacientes que apresentem alterações pulmonares na radiografia de tórax; contatos de casos de tuberculose pulmonar bacilíferos que apresentem queixas respiratórias.

Recomenda-se, para o diagnóstico, a coleta de duas amostras de escarro: uma por ocasião da primeira consulta; a segunda, independente do resultado da primeira, na manhã do dia seguinte ao despertar.

### Coleta do escarro

A fase inicial do exame que compreende coleta, conservação e transporte do escarro é de responsabilidade do profissional da Unidade Básica de Saúde.

**a) Primeira amostra:** coletada quando o sintomático respiratório procura o atendimento na unidade de saúde, para aproveitar a presença dele e garantir a realização do exame laboratorial. Não é necessário estar em jejum.

**b) Segunda amostra:** coletada na manhã do dia seguinte, assim que o paciente despertar. Essa amostra, em geral, tem uma quantidade maior de bacilos porque é composta da secreção acumulada na árvore brônquica por toda a noite.

As unidades de saúde devem ter funcionários capacitados para orientar o paciente, com informações simples e claras em relação à coleta do escarro, devendo proceder da seguinte forma: entregar o recipiente ao paciente, verificando se a tampa do pote fecha bem e se já está devidamente identificado (nome do paciente e a data da coleta no corpo do pote); orientar o paciente quanto ao procedimento de coleta: ao despertar pela manhã, lavar a boca, sem escovar os dentes, inspirar profundamente, prender a respiração por um instante e escarrar após forçar a tosse. Repetir essa operação até obter duas eliminações de escarro, evitando que esse escorra pela parede externa do pote; informar que o pote deve ser tampado e colocado em um saco plástico com a tampa para cima, cuidando para que permaneça nessa posição.

Orientar o paciente a lavar as mãos após esse procedimento.

## A cultura do bacilo de Koch

A cultura para o *M. tuberculosis* é indicada para: os suspeitos de tuberculose pulmonar negativos ao exame direto do escarro; o diagnóstico das formas extrapulmonares como meningoencefálica, renal, pleural, óssea ou ganglionar; os casos de suspeita de resistência bacteriana às drogas quando deve ser realizado o teste de sensibilidade; os casos de suspeita de infecção por micobactérias não-tuberculosas, notadamente nos doentes HIV positivos ou com SIDA quando deverá ser realizada a tipificação do bacilo.

## Qualidade e quantidade da amostra

Uma boa amostra de escarro é a que provém da árvore brônquica, obtida após esforço de tosse, e não a que se obtém da faringe ou por aspiração de secreções nasais, nem tampouco a que contém somente saliva. O volume ideal está compreendido entre 5 a 10ml.

Quando o paciente referir que não tem expectoração, o profissional deve orientá-lo sobre como obter a amostra de escarro e fazer com que ele tente fornecer material para o exame. Caso obtenha êxito, deve enviar a amostra ao laboratório para ser examinado, independentemente da qualidade e quantidade.

O material deve ser coletado em potes plásticos com as seguintes características: descartáveis, com boca larga (50mm de diâmetro), transparente, com tampa de rosca de 40mm, capacidade entre 35 e 50 ml. A identificação (nome do paciente e data da coleta) deve ser feita no corpo do pote e nunca na tampa, utilizando-se, para tal, fita gomada ou caneta para retroprojetor. As amostras devem ser coletadas em local aberto de preferência ao ar livre ou em sala bem arejada.

### Conservação e transporte

As amostras clínicas devem ser, preferencialmente, enviadas e processadas no laboratório imediatamente após a coleta. Para aquelas amostras coletadas fora da unidade de saúde, esta deverá recebê-la em qualquer hora de seu período de funcionamento e conservá-la, se possível, sob refrigeração até o seu processamento. Para o transporte de amostras, deve-se considerar duas condições importantes:

1) proteção contra a luz solar;
2) acondicionamento adequado para que não haja risco de derramamento.

Para transportar potes de escarro de uma Unidade Básica de Saúde para outra de maior complexidade, para realização da baciloscopia ou da cultura, as amostras de escarro poderão ficar em temperatura ambiente, protegidas da luz solar por um período máximo de 24 horas.

Se a demora para o envio ao laboratório for no máximo de sete dias, as amostras de escarro deverão ser mantidas refrigeradas entre 2°C e 8°C em geladeira exclusiva para armazenar material contaminado.

Nunca colocar a requisição de exame juntamente com o pote dentro do isopor.

Com vistas à padronização e, portanto, à confiabilidade dos resultados da baciloscopia, os laboratórios, tanto públicos como privados, devem estar credenciados pelo Laboratório Central de Saúde Pública (LACEN) do estado ou município e observar as instruções relativas ao material e ao fornecimento dos resultados (em cruzes para as lâminas positivas), bem como ao controle de qualidade, tanto do esfregaço como da microscopia.

## Prova Tuberculínica

Indicada como método auxiliar no diagnóstico da tuberculose, a prova tuberculínica quando reatora, isoladamente, indica apenas a presença de infecção e não é suficiente para o diagnóstico da tuberculose doença. Em nosso país é utilizada a tuberculina PPD RT23, aplicada por via intra-dérmica no terço médio da face anterior do antebraço esquerdo, na dose de 0,1 ml, equivalente a 2 UT (unidades de tuberculina). Quando conservada em temperatura entre 4°C e 8°C, a tuberculina mantém-se ativa por seis meses. Não deve, entretanto, ser congelada nem exposta à luz solar. A técnica de aplicação (Técnica de Mantoux) e o material utilizado são padronizados pela OMS e têm especificações semelhantes às usadas para a vacinação BCG. A injeção do líquido faz aparecer uma pequena área de limites precisos, pálida e de aspecto pontilhado como casca de laranja. A leitura da prova tuberculínica é realizada de 72 a 96 horas após a aplicação, medindo-se com régua milimetrada o maior diâmetro transverso da área de endurecimento palpável e o resultado, registrado em milímetros classifica-se como:

- **0 a 4 mm – não reator:** indivíduo não infectado pelo *M. tuberculosis* ou com hipersensibilidade reduzida;
- **5 a 9 mm – reator fraco:** indivíduo vacinado com BCG ou infectado pelo M. *tuberculosis* ou por outras micobactérias;
- **10 mm ou mais – reator forte:** indivíduo infectado pelo *M. tuberculosis*, que pode estar doente ou não, e indivíduos vacinados com BCG nos últimos dois anos.

 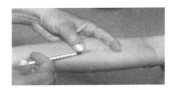

A - *Injeção intradérmica da tuberculina*      B - *Formação de pápula de inoculação*

A leitura da prova tuberculínica é realizada de 72 a 96 horas após a aplicação, medindo-se com régua milimetrada o maior diâmetro transverso da área de endurecimento palpável.

*Mensuração da área de endurecimento*

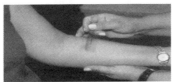

*Mensuração correta*

## Observações em relação à Prova Tuberculínica

- algumas circunstâncias podem interferir no resultado da prova tuberculínica como, por exemplo: desnutrição, aids, sarcoidose, neoplasias, doenças linfoproliferativas, tratamentos com corticosteróides e drogas imunodepressoras, gravidez, etc.;
- todos os indivíduos infectados pelo HIV devem ser submetidos ao teste tuberculínico. Nesses casos, considera-se reator aquele que apresenta endurecimento de 5 mm ou mais e não reator aquele com endurecimento entre 0 e 4 mm. Para pacientes não reatores e em uso de terapia anti-retroviral, recomenda-se fazer o teste seis meses após o início da terapia, devido a possibilidade de restauração da resposta tuberculínica;
- nos indivíduos vacinados com BCG, sobretudo entre aqueles imunizados há até dois anos, a prova tuberculínica deve ser interpretada com cautela porque, em geral, apresenta reações de tamanho médio podendo alcançar 10 mm ou mais;
- recomenda-se realizar o teste tuberculínico em todos os profissionais dos serviços de saúde por ocasião de sua admissão.

## Exame Sorológico Anti-HIV

A todo doente com diagnóstico de tuberculose confirmado, deve ser oferecido o teste sorológico anti-HIV. O profissional de saúde deve conversar com o doente sobre a possibilidade de associação das duas infecções e dos benefícios do diagnóstico precoce e tratamento da infecção pelo HIV. O doente deve assinar o termo de consentimento para realização do exame.

Caso o exame seja positivo, o doente deve ser encaminhado para uma Unidade de Referência para AIDS, mais próxima de sua residência, capacitada a tratar as duas infecções.

## A Notificação do Caso de Tuberculose

O caso deverá ser notificado através do preenchimento da ficha de notificação do SINAN, pelo profissional de saúde (enfermeiro ou médico) da UBS que atendeu o paciente. Essa ficha deverá ser encaminhada ao 1° nível informatizado para digitação no Sistema de Informação de Agravos de Notificação (SINAN).

## O Tratamento do Paciente com Tuberculose

Descobrir uma "fonte de infecção", ou seja, diagnosticar um paciente com tuberculose pulmonar bacilífera, não é o suficiente se não for instituído o tratamento quimioterápico adequado que garanta a sua cura.

Para isso, é indispensável o fornecimento ininterrupto e gratuito das drogas e a supervisão das tomadas, com prioridade absoluta para os "pulmonares positivos".

A tuberculose é uma doença grave, porém curável em praticamente 100% dos casos novos, desde que os princípios da quimioterapia sejam seguidos.

A associação medicamentosa adequada, doses corretas, uso por tempo suficiente, com supervisão da tomada dos medicamentos são os meios para evitar a persistência bacteriana e o desenvolvimento de resistência às drogas, assegurando assim a cura do paciente.

O tratamento dos bacilíferos é a atividade prioritária de controle da tuberculose, uma vez que permite anular rapidamente as maiores fontes de infecção. Poucos dias após o início da quimioterapia correta, os bacilos da tuberculose praticamente perdem seu poder infectante. Assim, os doentes "pulmonares positivos" não precisam nem devem ser segregados do convívio familiar e da comunidade.

Os casos suspeitos de tuberculose que tiverem o diagnóstico confirmado nas Unidades de Referência, aqueles com baciloscopias persistentemente negativas ou sem escarro para realizar exames e os casos de tuberculose extrapulmonar, que forem encaminhados de volta às Unidades Básicas de Saúde de origem deverão ser acompanhados nesta unidade até a alta.

## A Adesão ao Tratamento: O Papel do Tratamento Supervisionado - Estratégia DOTS

Antes de iniciar a quimioterapia, é necessário orientar o paciente quanto ao tratamento. Para isso, deve-se explicar em uma entrevista inicial e em linguagem acessível, as características da doença e o esquema de tratamento que será seguido – drogas, duração, benefícios do uso regular da medicação, conseqüências advindas do abandono do tratamento e possíveis efeitos adversos dos medicamentos.

A atual estratégia do tratamento supervisionado (DOTS) tem como objetivo garantir a adesão ao mesmo, reduzindo o risco de transmissão da doença na comunidade.

A administração do tratamento supervisionado requer a supervisão da ingestão dos medicamentos, na unidade de saúde ou na residência, assegurando-se que o doente os tome em uma única dose diária. A ingestão dos medicamentos deve ser assistida no local de escolha do doente pelo profissional de saúde: médico, enfermeiro, auxiliar de enfermagem, agentes comunitários de saúde e/ou um membro da família devidamente orientado para essa atividade. A supervisão da tomada da medicação, poderá ser feita com pelo menos três observações semanais, nos primeiros dois meses, e uma observação por semana, até o seu final.

Atenção especial deve ser dada para o tratamento supervisionado dos doentes pulmonares bacilíferos, nas seguintes situações:

- etilistas;
- casos de retratamento após abandono;
- mendigos;
- presidiários;
- doentes institucionalizados (asilos, manicômios).

Sempre que houver indicação do tratamento supervisionado, o profissional de saúde deve conversar com o paciente sobre a necessidade do mesmo e sobre as visitas domiciliares, quando for o caso.

Compete aos serviços de saúde prover os meios necessários para garantir que todo indivíduo com diagnóstico de tuberculose possa, sem atraso, ser adequadamente tratado.

## Esquemas de Tratamento segundo a situação do caso

Considera-se "caso novo" ou sem tratamento anterior os pacientes que nunca se submeteram à quimioterapia antituberculosa, fizeram por menos de 30 dias ou há mais de cinco anos. Verificar insistentemente com o paciente e seus familiares, se não houve tratamento antituberculoso prévio, superior a 30 dias.

Define-se como retratamento a prescrição de um esquema de drogas para o doente já tratado por mais de 30 dias, que venha a necessitar de nova terapia por recidiva após cura (RC), retorno após abandono (RA).

Considera-se caso de abandono, o doente que após iniciado o tratamento para tuberculose, deixou de comparecer à unidade de saúde por mais de 30 dias consecutivos, após a data aprazada para seu retorno.

Considera-se caso de recidiva, o doente com tuberculose em atividade que já se tratou anteriormente e recebeu alta por cura, desde que a data da cura e a data do diagnóstico de recidiva não ultrapasse cinco anos. Se esse intervalo exceder cinco anos, o caso é considerado como "caso novo" e o tratamento preconizado é o esquema básico.

Entende-se por falência, a persistência da positividade do escarro ao final do 4° ou 5° mês de tratamento, tendo havido ou não negativação anterior do exame. São aqueles doentes que no início do tratamento são fortemente positivos (+ + ou + + +) e mantêm essa situação até o 4° mês, ou aqueles com positividade inicial seguida de negativação e nova positividade por dois meses consecutivos, a partir do 4° mês de tratamento.

O aparecimento de poucos bacilos no exame direto do escarro, na altura do 5° ou 6° mês, isoladamente, não significa, necessariamente, falência do esquema, em especial se acompanhado de melhora clínico-radiológica. Nesse caso, o paciente será seguido com exames bacteriológicos.

### Os Casos que Devem Ser Tratados na Unidade Básica de Saúde

O tratamento dos "casos novos" de tuberculose pulmonar com baciloscopia positiva poderá ser iniciado por um profissional capacitado e sob supervisão constante do coordenador municipal ou do distrito de saúde, em unidade de saúde sem médico permanente, porém com prescrição do médico.

A tomada dos medicamentos observada diretamente em pelo menos três dias da semana durante os primeiros dois meses e uma observação por semana até o final do tratamento (DOTS/TDS).

Para os "casos novos" das formas pulmonar com exames de escarro negativos, ou os casos de TB extrapulmonar, com confirmação diagnóstica feita nas Unidades de Referência, e que voltarem para serem acompanhados perto de seu domicílio nas UBS (exceto a meningoencefálica), o regime poderá ser ou não supervisionado. Neste caso, devem ser adotadas medidas estimuladoras de adesão dos pacientes ao tratamento e verificar continuamente o uso correto dos medicamentos.

O paciente, que retorna à unidade de saúde após abandono ou recidiva da doença, deve ter a atividade de sua doença confirmada por nova investigação diagnóstica através da baciloscopia e cultura, antes do início do retratamento. Os casos bacilíferos devem ser acompanhados e tratados nas UBS.

Os casos de tuberculose pulmonar com indicação de retratamento após abandono ou recidiva, que têm dois ou mais exames de baciloscopias negativas, devem ser encaminhados à unidade de referência para avaliação. Quando indicado iniciar o tratamento, o paciente deve voltar à UBS onde será acompanhado e tratado.

Utiliza-se para o retratamento – retorno após abandono ou recidiva, em regime diário, supervisionado, em pelo menos três dias da semana, durante todo o tratamento.

Os casos de retratamento após abandono constituem-se em um grupo de alto risco para novo abandono, portanto devem ter o seu tratamento supervisionado no nível local do sistema de saúde.

Para os doentes que fizeram uso de esquemas terapêuticos anteriores a 1979, que não utilizaram a rifampicina, deverá ser iniciado o esquema básico.

### Observações Importantes

Em todos os esquemas, a medicação é de uso diário e deverá ser administrada de preferência em uma única tomada em jejum ou, em caso de intolerância digestiva, junto com uma refeição.

Atenção especial deve ser dada ao tratamento dos grupos considerados de alto risco de intoxicação, como pessoas com mais de 60 anos, em mau estado geral e alcoolistas.

A rifampicina interfere na ação dos contraceptivos orais, devendo as mulheres em uso desse medicamento, receber orientação para utilizar outros métodos anticoncepcionais.

O esquema básico e o esquema básico + etambutol (indicado para os casos de retratamento) podem ser usados pelas gestantes em qualquer período da gestação, em dose plena.

Sempre que possível, deve-se realizar o teste de sensibilidade às drogas no início do tratamento para definir claramente a possibilidade de sucesso desse esquema ou sua modificação.

## A Hospitalização

A hospitalização é admitida somente em casos especiais e de acordo com as seguintes prioridades:

- meningoencefalite;
- indicações cirúrgicas em decorrência da tuberculose;
- complicações graves da tuberculose;
- intolerância medicamentos e incontrolável em ambulatório;
- intercorrências clínicas e/ou cirúrgicas graves;
- estado geral que não permita tratamento em ambulatório;
- em casos sociais, como ausência de residência fixa ou grupos com maior possibilidade de abandono, especialmente se for um caso de retratamento ou falência.

O período de internação deve ser reduzido ao mínimo possível, devendo limitar-se ao tempo suficiente apenas para atender às razões que determinaram sua indicação, independente do resultado do exame bacteriológico, procurando não estendê-lo além da primeira fase do tratamento.

## O Acompanhamento do Tratamento

O acompanhamento do tratamento consiste na avaliação periódica da evolução da doença e a utilização correta dos medicamentos. Para que isto ocorra, é fundamental que o profissional de saúde garanta as condições básicas para o sucesso do tratamento.

Condições básicas para o êxito do tratamento:

1) Unidade de saúde com profissionais treinados para fazer o diagnóstico e o acompanhamento do doente.

2) Acesso fácil do doente ao serviço de saúde.

3) Laboratório no município responsável pela realização das baciloscopias, tanto para diagnóstico quanto para o acompanhamento.

4) Garantia do fornecimento gratuito e ininterrupto da medicação específica e adesão ao tratamento; o compromisso do paciente com o seu tratamento, conseqüentemente a regularidade na tomada dos medicamentos vai depender, em grande parte, da maneira como ele é atendido no serviço de saúde. Estabelecer uma relação de confiança com o paciente é um dever do profissional de saúde. Essa é uma atividade de educação para a saúde que deve ser desenvolvida durante as consultas e entrevistas, tanto iniciais como subseqüentes.

Estudos também demonstram que a adesão do paciente ao tratamento depende do seu conhecimento sobre: a doença; a duração do tratamento prescrito; a importância da regularidade no uso das drogas; as graves conseqüências advindas da interrupção ou do abandono do tratamento.

É importante, nas consultas médicas mensais e/ou de enfermagem, a identificação de queixas e de sintomas que possam avaliar a evolução da doença com a introdução dos medicamentos, e a detecção de manifestações adversas com seu uso. A avaliação do peso do doente é um bom indicador de resposta ao tratamento para os doentes com TB pulmonar e baciloscopias negativas e para aqueles com formas de TB extrapulmonar.

Nas unidades com recursos de exame radiológico este pode ser utilizado, se necessário, para acompanhar a regressão ou o agravamento das lesões na forma pulmonar da doença, em especial na ausência de expectoração.

# Critérios para Encerramento do Tratamento nas Unidades de Saúde

## Alta por cura

Pulmonares inicialmente positivos – a alta por cura será dada se, durante o tratamento, o paciente apresentar duas baciloscopias negativas: uma na fase de acompanhamento e outra no final do tratamento (cura).

## Alta por completar o tratamento

A alta será dada com base em critérios clínicos e radiológicos, quando:
- o paciente não tiver realizado o exame de escarro por ausência de expectoração, e tiver alta:
- com base em dados clínicos e exames complementares;
- casos de tuberculose pulmonar inicialmente negativos;
- casos de tuberculose extrapulmonar.

## Alta por abandono de tratamento

Será dada ao doente que deixou de comparecer à unidade por mais de 30 dias consecutivos, após a data prevista para seu retorno. Nos casos de tratamento supervisionado, o prazo de 30 dias conta a partir da última tomada da droga. A visita domiciliar realizada pela equipe de saúde, tem como um dos objetivos, evitar que o doente abandone o tratamento.

## Alta por mudança de diagnóstico

Será dada quando for constatado erro no diagnóstico.

## Alta por óbito

Será dada por ocasião do conhecimento da morte do paciente, durante o tratamento e independentemente da causa.

## Alta por falência

Será dada quando houver persistência da positividade do escarro ao final do 4° ou 5° mês de tratamento. Os doentes que no início do tratamento são fortemente positivos (+ + ou + + +) e mantêm essa situação até o 4° mês, ou os que apresentam positividade inicial seguida de negativação e nova positividade por dois meses consecutivos, a partir do 4° mês de tratamento, são classificados como caso de falência. O aparecimento de poucos bacilos no exame direto do escarro, na altura do 5° ou 6° mês do tratamento, isoladamente, não significa necessariamente a falência do tratamento. O paciente deverá ser acompanhado com exames bacteriológicos para melhor definição.

**Observação:** Quando o caso for encerrado por falência e o paciente iniciar novo tratamento, deverá ser registrado como caso de retratamento no livro de Registro e Controle de Tratamento dos Casos de Tuberculose.

## Alta por transferência

Será dada quando o doente for transferido para outro serviço de saúde. A transferência deve ser processada através de documento que informará sobre o diagnóstico e o tratamento realizado até aquele momento. Deve-se buscar a confirmação de que o paciente compareceu à unidade para a qual foi transferido e o resultado do tratamento, no momento da avaliação da coorte. Só serão considerados transferidos aqueles pacientes cujo resultado do tratamento for desconhecido.

## Controle pós-cura

A maioria dos casos curados não necessitam de controle pós-trata-
mento, devendo-se orientar o paciente a retornar à unidade apenas se
surgirem sintomas semelhantes aos do início da doença.

# Prevenção

### A Investigação e acompanhamento dos contatos

Todos os contatos dos doentes de tuberculose, especialmente os intradomiciliares, devem comparecer à unidade de saúde para exame: os
sintomáticos respiratórios deverão submeter-se à rotina prevista para
o diagnóstico de tuberculose; os assintomáticos deverão realizar radiografia de tórax quando houver disponibilidade desse recurso.

### A Vacinação BCG

A vacina BCG confere poder protetor às formas graves da primoinfecção
pelo *M. tuberculosis*. No Brasil, a vacina BCG é prioritariamente indicada
para as crianças de 0 a 4 anos de idade, sendo obrigatória para menores de
um ano, como dispõe a Portaria nº 452, de 6/12/76, do Ministério da Saúde.

Recomenda-se a revacinação com BCG nas crianças com idade de
10 anos, podendo esta dose ser antecipada para os 6 anos. Não há necessidade de revacinação, caso a primeira vacinação por BCG tenha
ocorrido aos 6 anos de idade ou mais.

### Quimioprofilaxia da Tuberculose

A quimioprofilaxia deve ser administrada a pessoas infectadas pelo
*M. tuberculosis*, com a isoniazida na dosagem de 10 mg/kg de peso,
com total máximo de 300 mg diariamente, durante seis meses.

Na atualidade, há consenso de que a quimioprofilaxia deve ser dirigida aos grupos de alto risco de tuberculose, entre estes, especialmente os co-infectados pelo HIV e pelo M. *tuberculosis.*

### Indicações da quimioprofilaxia

a) Recém-nascidos coabitantes de foco tuberculoso ativo. A isoniazida é administrada por três meses e, após esse período, faz-se a prova tuberculínica. Se a criança for reatar a quimioprofilaxia deve ser mantida por mais três meses; senão, interrompe-se o uso da isoniazida e vacina-se com BCG.

b) Crianças menores de 15 anos, não vacinadas com BCG, que tiveram contato com um caso de tuberculose pulmonar bacilífera, sem sinais compatíveis de tuberculose doença, reatores à tuberculina de 10mm ou mais.

**Observação:** Na eventualidade de contágio recente, a sensibilidade à tuberculina pode não estar exteriorizada, sendo negativa a resposta à tuberculina. Deve-se portanto, nesse caso, repetir a prova tuberculínica entre 40 e 60 dias. Se a resposta for positiva, indica-se a quimioprofilaxia; se negativa, vacina-se com BCG.

c) Indivíduos com viragem tuberculínica recente (até 12 meses), isto é, que tiveram um aumento na resposta tuberculínica de, no mínimo, 10 mm.

d) População indígena. Neste grupo, a quimioprofilaxia está indicada em todo o contato de tuberculose bacilífero, reator forte ao PPD, independente da idade e do estado vacinal, após avaliação clínica e afastada a possibilidade de tuberculose-doença, através de baciloscopia e do exame radiológico.

e) Imunodeprimidos por uso de drogas ou por doenças imunodepressoras e contatos intradomiciliares de tuberculosos, sob criteriosa decisão médica.

f) Reatores fortes à tuberculina, sem sinais de tuberculose ativa, mas com condições clínicas associadas a alto risco de desenvolvê-la, como: Alcoolismo, Diabetes insulino-dependente, Silicose, Nefropatias graves, Sarcoidose, Linfomas, pacientes com uso prolongado de corticoesteróides em dose de imunodepressão, pacientes submetidos à quimioterapia antineoplásica, pacientes submetidos a tratamento com imunodepressores, portadores de imagens radiográficas compatíveis com tuberculose inativa, sem história de quimioterapia prévia

g) Co-infectados HIV *e M. tuberculosis* – este grupo deve ser submetido a prova tuberculínica, sendo de 5 mm em vez de 10 mm, o limite da reação ao PPD, para considerar-se uma pessoa infectada pelo *M. tuberculosis.*

## Sistema de Informação

O Sistema de Informação de Agravos de Notificação (SINAN) é a principal fonte de dados do sistema de informação epidemiológica da tuberculose nos níveis federal, estadual e municipal. Sua regulamentação está presente nas Normas Operacionais Básicas do Sistema Único de Saúde (NOB-SUS 1/96, de 6/11/96, e NOAS - SUS Portaria n° 95/ GM/MS, de 26/1/2001), onde são definidas as atribuições das três esferas de governo na gestão, estruturação e operacionalização do sistema de informação epidemiológica informatizada, a fim de garantir a alimentação permanente e regular dos bancos de base nacional. Nas portarias n° 1.882/GM, de 18/12/1997, e n° 933 de 4/9/2000, a transferência de recursos do PAB será suspensa no caso da falta de alimentação de informações do SINAN, pela Secretaria de Saúde dos municípios, junto à Secretaria Estadual de Saúde, por dois meses consecutivos.

O SINAN tem por objetivo coletar, transmitir e disseminar dados gerados rotineiramente pelo Sistema de Vigilância Epidemiológica das três esferas de governo, através de uma rede informatizada. Dados de tuberculose também estão disponíveis nos sistemas de informação referentes à internações (SIH/SUS), atendimento ambulatorial (SIA/SUS) e óbitos (SIM).

No tocante aos dados laboratoriais, tem-se o Sistema de Informação Laboratorial da Tuberculose (SILTB), que permite tanto o armazenamento dos dados de casos de tuberculose registrados no "Livro de Registro de Baciloscopia e de Cultura para Diagnóstico e Controle da Tuberculose" dos Laboratórios Centrais de Saúde Pública (LACEN) e Unidades Laboratoriais, bem como a avaliação da qualidade dos exames realizados.

O conjunto de ações relativas à coleta e processamento de dados, fluxo e divulgação de informações sobre os agravos de notificação compulsória de interesse nacional, incluindo a tuberculose, deverão atender às normas definidas por portaria ministerial e os manuais de normas e rotinas do SINAN.

## Atribuições dos Profissionais de Saúde em Relação às Atividades de Controle da Tuberculose da Rede Básica e no Programa Saúde da Família

### Médico (a)

- Identificar os sintomáticos respiratórios em visita domiciliar na comunidade e no atendimento na UBS.
- Solicitar baciloscopia do sintomático respiratório para diagnóstico (duas amostras). Orientar quanto à coleta de escarro.
- Solicitar raio X de tórax segundo critérios definidos no protocolo.
- Oferecer a todo paciente com diagnóstico de tuberculose confirmado, o teste sorológico anti- HIV.
- Dar orientações gerais a respeito do agravo como por exemplo, em relação à doença, seus mitos, duração e necessidade do tratamento.
- Iniciar e acompanhar o tratamento para tuberculose dos pacientes com tuberculose pulmonar e extrapulmonar.
- Explicar ao paciente porque o tratamento supervisionado é necessário e quem vai realizar a supervisão, nos casos que tiverem indicação.
- Convocar os comunicantes para consulta.
- Iniciar quimioprofilaxia para os comunicantes de acordo com o protocolo.
- Solicitar baciloscopias para acompanhamento do tratamento.
- Iniciar e acompanhar tratamento dos casos de tuberculose pulmonar com baciloscopias negativas e dos casos de tuberculose

extrapulmonar quando o diagnóstico for confirmado após investigação em uma unidade de referência.

- Dar alta aos pacientes após o tratamento.
- Encaminhar os casos para outro nível de assistência, quando necessário, com ficha de referência/contra-referência devidamente preenchida.
- Fazer visita domiciliar quando necessário.
- Notificar o caso de tuberculose confirmado.
- Identificar efeitos colaterais das medicações e interações medicamentosas. Realizar ações educativas junto à comunidade.

## Enfermeiro (a)

- Identificar os sintomáticos respiratórios entre as pessoas que procuram as unidades básicas de saúde, nas visitas domiciliares ou mediante os relatos dos ACS.
- Solicitar baciloscopia dos sintomáticos respiratórios para diagnóstico (duas amostras).
- Orientar quanto à coleta de escarro.
- Identificar, no pote, o nome do paciente.
- Fornecer o pote para a coleta do escarro.
- Enviar a amostra ao laboratório.
- Aplicar a vacina BCG. Caso não tenha capacitação para tal, providenciar junto ao gestor da UBS a sua capacitação em outra unidade de saúde.
- Fazer teste tuberculínico. Caso não tenha capacitação para tal, encaminhar para a unidade de referência.
- Realizar consulta de enfermagem mensal (conforme programação de trabalho da equipe).
- Notificar o caso de tuberculose que vai iniciar tratamento.
- Convocar os comunicantes para investigação.
- Dispensar os medicamentos para o doente. Orientar como usar a medicação, esclarecer as dúvidas dos doentes e desmistificar os tabus e estigmas.

- Programar os quantitativos de medicamentos necessários ao mês, para cada doente cadastrado na unidade básica de saúde, de forma a assegurar o tratamento completo de todos.
- Solicitar exame de escarro mensal (2, 4 e 6 meses para os doentes em uso dos esquemas básico e básico + **etambutol)** para acompanhar o tratamento dos pulmonares bacilíferos. Identificar reações adversas dos medicamentos e interações medicamentosas.
- Transferir o doente da unidade básica de saúde, quando necessário, com a ficha de referência e contra-referência devidamente preenchida.
- Encaminhar o doente para uma unidade de referência, quando necessário.
- Agendar consulta extra, quando necessário.
- Fazer visita domiciliar para acompanhar o tratamento domiciliar e supervisionar o trabalho do ACS.
- Realizar ações educativas junto à clientela da UBS e no domicílio.
- Convocar o doente faltoso à consulta. Planejar visita domiciliar.
- Convocar o doente em abandono de tratamento. Planejar visita domiciliar.
- Preencher o Livro de Registro e Acompanhamento dos Casos de Tuberculose na UBS. Atualizar os critérios de alta, verificando que a "alta por cura comprovada" foi substituída por "alta por cura", e que a "alta por cura não comprovada" foi substituída por "alta por completar o tratamento".
- Acompanhar a ficha de supervisão do tratamento preenchida pelo ACS.
- Fazer, juntamente com a equipe, a análise de corte trimestral.
- Manter a ficha do SIAB (B-TB) atualizada.
- Planejar, juntamente com a equipe e coordenação municipal, estratégias de controle da tuberculose na comunidade.

### Auxiliar de Enfermagem:

- Identificar os sintomáticos respiratórios em visita domiciliar na comunidade e na unidade básica de saúde.

- Convocar os comunicantes para consulta médica.
- Identificar o pote de coleta do escarro.
- Orientar a coleta do escarro.
- Encaminhar o material ao laboratório.
- Receber o resultado do exame, protocolar e anexá-lo ao prontuário.
- Receber o resultado da baciloscopia de acompanhamento do tratamento, protocolar e anexá-lo ao prontuário.
- Aplicar a vacina BCG. Caso não tenha capacitação para tal, providenciar junto ao gestor da UBS a sua capacitação em outra unidade de saúde.
- Fazer teste tuberculínico. Caso não tenha capacitação para tal, providenciar junto ao gestor da UBS a sua capacitação em outra unidade de saúde.
- Fornecer medicação, orientar o seu uso e a importância do tratamento. Esclarecer as dúvidas dos doentes.
- Supervisionar o uso correto da medicação nas visitas domiciliares e o comparecimento às consultas de acordo com a rotina da equipe.
- Agendar consulta extra, quando necessário.
- Convocar o doente faltoso à consulta: planejar visita domiciliar.
- Convocar o doente em abandono de tratamento: planejar visita domiciliar. Manter a ficha do SIAB (B-TB) atualizada.

### Agente Comunitário de Saúde

- Identificar os sintomáticos respiratórios nos domicílios e na comunidade.
- Orientar e encaminhar os comunicantes à UBS para consulta, diagnóstico e tratamento, quando necessário.
- Encaminhar ou comunicar o caso suspeito à equipe.
- Orientar a coleta e o encaminhamento do escarro dos sintomáticos respiratórios.
- Supervisionar a tomada diária da medicação específica, quando indicado, e o comparecimento do doente às consultas agendadas.

- Fazer visita domiciliar de acordo com a programação da equipe, usando a ficha do SIAB (BTB).

- Verificar, no Cartão da Criança, a sua situação vacinal: se faltoso, encaminhar à UBS ou ao centro de saúde para ser vacinado.

- Verificar a presença de cicatriz da vacina BCG no braço direito da criança. Caso não exista e não haja qualquer comprovante no Cartão, encaminhar a criança para vacinação.

- Agendar consulta extra, quando necessário.

- Realizar ações educativas junto à comunidade.

- Participar, com a equipe, do planejamento de ações para o controle da tuberculose na comunidade.

## 10.5 - Eliminação da Hanseníase

### Introdução

Segundo o Ministério da Saúde (2001) no Brasil, apesar da redução drástica no número de casos, de 19 para 4,68 doentes em cada 10.000 habitantes, no período compreendido entre 1985 a 2000 a hanseníase ainda se constitui em um problema de saúde pública que exige uma vigilância resolutiva.

Desde 1985, o país vem reestruturando suas ações voltadas para este problema e, em 1999 assumiu o compromisso de eliminar a hanseníase até 2005, com o objetivo de alcançar o índice de menos de um doente em cada 10.000 habitantes.

A hanseníase é fácil de diagnosticar, tratar, e tem cura, no entanto, quando diagnosticada e tratada tardiamente pode trazer graves conseqüências para os portadores e seus familiares, pelas lesões que os incapacitam fisicamente.

As ações preventivas, promocionais e curativas que vêm sendo realizadas com sucesso pelas Equipes de Saúde da Família, já evidenciam um forte comprometimento com os profissionais de toda a equipe, com destaque nas ações do agente comunitário de saúde, que vive e vivencia, em nível domiciliar, as questões complexas que envolvem a hanseníase.

Esse comprometimento, no entanto, exige que a população seja informada sobre os sinais e sintomas da doença, que tenha acesso fácil ao diagnóstico e tratamento e que os portadores de hanseníase possam ser orientados individualmente e juntamente com a sua família durante todo o processo de cura. Exige, assim, profissionais de saúde capacitados para lidar com todos esses aspectos.

As incapacidades físicas nos olhos, nas mãos e nos pés podem ser evitadas ou reduzidas, se os portadores de hanseníase forem identificados e diagnosticados o mais rápido possível, tratados com técnicas simplificadas e acompanhados nos serviços de saúde de atenção básica.

## Definição de Caso de Hanseníase

Um caso de hanseníase é uma pessoa que apresenta uma ou mais de uma das seguintes características e que requer quimioterapia:
- Lesão(ões) de pele com alteração de sensibilidade.
- Acometimento de nervo(s) com espessamento neural.
- Baciloscopia positiva.

## Aspectos Epidemiológicos

Hanseníase é uma doença infecto-contagiosa, de evolução lenta, que se manifesta principalmente através de sinais e sintomas dermato-neurológicos: lesões na pele e nos nervos periféricos, principalmente nos olhos, mãos e pés.

O comprometimento dos nervos periféricos é a característica principal da doença, dando-lhe um grande potencial para provocar incapacidades físicas que podem, inclusive, evoluir para deformidades. Estas incapacidades e deformidades podem acarretar alguns problemas, tais como diminuição da capacidade de trabalho, limitação da vida social e problemas psicológicos. São responsáveis, também, pelo estigma e preconceito contra a doença.

Por isso mesmo ratifica-se que a hanseníase é doença curável, e quanto mais precocemente diagnosticada e tratada mais rapidamente se cura o paciente.

## Agente Etiológico

A hanseníase é causada pelo *Mycobacterium leprae,* ou bacilo de Hansen, que é um parasita intracelular obrigatório, com afinidade por células cutâneas e por células dos nervos periféricos, que se instala no organismo da pessoa infectada, podendo se multiplicar. O tempo de multiplicação do bacilo é lento, podendo durar, em média, de 11 a 16 dias.

O *M.leprae* tem alta infectividade e baixa patogenicidade, isto é, infecta muitas pessoas, no entanto, só poucas adoecem.

O homem é reconhecido como única fonte de infecção (reservatório), embora tenham sido identificados animais naturalmente infectados.

## Modo de Transmissão

O homem é considerado a única fonte de infecção da hanseníase. O contágio dá-se através de uma pessoa doente, portadora do bacilo de Hansen, não tratada, que o elimina para o meio exterior, contagiando pessoas susceptíveis.

A principal via de eliminação do bacilo, pelo indivíduo doente de hanseníase, e a mais provável porta de entrada no organismo passível de ser infectado são as vias aéreas superiores, o trato respiratório. No entanto, para que a transmissão do bacilo ocorra, é necessário um contato direto com a pessoa doente não tratada.

O aparecimento da doença na pessoa infectada pelo bacilo, e suas diferentes manifestações clínicas, dependem dentre outros fatores, da relação parasita / hospedeiro e pode ocorrer após um longo período de incubação, de 2 a 7 anos.

A hanseníase pode atingir pessoas de todas as idades, de ambos os sexos, no entanto, raramente ocorre em crianças. Observa-se que crianças menores de 15 anos, adoecem mais quando há uma maior endemicidade da doença. Há uma incidência maior da doença nos homens do que nas mulheres, na maioria das regiões do mundo. Além das condições individuais, outros fatores relacionados aos níveis de endemia e às condições sócio-econômicas desfavoráveis, assim como condições precárias de vida e de saúde e o elevado número de pessoas conviven-do em um mesmo ambiente, influem no risco de adoecer.

Dentre as pessoas que adoecem, algumas apresentam resistência ao bacilo, constituindo os casos Paucibacilares (PB), que abrigam um pe-queno número de bacilos no organismo, insuficiente para infectar ou-tras pessoas. Os casos Paucibacilares, portanto, não são considerados importantes fontes de transmissão da doença devido à sua baixa carga bacilar. Algumas pessoas podem até curar-se espontaneamente.

Um número menor de pessoas não apresenta resistência ao bacilo, que se multiplica no seu organismo passando a ser eliminado para o meio exterior, podendo infectar outras pessoas. Estas pessoas constitu-em os casos Multibacilares (MB), que são a fonte de infecção e manu-tenção da cadeia epidemiológica da doença.

Quando a pessoa doente inicia o tratamento quimioterápico, ela deixa de ser transmissora da doença, pois as primeiras doses da medicação matam os bacilos, torna-os incapazes de infectar outras pessoas.

O diagnóstico precoce da hanseníase e o seu tratamento adequado evitam a evolução da doença, conseqüentemente impedem a instala-ção das incapacidades físicas por ela provocadas.

## Aspectos Clínicos

A hanseníase manifesta-se através de sinais e sintomas dermatológi-cos e neurológicos que podem levar à suspeição diagnóstica da doen-ça. As alterações neurológicas, quando não diagnosticadas e tratadas adequadamente, podem causar incapacidades físicas que podem evo-luir para deformidades.

## Sinais e Sintomas Dermatológicos

A hanseníase manifesta-se através de lesões de pele que se apresen-tam com diminuição ou ausência de sensibilidade.

As lesões mais comuns são:

- Manchas pigmentares ou discrômicas: resultam da ausência, diminuição ou aumento de melanina ou depósito de outros pigmentos ou substâncias na pele.
- Placa: é lesão que se estende em superfície por vários centímetros. Pode ser individual ou constituir aglomerado de placas.
- Infiltração: aumento da espessura e consistência da pele, com menor evidência dos sulcos, limites imprecisos, acompanhando-se, às vezes, de eritema discreto. Pela vitropressão, surge fundo de cor café com leite. Resulta da presença na derme de infiltrado celular, às vezes com edema e vasodilatação.
- Tubérculo: designação em desuso, significava pápula ou nódulo que evolui deixando cicatriz.
- Nódulo: lesão sólida, circunscrita, elevada ou não, de 1 a 3 cm de tamanho. É processo patológico que localiza-se na epiderme, derme e/ou hipoderme. Pode ser lesão mais palpável que visível.

Essas lesões podem estar localizadas em qualquer região do corpo e podem, também, acometer a mucosa nasal e a cavidade oral. Ocorrem, porém, com maior freqüência, na face, orelhas, nádegas, braços, pernas e costas.

Na hanseníase, as lesões de pele sempre apresentam alteração de sensibilidade. Esta é uma característica que as diferencia das lesões de pele provocadas por outras doenças dermatológicas.

A sensibilidade nas lesões pode estar diminuída (hipoestesia) ou ausente (anestesia), podendo também haver aumento da sensibilidade (hiperestesia).

### Sinais e Sintomas Neurológicos

A hanseníase manifesta-se, além de lesões na pele, através de lesões nos nervos periféricos.

Essas lesões são decorrentes de processos inflamatórios dos nervos periféricos (neurites) e podem ser causados tanto pela ação do bacilo nos nervos como pela reação do organismo ao bacilo ou por ambas. Elas manifestam-se através de:

- dor e espessamento dos nervos periféricos;
- perda de sensibilidade nas áreas inervadas por esses nervos, principalmente nos olhos, mãos e pés;
- perda de força nos músculos inervados por esses nervos principalmente nas pálpebras e nos membros superiores e inferiores.

A neurite geralmente manifesta-se através de um processo agudo, acompanhado de dor intensa e edema. No início, não há evidência de comprometimento funcional do nervo, mas, freqüentemente, a neurite torna-se crônica e passa a evidenciar esse comprometimento através da perda da capacidade de suar, causando ressecamento na pele. Há perda de sensibilidade, causando dormência e há perda da força muscular, causando paralisia nas áreas inervadas pelos nervos comprometidos.

Quando o acometimento neural não é tratado pode provocar incapacidades e deformidades pela alteração de sensibilidade nas áreas inervadas pelos nervos comprometidos.

Alguns casos, porém, apresentam alterações de sensibilidade e alterações motoras (perda de força muscular) sem sintomas agudos de neurite. Esses casos são conhecidos como neurite silenciosa.

As lesões neurais aparecem nas diversas formas da doença, sendo freqüentes nos Estados Reacionais.

## Evolução da Doença

As pessoas, em geral, têm imunidade contra o *Mycobacterium leprae*. A maioria das pessoas não adoece. Entre as que adoecem, o grau de imunidade varia e determina a evolução da doença.

A doença, inicialmente, manifesta-se através de lesões de pele: manchas esbranquiçadas ou avermelhadas que apresentam perda de sensibilidade, sem evidência de lesão nervosa troncular. Estas lesões de pele ocorrem em qualquer região do corpo, mas, com maior freqüência, na face, orelhas, nádegas, braços, pernas e costas. Podem, também, acometer a mucosa nasal.

Com a evolução da doença não tratada, manifestam-se as lesões nos nervos, principalmente nos troncos periféricos. Podem aparecer nervos engrossados e doloridos, diminuição de sensibilidade nas áreas inervadas por eles: olhos, mãos e pés, e diminuição da força dos músculos inervados pelos nervos comprometidos. Essas lesões são responsáveis pelas incapacidades e deformidades características da hanseníase.

## Diagnóstico

O diagnóstico da hanseníase é realizado através do exame clínico, quando se busca os sinais dermatoneurológicos da doença.

Um caso de hanseníase é uma pessoa que apresenta uma ou mais de uma das seguintes características e que requer quimioterapia:

- lesão (ões) de pele com alteração de sensibilidade;
- acometimento de nervo(s) com espessamento neural;
- baciloscopia positiva.

### *Diagnóstico Clínico*

O diagnóstico clínico é realizado através do exame físico onde procede-se uma avaliação dermatoneurológica, buscando-se identificar sinais clínicos da doença. Antes, porém, de iniciar o exame físico, deve-se fazer a anamnese colhendo informações sobre a sua história clínica, ou seja, presença de sinais e sintomas dermatoneurológicos característicos da doença e sua história epidemiológica, ou seja, sobre a sua fonte de infecção.

O roteiro de diagnóstico clínico constitui-se das seguintes atividades:

- **anamnese** – obtenção da história clínica e epidemiológica;
- **avaliação dermatológica** – identificação de lesões de pele com alteração de sensibilidade;
- **avaliação neurológica** – identificação de neurites, incapacidades e deformidades;
- **diagnóstico dos estados reacionais;**
- **diagnóstico diferencial;**
- **classificação do grau de incapacidade física.**

*Anamnese*

A anamnese deve ser realizada conversando com o paciente sobre os sinais e sintomas da doença e possíveis vínculos epidemiológicos.

- A pessoa deve ser ouvida com muita atenção e as dúvidas devem ser prontamente esclarecidas, procurando-se reforçar a relação de confiança existente entre o indivíduo e os profissionais de saúde.
- Devem ser registradas cuidadosamente no prontuário todas as informações obtidas, pois elas serão úteis para a conclusão do diagnóstico da doença, para o tratamento e para o acompanhamento do paciente.
- É importante que seja detalhada a ocupação da pessoa e suas atividades diárias.
- Além das questões rotineiras da anamnese, é fundamental que sejam identificadas as seguintes questões: alguma alteração na sua pele – manchas, placas, infiltrações, tubérculos, nódulos, e há quanto tempo eles apareceram.
- Possíveis alterações de sensibilidade em alguma área do seu corpo; presença de dores nos nervos, ou fraqueza nas mãos e nos pés e se usou algum medicamento para tais problemas e qual o resultado.

As pessoas que têm hanseníase, geralmente queixam-se de manchas dormentes na pele, câimbras, formigamento, dormência e fraqueza nas mãos e pés. A investigação epidemiológica é muito importante para se descobrir a origem da doença e para o diagnóstico precoce de novos casos de hanseníase.

*Avaliação Dermatológica*

A avaliação dermatológica visa identificar as lesões de pele próprias da hanseníase, pesquisando a sensibilidade nas mesmas. A alteração de sensibilidade nas lesões de pele é uma característica típica da hanseníase.

Deve ser feita uma inspeção de toda a superfície corporal, no sentido crânio-caudal, seguimento por seguimento, procurando identificar as áreas acometidas por lesões de pele. As áreas onde as lesões ocorrem com maior freqüência são: face, orelhas, nádegas, braços, pernas e costas, mas elas podem ocorrer, também, na mucosa nasal.

Devem ser realizadas as seguintes pesquisas de sensibilidade nas lesões de pele: térmica, dolorosa, e tátil, que se complementam.

### *Pesquisa de Sensibilidade*

A sensibilidade normal depende da integridade dos troncos nervosos e das finas terminações nervosas que se encontram sob a pele.

Sem ela o paciente perde sua capacidade normal de perceber as sensações de pressão, tato, calor, dor e frio.

Por esse motivo, é importante, para fins de prevenção, poder detectar precocemente essas lesões, já que a perda de sensibilidade, ainda que em pequena área, pode significar um agravo para o paciente.

Para realização da pesquisa de sensibilidade, são necessárias algumas considerações:

- Explicar ao paciente o exame a ser realizado, certificando-se de sua compreensão para obter maior colaboração.
- Concentração do examinador e do paciente.
- Demonstrar a técnica, primeiramente, com os olhos do paciente abertos e em pele sã.
- Ocluir, então, o campo de visão do paciente.
- Selecionar aleatoriamente, a seqüência de pontos a serem testados. Tocar a pele deixando tempo suficiente para o paciente responder. Repetir o teste para confirmar os resultados em cada ponto.
- Realizar o teste em área próxima dentro do mesmo território específico, quando na presença de calosidades, cicatrizes ou úlceras.

A pesquisa de sensibilidade térmica nas lesões e nas áreas suspeitas deve ser realizada, sempre que possível, com dois tubos de vidro, um contendo água fria e no outro água aquecida. Deve-se ter o cuidado da temperatura da água não ser muito elevada (acima de 45°C), pois neste caso poderá despertar sensação de dor, e não de calor.

Devem ser tocadas a pele sã e a área suspeita com a extremidade dos tubos frio e quente, alternadamente, solicitadando-se à pessoa que identifique as sensações de frio e de calor (quente). As respostas como menos frio, ou menos quente devem também ser valorizadas nessa pesquisa.

Na impossibilidade de fazer-se o teste com água quente e fria, pode-se utilizar um algodão embebido em éter como procedimento alternativo. Nesse caso, a pele sã e a área suspeita devem ser tocadas, alternadamente, com um pedaço de algodão embebido em éter e, ao paciente, deve-se solicitar que diga quando tem a sensação de frio, sendo comparado os resultados do toque na pele sã e na área suspeita.

Já a pesquisa de sensibilidade tátil nas lesões e nas áreas suspeitas é apenas com uma mecha fina de algodão seco. Da mesma forma, deve ser explicada para a pessoa examinada antes de sua realização.

A pele sã e a área suspeita devem ser tocadas, alternadamente, com a mecha de algodão seco e, ao indivíduo examinado, perguntar-se-á se sente o toque. Após a comparação dos resultados dos toques, pode-se concluir sobre a alteração de sensibilidade tátil nas lesões ou nas áreas suspeitas.

A pesquisa da sensibilidade protetora é realizada nas lesões, nos membros inferiores e superiores utilizando-se a ponta de uma caneta esferográfica. Essa pesquisa é a mais importante para prevenir incapacidades, pois detecta precocemente diminuição ou ausência de sensilidade protetora do paciente.

### Classificação operacional para fins de tratamento quimioterápico

O diagnóstico, portanto, baseia-se na identificação desses sinais e sintomas, e uma vez diagnosticado, o caso de hanseníase deve ser classificado, operacionalmente, para fins de tratamento. Esta classificação também é feita com base nos sinais e sintomas da doença:

- **Paucibacilares (PB):** casos com até 5 lesões de pele.
- **Multibacilares (MB):** casos com mais de 5 lesões de pele.

O diagnóstico da doença e a classificação operacional do paciente em Pauci ou em Multibacilar é importante para que possa ser selecionado o esquema de tratamento quimioterápico adequado ao caso.

A identificação de comprometimento neural e da eventual incapacidade física do paciente, são importantes para a orientação de uma prática regular de autocuidados, pelo paciente e para que possam ser tomadas medidas de Prevenção e Tratamento de Incapacidades e de deformidades.

### Avaliação Neurológica

Hanseníase é doença infecciosa, sistêmica, com repercussão importante nos nervos periféricos. O processo inflamatório desses nervos (neurite) é um aspecto importante da hanseníase. Clinicamente, a neurite pode ser silenciosa, sem sinais ou sintomas, ou pode ser evidente, aguda, acompanhada de dor intensa, hipersensibilidade, edema, perda de sensibilidade e paralisia dos músculos.

No estágio inicial da doença, a neurite hansênica não apresenta um dano neural demonstrável, contudo, sem tratamento adequado, freqüentemente a neurite torna-se crônica e evolui, passando a evidenciar o comprometimento dos nervos periféricos: a perda da capacidade de suar (anidrose), a perda de pêlos (alopecia), a perda das sensibilidades térmica, dolorosa e tátil, e a paralisia muscular.

Os processos inflamatórios podem ser causados tanto pela ação do bacilo nos nervos, como pela resposta do organismo à presença do bacilo, ou por ambos, provocando lesões neurais, que se não tratadas, podem causar dor e espessamento dos nervos periféricos, alteração de sensibilidade e perda de força nos músculos inervados por esses nervos, principalmente nas pálpebras e nos membros superiores e inferiores, dando origem a incapacidades e deformidades.

Os profissionais de saúde devem ter, sempre, uma atitude de vigilância em relação ao potencial incapacitante da doença, causado pelo comprometimento dos nervos periféricos. Por isso é muito importante que a avaliação neurológica do paciente com hanseníase seja feita com freqüência para que possam, precocemente, serem tomadas as medidas adequadas de prevenção e tratamento de incapacidades físicas.

Assim sendo, a avaliação neurológica deve ser realizada no momento do diagnóstico, semestralmente e na alta do tratamento, na ocorrência de neurites e reações ou quando houver suspeita das mesmas, durante ou após o tratamento PQT e sempre que houver queixas.

Os principais nervos periféricos acometidos na hanseníase são os que passam:

- **pela face** – trigêmeo e facial, que podem causar alterações na face, nos olhos e no nariz;
- **pelos braços** – radial, ulnar e mediano, que podem causar alterações nos braços e mãos;
- **pelas pernas** – fibular comum e tibial posterior, que podem causar alterações nas pernas e pés.

A identificação das lesões neurológicas é feita através da avaliação neurológica e é constituída pela inspeção dos olhos, nariz, mãos e pés, palpação dos troncos nervosos periféricos, avaliação da força muscular e avaliação de sensibilidade nos olhos, membros superiores e membros inferiores.

## *a) Inspeção dos olhos, nariz, membros superiores e inferiores*

A inspeção dos olhos objetiva verificar os sinais e sintomas decorrentes da presença do bacilo e do comprometimento dos nervos que inervam os olhos. Consiste em perguntar ao indivíduo se sente ardor, coceira, vista embaçada, ressecamento dos olhos, pálpebras pesadas, lacrimejamento, ou outros sintomas. Deve ser verificado se existem nódulos, infiltrações, secreção, vermelhidão (hiperemia), ausência de sobrancelhas (madarose), cílios invertidos (triquíase), eversão (ectrópio) e desabamento da pálpebra inferior (lagoftalmo), ou opacidade da córnea. Ainda deve ser verificado se há alteração no contorno, tamanho e reação das pupilas, e se as mesmas apresentam-se pretas ou esbranquiçadas.

Toda pessoa que tem problemas no tato (alteração de sensibilidade) vale-se dos olhos para proteger-se. Por isso mesmo um paciente de hanseníase deve ter seus olhos cuidadosamente examinados, pois a possibilidade de falta de visão e de visão e tato juntos deixa o paciente extremamente desprotegido.

Já a inspeção do nariz é feita para se verificar os sinais e sintomas decorrentes da presença do bacilo e o comprometimento da mucosa e da cartilagem do nariz. Para tanto, pergunta-se se o nariz está entupido e se há sangramento ou ressecamento do mesmo. Deve ser feita uma inspeção do nariz, verificando as condições da pele, da mucosa e do septo nasal, bem como se há perfuração do septo nasal, desabamento do nariz ou outros sinais característicos da doença. A mucosa deve ser examinada, verificando se há alteração na cor, na umidade (muita secreção ou ressecamento), e se há crostas, atrofias, infiltração ou úlceras na mucosa.

A inspeção dos membros superiores serve para verificar os sinais e sintomas decorrentes do comprometimento dos nervos que inervam as mãos, devendo, para tanto, ser questionado sobre a possível diminuição da força, dormência, ou outros sintomas. Inclui, também, a verificação da existência de ressecamento, calosidades, fissuras, ferimentos, cicatrizes, atrofias musculares e reabsorções ósseas (perda de uma ou mais falanges dos dedos, ou parte de uma delas).

A inspeção dos membros inferiores verifica os sinais e sintomas decorrentes do comprometimento dos nervos que inervam os pés. Compreende a investigação sobre a possível existência de dor, dormência, perda de força, inchaço, ou outros sintomas. Deve ser verificado se há ressecamento, calosidades, fissuras, ferimentos, úlceras, cicatrizes, reabsorções ósseas, atrofias musculares, ou outros sintomas. A observação da marcha (modo de andar) do paciente que pode apresentar características de comprometimento neural (pé caído) não pode deixar de ser feita.

A inspeção do interior dos calçados dos pacientes é fundamental para prevenir incapacidades.


### b) Palpação dos troncos nervosos periféricos

Este procedimento visa verificar se há espessamento dos nervos que inervam os membros superiores e inferiores, visando prevenir lesões neurais e incapacidades.

O profissional de saúde deve ficar em frente ao paciente que está sendo examinado, posicionando-a de acordo com a descrição específica da técnica de palpação de cada nervo.

O nervo deve ser palpado com as polpas digitais do segundo e terceiro dedos, deslizando-os sobre a superfície óssea, acompanhando o trajeto do nervo, no sentido de cima para baixo. Não se deve esquecer que se os nervos estiverem inflamados poderão estar sensíveis ou doloridos, merecendo cuidado e pouca força ao serem palpados.

Deve-se verificar em cada nervo palpado:

- se há queixa de dor espontânea no trajeto do nervo;
- se há queixa de choque ou de dor nos nervos durante apalpação;
- se há espessamento do nervo palpado com o nervo correspondente, no lado oposto;
- **se há alteração na consistência do nervo:** se há endurecimento, amolecimento;
- **se há alteração na forma do nervo:** se existem abcessos e nódulos;
- se o nervo apresenta aderências.

### c) Avaliação da força muscular

A avaliação da força muscular tem o objetivo de verificar se existe comprometimento funcional dos músculos inervados pelos nervos que passam pela face, membros superiores e inferiores. Este comprometimento é evidenciado pela diminuição ou perda da força muscular.

### d) Teste da mobilidade articular das mãos e pés

Objetiva verificar se existem limitações na amplitude dos movimentos das articulações dos dedos das mãos e dos pés. Essas limitações indicam comprometimento funcional dos músculos inervados pelos nervos que passam pelas mãos e pelos pés e podem manifestar-se através de garras e de articulações anquilosadas (sem movimento).

*Procedimentos:*

- verifique a mobilidade das articulações das mãos e dos pés através da movimentação ativa e passiva das mesmas;
- peça ao examinado que movimente as articulações dos pés e das mãos;
- faça a movimentação passiva das articulações dos pés e das mãos, fixando a articulação proximal a ser examinada, com uma das mãos. Com a outra mão, faça movimentos de extensão e flexão.

### *e) Avaliação da sensibilidade nos olhos, membros superiores e inferiores*

A avaliação de sensibilidade das áreas inervadas pelos nervos periféricos tem o objetivo de verificar se existe algum comprometimento dos mesmos – um dos sinais característicos da hanseníase.

*Procedimentos:*

- procure um ambiente tranqüilo e confortável, com o mínimo de interferência externa;
- explique à pessoa examinada o teste que será realizado;
- demonstre o teste numa área da pele com sensibilidade normal;
- peça-lhe que feche os olhos e os mantenha fechados;
- teste os pontos com a caneta esferográfica de ponta grossa perpendicularmente à pele;
- peça que diga "sim" quando sentir o toque;
- volte a cada ponto duas vezes, para certificar-se da resposta;
- registre a resposta, "sim" ou "não", em cada ponto especificamente, de acordo com o seguinte critério:

  **sim – sente o toque:** tem sensibilidade;

  **não – não sente o toque:** não tem sensibilidade.

## Diagnóstico Laboratorial

A baciloscopia é o exame microscópico onde se observa o *Mycobacterium leprae,* diretamente nos esfregaços de raspados intradérmicos das lesões hansênicas ou de outros locais de coleta selecionados: lóbulos auriculares e/ou cotovelos, e lesão quando houver.

É um apoio para o diagnóstico e também serve como um dos critérios de confirmação de recidiva quando comparado ao resultado no momento do diagnóstico e da cura.

Por nem sempre evidenciar o *Mycobacterium leprae* nas lesões hansênicas ou em outros locais de coleta, a baciloscopia negativa não afasta o diagnóstico da hanseníase.

Mesmo sendo a baciloscopia um dos parâmetros integrantes da definição de caso, ratifica-se que o diagnóstico da hanseníase é clínico. Quando a baciloscopia estiver disponível e for realizada, não se deve esperar o resultado para iniciar o tratamento do paciente. O tratamento é iniciado imediatamente após o diagnóstico de hanseníase e a classificação do paciente em pauci ou multibacilar baseado no número de lesões de pele.

## Diagnóstico Diferencial

A hanseníase pode ser confundida com outras doenças de pele e com outras doenças neurológicas que apresentam sinais e sintomas semelhantes aos seus. Portanto, deve ser feito diagnóstico diferencial em relação a essas doenças.

### Diagnóstico Diferencial em Relação a Outras Doenças Dermatológicas

Existem doenças que provocam lesões de pele semelhantes às lesões características da hanseníase, e que podem ser confundidas com as mesmas.

A principal diferença entre a hanseníase e outras doenças dermatológicas é que as lesões de pele da hanseníase sempre apresentam alterações de sensibilidade. As demais doenças não apresentam essa alteração.

As lesões de pele características da hanseníase são: manchas esbranquiçadas ou avermelhadas, lesões em placa, infiltrações e nódulos.

As principais doenças de pele que fazem diagnóstico diferencial com hanseníase, são:

- **Pitiríase Versicolor (pano branco)** – micose superficial que acomete a pele, e é causada pelo fungo *Ptirosporum ovale*. Sua lesão muda de cor quando exposta ao sol ou calor (versicolor). Ao exame dermatológico há descamação furfurácea (lembrando farinha fina). Sensibilidade preservada.

- **Eczemátide** – doença comum de causa desconhecida, ainda é associada à dermatite seborréica, parasitoses intestinais, falta de vitamina A, e alguns processos alérgicos (asma, rinite, etc.). No local da lesão, a pele fica parecida com pele de pato (pele anserina: são as pápulas foliculares que acometem cada folículo piloso). Sensibilidade preservada.

- **Tinha do corpo** – micose superficial, com lesão hipocrômica ou eritematosa, de bordos elevados. Pode acometer várias partes do tegumento e é pruriginosa. Sensibilidade preservada.

- **Vitiligo** – doença de causa desconhecida, com lesões acrômicas. Sensibilidade preservada.

### *Diagnóstico Diferencial em Relação a Outras Doenças Neurológicas*

Existem doenças que provocam lesões neurológicas semelhantes e que podem ser confundidas com as da hanseníase. Portanto, deve-se fazer o diagnóstico diferencial da hanseníase em relação a essas doenças.

As lesões neurológicas da hanseníase podem ser confundidas, entre outras, com as de:

- síndrome do túnel do carpa;
- neuralgia parestésica;
- neuropatia alcoólica;
- neuropatia diabética;
- lesões por esforços repetitivos (LER).

## Tratamento

O tratamento do paciente com hanseníase é fundamental para curá-lo, fechar a fonte de infecção interrompendo a cadeia de transmissão da doença, sendo portanto estratégico no controle da endemia e para eliminar a hanseníase enquanto problema de saúde pública.

O tratamento integral de um caso de hanseníase compreende o tratamento quimioterápico específico – a poliquimioterapia (PQT), seu acompanhamento, com vistas a identificar e tratar as possíveis intercorrências e complicações da doença e a prevenção e o tratamento das incapacidades físicas.

Há necessidade de um esforço organizado de toda a rede básica de saúde no sentido de fornecer tratamento quimioterápico a todas as pessoas diagnosticadas com hanseníase. O indivíduo, após ter o diagnóstico, deve, periodicamente, ser visto pela equipe de saúde para avaliação e para receber a medicação.

Na tomada mensal de medicamentos é feita uma avaliação do paciente para acompanhar a evolução de suas lesões de pele, do seu comprometimento neural, verificando se há presença de neurites ou de estados reacionais. Quando necessárias, são orientadas técnicas de prevenção de incapacidades e deformidades. São dadas orientações sobre os autocuidados que ela deverá realizar diariamente para evitar as complicações da doença, sendo verificada sua correta realização.

O encaminhamento da pessoa com hanseníase para uma Unidade de Referência somente está indicado quando houver necessidade de cuidados especiais – no caso de intercorrências graves ou para correção cirúrgica. Nestes casos, após a realização do procedimento indicado, ela deve retornar para o acompanhamento rotineiro em sua unidade básica.

## Tratamento Quimioterápico

O tratamento específico da pessoa com hanseníase, indicado pelo Ministério da Saúde, é a poliquimioterapia padronizada pela Organização Mundial de Saúde, conhecida como PQT, devendo ser realizado nas unidades de saúde.

A PQT mata o bacilo tornando-o inviável, evita a evolução da doença, prevenindo as incapacidades e deformidades causadas por ela, levando à cura. O bacilo morto é incapaz de infectar outras pessoas, rompendo a cadeia epidemiológica da doença. Assim sendo, logo no início do tratamento, a transmissão da doença é interrompida, e, sendo realizado de forma completa e correta, garante a cura da doença.

A poliquimioterapia é constituída pelo conjunto dos seguintes medicamentos: rifampicina, dapsona e clofazimina, com administração associada.

Essa associação evita a resistência medicamentosa do bacilo que ocorre com freqüência quando se utiliza apenas um medicamento, impossibilitando a cura da doença.

É administrada através de esquema-padrão, de acordo com a classificação operacional do doente em Pauci ou Multibacilar. A informação sobre a classificação do doente é fundamental para se selecionar o esquema de tratamento adequado ao seu caso.

Para crianças com hanseníase, a dose dos medicamentos do esquema-padrão é ajustada, de acordo com a sua idade. Já no caso de pessoas com intolerância a um dos medicamentos do esquema-padrão, são indicados esquemas alternativos.

A alta por cura é dada após a administração do número de doses preconizadas pelo esquema terapêutico.

Esquema Paucibacilar (PB) – Pacientes com até 5 lesões de pele

Neste caso é utilizada uma combinação da rifampicina e dapsona, acondicionados numa cartela, no seguinte esquema:

- **medicação:**
- *rifampicina:* uma dose mensal de 600 mg (2 cápsulas de 300 mg) com administração supervisionada;
- *dapsona:* uma dose mensal de 100 mg supervisionada e uma dose diária auto-administrada;
- **duração do tratamento:** 6 doses mensais supervisionadas de rifampicina.
- **critério de alta:** 6 doses supervisionadas em até 9 meses.

## Esquema Multibacilar (MB) – Pacientes com mais de 5 lesões de pele

Aqui é utilizada uma combinação da rifampicina, dapsona e de clofazimina, acondicionados numa cartela, no seguinte esquema:

- **medicação:**
- *rifampicina:* uma dose mensal de 600 mg (2 cápsulas de 300 mg) com administração supervisionada;
- *clofazimina:* uma dose mensal de 300 mg (3 cápsulas de 100 mg) com administração supervisionada e uma dose diária de 50 mg auto-administrada; e dapsona: uma dose mensal de 100 mg supervisionada e uma dose diária auto-administrada;
- **duração do tratamento:** 12 doses mensais supervisionadas de rifampicina;
- **critério de alta:** 12 doses supervisionadas em até 18 meses.

Casos multibacilares que iniciam o tratamento com numerosas lesões e/ou extensas áreas de infiltração cutânea poderão apresentar uma regressão mais lenta das lesões de pele. A maioria desses doentes continuará melhorando após a conclusão do tratamento com 12 doses. É possível, no entanto, que alguns desses casos demonstrem pouca melhora e por isso poderão necessitar de 12 doses adicionais de PQT-MB.

### Esquemas de tratamento para crianças

Para crianças com hanseníase, as doses de medicamentos dos esquemas Paucibacilar e Multibacilar, são ajustadas de acordo com a idade.

### Duração do Tratamento e Critério de Alta

O esquema de administração da dose supervisionada deve ser o mais regular possível – de 28 em 28 dias. Porém, se o contato não ocorrer na unidade de saúde no dia agendado, a medicação deve ser dada mesmo no domicílio, pois a garantia da administração da dose supervisionada e da entrega dos medicamentos indicados para a automedicação é imprescindível para o tratamento adequado.

A duração do tratamento PQT deve obedecer aos prazos estabelecidos: de 6 doses mensais supervisionadas de rifampicina tomadas em até 9 meses para os casos Paucibacilares e de 12 doses mensais supervisionadas de rifampicina tomadas em até 18 meses para os casos Multibacilares.

A assistência regular ao paciente com hanseníase paucibacilar na unidade de saúde ou no domicílio é essencial para completar o tratamento em 6 meses. Se, por algum motivo, houver a interrupção da medicação ela poderá ser retomada em até 3 meses, com vistas a completar o tratamento no prazo de até 9 meses.

Já em relação ao portador da forma Multibacilar que mantiver regularidade no tratamento segundo o esquema preconizado, o mesmo completar-se-á em 12 meses. Havendo a interrupção da medicação está indicado o prazo de 6 meses para dar continuidade ao tratamento e para que o mesmo possa ser completado em até 18 meses.

O paciente que tenha completado o tratamento PQT não deverá mais ser considerado como um caso de hanseníase, mesmo que permaneça com alguma seqüela da doença. Deverá, porém, continuar sendo assistido pelos profissionais da Unidade de Saúde, especialmente nos casos de intercorrências pós-alta: reações e monitoramento neural. Em caso de reações pós-alta, o tratamento PQT não deverá ser reiniciado.

Durante o tratamento quimioterápico deve haver a preocupação com a prevenção de incapacidades e de deformidades, bem como o atendimento às possíveis intercorrências. Nestes casos, se necessário, o paciente deve ser encaminhado para unidades de referência para receber o tratamento adequado. Sua internação somente está indicada em intercorrências graves, assim como efeitos colaterais graves dos medicamentos, estados reacionais graves ou necessidade de correção cirúrgica de deformidades físicas. A internação deve ser feita em hospitais gerais, e após alta hospitalar deverá ser dada continuidade ao seu tratamento na unidade de saúde à qual está vinculado.

## Situações Especiais

### Hanseníase e gravidez

As alterações hormonais da gravidez causam diminuição da imunidade celular, fundamental na defesa contra o *Mycobacterium leprae*. Portanto, é comum que os primeiros sinais de hanseníase, em uma pessoa já infectada, apareçam durante a gravidez e puerpério, quando também podem ocorrer os estados reacionais e os episódios de recidivas.

A gestação nas mulheres portadoras de hanseníase tende a apresentar poucas complicações, exceto pela anemia, comum em doenças crônicas.

A gravidez e o aleitamento materno não contra-indicam a administração dos esquemas de tratamento poliquimioterápico da hanseníase que são seguros tanto para a mãe como para a criança. Algumas drogas são excretadas pelo leite, mas não causam efeitos adversos. Os recém-nascidos, porém, podem apresentar a pele hiperpigmentada pela Clofazimina, ocorrendo a regressão gradual da pigmentação, após a parada da PQT.

### Hanseníase e tuberculose

Existe uma alta incidência de tuberculose no país, por isso recomenda-se especial atenção aos sinais e sintomas da mesma, antes e durante o tratamento de hanseníase, a fim de evitar cepas de *Mycobacterium tuberculosis* resistentes à rifampicina.

Na vigência de tuberculose e hanseníase, a rifampicina deve ser administrada na dose requerida para tratar tuberculose, ou seja, 600 mg/dia.

### Hanseníase e aids

A rifampicina na dose utilizada para tratamento da hanseníase (600 mg/mês), não interfere nos inibidores de protease usado no tratamento de pacientes com aids. Portanto, o esquema PQT padrão não deve ser alterado nesses doentes.

## Acompanhamento das Intercorrências Pós-alta

O acompanhamento dos casos pós-alta, consiste no atendimento às possíveis intercorrências que possam vir a ocorrer com aqueles pacientes que já tenham concluído o tratamento PQT.

É considerado um caso de recidiva, aquele que completar com êxito o tratamento PQT, e que após curado venha eventualmente desenvolver novos sinais e sintomas da doença.

A maior causa de recidivas é o tratamento PQT inadequado ou incorreto. O tratamento portanto, deverá ser repetido integralmente de acordo com a classificação Pauci ou Multibacilar. Deve haver a administração regular dos medicamentos pelo tempo estipulado no esquema.

Nos Paucibacilares, muitas vezes é difícil distinguir a recidiva da reação reversa. No entanto, é fundamental que se faça a identificação correta da recidiva. Quando se confirmar uma recidiva, após exame clínico e baciloscópico, a classificação do doente deve ser criteriosamente reexaminada para que se possa reiniciar o tratamento PQT adequado.

Nos Multibacilares a recidiva pode manifestar-se como uma exacerbação clínica das lesões existentes e com o aparecimento de lesões novas. Quando se confirmar a recidiva o tratamento PQT deve ser reiniciado.

No caso de recidiva, a suspensão da quimioterapia dar-se-á quando a pessoa em tratamento tiver completado as doses preconizadas, independente da situação clínica e baciloscópica, e significa, também, a saída do registro ativo, já que não mais será computada no coeficiente de prevalência.

## Prevenção e Tratamento de Incapacidades Físicas

As atividades de prevenção e tratamento de incapacidades físicas não devem ser dissociadas do tratamento PQT. Serão desenvolvidas durante o acompanhamento de cada caso e devem ser integradas na rotina dos serviços da unidade de saúde, de acordo com o seu grau de complexidade.

A adoção de atividades de prevenção e tratamento de incapacidades será baseada nas informações obtidas através da avaliação neurológica, no diagnóstico da hanseníase. Estas informações referem-se ao comprometimento neural ou às incapacidades físicas identificadas, as quais merecem especial atenção, tendo em vista suas conseqüências na vida econômica e social de pacientes com hanseníase, ou mesmo suas eventuais seqüelas naqueles já curados.

Durante o tratamento PQT, e em alguns casos após a alta, o profissional de saúde deve ter uma atitude de vigilância em relação ao potencial incapacitante da doença, visando diagnosticar precocemente e tratar adequadamente as neurites e reações, a fim de prevenir incapacidades e evitar que as mesmas evoluam para deformidades.

Deve haver um acompanhamento da evolução do comprometimento neurológico do indivíduo, através da avaliação neurológica, durante a consulta para administração da dose supervisionada do tratamento PQT. Serão adotadas técnicas simples e condutas de prevenção e tratamento de incapacidades adequadas ao caso.

## HANSENÍASE
**Formulário para Classificação do Grau de Incapacidades Físicas**

Unidade Federada: _____  Município: _____
Nome: _____  Sexo: _____
Data de Nascimento: _____  Forma Clínica: _____  Nº da Ficha: _____

| Grau | Olho — Sinais e/ou Sintomas | D | E | Mão — Sinais e/ou Sintomas | D | E | Pé — Sinais e/ou Sintomas | D | E |
|---|---|---|---|---|---|---|---|---|---|
| 0 | Nenhum problema com os olhos devido à hanseníase | | | Nenhum problema com as mãos devido à hanseníase | | | Nenhum problema com os pés devido à hanseníase | | |
| 1 | Diminuição ou perda da sensibilidade | | | Diminuição ou perda da sensibilidade | | | Diminuição ou perda da sensibilidade | | |
| | | | | Lesões tróficas e/ou lesões traumáticas | | | Lesões tróficas e/ou lesões traumáticas | | |
| 2 | Lagoftalmo e/ou ectrópio | | | Garras | | | Garras | | |
| | Triquíase | | | Reabsorção | | | Reabsorção | | |
| | Opacidade corneana central | | | Mão caída | | | Pé Caído | | |
| | Acuidade visual menor que 0,1 ou não conta dedos a 6m | | | | | | Contratura do tornozelo | | |

Maior Grau Atribuído: 0 ☐  1 ☐  2 ☐  NA ☐
Data: ___/___/___    Assinatura: _____

FONTE: Ministério da Saúde

Os profissionais devem alertar ao paciente para que ele também tenha essa atitude de vigilância, orientando-o na realização e para a realização de alguns autocuidados para evitar a instalação de incapacidades, suas complicações e para evitar que elas se agravem e evoluam para deformidades.

No caso de identificação das neurites e reações, devem ser tomadas as medidas adequadas a cada caso, na própria unidade de saúde, ou, quando necessário, encaminhar a pessoa em tratamento a uma unidade de referência a fim de receber cuidados especiais.

Ações simples de prevenção e de tratamento de incapacidades físicas por técnicas simples devem ser executadas na própria unidade de saúde, inclusive por pessoal auxiliar, devidamente treinado e sob supervisão técnica adequada.

Casos que necessitem de cuidados mais complexos devem ser encaminhados à unidade de referência, onde haja fisioterapeuta ou outros profissionais especializados.

Cirurgias e atividades de readaptação profissional, serão executadas em hospitais gerais ou em unidades de referência especializadas em reabilitação.

Para a prevenção de incapacidades físicas, e para evitar complicações causadas pelas incapacidades, o paciente deve ser orientado para realizar regularmente certos autocuidados apropriados ao seu caso.

Autocuidados são procedimentos e exercícios que a própria pessoa, devidamente orientada e supervisionada, pode e deve realizar, para prevenir incapacidades e deformidades.

Aqueles que apresentam perda de sensibilidade protetora nos olhos, nas mãos e nos pés, e incapacidades devem ser orientados a observar-se diariamente, e a realizar autocuidados específicos ao seu caso.

Pacientes com hanseníase que não apresentam comprometimento neural ou incapacidades devem ser também alertados para a possibilidade de ocorrência dos mesmos e orientados para observar-se diariamente e para procurar a unidade de saúde ao notar qualquer alteração neurológica, tais como dor ou espessamento nos nervos.

As melhoras e pioras dos processos inflamatórios e da função neural dos portadores da doença devem ser acompanhadas e relacionadas com as suas atividades diárias. Aqueles que apresentarem incapacidades ou deformidades devem também, ser orientados quanto aos cuidados nas suas atividades diárias, tipo de calçado, adaptações necessárias, etc.

A seguir serão apresentados alguns procedimentos de autocuidados:

## *. Autocuidados com o nariz*

Os principais sinais e sintomas de comprometimento neural ou de incapacidades no nariz são: ressecamento da mucosa, aumento da secreção nasal, secreção sangüinolenta, crostas ou úlceras.

Ao identificá-los, deve ser orientada a utilização tópica de soro fisiológico no nariz, ou a aspiração de pequenas porções do mesmo. Na falta de soro, deve-se utilizar água. O líquido deve ser mantido dentro do nariz por alguns instantes e em seguida deixar escorrer espontaneamente. Repetir o procedimento até acabar a secreção nasal .

## *. Autocuidados com os olhos*

Os principais sinais e sintomas de comprometimento neural ou de incapacidades nos olhos são: ressecamento, alteração de sensibilidade, alteração da força muscular das pálpebras provocando uma dificuldade em fechar os olhos – fenda palpebral, e a inversão dos cílios – triquíase. Ao identificá-los, seu portador deve ser orientado a realizar os autocuidados específicos a cada caso.

Deve ser orientado a lubrificar o olho com colírio ou lágrima artificial (1 gota, 5 ou mais vezes ao dia). Já na alteração da sensibilidade, deve ser orientado a piscar freqüentemente e a realizar auto-inspeção dos olhos, diariamente. Identificada a alteração da força muscular das pálpebras provocando lagoftalmo (aumento do espaço da fenda palpebral), realizar exercícios com as pálpebras, fechando e abrindo fortemente os olhos várias vezes, repetindo três vezes ao dia.

A lubrificação e o uso de proteção diurna (óculos) e noturna (vendas) devem ser orientados. Quando a triquíase (cílios invertidos) for evidenciada, a retirada manual (com pinça de retirar sobrancelhas) dos cílios invertidos deve ser realizada e orientada a lubrificação com colírio 3 a 4 vezes ao dia. Na presença de algum corpo estranho conjuntival, é importante que seja orientada a lavagem do olho com bastante soro fisiológico, ou água limpa, e a retirada do corpo estranho com um cotonete umedecido, quando for de fácil remoção. Deve-se procurar auxílio de profissional especializado, quando necessário.

### . Autocuidados com as mãos

Os principais sinais e sintomas de comprometimento neural ou de incapacidades e deformidades nas mãos são: ressecamento, perda de sensibilidade protetora e fraqueza muscular, fissuras, encurtamento ou retração de tecidos moles, úlceras e feridas.

No caso de ressecamento, a hidratação e a lubrificação das mãos, diariamente, devem ser realizadas. Indica-se deixar as mãos mergulhadas durante 15 minutos em água limpa, à temperatura ambiente, e, em seguida, enxugá-las levemente, pingando algumas gotas de óleo mineral ou um pouco de vaselina, espalhando bem.

Já na existência de ressecamento e fissuras, deve ser orientada a hidratação das mãos. Em seguida, é importante que a mão seja lubrificada com algumas gotas de óleo mineral ou vaselina.

Na presença de encurtamento ou retração de tecidos moles, está indicado, além da hidratação e lubrificação da mão, os exercícios passivos assistidos.

Identificadas úlceras e feridas, o paciente deve limpar e hidratar as mãos, lixar as bordas das úlceras, cobrir e colocar a mão em repouso.

Já no caso da perda da sensibilidade protetora, deve ser orientado a proteger as mãos e a condicionar o uso da visão ao movimento das mesmas, para evitar feridas e queimaduras. A adaptação dos instrumentos de trabalho, evitando ferimentos, é de fundamental importância.

### . Autocuidados com os pés

Os principais sinais e sintomas de comprometimento neural, de incapacidades ou de deformidades nos pés são: calos, ressecamento, perda de sensibilidade protetora, fissuras, úlceras e feridas, encurtamento ou retração de tecidos moles, fraqueza muscular provocando dificuldade em levantar o pé e garra de artelhos.

Quando houver calos deve ser orientada a hidratação dos pés colocando-os numa bacia com água, à temperatura ambiente, durante cerca de quinze minutos. Os calos devem ser lixados, após a hidratação, e em seguida lubrificados com gotas de óleo mineral ou vaselina, diariamente. É importante que a adaptação de calçados seja realizada, aliviando a pressão sobre a área afetada.

Na presença de ressecamento, fissuras, calos, encurtamentos, úlceras e feridas nos pés, devem ser realizados os mesmos procedimentos recomendados para as mãos.

Quando for evidenciada a perda da sensibilidade protetora dos pés, é importante que seu portador seja orientado a examinar seus pés diariamente, a não andar descalço e a usar calçados confortáveis, não lhe machucando nem causando ferimentos – sapatos de bico largo, de salto baixo, com solado confortável, colados ou costurados e sem pregos. Oriente-o a andar com passos curtos e lentos, evitando longas caminhadas que possam causar desconforto ou ferimentos.

Sendo encontrado encurtamento ou retração de tecidos moles, deve ser explicado o exercício específico, a ser realizado 3 vezes ao dia, 10 vezes com cada perna.

Na presença de fraqueza muscular – dificuldade em levantar o pé, deve ser orientado o exercício específico, a ser realizado 3 vezes ao dia, 10 vezes com cada perna.

## Educação em Saúde

A Educação em Saúde, entendida como uma prática transformadora, deve ser inerente a todas as ações de controle da Hanseníase, desenvolvidas pelas equipes de saúde e usuários, incluindo familiares, e nas relações que se estabelecem entre os serviços de saúde e a população.

O processo educativo nas ações de controle da hanseníase deve contar com a participação do paciente ou de seus representantes, dos familiares e da comunidade, nas decisões que lhes digam respeito, bem como na busca ativa de casos e no diagnóstico precoce, na prevenção e tratamento de incapacidades físicas, no combate ao eventual estigma e manutenção do paciente no meio social. Esse processo deve ter como referência as experiências municipais de controle social.

O Ministério da Saúde coordena, dando apoio às demais instituições, um programa nacional, sistematizado e contínuo, de divulgação de massa (extensiva e intensiva), garantindo informação e esclarecimentos à população sobre a hanseníase dentro de um programa global de saúde, cabendo a cada unidade federada – estados e municípios – desenvolver o seu próprio processo de educação e comunicação.

A Área Técnica de Dermatologia Sanitária/MS e as Secretarias Estaduais e Municipais da Saúde encaminham documentos informativos sobre a hanseníase para as diversas entidades e meios de comunicação de massa, visando maximizar os conhecimentos científicos atuais sobre a doença, de modo a evitar o uso de informações equivocadas e ou termos inadequados. Deve-se também estimular a produção de materiais de apoio no nível local, com a participação dos usuários e das organizações comunitárias, que subsidiem o processo educativo nas ações de controle da hanseníase.

Sempre que se fizer necessário, visando a construção e reconstrução do conhecimento e devida compreensão do que é hanseníase, poderá ser feita sua relação com os termos existentes na terminologia popular, adequando-a à clientela.

Sem desmerecer as atividades gerais de Educação em Saúde, ratifica-se aquela feita no trabalho individual com o paciente, informando-o sobre sua doença, a cura dela, os autocuidados que só ele pode realizar.

### Dados e Documentação Utilizados

A documentação utilizada para o intercâmbio de dados e informações deve ser a mais simples e objetiva possível.

Na Unidade de Saúde:
a) **ficha de notificação** – contém dados básicos, clínicos e epidemiológicos, sobre o caso na data do diagnóstico;
b) **ficha de acompanhamento** – resume o prontuário com dados do diagnóstico e    seguimento do caso de hanseníase, alimenta o boletim de acompanhamento;
c) **boletim de acompanhamento de casos** – contém dados básicos e todos os casos em acompanhamento na unidade de saúde;

**d) prontuário médico** – contém ficha de notificação, ficha de acompanhamento, formulário para registro de incapacidade, registro de cada atendimento médico e/ou enfermagem, etc.

**e)** informe com dados locais consolidados e análise das informações, sobre a endemia e atividades de controle.

Na Coordenação Estadual:

**a)** arquivo central de casos de hanseníase;

**b)** informe com dados estaduais consolidados e análise das informações sobre a endemia e atividade de controle.

Na Coordenação Nacional:

**a) instrumento de avaliação nacional do programa de controle e eliminação da hanseníase** – contém os dados epidemiológicos e operacionais de cada unidade federada necessários à construção de indicadores em nível central;

**b)** informe com dados estaduais, macrorregionais e nacionais e análise das informações sobre a endemia e atividades de controle.

O sistema de informação do programa é alimentado principalmente por dados fornecidos pela rede pública de serviços básicos de saúde, além de outros serviços públicos, filantrópicos, universitários, clínicas e consultórios privados.

## Atribuições dos Profissionais da Equipe de Saúde

Eliminação da Hanseníase:

| Responsabilidade | Atividades |
| --- | --- |
| • Busca ativa de casos | • Identificação de Sintomas Dermatológicos (SD) |
| • Diagnóstico Clínico de casos | • Exame de SD e comunicantes, Classificação dos casos |

| | |
|---|---|
| • Cadastramento dos portadores. | • Alim. do Sistema de informação |
| • Tratamento supervisionado dos casos | • Acompanhamento ambulat. e domiciliar<br>Avaliação dermato-neurológica<br>Fornecimento de medicamentos e curativos<br>Atendimento de intercorrências |
| • Controle de incapacidades e medidas preventidas | • Avaliação e classificação das incapacidades físicas<br>Tratamento de incapacidades,<br>Atividades educativas |

## Planejamento / Programação do Cuidado

Atribuições do médico, do enfermeiro, do auxiliar de enfermagem e do agente comunitário de saúde:

- planejar ações de assistência e controle do paciente, família e comunidade com base no levantamento epidemiológico e operacional;
- participar de estudos e levantamentos que identifiquem os determinantes do processo saúde/doença de grupos populacionais, famílias e indivíduos;
- estabelecer relações entre as condições de vida e os problemas de saúde identificados e estabelecer prioridades entre tais problemas;
- identificar a diversidade cultural com que a população enfrenta seus problemas de saúde, destacando as que representam riscos;
- sistematizar e interpretar informações, definindo as propostas de intervenção;
- realizar a programação de atividades, observando as normas vigentes;
- prever o material necessário para a prestação do cuidado a ser realizado.

## Execução do Cuidado

*1) Promoção da Saúde*

**a) Atribuições do médico, do enfermeiro, do auxiliar de enfermagem e do agente comunitário de saúde:**
* identificar os determinantes fundamentais da qualidade de vida: trabalho/renda e consumo de bens e serviços;
* identificar as características genéticas, ambientais, sócio-econômicas e culturais, que interferem sobre a saúde;
* identificar as organizações governamentais e não governamentais na comunidade e ou região, cuja finalidade contribui para elevar a qualidade de vida;
* avaliar a qualificação de cada instituição no esforço conjunto para o equacionamento dos problemas de saúde, contextualizando as possibilidades e limitações das organizações do SUS;
* promover a mobilização social, em parceria com agentes de comunicação e lideranças comunitárias, em torno das demandas e necessidades em saúde;
* realizar ações de promoção da saúde dirigidas para grupos de risco ou para segmentos populacionais alvo dos programas institucionais de saúde;
* realizar ações educativas para família e comunidade.

**b) Atribuição do médico:**
* avaliar o estado de saúde do indivíduo através da consulta médica.

**c) Atribuição do enfermeiro:**
* avaliar o estado de saúde do indivíduo através da consulta de enfermagem.

## 2. Prevenção de Enfermidades

**a) Atribuições do médico, do enfermeiro, do auxiliar de enfermagem e do agente comunitário de saúde:**

- identificar os principais fatores ambientais que representam riscos ou causam danos à saúde do ser humano;
- identificar os principais mecanismos de defesa/adaptação do ser humano às agressões do meio ambiente;
- identificar as formas de interação entre os seres vivos, destacando o conceito de hospedeiro;
- identificar as doenças transmissíveis e não transmissíveis prevalentes na sua região;
- distinguir as doenças transmissíveis que são controladas por vacinas daquelas que são controladas por medidas de intervenção sobre o meio ambiente e outros meios;
- identificar as alterações orgânicas causadas pela penetração, trajetória e localização dos agentes infecciosos no corpo humano, como base para o cuidado;
- executar medidas de intervenção na cadeia de transmissão das doenças e outros agravos à saúde prevalentes na região;
- identificar e notificar situações atípicas e casos suspeitos de doenças;
- realizar medidas de controle de contatos;
- monitorar a situação vacinal de populações de risco;
- localizar áreas/ambientes que oferecem risco à saúde na comunidade;
- realizar busca ativa dos casos;
- executar ações básicas de investigação e vigilância epidemiológica.

## 3. Recuperação e Reabilitação em Saúde

**a) Atribuições do médico, do enfermeiro, do auxiliar de enfermagem e do agente comunitário de saúde:**

- prestar cuidados básicos de saúde à clientela alvo dos programas institucionais;

- aplicar os procedimentos de intervenção, referência e acompanhamento, conforme as normas vigentes dos programas de saúde;
- realizar visitas domiciliares;
- aplicar técnicas simples de A.V.D. (atividades da vida diária), em pacientes de hanseníase.

*b) Atribuições do médico, do enfermeiro e do auxiliar de enfermagem:*
- realizar coleta de material, segundo técnicas padronizadas;
- realizar procedimentos semitécnicos;
- identificar as incapacidades físicas;
- aplicar técnicas simples de prevenção e tratamento das incapacidades físicas;
- fazer controle de doentes e contatos;
- aplicar teste de Mitsuda;
- efetivar medidas de assepsia, desinfecção e esterilização;
- identificar precocemente sinais e sintomas que indiquem complicações no processo de evolução das enfermidades.

*c) Atribuições do médico e do enfermeiro:*
- prescrever técnicas simples de prevenção e tratamento das incapacidades físicas;
- fazer avaliação clínica dermato-neurológica.

*d) Atribuições do médico:*
- diagnosticar e classificar as formas clínicas;
- prescrever o tratamento, inclusive das reações hansênicas;
- indicar a alta terapêutica.

*e) Atribuições da enfermeira e do auxiliar de enfermagem:*
- aplicar tratamento;
- identificar e encaminhar pacientes com reações hansênicas;

- identificar e encaminhar pacientes com reações medicamentosas;
- identificar casos e encaminhar para confirmação diagnóstica;
- fazer a dispensa de medicamentos.

*f) Atribuições do enfermeiro:*
- solicitar exames para confirmação diagnóstica;
- prescrever medicamentos, conforme normas estabelecidas;
- executar tratamento não medicamentoso das reações hansênicas.

*g) Atribuições do agente comunitário de saúde:*
- realizar busca de faltosos e contatos;
- fazer supervisão da dose medicamentosa, em domicílio.

## Gerência / Acompanhamento e Avaliação do Cuidado

*a) Atribuições do médico, do enfermeiro, do auxiliar de enfermagem e do agente comunitário de saúde:*
- organizar o trabalho, com base na programação do serviço, tomando por referência critérios de eficiência, eficácia e efetividade;
- identificar e aplicar instrumentos de avaliação da prestação de serviços: cobertura, impacto e satisfação;
- utilizar os meios de comunicação para interagir com sua equipe, com os demais integrantes da organização e com os usuários;
- participar das atividades de pesquisa e de educação continuada em serviço;
- participar na implementação do sistema de informação para avaliação epidemiológica e operacional das ações de controle das doenças, mediante produção, registro, processamento e análise dos dados.

*b) Atribuições do médico e do enfermeiro:*
- realizar supervisão e avaliação das atividades de controle das doenças;

- planejar as atividades de busca de casos, busca de faltosos, contatos e abandonos;
- estabelecer a referência e contra-referência para atendimento em outras unidades de saúde.

*c) Atribuições do enfermeiro:*

- gerenciar as ações da assistência de enfermagem;
- fazer previsão e requisição de medicamentos, imunobiológicos e material de consumo.

*d) Atribuições do enfermeiro, do auxiliar de enfermagem e do agente comunitário de saúde:*

- participar da organização e manutenção dos prontuários e arquivos de aprazamento;
- fazer aprazamento da clientela.

## 10.6 - Ações de Saúde Bucal

Sabe-se que cinco milhões de pessoas sofrem de cárie no mundo. Segundo o relatório Mundial de Saúde Bucal de 2003, publicado pela Organização Mundial de Saúde (OMS), a cárie dental é o maior problema de saúde em muitos países industrializados afetando 60 a 90% das crianças em idade escolar e a maioria dos adultos.

Diante de tais dados, nota-se a grande necessidade de intervenções efetivas na saúde bucal, pois trata-se de um componente crítico da saúde integral e bem-estar.

O Ministério da Saúde, através do PSF-Saúde Bucal, exige responsabilidades e aponta atividades para os usuários do Sistema Único de Saúde. Temos uma oportunidade real de enfrentar essa crise de saúde pública e melhorar a qualidade de vida.

Nas últimas décadas, temos acompanhado um avanço muito grande em relação à etiologia e à prevenção da cárie dentária, mas, mesmo assim, dados epidemiológicos têm demonstrado que esta continua sendo, dentro da odontologia, a doença de maior prevalência.

Maltz (2000: 326-327) relata que mesmo diminuindo sua prevalência em países industrializados, a cárie atinge 95% da população e continua sendo um problema de saúde pública, pois é também de alta prevalência em países não industrializados.

Para Freitas (2001: 51), é ainda um desafio complexo e árduo para a odontologia o conhecimento das condições necessárias e suficientes para o aparecimento da cárie e também seu comportamento em indivíduos e populações, pois a doença cárie é conceituada atualmente como uma patologia de origem multifatorial. Em seu livro "História Social da Cárie Dentária ", o autor discorre sobre a cárie entendida por um ordenamento social e explora as variáveis sócio-econômicas, culturais e comportamentais que influenciam o seu surgimento.

Weyne e Harari (2001: 19) reforçam a natureza multifatorial da cárie, quando dizem que a interação de vários fatores em condições críticas é condição necessária para que ela se expresse clinicamente. Falam ainda, que não existe comprovação científica de que esses fatores, isoladamente, possam desencadear a atividade da doença.

A cárie é o processo de desmineralização do dente por ácidos formados através do metabolismo dos carboidratos pelas bactérias orais (THYLSTRUP; FEJERSKOV, 1998), e a atividade cariosa pode ser diagnosticada pelo surgimento de uma área esbranquiçada, opaca e rugosa, na superfície do dente, gerada pela desmineralização do esmalte. Pode ser detectada pelo exame visual quando "atinge um nível de porosidade capaz de alterar o padrão de refração dos raios luminosos incidentes " (WEYNE; HARARI, 2001). Os dentes devem estar limpos e secos para que se detecte clinicamente o início da desmineralização, que, se não tiver sua atividade controlada, evolui para uma cavitação.

É importante salientar a diferença entre atividade de cárie e ocorrência de cárie (doença x lesão). A presença de manchas brancas no esmalte ou de lesões cavitadas de cárie nem sempre coincidem com a atividade da doença, pois podem ser seqüelas deixadas pela doença que ocorreu em outro momento e que, nesse caso, são denominadas manchas brancas ou lesões de cárie inativa.

Em todas as abordagens relacionadas com a etiologia da cárie, a importância da dieta é bastante discutida. Segundo Thylstrup e Fejerskov (2001:283) "um grande número de estudos mostra que a dieta exerce um papel central no desenvolvimento da doença cárie".

Muitos pesquisadores têm efetuado estudos associando maior consumo de açúcar com a alta prevalência da doença cárie. Thylstrup e Fejerskov (2001: 209-217) classificam como importantes os fatores determinantes, que são a higiene bucal, utilização de fluoretos, sexo, idade, variáveis sócio-econômicas e variáveis culturais.

## Dinâmica do desenvolvimento da cárie

De acordo com Reis, J. M. (1999) a cárie dental será conseqüência do desequilíbrio entre os fatores de desmineralização (ocorre dissolução do esmalte dental, ou seja, o mesmo perde íons Ca e P para o meio bucal em virtude da queda do pH para abaixo de 5,5 tentando atingir um novo estado de equilíbrio) e remineralização (quando há um restabelecimento das condições físico-químicas da cavidade bucal, onde a tendência é o esmalte ganhar íons Ca e P perdidos pelo processo de desmineralização). Estes fatores estão em função direta com as condições de um pH crítico (< 5,5) na boca.

Logo o potencial de desenvolvimento da cárie dental tem que ser discutido em termos de risco em relação à:

- fatores do hospedeiro que possibilitam maior formação e retenção de placa;
- fatores salivares em termos de capacidade tampão e fluxo salivar;
- fatores microbiológicos em termos de capacidade de induzir à pH mais crítico;
- dieta do paciente em termos de freqüência e/ou retenção do açúcar na boca.

Dentre os fatores que podem influenciar o desenvolvimento da doença cárie, Newbrun (1998:18-20) destaca que a saliva influencia o desenvolvimento do processo carioso, e a diminuição ou ausência do fluxo salivar aumenta a velocidade da cárie dentária e contribuem com a rápida destruição do dente. Essa ausência ou diminuição do fluxo salivar é chamada xerostomia, e pode ser causada entre outros fatores, por doenças combinadas com o uso de medicações que diminuem o fluxo salivar, ou por tratamento radioterápico na boca.

Em relação ao diagnóstico da cárie dentária nas comunidades, existem vários índices utilizados, mas o mais utilizado em levantamentos epidemiológicos de cárie dentária mundialmente é o índice CPO-D. Este índice é composto por quatro fatores que são: dentes cariados (C), dentes perdidos (P), extraídos ou com extração indicada, e obturados (O). A inicial D significa dente e serve para diferenciar do índice CPO-S que estuda as superfícies dentárias (Brasil, 1998).

O CPO-D corresponde no indivíduo a uma expressão resumida do estágio de progressão das lesões cariosas daquele indivíduo, pois é a soma do número de dentes cariados (C), perdidos (P) e obturados (O). Quando se soma os CPOs dos indivíduos e se divide o resultado pelo número de examinados é encontrado o CPO médio para aquela população, cujos valores variam de 0 a 32 (REGO et al., 1997; THYLSTRUP; FEJERSKOV, 2001).

Cabe ressaltar, que, o índice CPO-D serve para estudar a experiência de cárie dos indivíduos, mas como não quantifica mancha branca ativa e cavidade de cárie ativa, não serve para determinar atividade de cárie.

## O diagnóstico da cárie

Para o diagnóstico da cárie dentária, o clínico precisa conhecer sua patologia, que, segundo Buischi (2000: 124), é o reflexo da classificação e da descrição da doença, ou do conhecimento disponível em publicações sobre cárie.

A inspeção visual através do exame clínico é o método mais utilizado para a detecção de cáries nas superfícies oclusais dos dentes e também na predição de sua profundidade, enquanto o exame radiográfico pode oferecer informações importantes com relação à presença de cárie interproximal (BUISCHI, 2000:141).

Cárie dentária, para Weyne e Harari (2001: 4), é uma doença infecciosa oportunista, de caráter multifatorial, fortemente influenciada pelos carboidratos da dieta e pela ação dos componentes salivares. Segundo os autores, embora algumas pesquisas demonstrem a existência de outros grupos de microorganismos com potencial cariogênico, os microorganismos que preenchem os requisitos conhecidos em microbiologia para o início e desenvolvimento das lesões cariosas são os *streptococos mutans* e certos lactobacilos.

A placa bacteriana, segundo Loeche (1993: 1), é considerada o agente etiológico das doenças dentárias pela maioria dos dentistas, e consiste no acúmulo de bactérias na superfície dos dentes, que, no caso da doença cárie, produzem ácidos que dissolvem os dentes.

## Promoção de saúde

Os novos conhecimentos sobre a etiologia e a patogenia da cárie, proporcionaram que a odontologia entrasse na etapa da prevenção físico-química das doenças bucais. Conseqüentemente, entramos na etapa da "promoção de saúde".

Saúde é um direito humano básico, sendo saúde bucal um componente importante da saúde geral.

As doenças bucais constituem importantes problemas de saúde pública, não somente devido à sua alta prevalência, mas também graças ao seu impacto a nível individual e comunitário, em termos de dor, desconforto e limitações sociais.

> "Promover a saúde significa criar uma política verdadeiramente de saúde pública através do fortalecimento da ação comunitária, na reorientação dos serviços dentários e do desenvolvimento de um ambiente favorável à manutenção da saúde" (BUISCHI,1996).

Por mais de um século conviveu-se com uma odontologia curativa, que objetivava o "alívio da dor" e posteriormente a "restauradora" para tentar intervir antes da dor. Segundo TODESCAN (196: 441).

> "Esse tratamento é altamente ineficiente, pois o fato de se colocar uma restauração, por melhor que ela seja, não impede que o paciente tenha mais lesões de cárie, pois a restauração trata apenas o sintoma e não a doença cárie. Portanto, além de não devolver a saúde ao paciente, o tratamento curativo meramente sintomático, não diminui a demanda do tratamento."

O Ministério da Saúde oferece às Prefeituras Municipais uma abordagem diferenciada em odontologia na forma do PSF-Saúde bucal, onde os dirigentes municipais podem optar pelos Módulos 1 ou 2. No Módulo 1, além da presença do odontólogo, temos o(a) atendente de odontologia e no Módulo 2, trabalhando com o odontólogo e o (a) atendente de odontologia,temos o (a) técnico (a) de higienização dental. Independentemente do módulo escolhido, cabe como funções do PSF-Saúde bucal realizar o cadastramento das famílias com o levantamento do índice CPO, a educação quanto a técnica da escovação dentária, a aplicação tópica de flúor e o tratamento bucal de todos os membros da família.

> **PSF – SAÚDE BUCAL**
>
> • **Módulo I**
> Odontólogo + Auxiliar ou Atend. de Odont.
>
> • **Módulo II**
> Odontólogo + Aux. Odont. + Técn. Hig. Dental

O trabalho do odontólogo no PSF-Saúde bucal difere do trabalho nas Unidades Sanitárias convencionais, que executam seus serviços mediante a demanda espontânea da população, pois recebe a responsabilidade de acompanhamento de uma área ou território, que dependendo, poderá chegar a 4.500 habitantes.

## SAÚDE BUCAL

CPOD

Escovação Supervisionada

Aplicação de Flúor

Assistência Curativa

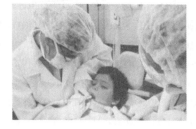

No desempenho de suas ações em saúde bucal, cabe à equipe de saúde bucal: realizar o levantamento epidemiológico para traçar o perfil de saúde bucal da população, permitindo um diagnóstico em saúde bucal, para posteriores intervenções, realizar os procedimentos clínicos definidos na NOB-SUS e NOAS, com tratamento integral no âmbito da atenção básica em odontologia, encaminhar e orientar os usuários que apresentarem problemas mais complexos para outros níveis de assistência, realizar o atendimento de primeiros cuidados nas urgências.

---

### *Ações de Saúde Bucal:*

**Responsabilidades**

**Atividades**

- Prevenção dos problemas odontológicos na população de 0 a 14 anos e gestantes.



- Cadastramento de usuários
- Tratamento dos problemas odontológicos
- Atendimento a urgências.

- Procedimentos coletivos, Bochechos com flúor, Levantamento epidemiológico, Escovação supervisionada com evidenciação de placa.
- Alimentação do Sistema de informação.
- Consultas e procedimentos odontológicos.
- Consultas não agendadas

---

Realizar pequenas cirurgias ambulatoriais, prescrever medicamentos e outras orientações na conformidade dos diagnósticos efetuados, emitir laudos, pareceres e atestados sobre assuntos de sua competência, executar as ações de assistência integral, aliando a atenção clínica a de saúde coletiva, assistindo às famílias, indivíduos ou grupos específicos de acordo com o planejamento e, supervisionar o trabalho desenvolvido pelo técnico de higienização dental (THD) e pelo atendente ou auxiliar de consultório dentário (ACD).

# CONCLUSÃO

" A saúde é direito de todos e dever do Estado, garantido mediante políticas sociais e econômicas que visem à redução do risco de doenças e de outros agravos e ao acesso universal e igualitário às ações e serviços para sua promoção, proteção e recuperação"

*Constituição Federal da República, de 1988, art. 196,*
*seção II, da Saúde.*

Há muito sabemos que saúde e doença, longe de serem fatalidade ou destino, são processos históricos e sociais determinados pelo modo como cada sociedade vive, organiza-se e produz. As profundas transformações históricas e sociais que a sociedade brasileira vem atravessando ao longo das décadas, têm levado a profundas mudanças no quadro epidemiológico, na produção e distribuição social dos problemas de saúde. Desse modo, afora as desigualdades e iniqüidades regionais, urbanas e rurais, os problemas de saúde, sua valorização social e gravidade também se distribuem desigualmente, entre mulheres e homens, brancos, negros, amarelos e indígenas, pobres e ricos, jovens e velhos, seja pelas diferentes origens sociais, pela desigualdade de acesso às ações e serviços de saúde e demais políticas sociais, em meio a processos, muitas vezes contraditórios, em permanente mudança.

Considerados aqui os problemas na dimensão coletiva, fica claro que sua superação não é possível apenas mediante decisões de âmbito hospitalar ou de assistência médica. Seu enfrentamento necessita da ação da Saúde Coletiva, com ênfase na promoção da saúde e na prevenção de doenças, do trabalho interdisciplinar, em equipe, da ação intersetorial, que apenas são possíveis com a participação de todos.

# ANEXOS

É importante acrescentar nesta parte do trabalho medidas simples, mas eficazes que o cidadão pode tomar quando é violado no seu direito fundamental de acesso à saúde pública. Por tal motivo seguem abaixo modelos de cartas que podem ser utilizadas para exigir algum tipo de serviço que não foi prestado ou se o foi, fora feito de forma insatisfatória.

## A – Para Exigir Agendamento de Consulta em Prazo Razoável

(local, data)

Ao Diretor do *(hospital, pronto-socorro, unidade de saúde)* c/c Ao Secretário Municipal de Saúde.

Prezado Senhor

Em *(data)*, compareci ao *(nome do estabelecimento de saúde)*. Localizado à *(endereço)*, para agendar uma consulta com *(especificar o problema e a especialidade médica necessária, ex. ginecologista, oncologista,...)*.

Após aguardar pelo atendimento *(tempo)*, fui informada que teria de esperar até *(data prevista)* para ser atendido pelo médico, o que pode implicar em sério prejuízo à minha saúde.

Essa excessiva demora representa ofensa à Constituição Federal, nos seus art. 1º, III, art. 5º, *caput*, art. 196 e 198, III, que estabelece como fundamento do país democrático em que vivemos a dignidade da pessoa humana e dispõe ser a saúde um direito de todos e um dever do Estado, que tem a obrigação de proporcionar um atendimento integral aos cidadãos.

Fere também a Lei que criou o SUS (Lei 8.080/90) que garante o acesso aos serviços de saúde de maneira eficaz e sem qualquer discriminação.

Diante do exposto, requeiro que seja tomada a devida providência no sentido de que a consulta de que tanto necessito seja agendada em prazo razoável *(entre 48 horas a 30 dias, dependendo da gravidade da situação)*, sob pena de ser colocada em risco minha saúde e até mesmo minha vida.

Certo de seu pronto atendimento em respeito aos meus direitos de cidadão, agradeço. Informo que caso não seja atendida a minha solicitação tomarei as medidas administrativas e judiciais cabíveis.

Atenciosamente,

_____

(nome, assinatura, telefone, endereço)

## B - Para Exigir a Realização de Exames, Tratamentos ou Cirurgias Solicitadas pelo Médico em Prazo Rasoável

(local,data)

Ao diretor do *(hospital ou unidade de saúde)* c/c Ao Secretário Municipal de Saúde.

Prezado Senhor

Em *(data)*, compareci ao *(nome do estabelecimento)*, localizado à *(endereço)*, para realização de consulta com *(inserir o nome e a especialidade do médico que realizou a consulta)*.

O médico, tendo em vista meu estado de saúde *(se possível indique a doença ou o seu problema de saúde)*, constatou a necessidade de realização de *(especificar o pedido médico, exame, cirurgia, tratamento,...)*. Todavia, fui informado que não poderei ser atendido ou apenas poderei ser atendido em *(data prevista)*, o que pode implicar em sério prejuízo à minha saúde.

Essa recusa ou demora representa ofensa à Constituição Federal, no que tange aos art. 1º, II, art. 5º, *caput*, art. 196 e 198, II, que estabelece como fundamento do país democrático em que vivemos a dignidade da pessoa humana e dispõe ser a saúde um direito do cidadão e um dever do Estado, que tem a obrigação de proporcionar um atendimento integral. Fere também a Lei 8.080/90, que criou o SUS que garante o acesso aos serviços de saúde de maneira eficaz e sem qualquer discriminação.

Diante do exposto, solicito providências no sentido de que *(especificar o exame, tratamento, cirurgia, etc.)* do qual necessito seja agendado e realizado em prazo razoável *(de 48 horas a 30 dias, dependendo da gravidade da situação, se possível indique o prazo fornecido pelo médico de sua urgência)*, sob pena de ser colocada em risco minha saúde.

Certo de seu pronto atendimento em respeito aos meus direitos como cidadão, agradeço. Informo que caso não seja atendido o meu requerimento no prazo acima, serão adotadas as medidas administrativas e judiciais cabíveis.


Atenciosamente,


_____

(nome, assinatura, telefone, endereço)

## C - Para Exigir Fornecimento de Medicamentos

(local, data)

Ao Diretor do *(hospital, unidade de saúde)* c/c Ao Secretário Municipal de Saúde.

Prezado Senhor

Em *(data)*, compareci ao *(nome do estabelecimento de saúde)*, localizado à *(endereço)*, pretendendo obter o medicamento *(nome do medicamento)*, necessário para tratar do meu problema de saúde *(explicar a razão da necessidade do medicamento)*.

Ocorre que não foi possível obtê-lo, pois não estava disponível para distribuição à população, o que pode implicar em prejuízo à minha saúde.

Essa ausência representa ofensa à Constituição Federal, especialmente no que tange aos arts. 5º, 6º, 196 e seguintes e à Lei 8.080/90 especialmente os arts. 2º, 5º, 6º e 7º, incisos I, II e IV, que atribuem ao Poder Público o dever de garantir o atendimento integral à saúde de todos os cidadão, sem qualquer distinção.

Vale ressaltar que o atendimento integral à saúde, que deve ser prestado pelo SUS, abrange a assistência farmacêutica, ou seja, o fornecimento de medicamentos (art. 6º da Lei 8.080/90). Dessa forma, deve ser obrigatoriamente fornecido pelos estabelecimentos de saúde que fazem parte do SUS, como é o caso desse *(hospital ou unidade de saúde)*.

Diante do exposto, solicito providências no sentido de que me seja fornecido o medicamento *(nome do remédio receitado pelo médico)*, que também deve estar disponível para todos os cidadãos que dele necessitarem.

Certo de seu pronto atendimento em respeito aos meus direitos de cidadão, agradeço antecipadamente. Informo que caso não seja atendida minha solicitação no prazo de 05 dias *(depende da urgência da situação tal prazo)*, serão adotadas as medidas administrativas e judiciais cabíveis.

Atenciosamente,

_____

(nome, assinatura, telefone e endereço)

# Referências

ALONSO, A. H. **Ética Das Profissões** São Paulo: Editora Loyola, 2006.

ANGERAMI-CAMON, V. A. **A Ética na Saúde** (org.). S. P.: Pioneira, 1997.

ARANHA, M. L. A. **Filosofando: Introdução à Filosofia.** 2ª ed. Rev. Atual. São Paulo: Moderna, 1992.

ASSIS, M. **Educação em saúde e qualidade de vida: para além dos modelos, busca da comunicação**. Rio de Janeiro: DER: MS, 1998.

BAMFORTH, J. **Cytological diagnosis in medical practice**. London, J. S. A. Churchill, 1966, 246 p.

BARROS, E. **O controle social e o processo de descentralização dos serviços de saúde**. In: Incentivo à participação popular e o controle social no SDS: textos técnicos para conselheiros de saúde. Brasília: Ministério da Saúde, 1994.

BOFF, L. **Ethos Mundial: Um consenso mínimo entre os Humanos.** Brasília: Letraviva, 2000.

BORDENAVE, J. E. D. **Alguns fatores pedagógicos**. In: Capacitação pedagógica para o instrutor/supervisor: área da saúde. Brasília: Ministério da Saúde, 1994.

BOTINO, M. A. **Atualização na Clínica Odontológica**. São Paulo: APDC, 1996, pp. 17, 441-493.

BRASIL. **Lei n. 8.142, de 28 de dezembro de 1990**. Dispõe sobre a participação da comunidade na gestão do Sistema Único de Saúde (SDS) e sobre transferências intergovernamentais de recursos financeiros na área da saúde e dá outras providências. [S.l.: s.n.], [1990].

BRASIL. Ministério da Saúde. **Levantamento Epidemiológico em Saúde Bucal**: Brasil, zona urbana, 1986. Brasília: Centro de documentação do Ministério da Saúde.

BRASIL. Ministério da Saúde. **Ações de informação, educação e comunicação: perspectiva para uma avaliação**. Brasília: Ministério da Saúde, 1998.

BRASIL. Ministério da Saúde. **Hanseníase - Atividade de Controle & Manual de Procedimentos.** Brasília, 2001. (mimeo)

BRASIL. Ministério da Saúde. Fundação Nacional de Saúde. Gerência Técnica Nacional de Dermatologia Sanitária. **Legislação sobre o controle de doenças na área de dermatologia sanitária**. Brasília: Ministério da Saúde, 1991.

BRASIL. Ministério da Saúde. **Controle das doenças sexualmente transmissíveis (DST)**. Brasília, DINSAMI/MS, 1985. 70 p.

BRASIL. Ministério da Saúde. **Manual de procedimentos em enfermagem tocoginecológica preventiva**. Normas e instruções. Brasília, DINSAMI/MS, 1985.

BRASIL. Ministério da Saúde. **Manual de normas para controle do câncer cérvico-uterino**. Brasília, DNDCD/MS, 1980.

BRASIL. Ministério da Saúde. Secretaria de Políticas de Saúde. Departamento de Atenção Básica. Área Técnica de Dermatologia Sanitária. **Guia para utilização de medicamentos e imunobiológicos na área de hanseníase**. Brasília, Ministério da Saúde.

BRUMINI, R. *et alii*. **Câncer no Brasil; dados histopatológicos, 1976/1980**. CNCC/MS, 1982. 433 p.

BUISCHI, Y. P. **Aspectos Básicos de Promoção de Saúde Bucal**. *In* TODESCAN, F. F.; BOTINO, M. A. Atualização na Clínica Odontológica. São Paulo: APDC, 1996. 23, pp. 613-625.

BUISCHI, Y.P. **Promoção de Saúde Oral na Clínica Odontológica**. São Paulo: Artes Médicas: EAP-APCD, 2000, p. 359.

BUISCHI, Y.P.; ASSUNÇÃO DE MELO, P.P. **Proposta para prevenção e controle das doenças bucais prioritárias em saúde pública**. Ministério da Saúde. Secretaria Nacional de Programas Especiais de Saúde, 1987, p. 9.

BUSS, P.M. **Promoção da saúde e a saúde pública: contribuição para o debate entre escolas de saúde pública da América Latina**. Rio de Janeiro: [s.n.], 1998.

CADINHA, M. F. A. H. A Formação Ética no Ambiente Escolar, **mimeo,** artigo elaborado para o curso de pós-graduação na disciplina Ética Organizacional, UNIFOA, 2001.

CAMARGO, M. C. V. Z. A. **A Vida, o Corpo e a Morte Como Objetos de Apropriação da Medicina**, Campinas, S.P.: Tese de Doutoramento, UNICAMP, 1998.

CAPRA, F. **O ponto de Mutação** 27ª ed. São Paulo: Cutrix Ltda., 2000.

CASTELLANOS, P. L. **Epidemiologia, saúde pública, situação de saúde e condições de vida: considerações conceituais.** *In*: BARATA, R. B. (org.). Condições de vida e situação de saúde. Rio de Janeiro: ABRASCO, 1997.

CHAVES, E. *et alii.* **Bases da prevenção do câncer de colo do útero.** João Pessoa, 1985. 265 p.

COHEN, C., SEGRE, M. **Breve Discurso sobre Valores, Moral, Eticidade e Ética,** mimeo, 1999.

CYTOLOGY, **Abstract Library-Hints to obstain an adequate cervical smear.** California Publication, (117), Aug. 1973.

CUNHA, M. P. *et alii.* **Normas e instruções para a colheita do material cérvico-uterino.** Brasflja, DNDCD/MS,1976.

CRISTOFOLINI, L. **Prevenção de incapacidade na hanseníase e reabilitação em hanseníase.** 4ª ed. Bauru, SP: Hospital Lauro de Souza Lima, São Paulo, 1982.

DIAS DA SILVA, M. A. P. **As representações Sociais e as Dimensões Éticas** Taubaté, São Paulo: Cabral Ed. Universitária, 1998.

FERREIRA, A. B. H. **Novo Dicionário Aurélio.** São Paulo: Positivo, 2004.

FEUSTEIN, M. T. **Avaliação: como avaliar programas de desenvolvimento com a participação da comunidade.** São Paulo: Paulinas, 1996.

FESCINA SCHWARZ, DIAZ. **Vigilância Crescimento Fetal – Manual de Auto-instruções** - Pub. Científica CLAP - OPSjOMS nQ 1261. 1996.

FESCINAR. **Altura uterina como método para predecir el crescimiento fetal.** Boletín de La Oficina Sanitaria Panamericana. 1984, v.96, n° 4, p. 377.

FORMIGA, **Tendência do Trabalho.** Rio de Janeiro: Ed. Tama, 2000.

FORTES, P. A. C. **Ética e Saúde: Questões éticas, deontológicas e legais, tomada de decisões, autonomia e direitos do paciente, estudo de caso.** São Paulo: E.P.U., 1998.

FRANCO. G. **Nutrição**, texto básico e tabela de composição química dos alimentos, 6ª ed. Rio de Janeiro: Ateneu, 1982, pp. 131-177.

FREIRE, P. **Pedagogia da Autonomia: Saberes necessários à prática educativa**, 7ª ed. Rio de Janeiro: Paz e Terra, 1998.

FREITAS, S. F. T. **História Social da cárie dentária**. Bauru: Edusc, 2001 p. 124.

GALLO, S. (org.) **Ética e Cidadania: Caminho da Filosofia: elementos para o ensino da filosofia**, 4ª ed. Campinas, São Paulo: Papirus, 1999.

GOFFMAN, E. **Estigma: notas sobre a manipulação da identidade deteriorada**, 4ª ed. Rio de Janeiro: Zahar, 1982.

**Guia de referência para o controle social: manual do conselheiro**. Brasília: IEC, 1994.

**Guia para implantar/implementar as atividades de controle da hanseníase nos planos estaduais e municipais de saúde**. Brasília: Secretaria de Políticas de Saúde, Ministério da Saúde, 1999.

GUINTO, R. S.; ABLOS, R. M; FAJARDO, T. T. **Atlas de hanseníase**. Sasakawa: Memorial Health Foundation, 1990.

GROSS, F.; PISA, Z.; STRASSER, T.; ZANCHETTI, A. **Tratamiento de la hipertensión arterial: guia practica para el método y otros agentes de salud.** Ginebra, OMS, 1985. 1v.

HEATH, H. **Ensinando Valores: Criando um Adulto admirável.** São Paulo: Madras Editora Ltda., 2001.

HEIDEGGER, G. W. **Atlas da anatomia humana**, 3ª ed. Rio de Janeiro: Guanabara Koogan, 1978.

HELMAN, C. G. **Cultura, Saúde e Doença**, 2ª ed. Porto Alegre: Artes Médicas, 1994.

HOSPITAL LAURO DE SOUZA LIMA. **Reabilitação em hanseníase**. Bauru, SP: HLSL, 1992.

HIGIENE ORAL DA CRIANÇA. Disponível em: <http://www.uniodontogoiania.com.br/dicas_de_saude/dicas_de_higiene.htm>; acesso em 13 nov. 2005.

ILEP. **Warning guide one. How to diagnose and heat leprosy**. Copyraight @ 2001, ILEP, London.

INDICE CPO-D.Disponível em < http;//www.tabnet.datasus.gov.br/cgi/idb1998/Fdq14.htm. Acesso em 10 out. 2005.

JACOB, S. W. *et alli*. **Anatomia e fisiologia humana**, 5ª ed. Rio de Janeiro: Interamerican, 1984.

JOPLING, WH. *et alli*. **Manual de hanseníase**, 4ª ed. São Paulo: Atheneu, 1991. KENDAL, EP. *et alli*. **Músculos prova e funções**, 3ª ed. São Paulo: Manole, 1987.

KOSS, L. **Cytological diagnostic and its histologic basic**, 3ª ed. Philadelphia, J. B. Lippincott Co., 1972.

LEA VELL H. & CLARCK, E. G. **Medicina preventiva**. Rio de Janeiro, McGraw Hill, 1976.

LEHMAN, L.E *et alli*. **Avaliação neurológica simplificada**. Belo Horizonte: ALM Internacional, 1997.

——-. **Para uma vida melhor: vamos fazer exercícios**. Belo Horizonte: ALM – Internacional, 1987.

LEITE, T. A. ; PAULA, M. S. ; RIBEIRO, R. A. *et al*. **Cárie dental e consumo de açúcar em crianças assistidas por creche pública**. Ver. Odontológica Uni. São Paulo, vol 13, n1, pp. 13-18, jan 1999.

LEOPOLDO E SILVA, Breve Panorama Histórico da Ética, **Bioética,** Brasília, v.1, n.1, 1993.

LOECHE, W. **Cárie dental: uma infecção tratável.** Rio de Janeiro: Cultura médica, 1993, p.349.

LOMBARDI, C. *et al. Hansenologia: epidemiologia e controle*. São Paulo: Imprensa Oficial do Estado de São Paulo, 1990.

LUNARDI, V.L. Responsabilidade Profissional da Enfermeira, **Texto & Contexto** Florianópolis, v.3, n.2, pp. 47-57,1994.

MALTZ, M.; CARVALHO, J. **Diagnóstico da doença cárie**. *In*: ABOPREVI: promoção de saúde bucal/coordenação Leo Kriger, 2ª ed. São Paulo: Artes Médicas, 1999, pp. 69-91.

**Manual de prevenção de incapacidades**. Brasília: Ministério da Saúde, 2001.

MINISTÉRIO DA SAÚDE. **Levantamento epidemiológico em saúde bucal**: Brasil, zona urbana, 1986. /Série C: estudos e projetos, 4,137b 1988/ Brasília: Centro de documentação do Ministério da Saúde 1998.

MINISTÉRIO DA SAÚDE. Assistência integral à saúde da mulher: bases de ação programática. Brasma, Centro de Documentação do Ministério da Saúde, 1984. 27 p. (Série B: Textos básicos de saúde, 6).

MINISTÉRIO DA SAÚDE. Divisão Nacional de Epidemiologia. Programa Nacional de Imunizações. **Manual de vacinação**. Brasma, Centro de Documentação do Ministério da Saúde, 1984, 69 p. (Série A: Normas e manuais técnicos, 15)

MINISTÉRIO DA SAÚDE. Secretaria Nacional de Programas Especiais de Saúde e MINISTÉRIO DA PREVIDÊNCIA E ASSISTÊNCIA SOCIAL. **Controle de doenças sexualmente transmissíveis**. Brasma, 1985. 70 p.

MONTORO, A. F. *et alii*. **Prevenção e detecção do câncer de mama**. São Paulo, Ed. da Universidade de São Paulo, 1979. 234 p.

MORAES, Alexandre de. **Constituição do Brasil interpretada e legislação constitucional**. São Paulo: Atlas, 2002.

MORAES, Alexandre de. **Direito Constitucional**. São Paulo: Atlas, 2003.

MOREIRA, M. B. R. **Enfermagem em hanseníase**. Brasília: Fundação Hospitalar do Distrito Federal: Hospital Regional de Sobradinho, 1983.

MOREIRA, W. W. **Corpo Presente.** Campinas, São Paulo: Papirus, 1995.

MORIN, E. **Os Sete Saberes Necessários à Educação do Futuro.** S.P.: Cortez; Brasília, D.F.: UNESCO, 2000.

MOTA, N. S. **Ética e Vida Profissional.** Rio de Janeiro: Âmbito Cultural, 1984.

MUNÕZ, D. R. e ALMEIDA, M. Noções de Responsabilidade em Bioética. *In*: SEGRE, M.; COHEN, C. (org.) **Bioética.** São Paulo: Editora da Universidade de São Paulo, 1999.

NEVES, M. C. P.; PACHECO, S. **Para uma ética da Enfermagem**. Coimbra, Gráfica de Coimbra, 2004.

NEWBRUN, E. **Cariologia**. São Paulo: Santos, 1988, p. 326.

**Norma operacional básica do Sistema Único de Saúde - NOB-SDS-96**. Brasília: Ministério da Saúde, 1997.

NORMAN O. HARRIS; ARDEN G. CHRISTEN. **Primary Preventive Destistry.** Conectcut-Appleton & Lange 1987, pp. 192-204.

OLIVEIRA, M. L. W. *et al*. **Hanseníase: cuidados para evitar complicações.** 2ª ed. Brasília: Fundação Nacional de Saúde, 1998.

OLIVIERI, D. P. **O Ser Doente. Dimensão Humana na Formação do Profissional de Saúde.** São Paulo: Moraes, 1994.

OPROMOLLA, D.VA. **As incapacidades na hanseníase**. *In*: Noções de hansenologia.

PENNA, G.O. *et al*. **Doenças infecciosas e parasitárias: aspectos clínicos, de vigilância epidemiológica e de controle**. Brasília: Ministério da Saúde; Fundação Nacional de Saúde, 1998.

PENNA, G. O.; PINHEIRO, A. M. C; Hajjar, L. A. **Talidomida: mecanismo de ação, efeitos colaterais e uso terapêutico**. Ass. Bras. Dermatol.; 1998; 73(6): 501-514.

PEREIRA, G. E. M. **Características da hanseníase no Brasil: situação e tendência no período de 1985 a 1996**. Tese (Mestrado em Epidemiologia) - Escola Paulista de Medicina. Universidade de São Paulo. São Paulo, 1999.

PINTO, V. G. **Epidemiologia das doenças bucais do Brasil**. *In*: KRIGER, L. ABO PREV- Promoção de Saúde Bucal, São Paulo: Artes Médicas, 1997, pp. 27-41.

PINTO, V. G. **Saúde Bucal – Odontologia social e Preventiva**. 3ª ed. São Paulo: Santos, 1994, pp. 109-169.

PINTO, V. G. **A Odontologia no Município**: guia para organização de serviços e treinamento de profissionais a nível local. Porto Alegre: RGO, 1996, p. 253.

PINTO,T. M. **Filosofia na enfermagem: algumas reflexões.** Pelotas: Universitária/UFPel, 1998.

POLAK,Y. N. S. **A corporeidade como resgate do humano na enfermagem.** Pelotas: Universitária/UFPel, 1997.

PREFEITURA MUNICIPAL DE MARATAÍZES. Secretaria Municipal de Saúde. **Plano Municipal de Saúde**. Período 2002 – 2005.

PUCCA, G. **Por um Brasil Sorridente**, Revista da Associação Brasileira de Odontologia, São Paulo, v. 12, n 2, pp. 73-79, abr /mai 2004.

RÊGO, D.; SILVA, E.; COSTA, P. **Epidemiologia das doenças bucais**. *In* Odontologia Preventiva Social: textos selecionados/ curso de mestrado em Odontologia Social. Natal: PROIN. EDUFRN- UFRN, 1997, pp. 93-113.

RIVERA, E. J. U. **Planejamento e programação em saúde. Um enfoque estratégico.** São Paulo, Cortez, 1989.

SALOTTI, S. *et al*. **Prevenção e tratamento: comprometimentos oculares na hanseníase.** Bauru, SP: Hospital L. de Souza Lima, São Paulo.

SAVATER, F. O meu dicionário Filosófico, **Lexicon Vocabulário de Filosofia (ou Quase),** 2002.

SEGRE, M.; COHEN, C. **Bioética.** São Paulo: Ed. da Universidade de São Paulo, 1999.

SOUSA, M. F. A enfermagem reconstruindo sua prática: mais que uma conquista no PSF. **Rev. Brasileira de Enfermagem**: saúde da família. v. 53, n° especial. Brasília: ABEn, pp. 25-30, dez. 2000.

THYLSTRUP, A.; FEJERSKOV, O. **Tratado de Cariologia**. Rio de Janeiro; Cultura Médica, 1988, p. 388.

TODESCAN, A.L. **Promoção de Saúde da Criança**. *In* TODESCAN, F.F.

WEYNE, S.; HARARI, S. **Cariologia: Implicações e Aplicações Clínicas**. *In*: BARATIERI, L. N. *et al.* Odontologia restauradora: Fundamentos e possibilidades. São Paulo: Santos, 2001, pp. 3-29.

VALLS, A. L. M. **O que é ética.** 2ª ed. São Paulo: Brasiliense, 1987.

VAZQUEZ, A. S. **Ética.** 19ª ed. Rio de Janeiro: Civilização Brasileira, 1999.

VILLALOBOS. El Sistema de Valores Del Cliente Externo e Interno Evidenciados em el processo de Enfermeria, **Rev. Latino Americana de Enfermagem,** Ribeirão Preto, São Paulo: v. 7, n. 4, pp. 39-44, out. 1999.

WHO/CDS/CPE/CEE/2000.14. **Guia para eliminação da Hanseníase como problema de saúde pública.** 1ª ed. Genebra, 2000.

ZOBOLI, E. L. C. P.; FORTES, P. A. C. Rio de Janeiro. **Cad. Saúde Pública,** v. 20; n. 6; pp. 1690-1699; nov./dez. 2004.